DIE FLUCHT DER AMEISEN

EIN VULKANAUSBRUCH AM RHEIN

Impressum

Die Flucht der Ameisen

Ulrich C. Schreiber

3. Auflage 2026

Ein Imprint der Kraterleuchten GmbH,
Gartenstraße 3, 54550 Daun
Verlagsleitung: Sven Nieder

Korrektorat: Tim Becker
Umschlag: Björn Pollmeyer
Montage: DALL·E, iStock Goldi59
(This image was generated with the assistance of AI)
Gestaltung und Satz: Kerstin Fiebig
Urheber der Karte auf Seite 4/5: Ronald Hoppe

Gedruckt in der Europäischen Union: azymut, pl

Neuausgabe

Bereits erschienen als: 978-3-926126-54-2 (Shayol, Originalausgabe)
978-3-492-25134-1 (Piper) · 978-3-941378-48-3 (Die Zeit/Wissenschaftskrimi)
978-1544929859 (Ulrich C. Schreiber)

ISBN E-Book: 978-3-98600-026-4
ISBN Print: 978-3-98600-027-1

www.calderan.de

Ulrich C. Schreiber

DIE FLUCHT DER AMEISEN

EIN VULKANAUSBRUCH AM RHEIN

CALDERAN

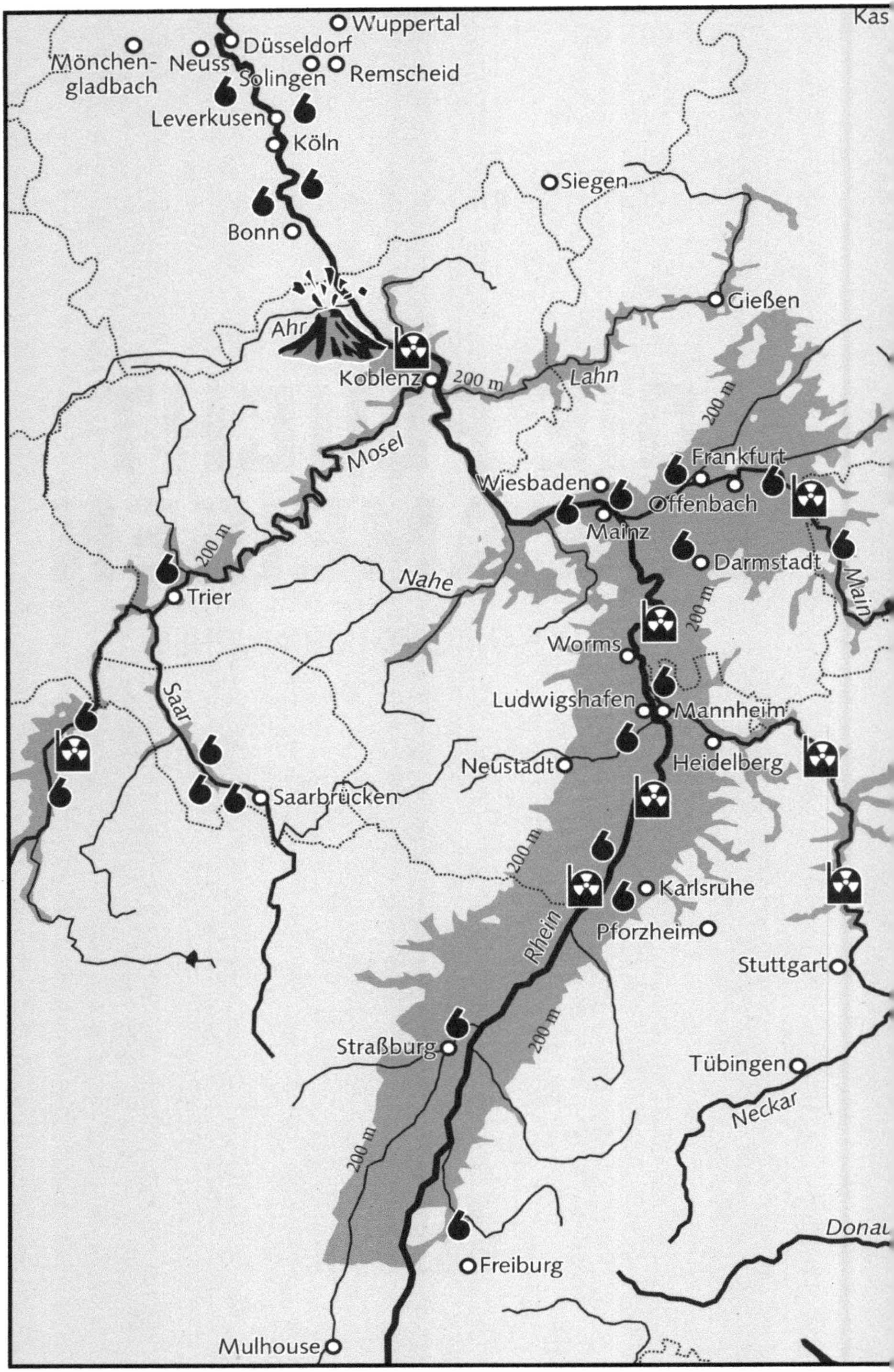
Wuppertal
Kas
Düsseldorf
Mönchen-
gladbach
Neuss
Solingen
Remscheid
Leverkusen
Köln
Siegen
Bonn
Ahr
Gießen
Koblenz
200 m
Lahn
200 m
Mosel
Frankfurt
Wiesbaden
Offenbach
Mainz
200 m
Darmstadt
Trier
Nahe
200 m
Main
Worms
Ludwigshafen
Mannheim
Saar
Heidelberg
Neustadt
Saarbrücken
200 m
Karlsruhe
Rhein
Pforzheim
Stuttgart
200 m
Straßburg
Tübingen
Neckar
200 m
Donau
Freiburg
Mulhouse

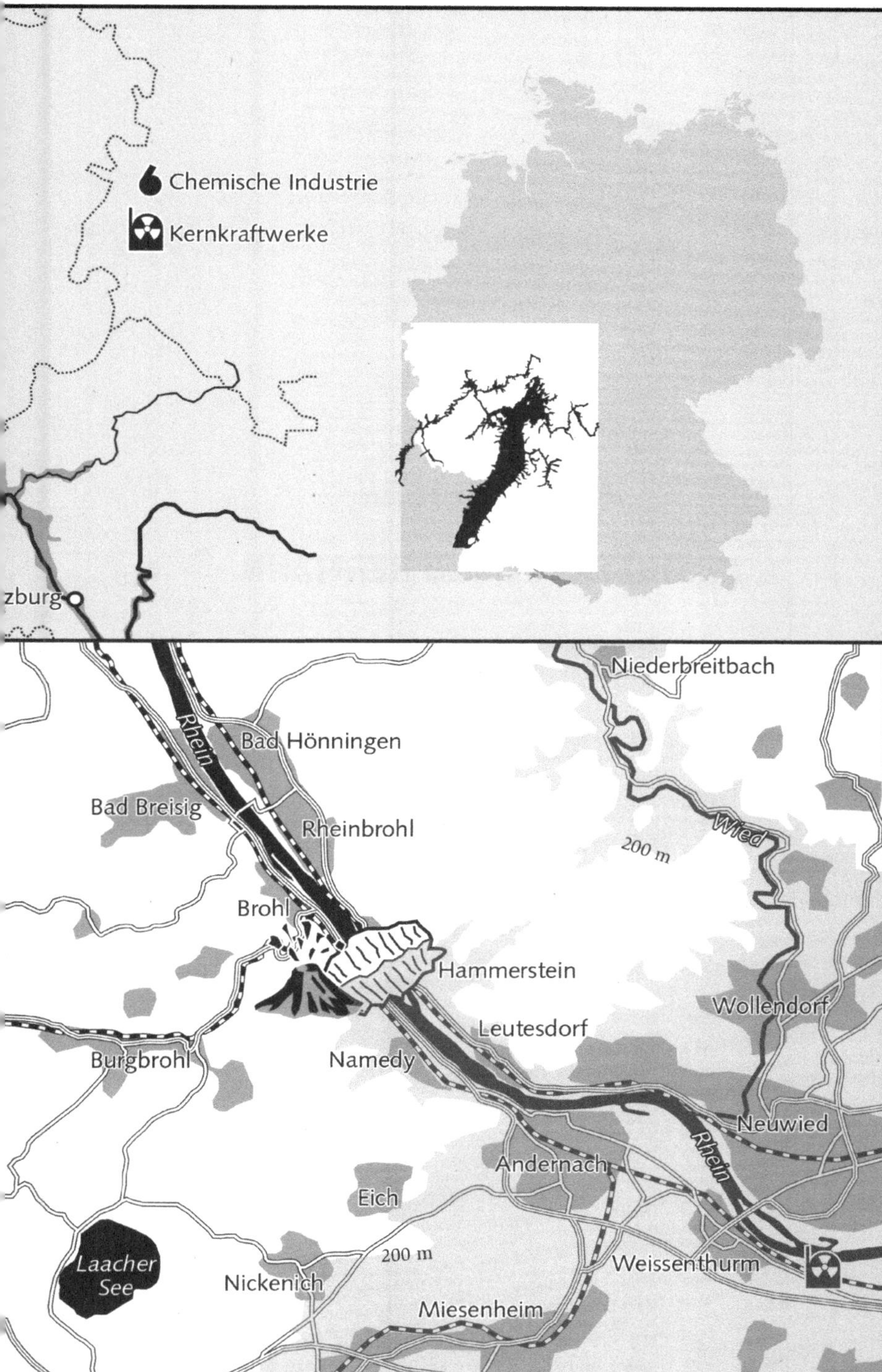

Chemische Industrie
Kernkraftwerke
zburg
Niederbreitbach
Bad Hönningen
Rhein
Bad Breisig
Rheinbrohl
Wied
200 m
Brohl
Hammerstein
Wollendorf
Leutesdorf
Burgbrohl
Namedy
Neuwied
Rhein
Andernach
Eich
200 m
Laacher See
Nickenich
Weissenthurm
Miesenheim

MEINEN ELTERN

CHRISTTRAUT UND HERMANN

INHALT

LISTE DER PERSONEN

in der Reihenfolge des Einstiegs

Gerhard Böhm .... Geologe
Katrin Böhm.............. Frau von Gerhard
Marcello .... Sohn von Gerhard und Katrin
Susanna .... Jüngste Tochter von Gerhard und Katrin
Kirstin .... Älteste Tochter von Gerhard und Katrin
Arne Schäfer .... Leiter der Erdbebenstation Bensberg
Silja und Lutz .... Studierende
M. Wollschläger .... Kolleg vom Aachener Institut
Michael und Roger...... Diplomanden
Horst Ganter............... Geologe, Kollege vom Mainzer Landesamt
Manfred Bäumler .... Geologe, Kollege vom Mainzer Landesamt
M. Wiese .... Leiter vom Geologischen Landesamt Mainz
Karsten Specht .... Geophysiker und Erdbebenspezialist aus Köln
Markus .... Laborant aus dem Kölner Institut
Helmut Jahn................. Geophysiker aus Potsdam
Eduart Wischnewski ... Geologe aus Potsdam
Heinz Lindert .... Geologe aus Bonn, Tektoniker
Waldemar Röttgen ...... Vulkanologe aus Brüssel
Gernot Kruse............... Leiter des Krisenstabes, Staatssekretär aus dem Innenministerium von Rheinland-Pfalz.
Erik Wagner .... Einsatzleiter
Arnold und Georg........ THW-Männer

Fuchs .... Staatssekretär vom Bundesinnenministerium
Kromme .... Einsatzleiter der Region Koblenz
Ahrens .... Wasserbauingenieur und Mitglied des örtlichen Krisenstabes
Schönegger .... Leiter der Wasser- und Schifffahrtsdirektion Südwest
Mareike .... Ehemalige Freundin von Gerhard
Irma und Marie .... Zwillingstöchter von Mareike
Maron .... Höherer Offizier der Bundeswehr
Herbert Müller .... Mitglied der Wasser- und Schifffahrtsdirektion
Horstkotte .... Leiter der Baumaßnahmen
Berger .... Stellvertreter von Horstkotte
Seifert .... Stellvertretender Einsatzleiter des Katastrophenstabes
Kalle .... Arbeiter im Tunnel
Grobecker .... Archäologe
Perenz .... Materialwissenschaftler aus Aachen
Konrad .... Stellvertretender Leiter des Krisenstabes aus dem Bundesinnenministerium
Erich Madel .... Bauingenieur
Joachim Lengert .... Geophysiker aus Münster
Thorsten .... Inhaber einer Tauchschule in Duisburg
Rolf Klages .... Geologe und Privatdozent in Aachen, auf Geotechnik und Tunnelbau spezialisiert

VORWORT

Der Geologe Gerhard Böhm ist mehr als beunruhigt: Er bemerkt sonderbare Strukturen in der Erdkruste und kann sich das eigenartige Verhalten der hügelbauenden Waldameisen nicht erklären. Trotz des frühen Wintereinbruchs sind die Ameisen an bestimmten Stellen noch immer aktiv. Verstärkt treten Beben im Neuwieder Becken und im Aachener Raum auf. Steht ein Vulkanausbruch bevor? Eine Katastrophe nicht abzuschätzenden Ausmaßes! Gemeinsam mit Kollegen sucht er fieberhaft nach verbindlichen Indikatoren – und in der Silvesternacht geschieht das Unfassliche: Mit einer heftigen Eruption unmittelbar am Rhein bricht zum ersten Mal nach über 10.000 Jahren in Deutschland ein Vulkan aus. In Koblenz und den Orten am Mittelrhein kommt es zum Chaos. Der Lavastrom versperrt den Rhein, mit entsetzlichen Wassermassen ist zu rechnen. Bald sind Mainz und Frankfurt überschwemmt. Die Lage scheint aussichtslos... Ulrich C. Schreiber entwirft einen wissenschaftlich fundierten Geo-Thriller, in dem man hautnah miterlebt, wie brachiale Naturgewalt einen dicht besiedelten Wirtschaftsraum mitten in Europa trifft.

Ulrich C. Schreiber, geboren 1956, studierte Geologie, Chemie sowie Geochemie. Er ist seit 1996 Professor für Allgemeine Geologie an der Universität Duisburg-Essen. Seine Arbeitsgebiete sind die regionale Geologie von Mitteleuropa, Vulkanismus und Tektonik sowie die Geoökologie. Er entdeckte die Rolle der Ameisen als Anzeiger für gasführende Bruchstrukturen in der Erdkruste. Dies bildete die Grundlage für ein Forschungsprojekt, in dem die Bedingungen für die Entstehung des Lebens in der oberen Erdkruste erforscht werden. *Die Flucht der Ameisen* ist sein erster Roman.

I. ERDE

Die Luft ist kühl und es dunkelt
Und ruhig fließt der Rhein;
Der Gipfel des Berges funkelt
Im Abendsonnenschein

Heinrich Heine,
2. Strophe des Loreley-Liedes

Vorsichtig tastete sie mit den Fühlern den Rand der glatten Oberfläche ab. Noch vor wenigen Augenblicken war alles so wie immer gewesen. Nur der gewohnte Waldboden mit den trockenen Tannennadeln, dem geringen Grasbewuchs und den harzig riechenden Zapfen. Dann das ungewohnte Zittern, das Beben des Bodens. Vor ihr erhob sich unvermittelt ein kleines Gebirge, völlig neu, mit befremdlichen Gerüchen. Sie stammten von der Fläche, die sie gerade ertastete. Mit nichts vergleichbar, was sie in ihrem kurzen Leben bisher kennen gelernt hatte. Es waren scharfe, durchdringende Gerüche, die in ihrem winzigen Gehirn eine erhöhte Aktivität auslösten. Ein Duftmolekül ließ plötzlich eine Erinnerung in ihr aufkeimen – an die Bienen, die sie letztens zu dritt getötet und ins Nest geschafft hatten. Sie hatte halb verendet unter einem Farn gelegen und war kaum noch imstande gewesen, sich zu wehren. Es waren Spuren von Wachs, die die Erinnerung auslösten. Ohne weiteres Zögern bestieg die große rote Waldmeise den Bergschuh, der still auf der Stelle verharrte. Mit ihr machten sich sechs weitere

Arbeiterinnen an den Aufstieg. Sie waren alle vom selben Stamm, von der Art Formica polyctena, die ihre Nester in großen Bauten anlegte. Gut sichtbare Hügel auf dem Waldboden mit etwa gleich großer Ausdehnung unter der Erde. Aufgeregt liefen sie über das Leder, betasteten sich hektisch mit den Fühlern, jedes Mal, wenn sie sich bei der Umrundung begegneten und versuchten, irgendetwas Verwertbares zu entdecken.

Die Erkundung von Neuland war für die kleinen Wesen immer ein lebensgefährliches Wagnis. Doch diesmal gab es ein völlig unkalkulierbares Risiko. Eine plötzliche Beschleunigung des Schuhs, ein kräftiges Aufstampfen, und die entdeckungsfreudigen Kerbtiere wurden mit Wucht auf den Waldboden geschleudert. Nur die erste Arbeiterin war weit genug nach oben gestiegen. Rechtzeitig konnte sie sich am Rand einer rauen Fläche festklammern, die zu einer Röhre geschlossen ein muskulöses Bein umhüllte. Einem inneren Drang folgend kletterte sie aufwärts in die Dunkelheit, auf einem ihr unbekannten Material, wieder mit seltsamen Düften. Zielstrebig bewegte sie sich an einer Naht der Jeanshose nach oben, bis es bedrohlich eng wurde. Der Geruch von menschlichem Schweiß und die unmittelbare Nähe warmer Haut setzten ihr Nervensystem unter Hochspannung. Mit viel Geschick kämpfte sie sich durch ein immer dichter werdendes Gestrüpp. Es waren Körperhaare im Raum zwischen Bein und Hose.

Dann passierte es. Eine langsame Bewegung, der Zwischenraum verschwand, und die Hose presste die Ameise fest an den Oberschenkel. Mit panischer Kraft stemmten sich alle sechs Beinchen des Eindringlings dem Druck entgegen. Der Fluchtweg führte nur nach oben. In den einzigen freien Raum, weiter auf der Haut, unter dem nächsten anders riechenden Stoff.

Die Millionen Jahre währende Evolution führte bei den Ameisen zur Entwicklung zahlreicher Überlebensstrategien, die sie bisher vor dem Aussterben bewahrt hatten. Hierzu gehörte das perfekt abgestimmte Zusammenspiel tausender Individuen. Eine einzelne Ameise war hilflos den kleinsten Naturgewalten ausgeliefert. Doch in einer Staatengemeinschaft gelang es ihnen, sich in ihrer Umwelt zu behaupten und ihre Erfahrungen an die nächste Generation weiterzugeben. In dieser ungewohnten Situation, unter dem Stoff der Hose eines Menschen, fehlte ihr die Fähigkeit, die eine entfernte Verwandte besaß, ein Parasit, der sich in der Natur als Einzelkämpfer durchschlug. Die Zecke schaffte es fast immer, über die Haut des Menschen zu wandern, ohne die feinen Schaltzellen zu aktivieren und die heftigen Abwehrreaktionen auszulösen.

Plötzlich, mit unendlicher Gewalt, presste sich der helle Stoff auf die Haut. Unter hohem Druck bewegte er sich hin und her, genau dort, wo die Hinterbeine des Insekts einen deutlichen Signalreiz in der Haut hinterlassen hatten. Der hintere Torso der Arbeiterin wurde fast zerdrückt. Reflexartig rammte sie die Zangen ins Fleisch und spritzte mit der letzten Kraft ihres Lebens die gesamte ihr zur Verfügung stehende Ameisensäure in die kleine Wunde.

»Verdammt!«, schrie Gerhard Böhm, »Schon wieder einer! Das ist der dritte Biss in zwei Tagen.« Mit säuerlich verzogener Miene kratzte er sich im Schritt und sprang zur Seite, stampfte mehrmals mit den Füßen auf und klopfte wild fuchtelnd die Hose ab. Unmittelbar neben ihm verlief eine Ameisenstraße, genau über der Quarzfüllung einer besonderen geologischen Störung.

KAPITEL 1

Der Brohlbach schlängelt sich durch die tief eingeschnittenen alten Sedimentgesteine des Rheinischen Schiefergebirges und mündet bei Brohl in den Rhein. Eine Museumsbahn folgt dem Bach über alte Viadukte und Dämme, vorbei an gelbbraunen Wänden aus einem Gestein, das hier überhaupt nicht hinzugehören scheint. Es ist der Trass des Brohltales. Schon die Römer haben den verfestigten Strom aus Bimsen, Aschen und zerriebenem Grundgebirgsgestein abgebaut. Viele Höhlen, Steinbrüche und Säulenreste aus dieser und jüngerer Zeit verleihen dem Tal einen einzigartigen Charakter. Der Trass besteht aus mehreren Schichten von Schlammströmen, die bei der Ausbruchsserie des Laacher-See-Vulkans gebildet wurden. Mächtige Eruptionsmassen aus einer Magmakammer in der tieferen Kruste wurden vor 12.000 Jahren in kurzer Folge in die Luft geschleudert und bis zur Ostsee und nach Italien getragen, insgesamt mehr als ein halber Kubikkilometer. Die Massen, die direkt am Krater zurückfielen, bildeten heiße Aschenströme. Starke Regenfälle trugen Material aus den bereits abgelagerten Tuffen der Umgebung bei. Diese Mischung führte zu gefährlichen heißen Schlammströmen, die die Täler der Umgebung überschwemmten.

Beim Eintritt dieser Schlammströme in das Rheintal musste es zu einem brodelnden Inferno mit einem kurzfristigen Rückstau des gesamten Rheins gekommen sein. Gerhard wusste von früheren Exkursionen, dass ein Teil des Trassstromes oben am Hang im Übergang vom Brohltal in das Rheintal haften geblieben war. Während seiner Aachener Assistentenzeit hatte er häufig Kartierübungen in diesem Gebiet betreut. Er erinnerte sich noch ganz genau, dass sich unter dem Trass der Rest eines Schuttfächers des Baches verbarg, der damals bereits einen Teil des Brohltales eingekerbt hatte. Er war hier vor mehr als 200.000 Jahren in den Rhein geflossen, zu einer Zeit, als das Gebirge erst um drei Viertel der heutigen Höhe herausgehoben war. Der Brohlbach lagerte seine Fracht auf den groben Sedimenten des Rheintales ab. Sie waren bis heute an einigen Stellen als Reste an den Hängen erhalten geblieben und ließen eindrucksvoll das Niveau der heutigen Mittelterrasse erkennen. Gerhard begeisterte sich jedes Mal, wenn er im Rheintal unterwegs war, an den vielen herrschaftlichen Gebäuden, alten Villen, kleinen Schlössern oder Burgen. Sie standen auf den kleinen Vorsprüngen an den steilen Kanten des Engtales, immer mit den herrlichsten Ausblicken auf den tiefer liegenden Flusslauf.

Der Aufschluss, den Gerhard jetzt aufsuchte, lag genau unterhalb der Abfolge von Trass, Schwemmfächer und Mittelterrasse in den wenig spektakulären Sand- und Tonsteinen des Grundgebirges. Es war nur schwer und mit besonderer Ausrüstung zu erreichen. Die Gefahr eines Steinschlages war hoch. Aus diesem Grund hatte er seinerzeit die Studenten vor einem Begehen gewarnt und die Geologie nur an der Abbruchkante, von einem kleinen Trampelpfad aus, erklärt. Jetzt, fast genau sieben Jahre später, stand er wieder vor dem kleinen Steinbruch in halber Höhe am Steilhang des Rheintales. Es war März, und die Sonne war erstaunlich warm für diese Jahreszeit. Ein weiterer Grund, warum es Gerhard nicht mehr in den Institutsräumen hielt. Die Pause während des Winters war viel zu lang gewesen. Das Wetter hatte sich zeitweise von seiner schlechtesten Seite gezeigt, mit viel Regen, Schneematsch und Nebel. An geologische Untersuchungen in der Eifel war nicht zu denken gewesen.

Jetzt im Frühjahr herrschten die besten Bedingungen für Geländearbeiten. Die Felder und Wiesen waren in dieser Zeit kaum bewachsen, und entlang der Waldränder und auf den Lichtungen fehlten die Brennnesseln und Farne, die später im Jahr große Teile des Untergrundes verdeckten. An den Steilhängen des Rheintals klammerten sich die Laubbäume mit wenigen Wurzeln an den Felsen fest. Es waren vorwiegend Eichen, die mit wenig braunem Restlaub einen guten Blick auf die Felsen gewährten. Dadurch war es leichter, aus der Entfernung einzelne Gesteinsschichten über größere Strecken zu verfolgen – sofern nicht alles von der »Rheinischen Macchia«, einem dichten, undurchdringlichen Gestrüpp mit immergrünen Pflanzen, abgeschottet wurde.

Von unten drang das Grummeln eines vorbeirollenden Güterzuges empor, begleitet vom niederfrequenten Tuckern der allgegenwärtigen Schiffsdiesel. Endlich konnte Gerhard den Geologenkompass aus der Gürteltasche nehmen und an die steile Fläche halten. Mit Helm und Leine gesichert tat er das, was er seit Monaten intensiv geplant hatte. Er suchte Hinweise auf bestimmte geologische Störungen, die als senkrecht stehende Verwerfungsflächen in der Erdkruste auftreten konnten. Nach seinen Überlegungen mussten sie in der Eifel vorkommen und eine wichtige Rolle in der jüngeren Entwicklung des Rheinischen Schiefergebirges spielen.

Oben an der Abbruchkante stand Katrin. Sie hatte das Seil über einen stabilen Ast einer Eiche geführt und hielt es, halb um die Hüften gewickelt, leicht gespannt.

»Hast du etwas entdeckt?«, rief sie zu ihm hinüber.

Gerhard hatte sich auf dem rutschigen Schuttfächer nach oben zur steilen Felswand durchgekämpft und hackte schwungvoll mit der Hammerspitze in weiche Gesteinsschichten.

»Moment noch. Ich muss erst mit dem Hammer den lockeren Dreck abtragen.«

Gerhard kratzte eine senkrecht stehende Fläche frei.

»Unter dem Schutt sind mehrere dünne Quarz- und Eisenerzgänge verborgen. Die ganze Einheit ist mindestens vier Meter breit und völlig zermürbt. Sogar der Quarz ist zerrieben und fühlt sich an wie grober Zucker.«

»Was bedeutet das«?

»Das könnte eine größere Störung sein.«

»Und was für eine?«

»Ich bin mir noch nicht ganz sicher. Weil sie so steil steht, ist eine Seitenverschiebung am wahrscheinlichsten. Ich suche noch nach Harnischen«.

»Was ist das denn schon wieder? Hat das nicht irgendwas mit Ritterrüstungen zu tun?«

»Ja und nein. In der Geologie sind es die besten Anzeichen für Bewegungen, die auf den Störungsflächen stattgefunden haben. Es sind Kratzspuren oder längliche Minerale, die sich neu gebildet haben und in der Bewegungsrichtung liegen. Solche Spuren hast du schon an Stellen beobachtet, wo Gletschereis über Felsen geschrammt ist. Ähnlich sieht es aus, wenn zwei Krustenblöcke gegeneinander bewegt werden.«

»Müssten sie hier dann nicht waagerecht liegen?«

»Genau! Du machst Fortschritte. Das wäre endlich der Beweis für Seitenverschiebungen in der Eifel und möglicherweise auch für andere Gebiete im Rheinischen Schiefergebirge.«

Gerhard Böhm hatte Glück gehabt, dass er vor sechs Jahren auf die Stelle eines Universitätsprofessors für Geologie in Köln berufen wurde. Die Stellen an den Universitäten waren selten und die Konkurrenz groß. Aber seine Forschungsrichtung passte perfekt zur Ausschreibung und die Publikationen hatten überzeugt. Seit dieser Zeit arbeitete er an den Zusammenhängen von Vulkanismus und Tektonik, besonders im mitteleuropäischen Raum.

Mit Katrin war er bereits eine halbe Ewigkeit zusammen, ein Glücksfall, wie er in vertraulichen Runden gerne betonte. Kirstin, Susanna und Marcello, ihre Kinder, waren inzwischen erwachsen und hatten bis auf Susanna das Haus verlassen. Sie war die Jüngste und übte sich gerade in den ersten Studierversuchen. Es musste ausgerechnet Sport sein, ein völlig unwissenschaftliches Fach, wie Gerhard verschiedentlich anmerkte. Und ausgerechnet in Köln. Aber so war das dritte zu finanzierende Studium immerhin tragbar, und Susanna konnte den Service im Elternhaus noch eine Weile genießen. Kirstin, die Älteste, hatte es am weitesten fort verschlagen. Ihr Traumberuf war Ärztin und ihr Zeugnis gut genug. Schon seit vier Jahren studierte sie in Heidelberg und sprach bereits über die Doktorarbeit als nächstes Ziel. Marcello lag zeitlich zwischen den beiden Mädchen, auch bei der Wahl des Studienortes. Er studierte Medienpsychologie und Kommunikationsdesign in Aachen. Gerhard war bisher nicht klar geworden, wie man auf dem Arbeitsmarkt damit Geld verdienen konnte. Dafür schätzte er die Kenntnisse seines Sohnes in Sachen Computer sehr und allem, was damit zusammenhing. Für die nächste Zeit war Marcello schon für den Aufbau einer privaten Web-Seite eingeplant.

Katrin überlegte derzeit, ob sie wieder als Apothekerin arbeiten sollte, hatte nun aber viel mehr Spaß und Interesse daran, endlich mit ihrem Mann ins Gelände zu gehen. Zu oft hatte sie sich bei seinen Erzählungen vorgestellt, die gleichen Erfahrungen in der Natur zu machen, dort hinzukommen, wo man normalerweise nie im Leben hinkam, außer man war Geologe. Sie fand es unheimlich spannend, alles im Zusammenhang zu sehen und zumindest teilweise zu verstehen. Die Geologie, die Landschaft mit der Pflanzen- und Tierwelt und die überall sichtbaren Auswirkungen des Menschen.

Kennen gelernt hatten sie sich vor 26 Jahren, in einer der kleinen Studentenkneipen in Göttingen. »Wir kamen uns damals vor wie zwei passende Puzzleteile, die irgendjemand zusammengelegt hatte«, erzählte Katrin manchmal, wenn sie neue Bekanntschaften gemacht hatten. »Vom ersten Augenblick an war alles entschieden«, behauptete auch Gerhard bei solchen Gelegenheiten.

Sie ergänzten sich wirklich sehr gut. Bis auf die Ausnahmen, die es wohl in jeder Beziehung gibt. Jetzt stand jedenfalls für beide eindeutig fest, dass die neu gewonnene Freiheit gemeinsam genutzt werden sollte – jedenfalls, so gut es ging. Es gab da eigentlich nur noch Morpheus, den rot-weißen Kater. Morpheus war ein wahres Ungetüm von siebeneinhalb, nach dem Winter manchmal auch acht Kilo. Sehr schmusebedürftig und für eine Katze viel zu intelligent. Aber ihn konnten sie durchaus drei oder vier Tage allein lassen, wenn Susanna ebenfalls unterwegs war. Unter der Kontrolle verständiger Nachbarn brauchte es nur genügend Futter, das regelmäßig nachgefüllt werden musste.

Es waren Semesterferien zwischen Winter- und Sommersemester. Gerhard hatte sich vorgenommen, in diesem Frühjahr zusammen mit Katrin möglichst viele Geländedaten zu sammeln, um die nötigen Grundlagen für einen größeren Forschungsantrag zu erarbeiten. Jetzt standen sie beide am Hang und untersuchten erstmals gemeinsam einen Aufschluss. Katrin sicherte die Leine mit einem Karabinerhaken an der Hüftschlinge ab und versuchte, gleichzeitig mit Geländebuch, Stift und Seil zu hantieren.

Gerhards Kratzeifer nahm plötzlich zu. Mit der Spitze des Hammers hakte er hinter die Kante einer größeren Steinplatte und klappte sie langsam zur Seite. Einmal in Bewegung, gab es kein Halten mehr. Unaufhaltsam rutschte sie in die Tiefe. Der Schutt wirkte wie Rollsplitt. Nachbrechende Gesteinsmassen polterten hinterher und verschwanden krachend im Geäst weiter unten am Hang. Gerhard konnte sich gerade noch mit einem Satz zur Seite retten, bevor auch sein Standplatz in die Rutschmasse einbezogen wurde.

»Juchhu!«, brüllte er.

»Das macht dir wohl Spaß, was?« Katrin blickte halb erstarrt, halb erschrocken zu ihm auf dem neuen Standplatz und folgte schließlich den letzten Brocken, die in die Tiefe prasselten.

»Nein, das war ein Volltreffer! Schau mal, das müsstest du auch von dort sehen können. Hier sind ganz deutlich Harnische ausgebildet. Und genau wie ich sie brauche: horizontal!«

Gerhard nahm den Kompass und hielt die Messplatte an die Gesteinsfläche.

»Nanu!«, wunderte er sich. »Die Spuren verlaufen in Nordost-Südwest-Richtung. Das hatte ich eigentlich nicht erwartet.«

»Gib mir die genauen Daten!« Katrin schlug das Geländebuch auf und notierte die Messwerte, die Gerhard ihr zurief. Anschließend trug sie die genauen Koordinaten ihres Standortes ein, die sie von ihrem kleinen GPS-Gerät abgelesen hatte.

»Leg das Seil noch einmal um den Ast, damit es besser hält!«, rief Gerhard. »Ich versuche, mit einem Sprung über die Rutschzone zu kommen!«

»Hoffentlich geht das gut!«

»Du solltest mal sehen, was wir so alles trainieren, wenn wir im Gelände sind.«

Gerhard straffte das Seil, hielt es mit angewinkelten Armen fest und nahm einen kurzen Anlauf. Der Schwung führte ihn in einem großen Bogen über den Schuttfächer, wobei ihn das Seil auf einer bogenförmigen Bahn hielt, allerdings anders als geplant. Der Ast gab unter der Last deutlich nach, sodass ihn die Flugbahn um einige Meter versetzt direkt in die Brombeerranken beförderte.

»Verflucht!«, schrie Gerhard.

Katrin prustete los vor Lachen.

»Das findest du wohl lustig?«, brummte er sie an.

»Nein, ich lache nur über deine Haltungsnoten. Du solltest diese Nummer vielleicht noch einmal überarbeiten.« Langsam zog sie ihn am Seil zu sich hoch, bis Gerhard leicht keuchend den Trampelpfad erreichte.

»Es wird Zeit, dass der Sommer kommt und ich wieder öfter im Gelände bin. Dann wird meine Kondition auch wieder besser.«

Katrin wickelte das Seil auf und grinste. »Wollten wir nicht schon seit einem Jahr joggen gehen, Tarzan?« Sie nahm ein Taschentuch und säuberte den Kratzer in seinem Gesicht. Dann strich sie ihm über das Haar und gab ihm einen Kuss.

Gerhard hatte die Bemerkung überhört. Er war viel zu sehr von seinem neuen Fund begeistert.

»Jetzt haben wir einen Anfang – zwar nicht das, was ich mir vorgestellt habe, aber immerhin. Diese GPS-Geräte sind hervorragend. So hat man viel mehr Sicherheit bei der Standortbestimmung. Die hätte ich mir schon früher gewünscht.«

Katrin erkundigte sich kurz, wie es weitergehen würde. Gerhard deutete nach oben. Er musste weitere Hinweise auf die neu entdeckte Störungszone finden. Gleichzeitig warnte er mit einem leichten Grinsen vor Wildschweinen.

«Die haben sich in den letzten Jahren kräftig vermehrt!«

Katrin konterte mit einem Hinweis auf seinen Geologenhammer. Schließlich sei der auch als Waffe zu gebrauchen. Jedenfalls so lange, bis sie auf dem nächsten Baum sei.

Sie stiegen bis zu einer Schurfrinne hinauf, die parallel zum Hang verlief. Gerhard peilte erneut mit dem Kompass den Verlauf des Schurfes.

»Das ist die gleiche Richtung, die ich vorhin unten auf der Störungsfläche gemessen habe. Das muss der Quarz-Erz-Gang der Störungszone sein. Wahrscheinlich wurde das Erz hier von unseren Altvorderen abgegraben. Wenn wir die Augen offen halten, finden wir vielleicht noch Reste aus dieser Zeit.«

»Sind diese Gebiete eigentlich schon alle von Archäologen untersucht?«

»Auf keinen Fall. Die sind noch schlimmer dran als die Universitäten. Da fehlt doch überall das Geld.«

»Könnt ihr nicht zusammenarbeiten?«

»Genau das werden wir tun. Ich habe schon Kontakt zu den Archäologen aus der Umgebung aufgenommen. Wenn wir etwas Interessantes finden, sollen wir sofort Bescheid sagen.«

»Und wem würde der Fund gehören? Wenn es zum Beispiel eine römische Münze ist?«

»Das kommt ganz darauf an. Hier in Rheinland-Pfalz gehört alles dem Land, man muss jedes Fundstück abliefern. In Nordrhein-Westfalen, also etwas weiter nördlich von hier, wird geteilt.«

»Wie? Wird die Münze dann zersägt?«

»Blödsinn! Natürlich nicht. Aber die eine Hälfte des Wertes gehört dem Finder, die andere dem Eigentümer. Allerdings nicht, wenn das Fundstück ausgegraben wurde. Grabungen ohne Genehmigung sind generell nicht erlaubt, wenn ich mich recht entsinne. Und bei Einzelstücken einigt man sich irgendwie.«

»Und wer ist der Eigentümer?«

»In Forstgebieten das Land, im Privatwald der Waldbesitzer und auf Äckern und Wiesen meistens der Bauer.«

»Also würde ich damit zu einem Archäologen gehen, und der regelt das dann?«

»Die Archäologen würden zunächst ihr Recht in Anspruch nehmen, ein Fundstück für wissenschaftliche Zwecke einige Monate lang zu untersuchen. Dann müssen sie es aber wieder zurückgeben. Wahrscheinlich klären sie dich dann auf, wie die Besitzverhältnisse geregelt sind.«

»Dann wäre man schön blöd, wenn man hier in der Grenzregion einen Fund in Rheinland-Pfalz meldet. Der wäre für mich als Finder verloren.«

»Genau. Das wird auch von den Archäologen kritisiert. Sie bemerken tatsächlich eine erstaunliche Häufung von Funden hinter der Grenze in Nordrhein-Westfalen und südlich davon kaum welche in Rheinland-Pfalz.«

»Also scheint es durch diese unsinnige Gesetzgebung zu einer ungewöhnlichen Verzerrung der Fundstellen zu kommen.«

»Das kann man wohl sagen.«

Langsam gingen sie in Richtung des Schurfes weiter. Anhand der Steine, die immer wieder unter Laub und Gebüsch auftauchen, konnte Gerhard die Störung recht einfach quer durch das Gelände verfolgen.

»Man braucht gar keinen großen Steinbruch, um sich in die Geologie unter uns einzudenken. Man muss nur die vielen kleinen Hinweise in den richtigen Zusammenhang stellen können.«

»Dazu braucht es aber auch die notwendige Erfahrung, die dann den Meister macht.«

»Nein, den Geländegeologen.«

An einer kleinen Lichtung stießen sie auf drei große Hügel der roten Waldameise.

»Die sind aber riesig!« staunte Katrin.

»Anscheinend fühlen sie sich hier besonders wohl. Komisch, dass sie genau auf der Störung wohnen. Ich würde mein Haus nicht an dieser Stelle bauen.«

»Warum nicht?«

»Beim nächsten Erdbeben würde der Haufen sofort zerstört werden.« Gerhard grinste Katrin an.

»Du willst mich auf den Arm nehmen! Wir sind hier doch nicht in Kalifornien, an dieser großen San-Andreas-Störung.«

In weitem Bogen umrundeten sie die Haufen und suchten den Anschluss an die vorherige Richtung.

Das Buschwerk wurde wieder dichter. Es bestand überwiegend aus Schlehensträuchern und anderen stacheligen Gewächsen. Vor allem dornige Brombeerranken nahmen zu, die sich besonders gut in Haaren und Jacken verfingen. Tief gebeugt und fast auf allen Vieren mühten sich die beiden durch einen flachen Gestrüpptunnel, den die Wildschweine freigehalten hatten. Der gebückte Fortbewegungsstil hatte aber auch einen Vorteil. Die Augen befanden sich so dicht über dem Gesteinsschutt, dass selbst die kleinsten Bruchstückchen zu erkennen waren.

»Wenn uns jetzt eine fette Wildsau durch dieses Dickicht jagt und du heute Abend die Dornen und Zecken aus den Beinen rausoperierst, weißt du endlich, wie aufregend Geologie sein kann.« Gerhard merkte, wie Katrin langsam unruhig wurde

»Hier stinkt es ganz schön nach Schwein«, kam die Antwort.

»An mir liegt es nicht! Aber schau mal, hier sind überall Fellreste und Schlafplätze der Borstenviecher.

»Was hat das zu bedeuten?«

»Ich glaube, wir sollten uns etwas mehr bemerkbar machen. Sonst haben wir möglicherweise gleich Beißkontakt. Ah, schau mal, was ich gefunden habe!«

Gerhard kratzte mit dem Hammer auf dem Boden und nahm ein schwarzes Stück Schlacke in die Hand. »Hier wurde das Erz direkt vor Ort verhüttet.«

»Wie das?«

»Mit ganz primitiven kleinen Schmelzöfen, die schon die Römer oder noch ältere Kollegen erfunden hatten und die bis ins Mittelalter in dieser Art genutzt wurden. Gebaut wurden die Öfen mit Lehm und Wasser.«

»Und die Feuerung?«

»Man hat Holzkohle hergestellt und dabei jede Menge Holz verbraucht. Ich glaube, das könnte für die Archäologen richtig interessant sein. Wir sollten auch diese Funde in die Karten eintragen. Schreib doch bitte die GPS-Daten auf.«

Das Gestrüpp wurde immer dichter. Nur noch wenige Lesesteine mit Quarz und Erz ließen erkennen, dass die Störung in der Nähe sein musste.

Als sie vor einer dichten Mauer aus Ilex und anderen Stachelgewächsen standen, protestierte Katrin heftig.

»Da gehe ich nicht rein! Da drinnen knackt es schon so verdächtig. Außerdem habe ich bereits die fünfte Zecke von der Hose gesammelt. Es reicht!«

Gerhard suchte den Hang ab und gab nach.

«Ich glaube auch, dass es hier keinen Sinn hat. Lass uns in den hohen Eichenwald dort drüben gehen. Da kommen wir besser voran.«

Mit sicherem Abstand umrundeten sie das Buschwerk. Plötzlich krachte es im Unterholz und zwei ausgewachsene Wildschweine preschten den Hang hinunter.

Den beiden fuhr der Schreck in die Glieder.

»Hast du gesehen, wie schnell die Viecher sind?«, fragte Katrin entsetzt.

»Ja, erstaunlich. Da bleibt nicht viel Zeit zum Nachdenken. Letztens hat mir unser Personalchef aus der Verwaltung einiges über Wildschweine erzählt.«

»Du meinst den Klesper? Was hat der denn mit Wildschweinen zu tun?«

»Er ist passionierter Jäger. Er hat behauptet, dass die Viecher fast blind sind. Die können dich kaum sehen, wenn du nur still dastehst. «

»Und wie soll ich das machen, wenn so eine Sau auf mich zugerannt kommt?«

»Dann wäre es wohl besser, wenn du hinter einen Baum springst.«

»Also doch nicht stehen bleiben, damit sie mich nicht sehen?«

»Das musst du von Fall zu Fall entscheiden. Klesper hat erzählt, dass es neulich einen Jagdgenossen erwischt hat. Sein Gewehr hat dreimal versagt, die Sau hat das irgendwie mitgekriegt und den Kerl einfach über den Haufen gerannt.«

»War es schlimm für ihn?«

»Die Biester haben anscheinend recht scharfe Zähne im Unterkiefer, fast wie ein Teppichmesser. Das Vieh hat ihm den Lederstiefel, die Hose und die Thermounterhose aufgetrennt und ihm die Wade aufgeschlitzt.«

»Nett, dass du mir das ausgerechnet jetzt erzählst!«

Langsam gingen sie den Hang hinauf, wobei sie ständig das dichte Gebüsch im Auge behielten. Zehn Schritte weiter standen sie unverhofft vor einer Reihe tiefer Löcher.

»Schau mal, hier gibt es alten Bergbau!« Gerhard nahm den Kompass und peilte die Richtung. »Das sind Pingen, die genau auf unserer Störung liegen, die wir vom Rhein her verfolgt haben. Hervorragend! Komm, wir gehen zum Auto zurück. Ich bin gespannt, ob wir in der Verlängerung noch weitere Stellen finden.«

Die nächsten Punkte, die sie anfuhren, waren Volltreffer. Gerhard hatte den richtigen Riecher gehabt. Sie fanden eine Störung mit mehr als vier Kilometern Länge, die vom Rhein in südwestliche Richtung bis östlich von Burgbrohl verlief. Danach gab er auf.

»Es hat keinen Zweck, weiter im Süden zu suchen. Dort fangen die mächtigen jungen Tuffe an, die aus dem Vulkanausbruch des Laacher Sees stammen und das alte Gestein überlagern. Da werden wir nichts mehr finden.«

»Und wenn wir uns in tieferen Täler umsehen?«

Gerhard studierte die Karte. »Nein, in dieser Richtung gibt es keine Talanschnitte mehr.«

»Also Feierabend?«

»Vorher möchte ich noch die Punkte, die wir bisher gefunden haben, miteinander verbinden und schauen, wo die Sache hinführt.«

Gerhard breitete die Karte auf der Motorhaube aus, zog eine lange Linie durch alle Fundpunkte und verlängerte sie weiter nach Südwesten.

»Oh!«, staunte er nicht schlecht. »Genau an den Westrand des Laacher Sees. Jetzt weiß ich auch, warum der Rand genau in dieser Richtung eingebrochen ist. Das wird ja richtig spannend.«

»Was meinst du damit?«

»Eine Seitenverschiebung, wie wir sie gefunden haben, ist die ideale Möglichkeit für Schmelzen, aus großer Tiefe nach oben zu kommen. Wenn wir nachweisen können, dass die Störung noch heute aktiv ist, dann war sie es mit hoher Wahrscheinlichkeit auch schon vor dreizehntausend Jahren.«

»Wie kann man so etwas über einen Zeitraum von mehreren tausend Jahren behaupten?«

»Hier geht es um Geologie. Da ticken die Uhren wesentlich langsamer. Daran wirst du dich gewöhnen müssen.«

»Aber dreizehntausend Jahre?«

»Das war geologisch gesehen erst gestern oder heute Vormittag. Sonst rechnen wir mit Jahrmillionen. Geologie hat etwas mit langen Zeiträumen zu tun.«

»Was ich noch nicht verstehe, ist, wie die Schmelze an so einer Störung nach oben kommen soll. Erst erzählst du, dass die Gesteinsschichten so fest aneinander gepresst werden, dass sich diese Harnische bilden und dann soll sich auch noch das heiße Magma hindurch quetschen?«

»Das ist kein Problem. Du hast ja selbst gesehen, dass in den Störungszonen immer dort Erz und Quarz vorkommen, wo salzhaltiges Wasser in der Kruste aufgestiegen ist. Daraus haben sich schließlich die Minerale gebildet, also muss es auch Platz dafür gegeben haben.«

»Wie bei unserer Wasserleitung, die wir neulich austauschen mussten?«

»Völlig richtig. Übrigens kann man sich das ganz leicht vorstellen. Drück mal beide Hände in senkrechter Stellung fest zusammen.«

»So?« Katrin hielt ihm die aneinander gelegten Hände entgegen.

»Du musst sie etwas versetzen, damit die Knicke der Fingerglieder nicht genau gegenüber liegen.«

»Okay, und nun?«

»Jetzt verschieb die Hände etwas gegeneinander und schau von oben auf die Zeigefinger. Was siehst du?«

»Ich kann hindurchschauen, dort wo sich kleine Kanäle bilden, weil die Handflächen nicht glatt sind.«

»Genauso ist es bei unseren Störungszonen. Das sind keine ganz ebenen oder gar polierten Flächen. Im Gegenteil, sie sind fast immer gewellt oder es gibt mittendrin Abbrüche. Sobald ein kleiner Versatz eintritt, kann ein Kanal entstehen, der die gesamte Kruste durchschlägt. Und wenn die Sache noch etwas tiefer geht, bis in den Erdmantel, und es dort Magmen gibt, dann können die ganz schnell nach oben kommen, weil sie unter sehr hohem Druck stehen.«

»Das habe ich verstanden. Und welche Gesteine werden aus der Schmelze gebildet, die oben rauskommt?«

»Das werden Vulkanite, zum Beispiel Basalte, wenn es sehr schnell geht.«

»Und was ist mit dem Laacher See? Hast du nicht immer erzählt, dass diese Schmelzen aus der Kruste stammen?«

»Völlig richtig, aus vielleicht fünf bis zehn Kilometern Tiefe. Da hat der flüssige Basalt einen Zwischenstopp eingelegt und sich völlig verändert.«

»Der ist bestimmt gerostet.«

»Wie bitte?«

»Du weißt doch, wer rastet der rostet.«

Gerhard verzog kurz das Gesicht. Dann sah er Katrin lachend an und empfahl ihr, sich diese Art Sprüche aufzuschreiben. Für das nächste Jahr würden noch dringend Autoren für die geologische Büttenrede zum Karneval gesucht.

Sie packten ihre Sachen zusammen und fuhren aus dem Tal auf die Höhe. An einem kleinen Weg in einer Kurve hielt Gerhard an. Von hier aus hatten sie einen herrlichen Ausblick auf das Siebengebirge und das nördliche Rheintal mit den Nebentälern. Es war schon nach achtzehn Uhr und die lockere Bewölkung zauberte eine besondere Stimmung an den frühabendlichen Himmel. Sie stiegen aus und genossen den ersten warmen Wind, der über die Hochflächen strich.

»Ist das schön! Endlich wird es Frühling.«

Katrin lehnte sich an Gerhard und folgte seinem ausgestreckten Arm. Er zeigte auf die Stelle, wo sie am Morgen den ersten Beleg für die Störung gefunden hatten.

»Ich glaube, dieser Job könnte mir auch gefallen. Vielen Dank für die Einführung in die Geologie.«

»Du weißt doch, wie das ist. Wenn jetzt wir zusammen im Gelände sind, musst du für das herhalten, was sonst die Studenten ertragen müssen. Denen erkläre ich dauernd etwas. Das werde ich bei dir nicht so schnell ablegen können.«

»Schon gut. Es macht mir wirklich Spaß, auch wenn es manchmal etwas lehrmeisterhaft rüberkommt.«

»Sei froh, dass du nicht mit einem Lehrer verheiratet bist. Die können das noch viel besser – Und jetzt auf nach Köln! Inzwischen dürften die Autobahnen wieder einigermaßen frei sein.«

Wegen der Kinder, aber auch wegen Morpheus, hatten sie sich ein kleines Haus in Kölner Randlage gekauft. Dort, wo es gerade noch bezahlbar und so verkehrsberuhigt war, dass man Kinder und Kater draußen herumlaufen lassen konnte.

Morpheus kam ihnen schon in der Garageneinfahrt entgegen. Gerhard stieg aus und schnappte ihn sich.

»Na, Dicker, was hast du heute wieder ausgefressen?« Er stemmte ihn mit beiden Armen hoch. »Oh! Schau dir das an, Katrin! Der Kerl hat einen völlig weißen, verklebten Bauch.«

»Ach Gott, ist er wieder über einen frisch gestrichenen Zaun geklettert?«

»Sieht ganz danach aus!«

»Wunderbar! Dann haben wir ja heute ein abendfüllendes Programm.«

In den nächsten Tagen studierte Gerhard die alten geologischen Karten der Eifel und suchte nach Hinweisen, die seine Entdeckung bestätigten. Schnell stellte er fest, dass die alten Bearbeiter diesen Quarzfunden und Störungsrichtungen keinerlei Bedeutung beigemessen hatten. Zum Teil waren die Karten über 80 Jahre alt. Deshalb wunderte es ihn nicht. Aber hin und wieder fand er in alten Veröffentlichungen ein oder zwei Nebensätze über einzelne Quarzgänge. Deutlich mehr Material gab es über die Erzvorkommen der Eifel und die Bergbautätigkeit.

Gerhard hatte Blut geleckt. Die nächsten Tage im Gelände brachten ein erstaunliches Ergebnis. Die neu entdeckte Störung war nicht die einzige dieser Art. In fast regelmäßigen Abständen traten immer wieder parallel verlaufende Verwerfungen auf, die die gleichen typischen Quarzgänge mit Vererzungen aufwiesen. Und immer wieder tauchten im Verlauf der Störungen alte Pingen auf. Nur eine Sache fehlte noch. Gerhard suchte eine andere Richtung. Nach seinen Vorstellungen mussten viel größere Störungen in Ost-West-Richtung vorhanden sein, die eine große Bedeutung für die gesamte geologische Entwicklung der Eifel haben sollten. Es dauerte nicht lange, bis ihm ein merkwürdiger Zufall zu Hilfe kam.

In ihrem Haus am Rand von Köln hatte Gerhard sich ein kleines Arbeitszimmer eingerichtet, in dem er abends häufig über den Karten saß und Pläne für die nächsten Fahrten ins Gelände schmiedete. Die neuen Funde trug er regelmäßig aus der Geländekarte in eine Übersichtskarte ein, um langsam ein Verständnis für die großräumigen Verhältnisse zu bekommen.

Das Hauptproblem war Morpheus, der überall dabei sein musste und ständig auf der Suche nach Möglichkeiten war, Unfug anzustellen. Es war den Böhms nie klar geworden, wie es eigentlich angefangen hatte. Von einem bestimmten Tag an konnte der Kater Türen öffnen. Vielleicht hatte er es sich von seiner Mutter, einer kleinen wendigen Katzendame abgeschaut. Sie sprang auf die Klinke und drückte sie durch geschickte Gewichtsverlagerung nach unten, bis die Tür aufging. Morpheus war so groß, dass er bereits mit gestrecktem Körper die Klinke erreichen konnte. Das genügte allerdings nicht, um sie zu bewegen. Befand er sich auf der Seite der Tür, die sich nach innen öffnete, sprang er ein Stück hoch und hängte sich mit der einen Pfote auf die Achse der Türklinke. Danach zog er gelassen mit der anderen Pfote am Griff, und die Tür bewegte sich in die Richtung, in der die Katermasse hing. Besonders herzinfarktträchtig war seine Öffnungstechnik für Türen, die zur anderen Seite aufgingen. Dazu nahm er regelrecht Anlauf, dann folgte nahezu gleichzeitig Hochspringen, Einhängen und Drücken der Klinke. Mit großem Schwung krachte er gegen die Tür, die schlagartig aufflog. Besucher, die nicht vorgewarnt waren, fuhren regelmäßig senkrecht aus den Sesseln in die Höhe.

Außerdem schlich sich Morpheus häufig unbemerkt ins Arbeitszimmer. Er liebte Wärme und Menschennähe und besonders den Platz auf dem Schreibtisch unter der Lampe. Meistens bemerkte Gerhard ihn erst, wenn er auf den Tisch gesprungen war, doch dann war es bereits zu spät. Im nächsten Moment hatte sich der Kater direkt vor Gerhard auf die Karte gepflanzt und rekelte sich unter der Schreibtischlampe auf dem Papier. Ihn einfach wegzunehmen wäre der größte Fehler, den Gerhard machen konnte. Wenn er die Hände um sein dickes Fell schloss und ihn anhob, krallte sich das Tier in die Karte und nahm sie reflexartig mit.

Noch schlimmer war es, wenn Gerhard die Karten auf dem Boden ausgebreitet hatte. Dann sprang der Kater mit wahrer Wollust auf das Papier, rutschte über die Karte und schob sie zu einem Faltengebirge zusammen. Mit dem restlichen Schwung ließ er sich auf die Seite fallen und ruderte so heftig mit Hinter- und Vorderpfoten, dass der gesamte Faltenberg als Papierkugel unter den dicken Bauch wanderte. Das waren die kritischen Momente, in denen Gerhard die Beherrschung verlieren konnte. Inzwischen hatte er aus den Erfahrungen gelernt und ließ die Tür zu seinem Arbeitszimmer nicht mehr offen stehen. Wenn Morpheus nun mit seiner Massenschwungtechnik ins Zimmer einbrach, hörte er es rechtzeitig und konnte Gegenmaßnahmen ergreifen. Leider ließ sich die Glastür nicht abschließen, was Gerhard oft bedauerte.

Am Wochenende saß er wieder über seinen Karten. Katrin murrte bereits, dass sie ihn abends gar nicht mehr zu Gesicht bekam. Aber er musste die Daten der letzten Tage eintragen. Diesmal war er allein unterwegs gewesen, während Katrin in Köln mit Einkäufen und Arztbesuchen beschäftigt war. Gerhard hatte gerade vier Geländekarten auf dem Boden aneinander gelegt, als er plötzlich ein menschliches Bedürfnis verspürte.

»Katrin!«, rief er die Treppe hinunter. »Ich muss ganz dringend aufs Klo. Pass bitte solange auf, dass Morpheus nicht in mein Zimmer geht!« Dann hetzte er ins Badezimmer. Er hörte die Antwort von Katrin nicht mehr, die ihn bat, noch einen Augenblick zu warten, weil sie zuerst das Essen aus dem Backofen nehmen musste.

Gerhard war eine Weile gefesselt. Etwas, das er unterwegs in einer Gaststätte gegessen hatte, war nicht richtig auf seinen Magen abgestimmt gewesen. Als er sich die Hände wusch, hörte er Katrin laut schimpfen. Ihm schwante Böses. Mit nassen Händen eilte er in Richtung Arbeitszimmer.

Es war, als hätte er es geahnt. Katrin beugte sich über den Kater und versuchte, ein grün-weißes Papierknäuel aus dem Griff seiner

Pfoten zu befreien. Morpheus hatte seinen üblichen verschmitzten Katergesichtsausdruck aufgesetzt und hielt krampfhaft fest.

»Das darf doch wohl nicht wahr sein!«, schrie Gerhard in einer Lautstärke, dass der Kater sofort alles losließ, ruckartig auf die Beine sprang und wie ein Blitz an ihm vorbeischoss. Gerhard versuchte ihn zu packen, rutschte aber mit den nassen Händen an der beschleunigten Masse ab. Der nächste Griff ging zum Hausschuh. Wütend schleuderte er den Pantoffel aus der Hüfte dem flüchtenden Untier hinterher. Doch er traf nur ein Trockengesteck auf dem Flur. Zum Glück war die Vase nicht viel wert.

Jetzt waren alle Zutaten für einen handfesten Ehekrach beisammen. Als verstärkender Faktor erwies sich die Erkenntnis, dass Teile der in die Geländekarte eingetragenen Informationen zerstört waren und Gerhard sich in seinem Zorn nicht mehr genau an alle Daten erinnern konnte oder wollte.

Morpheus war in der griechischen Mythologie der Gott der Träume. Morpheus Böhm entwickelte immer mehr Ähnlichkeit mit einem Gott der Alpträume.

In diesem Moment ging die Tür. »Hallo! Ich bin's!«

Susanna war nach Hause gekommen. Sie trat in den Flur und starrte auf die Bescherung. »Was ist denn hier los?« Fragend schaute sie Gerhard an, der gerade aus seinem Zimmer kam, in der Hand das grün-weiße Kartenknäuel. Susanna machte auf dem Absatz kehrt und steuerte ihr Zimmer an. »Hab schon verstanden! Will gar nichts mehr wissen.« Und weg war sie.

Katrin war klar, dass es eine Weile dauern würde, bis sich Gerhard wieder beruhigt hatte. Sie ließ ihn an diesem Abend in Ruhe und ging ausnahmsweise etwas früher ins Bett.

Ein leichtes Knistern ließ Gerhard mitten in der Nacht wach werden. Es war 3:20 Uhr. Durch das Fenster drang ein schwacher Schein von der nächtlichen Lichtglocke über Köln in das Zimmer. Das merkwürdige Geräusch schien aus einer Zimmerecke zu kommen, wanderte in den Kleiderschrank, verstärkte sich zu einem merkwürdigen Knarzen und erfasste das Ehebett. Gleichzeitig dröhnte ein tiefes Brummen durch den Raum. Bereits beim ersten Knacken war Gerhard wie elektrisiert aufgesprungen. Als das Bett heftig wackelte, stand er bereits an der Balkontür und suchte mit zittrigen Fingern den Schlüssel.

»Ein Erdbeben!«, rief er. »Schnell zur Tür!«

»Was rüttelst du so am Bett? Und was ist das für ein Lärm?«, kam es schlaftrunken von Katrin. Erst dann bekam sie mit, dass das ganze Haus zitterte. »Erdbeben? Ist das wirklich ein Erdbeben? Das gibt es hier doch gar nicht!«

Es war für beide das erste Mal, dass sie es hautnah erlebten.

Wenige Sekunden später war der Spuk vorbei. Gerhard stand immer noch an der Tür und suchte den Schlüssel.

»Mann, das hat mich aber kalt erwischt!« Gerhard versuchte, sich zu beruhigen. »Ich konnte die ganze Nacht nicht richtig schlafen. Ich habe ständig Bilder von Störungen, Beben und Vulkanen im Kopf gewälzt. Und jetzt so etwas!«

»Typisch. Du konntest wieder mal nicht richtig abschalten, nichtwahr?«

»Nein, nicht nach diesem Abend. Mir war sofort klar, dass das ein Erdbeben ist. Ich konnte sogar hören, aus welcher Richtung es kam. Direkt aus Westen. Mach das Radio an, vielleicht bringen sie schon etwas darüber. Ich schaue mal nach, ob irgendwelche Risse im Haus zu sehen sind.«

Gerhard machte einen Rundgang durch die Zimmer. Susanna rekelte sich unruhig in ihrem Bett. Offenbar hatte sie alles verschlafen. An den Fensterstürzen und im Treppenhaus schienen sich alte Risse vergrößert zu haben. Gerhard beschloss, die genauere Untersuchung auf den nächsten Tag zu verschieben.

Als er wieder zu Katrin ins Bett kroch, kam die erste Meldung. Der Sprecher berichtete von einem deutlich spürbaren Beben, dessen Zentrum vermutlich im Oberrheingraben lag und nur kleinere Schäden verursacht hatte.

»So ein Blödsinn!«, erregte sich Gerhard. »Das kann auf keinen Fall der Grund sein.«

»Wie kann es hier überhaupt so starke Beben geben?« Katrin gähnte und drehte sich auf die Seite.

»Diese Gegend ist eben tektonisch aktiver, als wir bisher angenommen haben.«

Gespannt warteten sie auf die Nachrichten um 3:30 Uhr. Das Beben war nun das wichtigste Thema. Inzwischen hatte man auch das Zentrum ermittelt. Es lag südwestlich von Aachen im Hohen Venn und hatte immerhin eine Stärke von 5,9 auf der Richterskala erreicht. Über Verletzte oder Schäden an Gebäuden konnten noch keine genauen Angaben gemacht werden. Aber die Sache schien sich in Grenzen zu halten.

»Also habe ich mich doch nicht getäuscht.«

»Und? Gibt es Risse im Haus, oder müssen wir sogar ausziehen?«

»Ach, so kräftig war das Beben hier zum Glück nicht mehr. Aber ein paar leichte Schäden sind schon zu sehen, besonders die Treppe hat es erwischt. Aber das schaue ich mir morgen in Ruhe an.«

»Kann es noch zu Nachbeben kommen?«

»Klar, aber die sind meistens nicht mehr so stark.«

»Sollten wir vielleicht Marcello anrufen? In Aachen war es sicher deutlich heftiger.«

»Um diese Uhrzeit? Andererseits dürfte er auf jeden Fall wach geworden sein.« Gerhard griff nach dem Telefon und drückte die eingespeicherte Nummer. Marcello brauchte eine Weile, bis er am Apparat war.

»Hallo, wie sieht es bei euch aus? ... Wie bitte?« Gerhard verzog das Gesicht zu einem leichten Grinsen.

»Na, dann noch viel Spaß!« Gerhard legte auf und drehte sich amüsiert zu Katrin um.

»Nun spann mich nicht auf die Folter. Was ist passiert?«

»Marcello hat einen Freund zu Besuch.«

»Und?«

»Er hat auf dem Boden geschlafen, genau vor dem Aquarium.«

»Ich ahne es.«

»Genau! Die sind gerade fleißig dabei, die Bude auszuwischen und den Schlafsack trocken zu legen.«

»Kaum zu glauben, dass so etwas urplötzlich passieren kann.«

»So etwas kommt halt vor. Jetzt möchte ich doch noch etwas schlafen. Gute Nacht!«, brummelte Gerhard, drehte sich auf die Seite und zog sich das Kissen über den Kopf.

Am nächsten Morgen war der Streit vom Vorabend vergessen. Auch Morpheus hatte längst kein schlechtes Gewissen mehr. Das war an seinen halb zusammengekniffene Augen bei gleichzeitig leicht nach hinten gedrehten Ohren zu erkennen, während er auf spitzen Pfoten etwas hektisch durch den Raum trippelte. Nachdem er sein gewohntes Futter bekommen hatte, war er wieder ganz der Alte. Vom Erdbeben schien der Kater nicht beeindruckt worden zu sein.

Richtig ausgeschlafen fühlte sich keiner der Böhms. Trotzdem war Gerhard leicht aufgekratzt. So früh wie möglich wollte er mit seinem Kollegen aus der Geophysik sprechen. Der konnte ihm vielleicht schon sagen, um welche Art von Beben es sich handelte. Gerhard witterte eine große Chance, mit diesem tektonischen Ereignis endlich die lang erhoffte Schlüsselinformation für die weiteren Untersuchungen in der Eifel zu bekommen.

Am frühen Vormittag war es so weit. Die ersten vorläufigen Berechnungen seiner Kollegen lagen vor.

»Und? War es ein Abschiebungsbeben oder ein Seitenverschiebungsbeben?«, fragte Gerhard ungeduldig am Telefon. Er hatte Arne Schäfer in der Erdbebenstation Bensberg auf seinem Privathandy angerufen. Die offizielle Leitung war den ganzen Morgen lang durch Anfragen von Presse und Privatleuten blockiert.

»Nach den ersten Abschätzungen war es eine Kombination von beiden«, sagte Arne. »Wobei die Seitenverschiebung einen etwas größeren Anteil hat.«

»In welcher Richtung?«

»Das lässt sich natürlich noch nicht ganz genau sagen, aber ich würde ungefähr auf Ost-West oder Nord-Süd eingrenzen.«

»Endlich!«, entfuhr es Gerhard.

»Es ist mir allerdings ein Rätsel, zu welcher Störung das Beben gehören soll. In dieser Region ist mir keine bekannt.«

»Ich werde sie dir demnächst liefern. Ruft mich an, sobald ihr die genaue Lage des Herdzentrums und die Richtung habt. Das könnte mir sehr helfen.«

Gerhard versprach, einen Kasten Kölsch auszugeben, wenn er mit Arnes Hilfe die Störung fand, und meldete sich zu einem Besuch an, um seine neuesten Erkenntnisse vorzustellen.

Am Abend klingelte das Telefon, als Gerhard gerade das Institut verlassen wollte. Es war Arne.

»Es hat ein bisschen gedauert, aber dafür haben wir jetzt eine recht genaue Lagebestimmung.« Er gab die Koordinaten des Bebenzentrums durch.

»Und die Richtung der Seitenverschiebung?«

»Du weißt ja, bei dieser Methode gibt es immer zwei Möglichkeiten. Du als Geologe müsstest mir dann sagen, welche von beiden die wahrscheinlichere Richtung ist.«

»Ist klar. Sag an.«

»Die eine Richtung ist etwa Nord-Süd und die andere Ost-West, fast im rechten Winkel dazu. Aber nicht ganz genau, sondern leicht nach Süd gedreht.«

»Hervorragend, das habe ich gebraucht! Besten Dank! Vielleicht gibt es demnächst etwas Flüssiges.«

Gerhard packte eilig die Geräte für den Geländeeinsatz ein und fuhr nach Hause.

»Katrin!«, rief er, sobald er durch die Haustür getreten war.

»Erst einmal guten Abend.« Sie ging zu Gerhard und nahm ihn kurz in den Arm. »Was gibt es so Dringendes?«

»Pack deine Sachen für morgen ein. Wir fahren raus. Könntest du Abendbrot machen? Ich muss noch etwas in der Karte nachschauen.«

Gerhard stürmte nach oben in sein Arbeitszimmer und suchte die Karten vom Aachener Gebiet bis zum Rhein aus seiner Sammlung heraus.

Gespannt trug er die Koordinaten, die Arne ihm genannt hatte, in die Karte ein. Dann legte er ein langes Lineal an den Punkt und drehte es langsam aus der Ost-West-Richtung nach Süden. Der Drehpunkt war das Bebenzentrum. Entlang der immer wieder neu entstehenden Linien suchte er nach Auffälligkeiten in der Karte. Nach einer halben Stunde hatte er sich festgelegt. Der Vergleich mit den geologischen Karten ließ nur einen Verlauf zu, der keine Widersprüche aufwies. Aber das, was Gerhard viel mehr faszinierte, war der Übergang der vermuteten Störungen in das Neuwieder Becken weit im Osten des Bebengebietes.

Katrin hatte ihn schon zweimal zum Abendessen gerufen. Nun rief er sie zu sich ins Arbeitszimmer.

»Schau mal, wohin die vermutete Störung in östlicher Richtung führt, wenn ich die Bebenfläche verlängere.«

»Ich fürchte, das wird mein laienhaftes Auge erst erkennen, wenn Herr Professor eine genauere Erklärung abgegeben hat.«

Gerhard war viel zu aufgeregt, um auf Katrins Ironie einzugehen. »Du kennst doch den Rheinübergang vom Neuwieder Becken bei Koblenz in das Tal nördlich davon.«

»Das müsste ein Stück südlich von Brohl sein, wo wir zusammen im Gelände waren.«

»Genau! Da gibt es einen Basaltvulkan, der vor fünfzig- oder hunderttausend Jahren noch aktiv war. Seine Lava ist damals auf einem Flussniveau in den Rhein gelaufen, das nicht viel höher lag als das heutige.«

»Das heißt, dass das Tal schon damals fast bis auf diese Höhe eingeschnitten war?«

»Exakt. Es muss die unterste Mittelterrasse gewesen sein. Aber die spannende Frage ist jetzt, ob wir im Gelände eine Störung finden, die darauf zuläuft.«

»Und wenn wir sie finden?«

»Dann werde ich mir den Vulkan mit ganz anderen Augen ansehen. Ich glaube, wir sollten heute ein bisschen feiern. Irgendwie ist mir danach zumute. Was gibt es zu essen?«

»Ich habe die selbstgebackene Pizza aufgetaut. Marcello hat vorhin angerufen. Er will wegen irgendwelcher Unterlagen vorbeikommen und hat sich gleich ein Stück bestellt.«

»Wahrscheinlich sollen wir ihn über das feuchte Beben hinwegtrösten. Gut, dann trinken wir heute den Rioja.«

»Den uns Pedro geschenkt hat?«

»*Exacto*! Der passt bestimmt ausgezeichnet dazu.«

Gerhard rief sich genüsslich den Geschmack des Weines in Erinnerung, den er durch seinen spanischen Freund kennen und schätzen gelernt hatte. Hinzu kam ein immer stärker werdendes Hungergefühl, das die Vorfreude auf das Essen steigerte. In dieser Stimmung spürte er, fast unbewusst, den Hauch einer unbestimmten Vorahnung, aber so schwach und tief im Untergrund, dass es ihm mühelos gelang, ihn während des Abends mit Katrin und Marcello aus seinen Gedanken zu verdrängen.

Der nächste Tag begann für die Böhms sehr früh. Gerhard wollte noch vor dem Berufsverkehr den Kölner Ring hinter sich lassen. Zum Glück sollte es den Tag über trocken bleiben – beste Voraussetzungen für das Programm, das er sich vorgenommen hatte. Als

Erstes brauchte er tiefe Taleinschnitte, die die mögliche Störung querten, möglichst in großem Winkel. Sein Ziel war deshalb das Ahrtal bei Dernau, westlich von Bad Neuenahr. Doch zuvor musste er zwei neue Diplomanden an einer Bushaltestelle einladen. Er hatte Silja und Lutz, die nur noch eine Diplomarbeit für ihren Studienabschluss brauchten, angeboten, über die Störungen zu arbeiten. Diese Exkursion war eine gute Gelegenheit, die Problematik im Gelände kennen zu lernen.

»Na, schon wach?«, empfing Gerhard die beiden. »Das sind ja eigentlich keine Studentenzeiten.«

»Geht schon«, murmelten sie und begrüßten Katrin.

»Bei diesen Verkehrsverhältnissen müssten wir mit einer guten halben Stunde Fahrt hinkommen«, erklärte Gerhard, als er auf die Autobahn fuhr. »Ich werde die Zeit nutzen, um Ihnen schon einiges über die Situation zu erzählen.«

»Gut, dann schlafen wir nicht gleich wieder ein.« Silja richtete sich auf und rieb sich die Augen.

Gerhard fasste die bisherigen Geländeergebnisse kurz zusammen und erklärte seine weiteren Pläne. Katrin nutzte die Gelegenheit, die Diskussion des ersten Tages mit Gerhard im Gelände fortzusetzen.

»Du hast mir doch neulich einiges über die Basalte erzählt. Von den Schmelzen, die aus mindestens fünfzig Kilometern Tiefe aufsteigen sollen.«

»Ja. Worauf willst du hinaus?«

»Heißt das, alle Vulkanberge, die ich in der Eifel kenne, sind aus dieser Tiefe versorgt worden?«

»Nicht alle, aber die meisten.« Gerhard nahm das Thema dankbar auf und wandte sich gleichzeitig an Silja und Lutz. »Das Schiefergebirge ist schon seit vierzig Millionen Jahren aktiv. Im Laufe der jüngeren Erdgeschichte sind in der Eifel, im Siebengebirge und im Westerwald immer wieder Vulkane ausgebrochen. Die letzten vor wenigen zehntausend Jahren, zum Beispiel einer, der direkt am Rhein liegt und der mich seit gestern besonders interessiert.«

»Dann streng dich an, damit du vielleicht den nächsten Ausbruch vorhersagen kannst.« Katrin drehte sich lachend zu Silja und Lutz um.

»Ach, das wäre schon phantastisch, wenn das so einfach ginge«, fuhr Gerhard unbeirrt fort. »Aber nach dieser langen Ruhephase lässt sich ein Ausbruch erst vorhersagen, wenn es eindeutige Anzeichen gibt.«

»Was wäre das für Anzeichen?«, fragte Silja.

»Gehäuft auftretende Erdbeben, die durch den Aufstieg der Schmelze ausgelöst werden, starke Gasaustritte mit bestimmten Zusammensetzungen und ein paar andere Dinge, die man mit geophysikalischen Messgeräten feststellen kann.«

»Das geht doch sicher nur sehr kurzfristig.«

»Klar. Eine langfristige Vorausbestimmung des Ausbruchszeitpunkts ist einfach unmöglich. Das wäre genauso unseriös wie der Versuch, das Wetter für Donnerstag, den 4. April in drei Jahren vorherzusagen.«

»Das wäre tatsächlich etwas gewagt.«

»Aber für die Eifel kann man langfristig relativ sicher vorhersagen, dass es wieder einen Ausbruch geben wird. Die Verhältnisse im Erdmantel sprechen dafür. Nur wann genau und wo das sein wird, lässt sich nicht prophezeien.«

»Und das könnt ihr auch mit all euren teuren Messgeräten nicht genauer eingrenzen?«

»Nein, so weit sind wir noch nicht. Die Stellen im Mantel, wo sich zurzeit Magmen befinden können, sind kaum oder nur mit sehr großem Aufwand zu finden.«

»Und wie ist es mit dem Laacher See?«, fragte Lutz. »Der soll doch eine riesige Magmakammer gehabt haben. So etwas müsste man doch orten können.«

»Das ist alles nicht so einfach, wie es in den Modellen dargestellt wird.«

»Du hast gesagt, dass die basaltische Schmelze beim Laacher See einen Zwischenstopp in der Kruste eingelegt hat.« Katrin machte es großen Spaß, endlich mitdiskutieren zu können.

»Genau. Und da kamst du mit dem Hinweis, dass sie gerostet ist. Ihr versteht?«, fragte Gerhard nach hinten. »Rasten und rosten?«

Lutz nickte etwas abwesend. »Das ist etwas, das ich mir nie richtig vorstellen konnte«, meinte er. »Wieso kommt die Schmelze an manchen Stellen sofort an die Oberfläche, während sie anderswo im Untergrund bleibt?«

»Unter dem Laacher See hat sich eine Magmakammer gebildet, die von einer Basaltschmelze oder etwas Ähnlichem ausgefüllt wurde«, erklärte Gerhard. »Aber solche Kammern waren vorher nicht etwa Hohlräume in der Kruste, sondern Bereiche, die unter starker Zugspannung stehen, sodass sie auseinander gehen, wenn das Magma kommt. Der entstehende Raum wird sofort wieder ausgefüllt.«

»Und woher kommt diese Zugspannung?«

»Zum Beispiel durch eine Seitenverschiebung an dieser Stelle. Das habe ich meiner Frau neulich genau wie Ihnen in der Vorlesung mit den Händen erklärt. Mit den kleinen Kanälen, die sich bei der Verschiebung bilden. In der Kruste können an gewellten Störungen auch größere Bereiche extrem gedehnt und mit Magma ausgefüllt werden.«

»Trotzdem kann ich mir das immer noch nicht so richtig vorstellen.«

»Aber Sie können sich vorstellen, einen Gartenschlauch in der Hand zu haben und ihn senkrecht in die Luft zu halten.«

»Klar.«

»Oben sprudelt fleißig das Wasser raus, und irgendwo weiter unten ist der Schlauch weich geworden, aus irgendeinem Grund. Können Sie sich vorstellen, was jetzt passiert.«

»Es bildet sich eine dicke Blase, bis sie platzt.«

»Ähnlich ist es bei einer Magmakammer. Nur dass die nach oben platzt, weil sich Gas ansammelt, das irgendwann explodiert.«

»Wie beim Ausbruch des Laacher Sees?«

»Genau. Der eigentliche Vulkan des Laacher Sees ist übrigens gar nicht mehr da, weil er weggesprengt wurde. Anschließend ist noch die Kruste über der Magmakammer eingebrochen, weil daraus mindestens ein halber Kubikkilometer Gesteinsschmelze ausgeworfen wurde. Dadurch ist dieser Kessel entstanden, den man Caldera nennt. Die Senke, sie ist übrigens nur etwa einen halben Kubikkilometer groß, hat sich dann allmählich mit Regenwasser gefüllt.«

»Der Laacher See ist also kein Maar?«

»Nein, eben nicht, sondern eine Caldera, ein Einbruchkessel!«

Sie fuhren inzwischen auf der Straße, die nach Dernau direkt ins Ahrtal führte. Der Übergang von der Hochfläche zum steilen Taleinschnitt gab eine beeindruckende Aussicht auf den Flusslauf frei. Die Ahr bog bei Dernau fast im rechten Winkel von Nord-Süd nach Ost-West um. Die unteren Talhänge waren mit abenteuerlich steilen Weingärten ausgekleidet. Erst die oberen Lagen, die für einen Weinbau zu kalt waren, wurden durchgehend von Buschwerk und Laubäumen eingenommen. Die Schuttmassen an den Weinhängen erlaubten den Geologen einen schnellen Einblick in die darunter anstehenden Gesteine.

Es gab zwei Gründe, warum Gerhard sich für diesen Tag die Umgebung von Dernau vorgenommen hatte. Zum einen querte die Linie, die er in die Karte eingezeichnet hatte, den Talanschnitt in einem passenden Winkel. Ein weiterer Grund für die Wahl des Ahrtales war Morpheus. Die von ihm vernichteten Daten der anderen Störungsrichtung hatte Gerhard in der Nähe von Dernau aufgenommen, und nun wollte er diese Erkundung wiederholen.

Er versuchte, so dicht wie möglich an den vermuteten Störungsdurchgang heranzukommen und hielt schließlich mitten in einem Weinberg an.

»Nach der sicherlich dringend nötigen Pinkelpause gebe ich eine Einführung in das Gebiet. Für die Damen befindet sich da hinten ausreichend Gebüsch.«

»Danke für die freundliche Rücksichtnahme«, brummte Katrin. Sie musste sich erst noch an den Ton gewöhnen, den Gerhard bei Exkursionen anschlug.

Als sie zurückkam, studierte er bereits die Karten. Sie baute sich neben ihm auf und hielt ihm einen Quarzblock hin.

»Suchst du nicht so etwas?«

»Das ist ja ein Ding!«, staunte Gerhard. »Wo hast du den gefunden?«

»Im Gebüsch da hinten.«

»Letzte Woche habe ich da oben am Hang, aber viel weiter rechts, die andere Störung entdeckt. Von dort kann der Block eigentlich nicht stammen.«

»Vielleicht ist er von einem Winzer verschleppt worden«, sagte Lutz, der ebenfalls die Erleichterungspause beendet hatte.

»Aber dort drüben gibt es jede Menge davon.« Auch Silja hatte einen Brocken mitgebracht.

»Der ist hoffentlich trocken«, sagte Lutz grinsend.

Katrin schaute Silja kopfschüttelnd an. »Ich glaube, ich werde mich noch an einiges gewöhnen müssen.«

Gerhard legte ein Lineal auf die Karte und probierte verschiedene Winkel aus.

»Vielleicht ist die Stelle da oben gar keine von deinen bisherigen Störungen, sondern eine Ost-West-Richtung. Oder sogar eine Kreuzung von beidem«. Überlegte Katrin.

»Wenn das stimmt, nehme ich alles zurück, was ich gegen Morpheus und dich gesagt oder auch nur in Ansätzen gedacht habe.«

Gerhard teilte die Gruppe auf, damit sie einzeln den gesamten Hang absuchen konnten. Lutz und Silja hatten schnell die Zusammenhänge begriffen und waren überzeugt, die richtigen Gesteine zu erkennen. Zu viert erklommen sie den Weinberg und den oberen Grüngürtel. Als sie sich noch ein Stück höher auf einem Feldweg trafen, war die Sache eindeutig. Alle hatten Hinweise auf die Störung gefunden, und Gerhard konnte bereits die grobe Richtung in die Karte eintragen.

»Könnten Sie vielleicht den Bus heraufholen?«, fragte er die Diplomanden. »In der Zwischenzeit werden wir uns hier im Wald die Fortsetzung nach Westen anschauen.«

Als die beiden hinter der Kante verschwunden waren, stießen Gerhard und Katrin ins Gebüsch vor. Nach fünfzig Metern fanden sie die ersten großen Quarzblöcke.

»Volltreffer! Es hat sich gelohnt, sich hier noch mal umzusehen.«

»Schau mal, die vielen Ameisenhaufen da hinten!« Katrin zeigte in die Richtung, in der sie die Störung vermuteten.

»Das hatten wir doch schon mal.«

»Ja, unten am Hang zum Brohltal.«

»Ich habe den Bus gehört. Lass uns zurückgehen.«

Zu viert berieten sie über die Punkte, die sie als Nächstes anfahren wollten. Sie lagen zwischen Dernau und dem Rheintal, teilweise mitten im Wald. Bereits am ersten Punkt wurde klar, dass sie auf der richtigen Spur waren. Jedes Mal zeigte sich das gleiche Bild, eine Häufung von Quarzblöcken mit Vererzungen und Grabungsspuren früher Vorfahren.

An diesem Tag konnten sie die erste Ost-West-Störung über mehrere Kilometer festlegen. Gerhard war äußerst zufrieden. Dass sich die Sache so eindeutig nachweisen ließ, hatte er nicht erwartet.

»Leute, wir haben sie. Morgen muss ich einen Kasten Kölsch kaufen.«

»Für wen?«, wollte Katrin wissen.

»Für Arne. Er ist schuld – und natürlich das Beben –, dass ich überhaupt auf den richtigen Trichter gekommen bin.«

»Dann musst du auch Morpheus einen ausgeben. Früher oder später hättest du die von ihm vernichteten Daten noch einmal aufgenommen. Spätestens dann wäre dir die Störung bei Dernau aufgefallen.«

»Da ist was dran. Also werde ich mir auch mit dem Kater einen Kater trinken.«

In den nächsten Tagen fuhr Gerhard abwechselnd mit den Diplomanden und mit Katrin in die Eifel. Die Arbeiten waren außergewöhnlich erfolgreich. Es war wie mit einem Puzzle, bei dem die ersten Teile zusammenpassten und die Struktur erkennbar wurde. Die erstaunlichste Eigenschaft der neu entdeckten Störung in Ost-West-Richtung war der unbeirrbar geradlinige Verlauf. Damit war es nur eine Frage der Zeit, bis sie weitere, parallel verlaufende Störungen im Süden finden würden. Dort lag der Laacher See, der nach Gerhards Überzeugung etwas mit dieser neuen Störungsrichtung zu tun haben musste. In der näheren Umgebung des Einbruchkessels überdeckten die jungen Vulkanaschen alle Hinweise, aber weiter entfernt musste es Hinweise geben, aus denen der Verlauf vielleicht zu ermitteln war.

Eine Woche nach dem Fund der ersten Ost-West-Störung waren Gerhard und Katrin wieder im Gebiet des Laacher Sees. Weit im Westen außerhalb der mächtigen jungen Vulkanascheschichten hatten sie vier Stellen mit Quarzgängen gefunden, die ebenfalls genau auf einer Linie lagen.

Der Wetterbericht verhieß nichts Gutes für diesen Tag. Gegen Mittag zogen dichte Wolken auf und ließen die ersten starken Schauer auf die Eifel niederprasseln. Nicht weit vom letzten Fundpunkt am Waldrand in der Nähe des Örtchens Spessart stand eine halb verfallene Schutzhütte, in die sich die beiden flüchteten.

»Ich werde die Gelegenheit nutzen und die Punkte sauber in die Karte eingetragen.« Gerhard setzte sich an einen vermoosten Holztisch und breitete das Messtischblatt aus.

»Sogar hier neben der Hütte ist ein großer Ameisenhügel«, sagte Katrin, die am kleinen Fenster stand und in den Regen hinausschaute. »Die blöden Viecher haben genau unter der Dachtraufe gebaut. Jetzt läuft denen das ganze Wasser auf die eine Hälfte des Hügels.«

»Dafür bleibt die andere trocken. Vielleicht mittelt sich das weg. Gib mir doch bitte aus deinem Rucksack die fünfzigtausender Übersichtkarte Bad Neuenahr-Ahrweiler und das lange Lineal. Ich muss unbedingt wissen, wohin die Verlängerung läuft.«

Katrin schaute zu, wie Gerhard die Punkte in die Karte eintrug und sie mit dem Lineal verband. Weiter in Richtung Osten fuhr der Bleistift südlich an Brenk vorbei, streifte die Caldera des Wehrer Kessels und querte das südliche Drittel des Laacher Sees. Der Strich traf am östlichen Rand des Sees genau auf die Zacke mit dem kleinen Randvulkan. Dort lag das Kulturdenkmal Alte Burg.

Gerhard pfiff durch die Zähne und drehte sich zu Katrin um. Mit ernster Miene sah er sie an. Nervös schlug er mit dem Lineal in die offene linke Hand.

»Jetzt wird mir etwas flau in der Magengegend. Weißt du, was wir da gefunden haben?«

»Inzwischen bin ich so weit drin, dass ich es mir denken kann.«

»An dieser Linie liegen die großen Ausbruchszentren der letzten Vulkantätigkeit.« Gerhard machte bewusst eine Pause. »Und nach Osten in Richtung Rhein werden sie immer jünger.«

Es schüttete so stark, dass sie beschlossen, bis zur nächsten Regenpause unter dem Dach zu bleiben. Katrin schaute durch die Fensteröffnung auf den Ameisenhaufen. Das Wasser rann in einem kräftigen Strahl von der vorderen Dachkante direkt auf den Rand des Nestes. Immer mehr Ästchen und Nadeln wurden weggeschwemmt. Ameisen, die sich an die Stöckchen klammerten, wurden mitgerissen. Der ganze Haufen schien in Aufregung. Auf seiner Oberfläche entwickelte sich scheinbar ein völlig chaotisches Treiben.

»Wahnsinn!« Katrin war regelrecht entsetzt. »Die kleinen Kerlchen haben gegen so ein bisschen Wasser fast keine Chance. Bin ich froh, dass wir eine besser angepasste Größe haben.«

»Das sind keine Kerlchen, das sind alles Arbeiterinnen. Und was die Chancen betrifft, geht es uns oft genauso. Manchmal ist auch der Mensch völlig machtlos gegen Überschwemmungen, wenn es richtig dick kommt.«

»Ja, aber ganz hilflos sind wir in der Masse nicht. In den meisten Fällen gibt es Hilfe durch Boote oder Hubschrauber oder was auch immer.«

»Und auch genügend Opfer. Denk an die vielen Schlammströme oder die Tsunamis. Aber du hast recht, das sind immer Ausnahmesituationen. Die Ameisen müssen bei jedem größeren Regen mit diesen Widrigkeiten kämpfen.«

»Zumindest die hier unter dem Dach. Mich wundert nur, dass sie das Problem nicht erkennen und den Haufen um einen halben Meter versetzen. Die arbeiten doch sowieso ständig an ihrem Bau.«

»Das muss wohl daran liegen, dass dieser Standort trotz regelmäßiger Katastrophen einen Vorteil bietet, der die Verluste mehr als ausgleicht. Sonst wäre das Nest schon längst eingegangen. Vermutlich hat er schon einige Jahre auf dem Buckel – beziehungsweise Hügel. Aber frag mich nicht, worin dieser Vorteil liegen könnte.«

»Merkwürdig...- Ich glaube, der Regen hat etwas nachgelassen.«

»Ja, lass uns zum Auto zurückgehen. Ich finde, für heute haben wir genug getan. Wir sollten direkt nach Köln fahren. Bei dem Wetter werden wir ohnehin nicht mehr viel erreichen.«

Das Programm für die nächsten Wochen stand fest. Der Vorlesungsbetrieb des Sommersemesters hatte begonnen und die Tage, an denen sich Gerhard ins Gelände absetzen konnte, waren gezählt. Lutz und Silja hatte er die Aufgabe gestellt, den nördlichen Teil der Eifel an der Ahr auf weitere Störungen zu untersuchen. Die Laacher-See-Störung weiter im Süden ließ Gerhard keine Ruhe. Den Kasten Kölsch hatte er inzwischen bei Arne Schäfer abgeliefert und in einer größeren Runde verköstigt, nicht ohne seine neuesten Erkenntnisse zur jüngeren Tektonik der Eifel zu präsentieren. Gleichzeitig hatte Gerhard von einer Häufung von Mikrobeben bei Plaidt erfahren, einem Ort im Neuwieder Becken südöstlich des Laacher Sees. Diese spürbaren Beben waren erst in letzter Zeit aufgetreten. Auffällig war, dass das kleine Bebenzentrum genau an der konstruierten Linie lag, die er Laacher-See-Störung nannte.

Das musste reichen, um einen Antrag auf Forschungsförderung zu stellen. Für das große Projekt, das Gerhard im Kopf hatte, war der Einsatz mehrerer Doktoranden notwendig. Nur mit Diplomanden war er nicht in der Lage, das gesamte Gebiet der Eifel und des Westerwaldes zu erforschen, es sei denn, er nahm sich dafür mehrere Jahrzehnte Zeit. Was fehlte, war eine moderne Bearbeitung des gesamten Raumes, unter Berücksichtigung der Zusammenhänge zwischen junger Tektonik, Erbbebentätigkeit und Vulkanismus. Außerdem erwiesen sich die ständigen Geländeeinsätze als recht kostspielig für ihn. Bereits jetzt musste er tricksen, um wenigstens die Dieselkosten für den Bus der Abteilung bezahlen zu können. Hinzu kamen die vielen Landkarten, Luftbilder und Lizenzen für Computerkarten. Die Übernachtungskosten trug er ohnehin schon privat, weil Katrin ab und zu dabei war.

Als Gerhard sich Mitte April eines Abends an seinen Schreibtisch setzte und den ersten Entwurf für einen Förderungsantrag niederschrieb, ahnte er nicht im Geringsten, welche Aktualität seine Forschung in gar nicht ferner Zukunft bekommen würde.

KAPITEL 2

Die nächsten Monate waren vollgepackt mit Vorlesungen, Hochschulverpflichtungen, Vorträgen und einzelnen Tagen im Gelände. Häufig dienten die Exkursionen dazu, Lutz und Silja zu betreuen, die viele Erkenntnisse über neue Störungen zusammentrugen. Mit ihrer Hilfe wurde allmählich ein System sichtbar, das offenbar über ein viel größeres Gebiet ausgedehnt war, als Gerhard vermutet hatte. Es gab eine eindeutige Fortsetzung über den Mittelrhein bis in den Westerwald. Gelegentlich äußerte er den Verdacht, dass sich die Störungen vielleicht sogar bis in den Harz oder den Bayerischen Wald erstrecken könnten. Genau das wollte er nach Bewilligung des Forschungsprojektes überprüfen. Eine faszinierende Überlegung war, ob vielleicht schon die Römer und Germanen dieses System erkannt hatten. Zu häufig trafen sie auf alte Bergbauspuren, die durch ganz bestimmte Abbautechniken gekennzeichnet waren. Das Netz der römischen Bergbautätigkeit stimmte fast genau mit dem überein, was die noch unvollständige Erfassung der Störungen erbracht hatte.

Im November schlossen die Diplomanden die Geländearbeiten ab und begannen, ihre Diplomarbeit zu schreiben. Es wurde Februar, bis sie endlich die Zeugnisse in der Hand hielten. Jetzt hofften sie auf die Bewilligung des Forschungsantrages, den Gerhard gestellt hatte. Sie waren bestens mit der Materie vertraut, um eine umfangreiche Doktorarbeit über dieses Thema schreiben zu können. Aber das Begutachtungsverfahren zog sich in die Länge. Somit blieb ihnen nichts anderes übrig, als sich vorübergehend einen Nebenjob zu suchen.

Es war April, ein Jahr und einen Monat nach der ersten gemeinsamen Exkursion der Böhms. Gerhard hatte kurz entschlossen einen Geländetag eingeschoben und war mit Katrin in den Koblenzer Raum gefahren. Wieder gab es ein paar wichtige Fragen zu klären, die ihm abends beim Kartenstudium aufgefallen waren. Zu zweit suchten sie die Terrassenränder entlang des Rheintals nach auffälligen Gesteinen ab. Während Gerhard wieder eine Abkürzung durch ein Schlehengestrüpp nahm, entdeckte Katrin eine Bank an einem kleinen Wanderweg, der an der Felskante direkt oberhalb des Rheins verlief. Sofort ergriff sie die Gelegenheit, packte den Kaffee aus und rief Gerhard.

»Ich komme gleich«, hörte sie aus dem Gestrüpp. »Ich habe hier wieder einen Gang gefunden.« Gerhard schleppte einen großen Quarzbrocken an.

»Schau mal, wieder unsere typischen Erze im Quarz. Und auf dieser Seite hätten wir noch einen wunderschönen Harnisch.« Er drehte das schwere Stück einmal um die Längsachse.

»Ist der Gang anstehend?«

»Leider nicht. Dabei könnte ich eine vernünftige Messung von einem Harnisch gut gebrauchen.«

Gerhard legte seinen Rucksack ab und packte die Brote aus.

Die Bank war nach Süden auf die große Rheinschleife bei Boppard ausgerichtet. Es war der erste richtig warme Frühlingstag – ein

Tag, der alle Sinne und jenes unbestimmte Gefühl einer Aufbruchstimmung weckte. Die Kirschen auf den Wiesen der Hauptterrasse hinter ihnen blühten in voller Pracht. Hier, etwas weiter unten, waren sie in ein Meer von Weißdorn-, Schlehen- und Wildkirschblüten eingehüllt. Die Duftmischung war einzigartig. Beide kannten diesen Duft des Frühlings aus ihrer Jugend, und jedes Mal brachte er bei ihnen eine ganz bestimmte Saite zum Schwingen.

»Meine Studenten würden jetzt sagen: Boah ey, das lässt sich ja kaum noch toppen!«

»Das geht aber auch etwas romantischer!«, entrüstete sich Katrin. »Die jungen Leute haben gar keinen Sinn mehr für solche einmaligen Naturschönheiten.«

»Doch, ich glaube schon. Sie wollen es nur nicht so gerne zugeben und versehen es mit einem persönlichen Anstrich. Damit es für sie besser verdaulich wird.«

»Vielleicht hast du recht. Jedenfalls finde ich es immer wieder phantastisch, wie sehr man durch Gerüche aus der Kindheit geprägt wird. Mir fallen tausend Sachen von damals ein, wenn ich die Augen schließe und tief einatme.«

Aus dem Tal drangen die Geräusche der Autos, Bahnen und Schiffe abgeschwächt zu ihnen herauf. Gerhard drehte sich in die Längsrichtung der Bank und legte den Kopf auf Katrins Schoß.

»So kann man es aushalten. Wenn ich jetzt eine Flasche Wein hätte, könnte ich mich so richtig abstürzen lassen.«

»Und ich dürfte dich anschließend nach Hause fahren. Das heben wir uns lieber für ein andermal auf.«

»Versprochen?«

»Großes Ehefrau-Ehrenwort. Wir merken uns diese Stelle. Notfalls trage ich sie in die Karte ein.«

Gerhard richtete sich mit einem wohligen Seufzer auf und zeigte auf die andere Rheinseite. »Da drüben, wo der Taleinschnitt im Wald sichtbar wird, dürfte sich der Quarzgang fortsetzen.«

Katrin nickte. »Schade, dass man auf den Luftfotos, die du mir gezeigt hast, so gut wie nichts davon sieht. Woran liegt das wohl?«

»An den unterschiedlichen Ausprägungen der Seitenverschiebungen. Mal ist das Gestein an der Störung sehr stark zerrieben, dann wird es von der Erosion tief ausgeräumt, mal ist Quarz in großen Mengen gebildet worden, sodass die Verwitterung in den langen Zeiträumen einen Bergrücken oder Quarzgang zurücklässt.«

»Ich muss sagen, dass ich das alles viel besser verstehe, seit du mich auf die Exkursionen mitnimmst.«

»Kein Wunder. Nicht umsonst meinte mein lieber alter Kollege aus Aachen immer, dass man Geologie nur im Gelände lernt. Wenn ich an die vielen Einzelheiten denke, die wir im Zusammenhang mit den Störungen entdeckt haben, muss ich sagen, dass er recht hatte.«

»Ich kann mir auch nicht vorstellen, dass man all das in Vorlesungen oder aus Büchern lernen kann.«

»Stimmt«, sagte Gerhard und nahm Katrin in den Arm. »Hier in der freien Natur und in den Blütenduftwolken könnte man durchaus auf ganz andere Gedanken kommen.«

»Wir sind hier auf einem öffentlichen Wanderweg!«

»Na und? Wer könnte schon vorbeikommen?«

»Vielleicht die Wandervögel.«

»Weißt du auch, warum die so heißen?«

»Klar«, sagte Katrin und seufzte gelangweilt. »Weil sie wandern. Jedenfalls am Tag.«

»Bestanden! Geologisches Grundwissen für Exkursionen, erstes Semester!

Apropos andere Gedanken…«

Gerhard fingerte mit der rechten Hand eine Übersichtskarte aus seinem Rucksack und studierte sie eine Weile nachdenklich. Seit einiger Zeit schwelte in seinem Unterbewusstsein etwas, das er bei der Geländebearbeitung immer wieder beobachtet hatte. Nun drängte sich diese Beobachtung immer stärker in den Vordergrund.

»Ist dir schon mal aufgefallen, dass wir manchmal den ganzen Tag durch die Gegend laufen und so gut wie keine Ameisenhaufen sehen? Und wenn wir eine Störung gefunden haben und durch das Gelände verfolgen, treten sie plötzlich in Massen auf.«

»Das gleiche wollte ich dich auch schon fragen. Besonders deutlich war es südlich von Euskirchen. Da standen mindestens vierzig Nester auf der Störungszone. Oder bei Bad Neuenahr, auf der großen Quarzkuppe wo sie sogar im tiefsten Wald gebaut haben.« Katrin musste plötzlich lachen. »Es liegt bestimmt nicht daran, dass sie so gerne quarzen.«

»Und die Erzverhüttung haben sie auch noch nicht entwickelt. Natürlich könnte es etwas mit den Mineralen zu tun haben, die dort vorkommen, aber die gibt es hier eigentlich überall, nur etwas sparsamer verteilt. Egal, was es ist, für den Bedarf der kleinen Ameisen müsste es allemal reichen.«

»Vielleicht nutzen sie etwas ganz anderes, das es nur in der Störungszone gibt?«

Möglicherweise die winzigen Spalten, die in größere Tiefen führen, zum Beispiel als Wärmequelle im Winter. Wenn es richtig kalt wird, steigt die wärmere Luft aus dem Erdinneren nach oben. Die Temperatur fällt hier manchmal auf minus zwanzig Grad unter Null. Da bringt ein Luftstrom von vielleicht plus vier bis sechs Grad schon einen Überlebensvorteil.«

»Dann hätten uns die Ameisen in der Nutzung der Geothermie einiges voraus.«

»Vielleicht nutzen sie auch ein Spurengas, um sich bestimmte chemische Verhältnisse zu schaffen. Manche Arten produzieren sogar Antibiotika, um eine Verpilzung der Bauten zu verhindern.«

»Heißt das, überall dort, wo Ameisenhügel stehen, sind auch Störungen?«, fragte Katrin zweifelnd.

»Ich weiß nicht. Wir werden ab jetzt verstärkt darauf achten.«

»Gilt das für alle Störungen?«

»Wenn meine Vermutung stimmt, dann nur für die, bei denen Öffnungen in große Tiefen auftreten. Und dafür kommt nur die Seitenverschiebung in Frage, die mit der senkrecht stehenden Verschiebungsfläche. Denk an deine Hände, die du gegeneinander verschoben hast.«

»Das leuchtet mir ein.«

»Abschiebungsflächen, auf denen ein Krustenblock nach unten rutscht, dürften dagegen kaum luftdurchlässig sein. Da wird eher alles abgedichtet. Stell dir deinen Hintern vor, wenn du eine Rutsche hinunterrutschst. Da passt auch nicht mehr viel dazwischen. Höchstens ein winziges Fürzchen.«

»Jetzt hör aber auf!« Katrin boxte ihm in die Seite.

Gerhard fand Gefallen an diesem Beispiel. »Und wenn du unten gelandet bist, war das ein imposanter Abgang, den man noch zweimal steigern kann.«

Katrin schaute ihn irritiert an. »Wie meinst du das?«

»Das ist das Zweite, was man im Geologiestudium lernt – die Steigerung von imposant!«

»Jetzt verstehe ich gar nichts mehr.«

»Ganz simpel: im Po Sand, im Hintern Stein, im Arsch Gerölle.«

»Blödmann! Habt ihr an der Uni nichts Besseres gelernt?«

»Oh doch! Bei meinem Studium in Clausthal gab es da noch einiges – zum Beispiel das Clausthaler Mitternachtsgeschrei.«

»Ach du Schande, als wenn ich das nicht kennen würde!«

»Am Ende des Geschreis folgt dann »der Steiger kommt«, das Alte Bergmanns- und Geologenlied.«

»Auch das kenne ich zur Genüge.«

»Auch die Spezialstrophen für jede Fachrichtung?«

Ich glaube, nicht alle. Der Refrain geht doch: »sein kreuzbrave Leut'«, die Geologen, Mineralogen und sonstigen Berufsgruppen.«

»Genau. Von den Geologen heißt es übrigens: » ...denn sie sammeln Ammoniten und verbreiten schlechte Sitten und saufen au-u-ch und sau-fen auch.« Gerhard hatte die Strophe mit seiner ungeübten Stimme mehr gekrächzt als gesungen.

»Lass es lieber, bevor es noch schlimmer wird! Nicht auszudenken, wenn wir wirklich Wein getrunken hätten! Kommen wir lieber noch einmal auf die Störungen zurück. Was hat es nun mit den Seitenverschiebungen auf sich?«

»Also, durch die Seitenverschiebungen öffnet sich die Kruste bis in große Tiefen. Sollte sich der Zusammenhang mit den Ameisen bestätigen, hätten wir möglicherweise einen Hinweis darauf, dass an den Stellen, wo die Haufen stehen, tiefe Öffnungen existieren. Auch wenn sie nur relativ klein sind. Und damit hätten wir den Nachweis, dass die Öffnungen zu aktiven Störungen gehören.«

»Warum das?«

»Wären die Störungen nicht aktiv, wäre in der Kruste nach kurzer Zeit alles zusammengerutscht und mehr oder weniger abgedichtet. Der Druck ist einfach zu hoch.«

»Ist das nicht gefährlich?«

»Wieso?«

»Dann könnte doch aus jedem Ameisenhaufen ein Vulkan werden.«

»Ach was. Für einen Vulkan braucht man eine Aufschmelzung im Untergrund, im Erdmantel. Aber es gibt nur wenige Stellen unterhalb der Kontinente, wo so etwas stattfindet.«

»Ich denke an diese hübschen Computeranimationen im Fernsehen, die zeigen, wie die Kontinente auf flüssiger Lava schwimmen.«

»Das wird leider oft falsch dargestellt. Demnach müsste man an manchen Stellen nur ein tiefes Loch in die Kruste bohren, und schon käme die Lava rausgesprudelt.«

»Das hat es doch schon gegeben.«

Gerhard sah Katrin irritiert an. »Ach, du meinst auf Island. Das ist eine ganz andere Geschichte. Die erkläre ich dir im nächsten Semester. Normalerweise bestehen die Kontinente und Teile des oberen Erdmantels aus überwiegend festem Gestein, das sich jedoch bei extremen Temperatur- und Druckverhältnissen wie sehr zähe Bitumenmasse verhält. Nur in einer tieferen Zone etwa ab hundert Kilometern ist ein kleiner Anteil des Mantelgesteins geschmolzen, und auf dieser nicht ganz so zähen Masse bewegen sich die Platten.

»Mit der Plattentektonik bin ich einigermaßen vertraut.«

»Gut. Allerdings gibt es Ausnahmen. Gerade hier unter der Eifel haben wir eine Zone, aus der Magma aufsteigen kann.«

»Sonst hätte es wohl kaum den Laacher-See-Vulkan gegeben.«

»Richtig. Sein Ausbruch vor etwa dreizehntausend Jahren war die letzte anschauliche Demonstration. Vulkanismus kann nur entstehen, wenn es neben einem Vorrat an Schmelze auch eine ausreichend große Spannung in der Kruste gibt, wie zum Beispiel an den Seitenverschiebungen oder in großen Grabensystemen. Die Gesteinspakete reißen genau dann auseinander, wenn die Schmelze aufsteigt.«

»Also können wir unter jedem Ameisenhaufen einen Vulkan vermuten, zumindest in der Eifel, wo es solche Schmelzen geben muss.«

»Setzt bloß nicht so einen Unfug in die Welt! Ich würde in Teufels Küche kommen. Wir wissen doch noch gar nicht, was es mit den Ameisen auf sich hat.«

»Und was ist mit den Erdbeben?«

»Wenn die Bewegungen an den Störungen ganz langsam ablaufen, kommt es zu vielen kleinen Erdbeben, die wir gar nicht bemerken. Es kann aber auch sein, dass das Material einfach aneinander vorbeikriecht. Dann fehlen die Erdbeben ganz. Kritisch wird es, wenn sich die Krustenteile über längere Zeit fest verhaken. Dann wird es irgendwann recht heftig rummsen, so wie neulich im Hohen Venn.«

»Also sollten wir in jedem Fall auf die Ameisen achten«, fasste Katrin zusammen.

Gerhard nickte nachdenklich. »Ja, das könnte uns einen völlig neuen Zugang verschaffen.«

»Dann schlage ich vor, dass wir zunächst alle Ameisenhaufen, die wir noch aus dem Gedächtnis zusammenbekommen, in die Karte eintragen. Und jeder neue wird ebenfalls vermerkt, auch wenn er nicht auf einer Störung liegt. Dann sehen wir sehr schnell, ob es Zusammenhänge zwischen Ameisenbauten und Störungen gibt. Okay?«

Gerhard sah sie eine Weile nachdenklich an, dann nickte er langsam. »Okay!«

Es fiel ihnen schwer, sich von der Bank zu trennen. Sie packten ihre Sache zusammen und suchten bis zum Abend die Gegend weiter nach Störungen ab.

Zu Hause in Köln wartete Morpheus schon auf sie. Maunzend führte er sie hinters Haus. Er hatte den Frühlingsanfang auf seine Art genutzt und zur Begrüßung die frisch gefangene Tagesbeute fein säuberlich auf der Terrasse aufgereiht. Es waren zwei Feldmäuse, eine Spitzmaus und eine Wanderratte. Unter der Gartenbank entdeckte Katrin außerdem das Gebiss und den roten Schwanz eines Eichhörnchens. Der Rest schien bereits den Morpheus'schen Speiseplan ergänzt zu haben.

In den folgenden Wochen hatte Gerhard wieder etwas mehr Zeit für den Geländeeinsatz. Schon bei der Planung der Vorlesungsstunden hatte er darauf geachtet, dass er mindestens an zwei zusammenhängenden Tagen in der Woche in die Eifel fahren konnte. Vom Antrag auf Forschungsförderung hatte er seit einem Dreivierteljahr nichts mehr gehört. Deshalb blieb die Unterstützung durch Doktoranden aus, auf die er sich bereits eingerichtet hatte. Immerhin hatte sich ein neuer Diplomand, Roger Kray, der Sohn eines Kollegen aus der Chemie, für das Thema begeistern können. Er sollte die Umgebung der Laacher-See-Störung bearbeiten. Gerhard hatte ihn schon zweimal ins Gelände mitgenommen und war mit seinem Engagement sehr zufrieden. Er impfte ihm sofort die Idee mit den Ameisen ein und bat ihn, die Standorte ebenfalls mit in die Karte einzutragen.

Bei den letzten Begehungen hatten Katrin und Gerhard systematisch die Lage von Ameisenbauten kartiert. Zusammen mit denen, die sie aus dem Gedächtnis rekonstruiert hatten, waren es fast vierzig Standorte. Sie waren in den Karten mit roten Kreisen markiert, die entweder auf den großen Hauptstörungen oder den kürzeren Nebenstörungen lagen. In jedem Kreis stand eine Zahl, die die geschätzte oder in einigen Fällen die tatsächlich gezählte Menge der einzelnen Haufen in diesem Gebiet angab. Die Angaben lagen zwischen 1 und über 40. Insgesamt hatten sie nun einen Bestand von über 400 Nestern erfasst, die in unmittelbarer Beziehung zu den Störungen standen.

»So, das dürfte reichen«, sagte Gerhard, als er mit Roger den nächsten Standort auf einer Störung ausfindig gemacht hatte. »Mit dieser großen Anzahl kann man sich an die wissenschaftliche Öffentlichkeit wagen.«

»Ist es am Ende nicht nur eine Frage der statistischen Auswertung?«, fragte Roger, der noch ein wenig zweifelte.

»Es ist schon jetzt eine Statistik, von der jeder Medizinwissenschaftler träumen würde. Wenn wir die bisher bekannten Stellen nehmen, liegen wir bei über neunzig Prozent. Und das nur, weil wir unter den restlichen zehn Prozent wegen der mächtigen Bedeckung mit Erde keine Aussage über den Untergrund treffen können. Sonst lägen wir vielleicht sogar noch besser.«

»Und was ist, wenn genauso viele Haufen zwischen den Störungen vorkommen? Vielleicht haben Sie die nur nicht gefunden, weil Sie ausschließlich im Umfeld der Störung suchen. Das ergäbe dann eine Schieflage in der Statistik.«

»Da würde ich Ihnen recht geben, wenn es so wäre. Deshalb haben wir bewusst immer wieder Streifzüge durch die weitere

Umgebung gemacht. Aber dort haben wir nie welche gefunden. Außerdem fragen wir ständig Förster und Jagdpächter, ob sie uns Standorte nennen können. Aber Fehlanzeige.«

»Gibt es noch keine Untersuchungen zu den Standorten von Ameisenbauten?«

»Doch, die gibt es. Die Forstverwaltung hat einige Bereiche kartieren lassen. Ich habe vor, sie in nächster Zeit anzuschreiben und sie zu bitten, mir die Unterlagen zur Verfügung zu stellen. Wenn sich der Zusammenhang dadurch bestätigen lässt, hätten wir gleichzeitig einen gewaltigen Informationsgewinn für die Lage neuer Störungen.«

Gerhard bat Roger, die bisherigen Ergebnisse mit Hilfe eines Computerprogramms in Übersichtskarten darzustellen. Sie sollten als Diskussionsgrundlage für die Fachleute dienen.

Bereits am nächsten Tag diktierte Gerhard seiner Sekretärin einen Brief an die Forstverwaltungen der untersuchten Gebiete. Sie mussten die beste Übersicht über die Verbreitung der Ameisen im Wald haben. Aus dem Internet suchte er die Ameisenspezialisten verschiedener Universitäten heraus und teilte ihnen per E-Mail vorsichtig seine Vermutung mit.

Für Gerhard war es eine faszinierende Erkenntnis, dass im Umfeld der Zivilisation eine scheinbar alltägliche Tiergruppe existierte, die sich an bisher nicht bemerkten Strukturen orientierte. Hier bestanden offensichtlich Zusammenhänge, die die Menschen nicht einmal ansatzweise wahrgenommen hatten.

Es vergingen einige Wochen, bis Gerhard alles hatte, was er brauchte. Eine Vielzahl von Karten mit den Ergebnissen der Ameisenkartierungen und jede Menge Literaturhinweise über die Waldameisen. Die Antworten auf seine Anfragen an die Ameisenforscher waren recht gemischt. Von »hochinteressant« oder gar »sensationell« bis hin zu skeptischem Desinteresse war alles vertreten.

Gerhard nahm sich sämtliche Karten der Forstverwaltungen mit nach Hause. Nur hier hatte er genügend Ruhe für die Auswertung. Es war ein heißer Sommerabend im Juli, die ideale Zeit, um auf der Terrasse Karten zu studieren. Gerhard bewaffnete sich mit einer Flasche Kölsch und machte sich auf dem Gartentisch breit.

»Katrin, kommst du bitte einmal? Ich muss dir etwas zeigen.« Sie werkelte im Garten mit der Unkrauthacke zwischen den Blumen herum. Kurz darauf kam sie mit dem dicken Kater auf dem Arm in ihren klobigen Gartenschuhen angestapft.

»Bleib mir bloß mit dem Vieh vom Hals! Der Kater hat mir gerade noch gefehlt.«

»Der Mistkerl hat mir die Hälfte der neu eingesetzten Salatpflanzen wieder ausgegraben.«

»Wahrscheinlich hat er nach den Drahtwürmern gesucht, die immer die Wurzeln abfressen. Du solltest ihm dankbar sein.«

»Klar doch. Er hat es bestimmt nur gut gemeint.«

»Schau mal, ich habe hier endlich die Karten von der Forstverwaltung.«

Katrin warf einen Blick darauf. »Interessant. Dieses Verteilungsmuster kommt mir irgendwie bekannt vor.«

»Genau. Es hat eindeutig mit unseren Störungen zu tun. Und dazwischen ist nichts. Ist das nicht irre?«

Katrin setzte Morpheus auf die Terrasse. Der Kater liebäugelte mit den Karten und machte Anstalten, auf den Tisch zu springen. Gerhard sah ihn böse an und hob drohend den Zeigefinger. »Du wagst es nicht!«

Morpheus musterte ihn abschätzend, legte die Ohren leicht nach hinten und trollte sich unter den Rhododendronbusch am Terrassenrand.

»Allerdings sollten wir die neuen Haufen noch im Gelände überprüfen. Sonst glaubt uns das keiner«, sagte Katrin und griff nach Gerhards Glas.

»He, das ist geistiger Diebstahl!«

»Seit wann ist denn Geist im Bier?«

»Im Kölsch ist der Kölsche Geist – damit du's weißt!«

Gerhard ging in den Keller und holte zwei kalte Flaschen Bier und reichte eine seiner Frau.

»Besten Dank. Dann wäre das mit den Ameisen und den Störungen ja so gut wie bewiesen.«

»Es gibt da nur noch eine Sache, die mich stört.«

»Und die wäre?«

»Ich habe mir Literatur über Ameisen besorgt. Einer der Ameisenpäpste hat mehrfach beschrieben, dass man Nester umsiedeln kann und dass es ganz gut klappt, wenn man es richtig macht. Leider kann ich ihn nicht dazu befragen, weil er nicht mehr lebt.«

»Und was bedeutet das?«

»Wenn es so einfach ist, Völker umzusiedeln, scheinen sie keine besonderen Ansprüche an den Untergrund zu stellen. Den neuen Platz wählen die Ameisenwarte nur nach Standortbedingungen aus, die aus menschlicher Sicht optimal scheinen, Faktoren wie Licht, Bewuchs oder Hanglage.«

»Gibt es Untersuchungen, wie lange sich die umgesiedelten Nester an den neuen Standorten gehalten haben?«

»Davon weiß ich nichts. Aber ich werde mich mal umhören.«

Am nächsten Vormittag hatte Gerhard Glück. Praktisch auf Anhieb erreichte er einen Ameisenforscher, der vor langer Zeit als Schüler des bekannten Ameisenpapstes an den Umsetzungen der Nester beteiligt gewesen war. Er hatte die neuen Standorte über einen größeren Zeitraum beobachtet und in fast allen Fällen ein langsames Absterben festgestellt. Nach spätestens fünf bis zehn Jahren waren so gut wie alle Bauten aufgegeben. Das war es, was Gerhard wissen wollte. Jetzt hatte er genügend Informationen für die Beantragung eines weiteren spannenden Forschungsprojektes.

Der zweite Montag im Juli war ein typischer Cluster-Tag. Es war ein Cluster von negativen Nachrichten, die Gerhard zu einem grundsätzlichen Umdenken zwangen. Bereits früh um neun Uhr erfuhr er auf einer Institutsbesprechung, dass die Stelle eines in den Ruhestand gehenden Kollegen nicht wieder besetzt werden sollte. Die Sparzwänge hatten die Universitäten inzwischen mit voller Wucht getroffen. Die Aufgaben dieses Kollegen sollten auf alle verteilt werden. Gerhard wusste schon, auf wen die Hauptlast zukommen würde.

Anschließend offenbarte ihm Lutz, den er für das Forschungsprojekt einsetzen wollte, dass er nicht mehr länger auf die Bewilligung des Antrages warten konnte und auch bei Bewilligung ein Problem hätte. Er wollte heiraten und musste erst einmal Geld verdienen. Mit einer halben Stelle, die es während einer Doktorarbeit gab, konnte er keine Familie ernähren. Gerhard hatte durchaus Verständnis für seine Entscheidung.

Noch am Vormittag rief Katrin an, nachdem die Post gekommen war. »Es ist ein Brief dabei, der sehr offiziell aussieht. Soll ich ihn aufmachen?«

»Kannst du machen. Es geht bestimmt um die Stellenbewerbung, die ich vor einem Dreivierteljahr abgeschickt habe. Die Sache ist doch längst gelaufen.«

»Stimmt, hier steht so ein typischer Satz: » Es tut uns Leid, dass…«

»Ist schon okay. Nach den Forschungsergebnissen in der Eifel wäre ich sowieso nicht gern weggegangen. Jetzt fehlt nur noch eine entsprechende Nachricht vom Projekt. Dann wäre ich für heute bedient.«

Gerhard legte auf und ging mit zwei Kollegen in die Mensa.

Am Nachmittag verteilte die Sekretärin die Institutspost. »Herr Böhm, das hier dürfte der Brief sein, auf den Sie die ganze Zeit gewartet haben.«

»Als hätte ich es geahnt!«

Fast widerwillig riss er das Schreiben von der staatlichen Forschungsförderung auf. Ihm war sonnenklar, was kommen würde, und er musste nur die ersten fünf Worte lesen: »Leider müssen wir Ihnen mitteilen...«

Trotzdem war die Absage ein Schock für Gerhard. Damit hatte er eigentlich nicht gerechnet. Er musste sich setzen. Seine Wut war so groß, dass er zunächst keinen klaren Gedanken fassen konnte.

Nach einer Weile griff er zum Telefon und rief den Sachbearbeiter an. Ja, es täte ihm auch sehr Leid, aber die Finanznot und die Gutachter... und das Projekt wäre zu regional angelegt. So etwas würde grundsätzlich nicht gefördert.

»Wie bitte? Wenn ich das Gleiche in der Antarktis untersuchen wollte, hätte ich wohl eher eine Chance, Geld zu bekommen, was?« Gerhard beendete das Gespräch, bevor er sich noch mehr in Rage brachte. Er war verdammt sauer, wusste er doch nur zu gut, wie manche Kollegen für ganz andere Projekte Geld bekamen.

Wütend rief er zu Hause an. Er musste mit irgendjemandem sprechen und seinen Frust ablassen.

Als Katrin den Hörer abnahm, wusste sie sofort Bescheid.

»Dann schieß mal los!«

»Ist das nicht toll? Da werden ganz neue Störungen gefunden, die vorher nie einer registriert hat, da lässt sich endlich ein System erkennen, da sind Zusammenhänge möglich, die einen künftigen Vulkanausbruch betreffen könnten, und dann sagen die Gutachter, das interessiert nicht, das ist zu regional, dafür zahlen wir nicht. Mir wird richtig schlecht vor Wut!«

»Eigentlich war es ja fast zu erwarten. Du weißt doch, wo Geld zu vergeben ist, gibt es keine Gerechtigkeit.«

»Ich hätte nicht übel Lust, die Sache hinzuschmeißen!«

»Du wirst doch jetzt wohl nicht aufgeben! Zur Not müssen wir eben allein weitermachen.«

»Und wie lange soll das so gehen?«

»Und wenn es zehn Jahre dauert. Die Geologie läuft als Letztes weg.«

»Ich weiß nicht, ich muss mir eine andere Möglichkeit einfallen lassen, wie ich zu Geld komme. Einer meiner Leute hat heute schon die Segel gestrichen.«

»Wer?«

»Lutz. Dem wird das mit der künftigen Familie zu eng. Er hat einen Job in einer kleinen Firma angenommen und macht irgendwas mit Rechnern. Da ist doch grundsätzlich etwas faul in der ganzen Forschungsförderung! Man vertut monatelang seine Zeit, um einen Antrag zu stellen, wirbt Leute an und bildet sie aus, damit das Ganze auch vernünftig bearbeitet werden kann, und dann kriegst du ein Jahr nach der Antragsabgabe mal eben so lapidar mitgeteilt: War nix, tschüss! Die Zeit ist weg, die Mitarbeiter kann man über so lange Zeit nicht bei der Stange halten, und wenn doch, bricht für die eine Welt zusammen.«

»Und wenn du es nach über einem Jahr doch bewilligt bekommst, kannst du Pech haben und deine Leute sind inzwischen abgesprungen.«

»Genau. Dann muss man sich auf dem Markt neue suchen, die man nicht einschätzen kann, und das geht ganz schnell in die Hose. Du, ich komme heute früher nach Hause, ich habe die Nase voll!«

»Schön, ich mache einen Tee. Bis gleich!«

Wie es schien, musste es an diesen negativen Cluster-Tagen auch andere erwischen. Katrin hatte nach einem neuen Rezept ein Brot gebacken, das man nur mit der Kreissäge zerteilen konnte. Als sie beim Tee saßen, hatte Gerhard fast schon seinen Humor wiedergefunden, nachdem es nun auch andere traf. Er schlug vor, das Brot diagonal zu zersägen und die beiden Teile als Bremskeile für den Hänger zu verwenden. Zum Abendbrot gab es deshalb eine Tiefkühlpizza und ein befreiendes Kölsch.

»Wo ist eigentlich Morpheus? Der giert doch sonst immer um uns herum, wenn wir Abendbrot essen.« Gerhard schaute sich im Zimmer um.

»Keine Ahnung. Vorhin ist er zum Essenfassen in den Keller marschiert. Ich hatte ihm neues Futter hingestellt. Übrigens habe ich endlich diese klebrigen Fliegenfänger gekauft und gleich einen an die Kellerdecke gehängt. Das Katzenfutter ist wie ein Magnet für die dicken Brummer. Und gut, dass du endlich die Katzenklappe in die Kellertür eingebaut hast, sonst hätten wir hier oben wieder die gleiche Plage wie letztes Jahr.«

»Na? Kommt Morpheus?« Er setzte das Glas an, um den letzten Schluck Bier zu trinken. Gleichzeitig schaute er zur Esszimmertür, die sich in diesem Moment einen Spalt öffnete. Eine Pfote schob sich hindurch. Morpheus' Pfote. Die Türe öffnete sich um weitere zehn Zentimeter, während sich die Pfote in dem Teppichboden verkrallte und einen unförmigen Klumpen Katze hinter sich herzog.

Gerhard wollte schlucken und gleichzeitig losschreien. Das Ergebnis landete auf Katrin, die dummerweise genau in der Auswurfrichtung saß. Inzwischen setzte der Kater das Bein wieder einen Halbschritt nach vorn und zog den Rest nach. Katrin schrie ebenfalls los. Zum einen, weil sie die volle Dusche abbekommen hatte, aber mehr noch, weil sie nun sah, was da ins Zimmer kam.

Im Keller musste sich der Fliegenfänger von der Decke gelöst haben und genau vor den Fressnapf gefallen sein. Und Morpheus hatte sich augenscheinlich mitten in den Klebestreifen gesetzt. Das Ergebnis kauerte jetzt mit leidendem Gesichtsausdruck als einbeiniges Knäuel im Zimmer und hoffte auf Hilfe.

Der Abend war gelaufen. Zum Glück war Morpheus ein gutwilliger Kater, der sich auch diesmal bei der Rasur tapfer verhielt. Anders war dem Klebezeug nicht beizukommen.

»Eins ist mir immer noch nicht klar«, sagte Katrin, als sich alles wieder einigermaßen beruhigt hatte. »Wie ist der Kerl damit durch die Katzenklappe gekommen?«

Gerhard war nur froh, dass sich die Häufung der negativen Ereignisse langsam in verschiedene Richtungen aufspaltete.

Mitte Juli gab es die ersten richtig heißen Sommertage mit Temperaturen weit über 30 Grad, selbst in der Eifel. Es war ungewohnt, den ganzen Tag bei dieser Hitze im Gelände zu verbringen. Bevorzugte Arbeitsgebiete waren jetzt die Wälder, die schattig und deutlich kühler waren. Gerhard und Katrin hatten eine Nacht in einem Hotel in Wassenach gebucht, um den nächsten Morgen sehr früh vor der großen Hitze die Wiesen ablaufen zu können. Im Ort gegenüber vom Hotel gab es eine Gaststätte, deren Spezialität mittwochabends der Kartoffelkuchen war, eine Art Wolkenkratzer des Reibekuchens. Das war ein Angebot, dem beide nicht widerstehen konnten. Besonders reizvoll war es, dazu den hitzebedingten Flüssigkeitsbedarf des Tages durch Weizenbier zu ergänzen.

»Komm, lass uns noch eine Runde gehen, sonst überlebe ich die Nacht mit dir nicht«, drängte Katrin.

»Na gut. Wir nehmen Schwimmzeug mit, vielleicht haben wir nachher noch Lust, in den See zu springen«.

Sie wanderten gemächlich ein Stück aus dem Ort in Richtung des Laacher Sees. Am Nordhang in halber Höhe legten sie sich ins Gras und genossen die Aussicht. Vor ihnen lag in der immer noch sehr warmen Sommerluft eine phantastische Landschaft aus Wiesen und Wäldern, mit weithin sichtbaren Bergkuppen, die aus der Hochebene herausragten.

»Das ist schon eine verdammt schöne Gegend hier.« Gerhard streckte sich genüsslich und lehnte sich gegen Katrin. »Schau mal, da drüben liegt das Siebengebirge. Das war zuletzt vor mehr als zwanzig Millionen Jahren aktiv. Es ist schon verrückt, sich vorzustellen, wie da gerade ein Vulkan vor sich hin köchelt.«

»Ja, zumindest von hier aus, mit genügendem Abstand«, sagte Katrin. »Die Anwohner würden das wohl nicht so toll finden. Aber das sind doch viel mehr als nur sieben Kuppen.«

»Der Name hat auch nichts mit der Zahl zu tun. Ursprünglich hieß es Siefengebirge, von den steilen Taleinschnitten im Tuff. Die nennt man Siefen. Mit der Zeit wurde daraus das Siebengebirge.«

Katrin legte den Arm um Gerhards Schultern. Gemeinsam genossen sie den beginnenden Sonnenuntergang.

»Schau mal, da hinten über der Kölner Bucht – ist das nicht ein Heißluftballon?«

Gerhard reckte den Hals. »Stimmt. Es sind sogar insgesamt vier.«

Gebannt verfolgten sie, wie die Ballons langsam auf sie zukamen.

»Wetten, dass die genau über uns hinweg fliegen?«

Gerhard hätte die Wette gewonnen. Sie saßen so hoch auf dem mächtigen Tuffrand des Kraters, dass sie fast auf Flughöhe der Ballons waren.

»Wenn sie hier nicht aussteigen wollen, sollten sie jetzt schleunigst nachfeuern.« Gerhard hatte noch nicht ausgesprochen, da zündete der Ballonführer auch schon das Gas. Laut fauchend stieg die große Kugel in die Höhe und zog über die Köpfe der beiden hinweg. Man winkte sich zu. Die anderen drei hatten es nicht so günstig getroffen. Sie flogen weiter im Westen vorbei.

»Der erste Ballon hatte richtig Glück«, staunte Gerhard. »Die Chance, mit so einem Ding direkt über den Laacher See zu fliegen, ist nicht sehr hoch. Dazu hätte ich heute auch Lust gehabt.«

»Lieber nicht. Komm, lass uns in den See springen! Wir haben eine Abkühlung verdient.«

Es war Katrin, die sich viel später genau an diesen Abend erinnerte, allerdings unter völlig veränderten Vorzeichen.

Sie mussten zwanzig Minuten zügig wandern, bis sie unten am Wasser waren. Hier herrschte für diese Uhrzeit noch ungewohnt viel Badebetrieb.

»Lass uns weiter nach Osten gehen, da müssen wir keine Schwimmsachen anziehen«, schlug Gerhard vor.

»Ach ja?« Katrin stupste ihn in die Seite.

An der letzten kleinen Bucht waren keine Badegäste mehr zu sehen. Gerhard zog sich aus und sprang splitternackt mit einem großen Satz in den See, wie es sich für einen Geologen gehörte. Zumindest stellte er es sich so vor. Katrin stand immer noch im knöcheltiefen Wasser.

»Mir ist plötzlich gar nicht mehr so warm.«

»Komm schon! Ein Satz und du hast es hinter dir.«

Gerhard betrachtete Katrin aus der geringen Entfernung. Er überlegte, wie er sie als Fremder sehen würde, der ihr erstmals nackt gegenüberstand. Nach kurzer Musterung fand er, dass er es auch in dieser Hinsicht ganz gut mit ihr getroffen hatte. Trotz dreier Kinder und vieler Kerzen auf der Geburtstagstorte war ihre Figur immer noch gut in Schuss.

»Da hinten kommt jemand durch das Gebüsch!«, rief er scheinbar besorgt.

Es platschte, und Katrin war im Wasser.

»Nein, doch nicht. Hab mich wohl geirrt.« Gerhard grinste und schwamm schnell auf den See hinaus.

»Na, warte!«, hörte er nur. Katrin konnte besser schwimmen, holte ihn ein und versetzte ihm einen Stoß in die Rippen.

»Das war die Strafe!«

Nach einer kurzen Kabbelei war alles geklärt.

»Komm, lass uns etwas weiter nach rechts schwimmen«, schlug Gerhard vor. »Dort gibt es Mofetten.«

»Warum sollte ich mir dicke Mopeds ansehen?«, lachte Katrin.

»Blödsinn, das sind Stellen, an denen es ordentlich blubbert. Da kommt Kohlendioxid aus der Erde. Das nennt man eine Mofette.«

»Sind das so etwas wie letzte Schnaufer des Laacher-See-Vulkans?«

»So könnte man es ausdrücken. Es ist eine typische Späterscheinung vulkanischer Aktivität, die hier vermutlich noch lange nicht abgeklungen ist. Manche behaupten sogar, das es eine Vorläufererscheinung des nächsten Vulkanausbruchs ist.«

»Aha?«

»Die Mofetten kommen in der ganzen Gegend vor. An vielen Stellen wird das Gas sogar in großen Tanks gesammelt, um es dem Mineralwasser zuzusetzen. Auf jeden Fall gibt es am See noch jede Menge offene Spalten. Ameisen sollten sich hier allerdings nicht ansiedeln, weil sie durch das Gas absterben würden.«

Inzwischen hatten sie den Uferstreifen mit den Gasaustritten erreicht.

»Mann, das sprudelt aber recht ordentlich!« staunte Gerhard. »So stark habe ich das hier noch nicht erlebt.«

»Was hat das zu bedeuten?«

»Eigentlich nichts. Manchmal ändern sich die Spaltensysteme im Untergrund, und dann kommt an einer Stelle mehr raus, während eine andere Mofette ganz versiegen kann. – Lass uns jetzt rausgehen, es wird schon dunkel.«

Sie stiegen aus dem Wasser und gingen vorsichtig auf dem Trampelpfad in Richtung Badebucht zurück. Gerhard lief hinter Katrin her und patschte ihr abwechselnd auf die Pobacken.

»Lass das! Du solltest lieber vorausgehen und aufpassen, dass ich nicht auf Steine trete.«

Gerhard ging einen Schritt schneller und nahm sie in den Arm. »Ich glaube, es ist besser, wenn ich an deiner Seite bleibe.«

Die Luft war so warm, dass sie fast trocken waren, als sie bei ihren Sachen ankamen. Am See herrschte eine einzigartige Stimmung. Die Mondsichel wanderte gerade über den Rand der Caldera und tauchte das Wasser in ein ungewohnt mildes Licht. Gerhard setzte sich auf seine Hose, nahm Katrin auf den Schoß und deckte sie beide mit dem großen Badetuch zu.

Sie saßen eine ganze Weile nur still da und versuchten die Stimmung so intensiv wie möglich aufzunehmen.

»Das sind die besonderen, seltenen Momente, die man nur fühlen, aber nie begreifen kann«, sagte Gerhard und streichelte Katrins Körper. Sie wandte ihm den Kopf zu und suchte seine

Augen. Der Mond spiegelte sich als heller Punkt in den weit geöffneten Pupillen.

»Wie lange sind wir zusammen? Sechsundzwanzig Jahre?«, fragte Katrin und drückte Gerhard ganz fest an sich.

In dieser Nacht konnte Gerhard nicht richtig schlafen. Es war viel zu warm im Zimmer, und der Reibekuchen erfand in Verbindung mit dem Weizenbier gerade ein neues Verfahren zur Optimierung der menschlichen Biogasausbeute. Er hörte Katrin mehrmals leise fluchen, wenn sie sich von ihm wegdrehte. In solchen Nächten hatte Gerhard häufig gute Einfälle für seine wissenschaftlichen Probleme. Diesmal allerdings ließ ihn der starke Gasaustritt nicht in Ruhe – in zweifacher Hinsicht. Er nahm sich vor, am nächsten Tag die Austrittsstellen, die er kannte, noch einmal genauer zu inspizieren.

Um sechs Uhr morgens waren beide wach. Und beide hatten gleichzeitig dieselbe Idee.

»Wollen wir…«, begann Katrin.

»… noch vor dem Frühstück schwimmen gehen?«, ergänzte Gerhard die Frage.

Kurze Zeit später standen sie genau an der Stelle, wo sie am Vorabend ins Wasser gesprungen waren. Der See verbreitete so früh am Morgen wieder eine ganz eigenartige Stimmung. Umgeben von einem tiefgrün bewaldeten Wall, der sich mehr als hundert Meter über den Wasserspiegel erhob, wirkte der See wie eine vergessene Welt. Dicht über der Wasseroberfläche löste sich langsam eine leichte Dunstschicht auf, in der sich die Umrisse einzelner Wasservögel abzeichneten. Auf der gegenüberliegenden Seite tauchte zwischen Wiesen und Feldern das Kloster Maria Laach auf, dessen Giebel bereits von der Morgensonne fahlgelb beleuchtet wurden. Es war sehr ruhig um diese Uhrzeit, kein Jogger oder

Spaziergänger war unterwegs. Nur die morgendlichen Sänger waren bereits aktiv.

»Komm, wir schwimmen!«, sagte Gerhard, riss sich von der Stimmung los und zog sich aus.

»Herrlich! Das Wasser wirkt jetzt viel wärmer als gestern Abend.«

Auch Katrin war diesmal sehr schnell im See, obwohl niemand durch das Gebüsch kam. Gerhard schwamm sofort zu den Gasaustritten. Sie waren tatsächlich deutlich stärker, als er sie von früher kannte. Langsam schwammen sie am Ufer entlang.

»Am Ostrand des Sees muss es eine Spalte in Nord-Süd-Richtung geben, die über hundert Meter lang ist und aus der an vielen Stellen ständig Gas austritt«, rief Gerhard zu Katrin, die ihm mit etwas Abstand folgte. »Wir könnten sie einmal komplett abschwimmen.«

Kurze Zeit später erreichten sie den letzten Punkt, an dem das Gas sichtbar durch das Wasser sprudelte.

»Mann, das hat aber mächtig zugenommen! Gut, dass hier ständig Wind geht. Stell dir vor, die Gasaustritte würden immer heftiger, und wir hätten tagelang Windstille. Dann würdest du ganz schnell absaufen.«

»Wirklich?«

»Du kennst doch bestimmt den Weinkellereffekt. Durch die Gärung strömt aus den Fässern ständig das gleiche Gas, das auch hier hochkommt. Wenn der Winzer nicht richtig lüftet, ist ziemlich schnell Feierabend. Das Dumme ist, dass Kohlendioxidgas schwerer als Luft ist und sich deshalb auf dem Boden ansammelt.«

»Und da gibt es dann keine normale Luft mehr.«

»Richtig. Wenn Herrchen mit Waldi in den Weinkeller geht, merkt Herrchen gar nichts, wenn nur der untere Meter voller Kohlendioxid ist. Man kann es nicht sehen, nicht riechen und nicht schmecken. Der Dackel übrigens auch nicht. Der wird nur plötzlich ganz schwer an der Leine.«

»Sollten wir dann nicht lieber umkehren?«

»Hier ist die Fläche viel zu groß. Bis sich in Kopfhöhe der Schwimmer genug Gas angestaut hat, ist das durch die Luftbewegung längst wieder weg. Es würde Wochen oder Monate dauern, und so windstill kann es hier gar nicht werden.«

»Aber du hast mir doch mal von so einem Fall erzählt, nicht wahr?«

»Ja, das war in Kamerun, 1986 oder so. Da gibt es einen See in einem Vulkankrater, den Lake Nyos. Aus dem ist eine große Gasblase ausgetreten und regelrecht über den Kraterwall geschwappt. Das schwere Gas ist am Boden entlanggeflossen und hat noch in 25 Kilometern Entfernung alles höhere Leben abgetötet. Es gab mehr als 1700 Tote.«

»Könnte das hier auch passieren?«

»Wohl kaum. Dieser Vulkan in Afrika produziert erheblich mehr Kohlendioxid. Das ist sogar recht typisch für die dortigen Vulkane. Hier scheint es so etwas nicht zu geben. Also keine Angst.«

Erfrischt stiegen sie aus dem Wasser und trockneten sich gegenseitig ab. Gerhard nahm Katrin in den Arm und gab ihr einen langen Kuss.

»Komm, lass uns frühstücken. Jetzt habe ich großen Hunger!«

Für die folgende Woche hatte sich Gerhard etwas Besonderes ausgedacht. Das Wetter zeigte sich dank eines kräftigen Hochs von seiner besten Seite und zwischen Mosel und Rhein fehlten ihm noch einige Aufschlüsse an einer der großen Störungszonen. Beides war ein willkommener Anlass, um etwas nachzuholen. Etwas, das sich seit dem Tag im Blütenmeer auf der Bank am Rhein in Gerhards Kopf festgesetzt hatte. Sehr früh fuhr er mit Katrin zur Rheinschleife bei Boppard und buchte für eine Nacht ein Zimmer in einer kleinen Pension unten am Rhein. Von einem benachbarten Winzer holten sie sich zwei Flaschen trockenen Weißwein und verstauten ihn bis zum Abend im Kühlschrank ihres Zimmers. Der sonnige Tag brachte verbrannte Haut und viel Durst, aber auch gute Aufschlüsse und viele Ameisenhaufen.

Nach dem Duschen und Abendessen wanderten die beiden in Richtung Hochfläche zu ihrer inzwischen vertrauten Bank an der Steilkante des Rheins. Im Rucksack befanden sich die zwei Flaschen Weißwein und für jeden ein kleines Pokalglas mit einem geriffelten grünen Fuß. Die Gläser hatten sie sich extra für diesen Abend vor Ort gekauft. Es war die richtige Zeit, um für einen Abend Abstand von der Geologie und den Karten zu gewinnen. Gerhard öffnete die erste Flasche und schenkte ein.

»Das hatte ich mir schon beim letzten Mal gewünscht. Heute wird es nachgeholt. Zum Wohl, Schatz!«

»Zum Wohl! Jetzt fehlen zwar die Blüten, aber dafür ist das Grün sehr schön, und es gibt immer noch genug Aussicht.«

Arm in Arm saßen sie mit von sich gestreckten Beinen auf der Bank und ließen den Wein und die Abendstimmung auf sich wirken. Gedankenversunken beobachteten sie die Schiffe auf dem Rhein. Ab und zu rauschte ein langer Güterzug auf der gegenüberliegenden Seite vorbei. Die Autos wirkten wie winzige Krabbeltiere. Es war wie auf einer riesigen Modelleisenbahnplatte. In sicherer Entfernung weiter unten am Hang erhob sich ein Ameisenhaufen. Sie hatten ihn schon beim letzten Mal nach der Mittagspause entdeckt. Der Abstand war zu groß, als dass sie Einzelheiten erkennen konnten.

Im Norden tauchte ein Hubschrauber auf. Er flog genau den Rheinlauf entlang und knatterte nicht weit entfernt an ihnen vorbei. Als der Lärm abgeklungen war, griff Gerhard zur zweiten Flasche und öffnete sie.

»Auf zur zweiten Runde!«

»Hoffentlich kommen wir nachher wieder heil den Hang hinunter.«

»Keine Sorge, der Wein ist aus dieser Gegend. Der wird uns schon führen.«

Katrin drückte den Kopf fest an Gerhards Schulter. »In solchen stimmungsvollen Momenten kommen mir immer die verrücktesten Ideen.«

»Und mir erst!«

»Nicht, was du wieder denkst! Ich meine Zukunftsträume... oder Wünsche, die in Erfüllung gehen könnten... irgendwelche schönen Sachen.«

»Komisch, ich habe auch gerade an einen meiner Jugendträume gedacht.«

»Was hast du dir vorgestellt? Ganz stark sein oder ganz groß oder ganz viel Geld haben?«

»Das war natürlich auch dabei. Aber ich hatte immer den Wunsch, etwas ganz Tolles zu entdecken.«

»Ist das der Grund, warum du Geologe geworden bist?«

»Vielleicht. Ohne die Entdeckungslust wäre ich nie den Störungen auf die Spur gekommen. Früher habe ich oft davon geträumt, den Nibelungenschatz zu finden. Das war für mich das Größte überhaupt.«

»Wie bist du darauf gekommen?«

»Ach, durch einen Film im Kino und durch Bücher über die Sage mit Siegfried und Hagen und wie sie alle heißen.«

Gerhard nahm die Flasche und goss sich wieder ein. »Du auch?«

»Danke, ich setze erst mal eine Runde aus.«

»Gerade hier oben am Rhein muss ich wieder an diese Geschichte denken. Den Schatz soll Hagen von Tronje, ich glaube, im fünften Jahrhundert, bei dem Loche im Rhein versenkt haben. Kannst du dir vorstellen, wie viele Interpretationen es dazu schon gegeben hat? Und wie viele Suchaktionen?«

»Aber gefunden hat man noch nichts, oder?«

»Nein. Es ist ziemlich idiotisch, nach einem Schatz zu suchen, der lediglich in einer Sage beschrieben ist. Da finde ich es schon viel sinnvoller, nach dem Bernsteinzimmer oder Dingen zu graben, die es zweifelsfrei gegeben hat.«

»Stell dir einmal vor, wie du jemandem erklärst, dass du den Nibelungenschatz suchst. Ich glaube, der Spott wäre sicher.«

»Oder das Mitleid. Aber es macht trotzdem Spaß, darüber zu phantasieren. Wenn ich wirklich die Absicht hätte, danach zu suchen, würde mir als Erstes ein ganz bestimmter Ort einfallen. Wenn Gefahr durch Kriege drohte, haben sie die Wertsachen entweder vergraben oder irgendwo versenkt.«

»Aber doch nicht im Rhein! Da findet man doch nichts wieder.

»Das sehe ich genauso. Dann hätten sie den Schatz gleich dem Feind überlassen können. Der Rhein reißt früher oder später alles mit sich mit. Nein, ich bin mir sicher, dass die Sachen zurückholbar sein mussten.«

»Ich glaube, ich weiß, welche Stelle du meinst.«

Gerhard hörte ihr gar nicht zu. »Wenn diese in der Flussschifffahrt geübt waren, und das waren sie mit Sicherheit, dann stand ihnen für Verstecke der ganze Rhein stromabwärts zur Verfügung.«

»Du meinst, auch dieses Gebiet hier käme in Frage?«

»Genau das meine ich.«

»Und wie wir gerade festgestellt haben, wäre es dumm gewesen, die Sachen einfach in ein tieferes Loch des Rheins zu werfen.«

»Exakt.«

»Dann bleibt nur noch der Laacher See übrig.«

Gerhard richtete sich auf und sah Katrin erstaunt an. »Wie bist du so schnell darauf gekommen? Das wollte ich gerade als geniale Lösung präsentieren!«

»Jetzt kannst du mir noch ein Glas einschenken.« Katrin hatte ein zufriedenes Lächeln aufgesetzt.

Gerhard füllte ihren kleinen Pokal bis zum Rand. »Darauf stoßen wir an! Unser nächstes großes Projekt ist die Suche nach dem Nibelungenschatz. Prost!« Er spürte den Wein schon mehr, als ihm lieb war.

»Dann stell schon mal den Antrag für ein U-Boot mit Metallsuchgerät und langen Greifarmen. Das wäre mal was Neues!«

»Aber die Idee ist gar nicht so dumm, wie sie vielleicht klingt. Wenn diese Leute wirklich ein Versteck gebraucht haben, dann wäre der Laacher See bestens geeignet. Sie mussten nur die günstigste Stelle ausloten.«

»Und wo soll die sein? Moment, ich kann es mir denken! Natürlich dort, wo es nicht zu flach ist, damit die Fischer nicht zufällig darauf stoßen, aber auch nicht zu tief…«

»… damit die besten Taucher noch rankommen. Ich glaube, du solltest doch noch Archäologie studieren.«

Langsam wurde es dunkel. Gedankenversunken saßen sie da und schauten den vorbeituckernden Lastschiffen auf dem Rhein zu.

Nach einer Weile richtete sich Katrin auf. »Da gab es doch auch den Ring der Nibelungen. Soll der nicht dem Finder Unglück bringen?«

»Stimmt. So heißt es in der Sage.«

»Dann werden wir ihn lieber nicht suchen«, sagte Katrin sehr bestimmt und stand auf. »Mir wird kalt. Lass uns gehen!«

Es war schon fast dunkel, als sie ihren Aussichtspunkt verließen und leicht schwankend ins Tal hinunterwanderten. Unterwegs wechselten sie nur wenige Worte. Beiden fiel es nicht mehr ganz leicht, die weingesteuerten Gedanken um Rhein, Geologie und Sagen in vernünftige Bahnen zu lenken. Erst am nächsten Morgen war das Thema überstanden.

KAPITEL 3

Es wurde Mitte September, bis Gerhard sich wieder um die Ameisen kümmern konnte. Nach dem Urlaub in Südfrankreich, den die Eltern diesmal allein verbringen durften, stürzten viele universitäre Angelegenheiten auf ihn ein. Es ging um Neustrukturierungen, die Ausarbeitung von Forschungsberichten und vieles andere, das keinen Spaß machte. Außerdem schrieb er trotz seines Frustes über die staatliche Förderung weiter am Antrag zur Erforschung der Zusammenhänge von Ameisen und Seitenverschiebungen.

Noch am Morgen hatte er mit seinem Kollegen Wollschläger im Geologischen Institut in Aachen telefoniert und ihn gebeten, ein spezielles Gerät ausleihen zu dürfen. Wollschlägers Arbeitsgruppe hatte sich auf die Untersuchung von Gasen im Boden spezialisiert. Mit dem Gasmessgerät, so hoffte Gerhard, würden sich offene Störungen am einfachsten nachweisen lassen. Es war noch genügend Zeit vor der Mittagspause, sodass er auf schnellstem Wege nach Aachen zur Geologie fuhr.

Er vermutete seinen Kollegen im Kellertrakt des altehrwürdigen Gebäudes. Neben einem Friedhof für Gesteine und Institutsgerümpel waren hier verschiedene Labors untergebracht. Bereits auf der Treppe stolperte er über Wollschläger, der gerade auf dem Weg zur mittäglichen Mümmelrunde war, wie sie von den Studenten bezeichnet wurde, einem rituellen Kaumahl der älteren Professoren, in das tunlichst kein anderer hineinzuplatzen hatte. Und schon gar nicht ein Student.

Mit dem weißen Kittel wirkte der Leiter der Arbeitsgruppe eher wie ein ergrauter Mediziner. Der Eindruck wurde noch durch eine automatisierte Bewegung des Kopfes nach unten verstärkt, um den Blick über den Rand der halben Brille schießen zu lassen, als wollte er eine Röntgenaufnahme mustern.

»Ah, da sind Sie ja! Ich dachte mir, ich erkläre Ihnen die Funktionsweise am besten selbst. Oder haben Sie schon einmal damit gearbeitet?«

»Tag, Herr Wollschläger. Schön, dass Sie mir aushelfen.«

»Sie müssen mir aber garantieren, dass… » Wollschläger war sehr genau in seinen Erläuterungen, und Gerhard versicherte, äußerst sorgsam mit dem Gerät umzugehen.

»Was sollen Sie damit überhaupt messen? Ich habe gehört, dass Sie was mit Ameisen vorhaben. Sie werden doch wohl nicht an so einen Ökoschwachsinn glauben, oder?«

»Einen Moment! Sie kennen sich doch mit Statistik aus.«

»In der Tat. Warum?«

»Was sagt Ihnen ihr statistischer Sachverstand, wenn von vierhundert Ameisenhaufen in einem größeren Gebiet neunzig Prozent auf Seitenverschiebungen liegen?«

»Da müsste ich mir zunächst die Auswahlkriterien ansehen und die Zusammenhänge kennen und so weiter. So einfach geht das nicht.«

»Gut, dann lade ich Sie zu einer Exkursion in die Eifel ein. Da können wir das in Ruhe diskutieren.«

»Gern. Aber wenn es sich tatsächlich so verhalten sollte, wie würden Sie die Sache erklären?«

»Wenn die Standortwahl der Ameisen kein Zufall ist, dann scheinen sie gezielt bestimmte Abschnitte der Störungen aufzusuchen. Und das tun sie nur, wenn eine derart enge Festlegung einen entscheidenden Vorteil mit sich bringt. Sonst hätte die Evolution diese Eigenart nicht ausgeprägt.«

»So, so. Und jetzt wollen Sie mit diesem Gerät den Nachweis erbringen?«

»Wenn meine Theorie stimmt, müsste es bei den Haufen eine Verbindung in den tieferen Untergrund geben. Zum Beispiel über geöffnete Klüfte innerhalb der Störungen. Und daraus strömt das radioaktive Edelgas Radon und auch Helium.«

»Für Radon brauchen Sie aber möglichst Frost, damit genug warme Luft nach oben aufsteigt. Sonst kriegen Sie kein Ergebnis.«

»Genau das wollen wir abwarten.«

»Na, dann machen Sie mal!«

Gerhard bedankte sich für das Gerät und versprach Wollschläger, ihm unverzüglich die Ergebnisse mitzuteilen.

In der letzten Oktoberwoche war es so weit. Ein kräftiges Hoch hielt über Mitteleuropa Einzug und brachte kalte Luftmassen aus dem Norden mit. In der Eifel fiel die Temperatur nachts auf zehn Grad unter Null. Am frühen Morgen traf sich Gerhard mit Roger Kray am Institut. Er hatte mit ihm ein Programm vorbereitet, um Helium und Radon an den Störungen und auch in den Ameisenbauten zu messen. Roger hatte Michael, einen Studienkollegen, mitgebracht, der sich ebenfalls für eine Diplomarbeit interessierte. Er wollte die Gelegenheit nutzen, sich im Gelände über alles zu informieren.

Mit dem Bulli fuhren sie bei aufgehender Sonne bis ins Ahrtal zur Dernau-Störung. Gerhard hatte die Stelle ausgewählt, an der große Quarzblöcke in der Nachbarschaft von mehr als zwanzig Ameisennestern lagen.

»Mann, ist das schattig!«, entfuhr es Roger, als er aus dem Bus auf den Waldboden sprang. Hüpfend drehte er eine Runde um den nächsten Baum. Schnell hatte sich die Wärme verflüchtigt, die sie im Bus getankt hatten. Nur ständige Bewegung verhinderte, dass sie auf der Stelle erfroren.

Mit dicken Handschuhen bewaffnet drückten sie eine Sonde direkt neben dem ersten Haufen in den Boden und pumpten etwas Luft aus der Tiefe in speziell vorbereitete Gläser.

»So, ab heute Abend können wir messen. Dann hat sich in den Messkammern ein Gleichgewicht eingestellt. Und wenn wir die ersten Daten haben, können wir endlich beurteilen, ob die Theorie stimmt«, erklärte Gerhard den beiden.

»Meinen Sie nicht, dass wir die Ameisen stören?«, fragte Roger.

»Die merken kaum etwas davon, weil wir außerhalb des Nestes sind. Und Sie müssen sich nur einmal umschauen, wie die Spechte und Wildschweine die Haufen traktieren. Selbst das scheinen sie meistens wieder in den Griff zu bekommen.«

»Stimmt. Da hinten habe ich zwei Haufen gesehen, die fast völlig platt gemacht wurden.«

»Dann kann es natürlich passieren, dass sie aufgeben.«

»Was suchen die Wildschweine überhaupt?«, fragte Michael zweifelnd. »Die fressen doch keine Ameisen. Die können sie ja nicht einmal sehen.«

»In den Haufen leben bestimmte Käferlarven, ich glaube, vom Vierpunktkäfer. Die sich übrigens von Ameiseneiern ernähren. Vielleicht sind sie deshalb so schmackhaft für die Wildsäue.«

»Also interessieren sie sich gar nicht für die Ameisen oder ihre Larven?«

»Soweit ich weiß, nicht. Im Gegenteil, die Wildschweine bekämpfen ihre Feinde, allerdings mit Totalschaden im Oberbau. Und sie sollen sich sogar regelrecht in den Nestern suhlen. Die Ameisen verspritzen natürlich ihre Säure, aber die soll wiederum hilfreich gegen Hautparasiten der Wildschweine sein.«

»Darauf muss man erst einmal kommen.«

»Sie sagen es. Aber die Umsiedlungsversuche haben offenbar viel schlimmere Schäden verursacht. Allmählich wurde es Gerhard zu kalt an den Fingern. »Jetzt dürfen Sie auch mal ran Michael.«

Er holte die Thermoskanne aus dem Rucksack und goss sich einen heißen Tee ein. Mit steifen Fingern umklammerte er den Becher. »Zu Ihrer Beruhigung kann ich Ihnen sagen, dass ich natürlich die Forstverwaltung informiert und mir vorsichtshalber eine Genehmigung des Umweltamtes geholt habe. Und wenn wir mit diesen Messungen die Zusammenhänge bestätigen, nützt das ja auch den Ameisen.«

»Für künftige Umsiedlungen«, fügte Roger hinzu.

»Unter anderem.«

An diesem Tag schafften sie es trotz der Kälte, zwölf Ameisenhaufen zu beproben und drei Profile über die Störung zu legen. Am späten Nachmittag packten sie ein. Es war ein kalter, aber sonniger Tag gewesen. Als Gerhard auf die Autobahn bog und der untergehenden Sonne entgegenfuhr, war es im Bus schon so warm, dass die beiden Studenten in einen tiefen Schlaf fielen. Erst am Institut, als Gerhard richtig laut die Ankunft verkündete, kamen sie wieder zum Leben.

»Auf geht's, aufwachen und ausladen! Jetzt sind Sie ja so gut ausgeschlafen, dass wir uns heute Abend um neun Uhr treffen und gleich mit den Messungen beginnen können.«

Die beiden schauten sich mit verschlafenen Augen an und nickten pflichtbewusst.

Gerhard ging in sein Büro und rief Katrin an. Er erzählte von der Exkursion und kündigte an, dass es heute etwas später werden würde.

Die beiden Studenten trafen tatsächlich gegen neun ein. Im Labor erklärte Gerhard den Messvorgang, dann stellten sie die ersten Probenbehälter in die Messkammern. Kurze Zeit später kamen die Ergebnisse. Zuerst von der unbeeinflussten Bodenprobe, weitab von der Störung. Die Werte lagen im normalen Bereich. Doch an der Störung schnellten die Konzentrationen schlagartig in die Höhe.

»Mann, das ist ja das Sechsfache der anderen Werte!«, freute sich Roger.

»Das hatte ich erwartet. Aus Veröffentlichungen weiß ich, dass ähnliche Werte bereits an anderen Orten gemessen wurden.« Gerhard legte die erste Probe ein, die direkt aus den Ameisenhaufen stammte. »So, jetzt wird es spannend.«

Drei Minuten später piepte das Messgerät und zeigte den Wert an.

»Auch nicht schlecht!«, stellte Gerhard fest. »Trotz der guten Belüftung liegen die Werte immer noch sehr hoch.«

Als schließlich die erste Hälfte der Ergebnisse vorlag, war klar, dass die Ameisenhaufen einen Anschluss in die Tiefe haben mussten. Auch die Helium-Messungen ergaben deutlich erhöhte Werte.

»Hervorragend! Zumindest an dieser Stelle bestätigt es die Theorie«, fasste Gerhard das nächtliche Messprogramm zusammen.

»Und was haben die Ameisen nun wirklich von der Störung? Es geht ihnen doch bestimmt nicht um das Radon oder gar das Helium!«, fragte Michael.

»Das herauszubekommen, wird nicht ganz so einfach sein. Meine erste Vermutung wäre die warme Luft im Winter.«

»Und die zweite?«, bohrte Michael nach.

»Vielleicht zum Telefonieren«, scherzte Roger.

»Wie bitte?«, fragte Michael.

»Ja, das ist überhaupt die Idee!« Roger schien plötzlich Gefallen an seinem verrückten Gedankenblitz zu finden. »Diese Ameisengesellschaften sind doch hochintelligente Systeme. Vielleicht haben wir sie bisher völlig unterschätzt. Alle sitzen auf Störungen, die mit Eisen- und Manganerzen ausgekleidet sind, mal mehr, mal weniger. Dieser Belag leitet vielleicht genauso gut wie ein Kabel, also wohnen die quasi auf einer Art Telefonnetz. Jeder Haufen im Schiefergebirge ist mit jedem anderen Haufen verbunden.«

»Und wenn sie Strom brauchen, um eine Verbindung herzustellen, spritzen sie etwas Ameisensäure auf das Erz, und schon entsteht ein schwacher Strom«, sagte Gerhard lachend. »Leider sind wir nicht die richtige Adresse, um die komplizierten Beweggründe für die Standortwahl herauszufinden. Da müssten wir uns schon zu einem Forschungsprojekt mit Entomologen zusammentun.«

»Mit Entenforschern?«, fragte Michael ungläubig.

»Quatsch, mit Entomologen. Das sind Insektenforscher auf Schlaudeutsch«, flachste Gerhard zurück.

»Wollen Sie den Antrag für das Projekt wieder bei ihren Freunden von der Forschungsförderung stellen?« Roger hatte einen leicht ironischen Blick aufgesetzt.

»Das werde ich mir schwer überlegen. Außerdem hätte ich da noch eine andere Idee.«

Gerhard war erst um Mitternacht zu Hause. Katrin empfing ihn an der Tür.

»Wo bleibst du denn? Hast du überhaupt schon gegessen?«

»Nein, wir haben gleich die erste Hälfte der Messungen durchgezogen. Unser Modell hat sich bisher gut bewährt. War ja eigentlich auch nicht anders zu erwarten. Wenn ich mein Haus auf einer Störung baue, darf ich mich nicht wundern, wenn ich Radon im Keller habe.«

»Gut, dann mache ich dir noch was warm. Pizza oder Tomatensuppe?«

»Lieber Suppe, das geht schneller. Vielleicht esse ich dazu noch ein Schinkenbrot.«

»Geht nicht.«

»Warum?«

»Morpheus. Aber reg dich bitte nicht wieder auf.«

»Hast du vergessen, den Haken in die Kühlschranktür einzustecken?«

»Ich bin mir ziemlich sicher, dass ich es nicht vergessen habe. Ich vermute, dass er jetzt auch diese Technik durchschaut und das Teil mit der Kralle herausgeangelt hat. Wir haben ihn ja schon ein paarmal daran spielen sehen.«

Morpheus war in der Tat ein technisch begabter Kater. Als sie noch in Clausthal in einer Mietwohnung gelebt hatten, hatte er nur selten Freigang erhalten. Sein Tatendrang und die Neugier hatten ihn dazu getrieben, in den Zimmern alles zu untersuchen, was sich irgendwie bewegen ließ. In dieser Zeit hatte er auch das Öffnen von Türen erlernt.

Eines Abends war Gerhard von einer Doktorfeier nach Hause gekommen, im Gepäck eine größere Menge Kassler im Blätterteig, das zu reichlich bestellt worden war. Jeder hatte etwas davon mitbekommen. Katrin war so spät abends nicht mehr hungrig, also hatte Gerhard das Paket in die Küche gebracht, um es im Kühlschrank zu verstauen. Manchmal machte sich Gerhard einen Spaß daraus, Morpheus ein wenig zu ärgern. Er hielt ihm das Paket Fleisch unter die Nase, machte Schmatzgeräusche und legte es vor seinen Augen in den Kühlschrank, allerdings ohne ihm etwas abzugeben. Das sollte sich langfristig als folgenschwerer Fehler herausstellen. Nach den Spätnachrichten ging Katrin in die Küche, um sich ein Obst zu holen. Auf einmal ertönte ein lautes Geschrei. Katrin hatte Morpheus entdeckt, der auf dem Küchenfußboden hockte und an einer Scheibe Fleisch kaute. Die restlichen Scheiben waren in der ganzen Küche verteilt, der Kühlschrank stand offen und lief auf Volllast.

Es dauerte eine Weile, bis Gerhard und Katrin verstanden, wie Morpheus in den Kühlschrank gekommen war. Zuerst waren sie fest davon überzeugt, dass der Scheuerlappen, der das Tropfwasser auffangen sollte, ab und zu in der Tür eingeklemmt war. Als sich die Vorfälle wiederholten, stellte Gerhard Morpheus eine Falle. Er legte wieder etwas Leckeres in den Kühlschrank, nachdem er den Kater daran hatte riechen lassen. Vom Nachbarzimmer aus schaute er durch die angelehnte Tür. Es dauerte nicht lange, da legte sich Morpheus vor dem Kühlschrank auf den Rücken, streckte die Vorderpfoten in Richtung Tür und verkrallte sich an der unteren Kante. Mit einem ruckartigen Klimmzug beschleunigte er sich auf die Tür zu, wobei gleichzeitig die Tür aufgezogen wurde. Blitzartig drehte er sich um die Längsachse, sprang auf und hielt die Pfote hinter die Tür, bevor sie wieder zufallen konnte. *Alle Achtung!*, dachte Gerhard. *Ein tolles Kunststück!*

Seit dieser Zeit lag eine dickere Latte vor der Tür, um die Eskapaden des Katers zu unterbinden. Aber die Futterquelle Kühlschrank war für Morpheus viel zu interessant geworden. Es dauerte keine drei Wochen, da ging das Spiel von Neuem los. Gerhard musste wieder den gleichen Trick anwenden, um Morpheus' neue Technik kennen zu lernen.

Irgendwie hatte der Kater das Prinzip Kühlschranktür durchschaut. Nachdem Gerhard die Küche verlassen hatte, stellte er sich ganz entspannt davor, schob die Krallen der Vorderpfote zwischen Magnetdichtung und Gehäuse und winkelte die Pfote leicht an. Es klackte leise, als sich die Magnetleiste vom Metallgehäuse trennte, und Morpheus zog elegant die Tür auf, mitsamt der Latte, die unten davorlag.

Noch am selben Tag bohrte der Erziehungsberechtigte des Hauskaters ein Loch in die Deckplatte vorn über der Türecke und steckte einen Metallhaken durch dieses und ein weiteres Loch in der Tür, das ein weiser Techniker werkseitig dort platziert hatte.

An diesem Abend aß Gerhard nur Suppe mit eingestipptem Brot.

In den folgenden Tagen holten Gerhard und Roger weitere Bodenluftproben aus der Umgebung von Ameisenhaufen in unterschiedlichsten Gebieten. Bis auf einige Ausnahmen fanden sie die neu entdeckten Zusammenhänge bestätigt.

»Ich werde in den nächsten Tagen einen Termin beim Geologischen Landesamt in Mainz machen«, sagte Gerhard nach den letzten Messungen zu Roger. »Sie sollten mich zusammen mit Michael begleiten. Nachdem er sich jetzt für diese Diplomarbeit entschieden hat, ist das ein guter Kontakt für später.«

»Meinen Sie, da könnte irgendwann mal eine Stelle frei werden?«

»Man sollte die Hoffnung nie aufgeben. Außerdem sind Kontakte immer nützlich. Wir haben jetzt so viele neue Geländeergebnisse, dass es sich lohnt, sie im Zusammenhang zu präsentieren.«

»Gibt es bei denen vielleicht auch einen Zuschuss zu den Fahrtkosten? Für die Diplomarbeit wird die viele Fahrerei richtig teuer.«

»Ich hoffe es. Wir werden das auf jeden Fall ansprechen.«

Eine Woche später war es so weit. Das kalte Oktoberhoch war einem typischen Novembertief gewichen. Es regnete ohne Unterbrechung. Zu dritt fuhren sie über die Eifel nach Mainz. Es war eine sehr anstrengende Fahrt mit schlechten Sichtverhältnissen. Eigentlich hatten sie mit einem Zwischenstopp bei den Ameisenhaufen geliebäugelt. Doch das Wetter hatte jede Diskussion in diese Richtung im Keim erstickt.

Horst Ganter und Manfred Bäumler, die zuständigen Kollegen vom Landesamt, trotzten der Novemberstimmung und munterten die Kölner erst einmal auf. Sie waren begnadete Geologen, die ihre ökologische Nische im Amt gefunden hatten. Dennoch interessierten sie sich immer noch sehr für die geologische Geländeaufnahme und wären lieber häufiger mit Gerhard durch die Wälder gestreift, als sich mit typischen Behördenarbeiten zu beschäftigen.

Gerhard kannte sie schon seit Jahren und verstand sich bestens mit den beiden Frohnaturen. Bäumler war der kleinere Typ, mit krautigem, angegrauten Vollbart, der seine Ressourcen aus der oberen Kopfpartie bezogen zu haben schien. Dort jedenfalls herrschte gähnende Leere. Die dunklen, gutmütig blickenden Augen in Kombination mit der leicht geröteten, etwas knolligen Nase verrieten, dass er schon länger in einer Weingegend lebte. Ganter hatte dagegen etwas Spitzbübisches im Blick, was ungewöhnlich für einen Mann dieser Größe und Schlaksigkeit war. Er überragte Gerhard fast um einen ganzen Kopf. Beide waren froh, dass wieder jemand in Eifel und Westerwald geologisch arbeitete, und staunten über die völlig neuen Zusammenhänge zwischen Störungen und Ameisen. Gerhard wartete nur darauf, dass dazu die ersten Sprüche kamen.

Gemeinsam hingen sie über den Karten und verglichen die neuen Störungsverläufe mit alten geologischen Unterlagen.

»Das ist einfach phantastisch!«, lobte Bäumler die Arbeit. »Mit den Ameisen haben sie eine völlig neue Kartierhilfe für Störungen gefunden.«

»Und dann noch eine, die so weit sichtbar ist«, fügte Ganter hinzu.

»Jetzt haben wir schon Maulwürfe für den Boden und Ameisen für die Störungen. Dann brauchen wir nur noch ein Vieh, das seine Haufen da macht, wo es Erdgas und Erdöl gibt.«

»Für Goldvorkommen hätten wir doch schon eins, Sie Esel!«, sagte Ganter.

»Und Sie sollten sich ganz schnell an den eigenen Schnabel fassen!«, konterte Bäumler.

Die beiden grinsten sich an. Man merkte, dass sie ein eingespieltes Team waren.

Für Gerhard war es immer wieder nett, in Mainz zu sein und mit den Kollegen zu diskutieren. Sie vereinbarten eine stärkere Zusammenarbeit für die Zukunft und überlegten sich die nächsten

Geländeaktionen. Zum Schluss kam Gerhard noch auf das leidige Geld zu sprechen. Die beiden versprachen, sich bei ihrem Chef für eine Fahrtkostenunterstützung einzusetzen.

Auf der Rückfahrt zogen Gerhard, Roger und Michael eine Bilanz des Treffens.

»Immerhin nehmen sie die Sache mit den Ameisen einigermaßen ernst«, sagte Michael nachdenklich. »Vielleicht klappt es sogar mit dem Zuschuss.«

»Wenn wir auch den Grund nachweisen könnten, warum die Nester immer auf den Störungen liegen, hätten wir es in den Diskussionen viel einfacher«, überlegte Roger.

»Da haben Sie recht.« Gerhard hatte sich offensichtlich in einen eigenen Gedankengang vertieft. »Mir geht schon die ganze Zeit Ihre – Entschuldigung – etwas alberne Bemerkung von neulich durch den Kopf. Sie wissen, welche ich meine?«

»Die Sache mit dem Telefonieren? Das sollte wirklich nur ein Scherz sein.«

»Genau die meine ich. Nach und nach baut sich daraus bei mir ein erstaunlich logisches Gebilde auf. Ersetzen Sie doch einfach mal das Wort `Telefon´ durch den Begriff `Geoinformationssystem´. Dann sieht es schon ganz anders aus.«

»Was für Informationen sollen denn da fließen – und wozu?«, fragte Michael sichtlich erheitert.

»Das ist gar nicht so weit hergeholt. Die meisten biologischen Systeme haben einen Rhythmus, eine biologische Uhr. Das ist wichtig für Stoffwechselsteuerungen, Vermehrung, Aufzucht der Nachkommen und vieles andere.«

»Das ist bekannt«, schaltete sich Roger ein. »Wenn man die Lebewesen aus ihrem Umfeld entfernt, laufen ihre Uhren noch eine Weile weiter, kommen aber schnell aus dem Takt.«

»Genau! Und deshalb sind die Uhren immer an einen übergeordneten Taktgeber gekoppelt.«

»Zum Beispiel Jahreszeiten, Tag- und Nachtwechsel oder auch die Gezeiten«, begeisterte sich Roger. Er hatte im Studium Biologie als Nebenfach belegt und über dieses Thema ein Referat gehalten.

»Und jetzt überlegen Sie mal. Welchen Taktgeber, beziehungsweise welche Information könnte man mit den senkrecht stehenden Störungen in Verbindung bringen?«

Die beiden schauten angespannt aus dem Fenster.

»Das ist ja phantastisch!«, entfuhr es Roger. »Natürlich! Die kriegen alle zwei Wochen einen Impuls, genau dann, wenn Vollmond oder Neumond ist.«

Über die Erdgezeiten?«, fragte Michael.

»Genau. Das ist es.« Gerhard freute sich über die Kombinationsfähigkeit seiner Mitarbeiter. »Der Mond übt seine Anziehungskraft nicht nur auf das Wasser aus, sondern auch auf die Erdkruste.«

»Stimmt! An die Erdgezeiten haben wir noch gar nicht gedacht«, überlegte Michael. »Zweimal am Tag bewegen wir uns dreißig Zentimeter vom Erdmittelpunkt weg und wieder zurück. Geophysik Grundvorlesung.«

»Und wenn der Mond mit der Sonne auf einer Achse steht, wirkt es stärker, und wir bekommen eine Springflut«, warf Roger nachdenklich ein.

»Nach Untersuchungen der Geophysiker wirkt sich das auch spürbar auf die Kruste aus. Dann werden stärkere Schwankungen des Grundwasserspiegels gemessen als sonst«, erklärte Gerhard.

»Mann, das ist die Lösung!« Roger rutschte aufgeregt auf seinem Sitz hin und her. »Dann verändert sich der Gasaustritt und das können die Tierchen, die direkt auf der Störung sitzen, optimal als Information nutzen. Alle zwei Wochen ein deutlicher Gong von der Uhr, die schon so lange läuft, wie es den Mond gibt.«

Die drei sahen sich mit triumphierenden Blicken an.

»Dann kann ein Ameisenstaat beruhigt allein im Wald leben, weit weg von den anderen. Der notwendige Austausch der Gene zwischen den Völkern klappt trotzdem, weil alle zur gleichen Zeit ausschwärmen können«, überlegte Gerhard.

»Weil alle die gleiche Uhr haben. Toll!« Roger sonnte sich in diesem Gedanken.

»Noch ist es nur eine erste Hypothese, die es zu beweisen gilt«, warnte Gerhard. »Aber sie gefällt mir schon sehr gut.«

»Wie sagen Sie immer? Ohne vernünftige Arbeitshypothese keine vernünftige Fragestellung und damit auch keine vernünftigen Forschungsansätze.« Roger hatte sein besserwisserisches Grinsen aufgesetzt.

»Genau!«, bekräftigte Michael.

KAPITEL 4

Auf seinem Weg nach Norden verließ der Rhein die breite Talung des Neuwieder Beckens durch eine schmale Pforte bei Andernach. Einen Kilometer weiter nord-westlich weitete sich das Engtal um wenige hundert Meter und machte Platz für die kleine beschauliche Ortschaft Namedy, die sich auf der Niederterrasse des Rheins an den Steilhang des Eifelgebirges schmiegte. Etwas nördlich von Namedy passierte der Rhein die engste Stelle des Mittelrheinlaufes überhaupt. Der Ort Hammerstein auf der rechtsrheinischen Seite wurde namensgebend für den zutreffenden Begriff »Hammersteiner Riegel«. Direkt gegenüber, auf der linksrheinischen Seite, ragte aus dem Grundgebirge ein einzelner Berg heraus. Es war die Hohe Buche, die mit 318 Metern deutlich das obere Terrassenniveau von 220 Metern übertraf. Die »Hohe Buche« war mit einem Alter von 50.000 bis 100.000 Jahren ein junger Vulkan, der noch aktiv war, als der Rhein fast schon sein heutiges Fließniveau erreicht hatte. Sichtbar war dies an einem wild überwachsenen Lavastrom, der sich am Fuß des Steilhanges bis auf die unterste Mittelterrasse herunterzog. Es hieß, dass schon die Römer ihn als Steinbruch benutzten. Die unmittelbare Nähe des Rheins als Transportweg war ideal. So konnten sie die groben Basaltsäulen direkt auf die Schiffe verladen und rheinabwärts zu ihren Bauwerken transportieren.

Gerhard hatte vor seinen Untersuchungen in der Eifel lange im Vulkanfeld des Westerwaldes gearbeitet. Hier gab es wesentlich größerer Basaltvorkommen, die aber mit über 20 Millionen Jahren viel älter waren. Im neuen Projekt arbeitete er an Störungen, die sehr wahrscheinlich noch aktiv waren. Würde sich ein Zusammenhang zu den jungen Basalten der Osteifel ergeben? Gerhard war davon überzeugt. Schließlich wurden die Schmelzen beim Aufstieg von der Tektonik gelenkt. Aber welche Unterschiede wiesen sie zu denen des Westerwaldes auf? Eins hatte er im Laufe der Jahre gelernt. Basalte sahen oberflächlich betrachtet zwar alle gleich aus, aber wenn man sie genauer untersuchte, zeigten sich erhebliche Unterschiede.

Jetzt, wo er gesicherte Hinweise über den Verlauf großer Seitenverschiebungen hatte, konnte er endlich auch die Vulkane in die Untersuchungen einbinden. Aus diesem Grund hatte er die Hohe Buche als nächstes Ziel eingeplant. Vielleicht ließ sich hier eine Verbindung zwischen den damaligen Aufstiegswegen der Schmelze und den neu entdeckten Störungen erkennen.

In der zweiten Novemberwoche ergab sich die Gelegenheit, einen Geländetag in das volle Semesterprogramm einzuschieben. Das Tief der Vorwoche war inzwischen von zwei weiteren abgelöst worden. Mit einer Warmfront kamen wieder viele Regenwolken, die sich bevorzugt in der Eifel festsetzten. Trotzdem bestellte Gerhard die beiden Diplomanden am Donnerstagmorgen in das Brohltal, an die Stelle, wo sie bereits eine Ost-West-Störung gefunden hatten.

»Hallo!«, begrüßte Gerhard Roger und Michael, die noch etwas verschlafen aus ihren dicken Geländeklamotten schauten.

»Sind Sie gut durchgekommen?«

»Es ging so. Wir hatten nur bei Köln einen längeren Stau. Was suchen wir hier eigentlich so dringend?« Es war nicht zu übersehen, dass Roger sich schon gedanklich auf den Winter eingerichtet hatte.

»Ich will noch vor dem ersten Schnee herausfinden, ob es einen Zusammenhang zwischen dem Störungsverlauf und der Nähe der jungen Vulkane gibt. Ich habe Ihnen ja von den starken Gasaustritten am Laacher See erzählt.«

Roger und Michael grinsten sich an. Gerhard hatte ihnen auch vom Kartoffelkuchen vorgeschwärmt und die Folgen angedeutet.

»Waren Sie inzwischen noch einmal da? Hat sich seitdem etwas verändert?«, wollte Michael wissen.

»Deswegen diese heutige Aktion. Für meinen Geschmack hat sich die Sache ungewöhnlich verstärkt. Das lässt sich nicht mehr ignorieren.«

Roger nahm die Karte und legte sie auf die Motorhaube. Sie waren mit Michaels Geländewagen gekommen. Er war ein ausgesprochener Landroverfan. »Gibt es in dieser Richtung vielleicht eine Häufung kleinerer Erdbeben, die auf eine stärkere Dehnung hinweisen könnten?« Er fuhr mit dem Zeigefinger um den See herum.

»Im Erdbebenkatalog von Bensberg sind einige verzeichnet. Sie sind aber nicht sehr aussagekräftig. Ich will heute noch den nördlichen Bereich des Laacher Sees überprüfen. Dort ist das Grundgebirge nicht so stark überdeckt und durch kleine Täler angeschnitten.«

Gerhard holte seine Thermoskanne aus dem Auto und bot den beiden Kaffee an.

»Danke, wir haben Tee dabei.« Roger wippte schon nervös auf den Füßen.

»Wenn wir herausfinden, dass die Hohe Buche, der jüngste Basaltvulkan hier direkt am Rhein, irgendwie mit dem gesamten System zusammenhängt, haben wir schon einiges gewonnen. Dann verstehen wir vielleicht, wie seine älteren Kollegen hineinpassen.«

»Und wo die nächsten Ausbrüche stattfinden müssten?«, fragte Michael etwas provozierend.

»Das mit Sicherheit nicht. Erstens ist es sehr unwahrscheinlich, dass wir einen solchen Ausbruch erleben werden, und zweitens kann man den Ort erst vorhersagen, wenn sich die Sache durch eindeutige Vorzeichen ankündigt. Alles andere ist Geolotterie.«

»Lasst uns anfangen, mir wird kalt!« Roger hüpfte mit seinen dicken Bergschuhen hin und her.

»Es wäre schön, wenn wir heute die Hauptstörung bis an den Rhein verfolgen könnten. Morgen sollten Sie dann allein losziehen und auf der anderen Seite den Anschluss suchen. Vielleicht können wir sogar einen Versatz beim Durchgang durch das Rheintal feststellen. Außerdem sollten Sie auf Ameisenbauten achten. Einzelne Tiere werden Sie bei diesen Temperaturen kaum sehen, aber wenn doch, verfolgen Sie sie so lange, bis Sie das Nest gefunden haben. Das könnte hier sehr spannend werden. Dann will ich noch den Basalt der Hohen Buche beproben. Mal schauen, was der für eine Abstammung hat. Also los! Volles Programm!«

Die Regenschauer der letzten Tage hatten den Boden stark aufgeweicht. Es war unangenehm rutschig und feucht, die Schuhe waren bereits am Mittag völlig durchnässt. Aber das alles machte den Dreien wenig aus. Auch die zeitweiligen Regenfälle wurden ignoriert. Die Bewegung Hang auf und Hang ab brachte sie ins Schwitzen. Entlang der vermuteten Störung fanden sie die typischen Gesteine und wussten, dass sie auf dem richtigen Weg waren. Sie nahmen es fast schon als selbstverständlich hin, dass sie auf Ameisenbauten stießen. Gerhard stutzte allerdings über die Standorte. Sie lagen entgegen der bisherigen Erfahrung deutlich außerhalb der Störungszone.

»Schauen Sie mal!« Gerhard rief Michael und Roger zusammen. »Wir haben jetzt fünf Haufen gefunden, die sich hangaufwärts ziehen. Wenn ich sie in die Karte eintrage und die Richtung mittele, läuft die Linie direkt in die Hohe Buche hinein.«

Michael beugte sich neugierig über die Karte: »Wenn das mit den Störungen und den Ameisen immer stimmt, dann müsste diese Linie eine Öffnungsstörung zweiten Grades sein. Dieser Typ wird Riedel-Störung genannt, nach seinem Entdecker, dem Herrn Riedel, seinerzeit in Bonn ansässig.«

Gerhard und Roger schauten sich an.

»Alle Achtung, junger Mann, sehr gut erkannt! Das sehe ich genau so.« Gerhard wirkte ehrlich beeindruckt.

»Das Thema hatte ich erst vor wenigen Monaten in meiner Diplomprüfung«, schwächte Michael ab.

»Anscheinend bleibt doch etwas von dem hängen, was wir Professoren erzählen«, sagte Gerhard selbstzufrieden.

»Zumindest für kurze Zeit.«

»Jetzt holen wir noch die Basaltprobe, und dann ist Schluss. Haben Sie nach der letzten Wagenwäschen eigentlich den Vorschlaghammer wieder in den VW-Bus gelegt?«

»Nein, ich dachte, das hätten Sie gemacht«, antwortete Roger.

»Dann können wir diesen Tagesordnungspunkt vergessen. Mit unseren Geologenhämmern kommen wir nicht weit. Wir brauchen Material von einem frischen Kern eines größeren Blocks.«

»Da liegt sicher auch was Kleineres rum. Das müsste doch reichen«, warf Michael ein.

»Nein, diese Handstücke sind schon viel zu vergammelt. Damit können wir nichts mehr anfangen. Gut, dann kümmern Sie sich morgen um die andere Rheinseite. In anderthalb Wochen habe ich wieder einen Termin bei Landesamt in Mainz. Ich werde die Probe mitnehmen, wenn ich sowieso hier vorbeifahre.«

Sie packten ihre Sachen ein, tranken die letzten lauwarmen Tropfen aus ihren Thermoskannen und machten sich auf den Weg. Die Diplomanden fuhren nach Königswinter, dem kleinen Ort am Fuß des Siebengebirges, zu Michaels Eltern. Von dort wollten sie am nächsten Morgen starten und die rechtsrheinische Seite untersuchen. Gerhard fuhr mit dem Bus zurück nach Köln ins Institut. Er musste noch Prüfungen und Vorlesungen für den Rest der Woche vorbereiten.

In den nächsten Tagen setzte ein großer Wetterumschwung ein. Ein ausgedehntes Nordtief bescherte Mitteleuropa den ersten richtigen Schnee. Nach Durchzug eines breiten Niederschlagsbandes, das in höheren Lagen bis zu 20 Zentimeter brachte, entwickelte sich ein Hoch über Dänemark, das ganz Deutschland auch am Tag Frost im zweistelligen Bereich bescherte.

Gerhard war froh, dass er damals bei der Anschaffung des Institutsbusses einen Allradantrieb durchgesetzt hatte. Allein schon bei Schnee auf der Autobahn machte sich diese Sonderausstattung bezahlt. Er hatte sich für den frühen Nachmittag in Mainz verabredet und hoffte, dass trotz der schlechten Straßenverhältnisse ein Abstecher zur Hohen Buche zeitlich möglich war. Er war vor acht Uhr gestartet und verhältnismäßig gut aus dem Kölner Raum herausgekommen. In der Gegenrichtung sah es sehr viel schlechter aus. Mit Beginn der höheren Lagen in der Eifel nahmen die Schneereste auf der Autobahn zu. Obwohl er etwas schneller fahren konnte, reihte er sich in die langsam fahrende Kolonne Richtung Süden ein. Mit dem Behördenfahrzeug wollte er kein Risiko eingehen, dazu war er bei diesem Forschungsprojekt zu sehr auf den Bus angewiesen. Als er das Schild für die Ausfahrt ins Brohltal sah, schaute er auf die Uhr. *Genau zwei Stunden bis hierher, dachte er, da müsste die knappe Stunde für die Probenahme noch drin sein.*

Kurz entschlossen scherte er aus der Kolonne aus und fuhr ohne Probleme auf der geräumten Straße des Brohltales in Richtung Rhein. Diesmal lag der große Hammer im Gepäckraum. Selbst an Arbeitshandschuhe, Kartons und eine Schutzbrille hatte Gerhard gedacht. In der letzten scharfen Kurve vor dem Rheintal gab es eine Abzweigung nach rechts. Gerhard konnte sich noch gut an den Weg erinnern, obwohl sie ihn die letzten Male immer von der anderen Seite angefahren hatten. Mutig bog er in die verschneite Forststraße ein, von der er wusste, dass sie mit einem kleinen Umweg zur Hohen Buche führte. Das Fahren auf Schnee und Eis hatte er während seines Studiums zur Genüge trainieren dürfen. Clausthal hatte in dieser Hinsicht einiges zu bieten gehabt. Während er sich bemühte, nicht vom tief verschneiten Forstweg abzukommen, schoss ihm ein Gedanke durch den Kopf.

Was passierte eigentlich mit den Ameisenhaufen im Schnee?

Genau genommen waren es Ansammlungen aus organischem Material, in denen ständig Umsetzungsprozesse ablaufen mussten, genau wie in einem Komposthaufen. Und dabei entstand Wärme. Dann fiel ihm ein, dass die Ameisen sehr darauf achteten, dass der Haufen nicht durch Zersetzung aufgezehrt wurde. Deshalb produzierten sie eine aufwändige Chemie, die das verhindern sollte.

Oder genügte dazu die Wärme aus dem Untergrund?

Gerhard hielt mitten auf dem Weg an. Jetzt würde hier bestimmt niemand vorbei wollen. Er hatte die Stellen, an denen die Haufen standen, noch sehr gut in Erinnerung. Trotz der weißen Verschleierung fand er sofort den ersten Standort mit zwei nahe beieinander liegenden Bauten.

Schon von weitem erkannte er eine braune Kuppe, die das obere Viertel des Haufens bildete. Er staunte nicht schlecht. Hier war der Schnee vollständig abgetaut.

Dass der Komposthaufeneffekt funktionierte und sich so deutlich zeigte, hatte er nicht gedacht.

Als er an den ersten Bau herantrat, war er völlig überrascht. Auf der Streu krochen Ameisen herum. Und das bei diesen Temperaturen! Gerhard schob vorsichtig die obersten Nadeln zur Seite. Darunter lebte es wie im Frühjahr, wenn die Ameisen nach draußen kamen, um in der ersten Frühjahrssonne Wärme zu tanken. Bei der Rückkehr in den Bau wirkten sie wie kleine Wärmespeicher und heizten ihn regelrecht auf. Diese Extraportion Wärme war gut für die Startphase der Brutentwicklung. Aber welchen Sinn hatte es, sich jetzt mitten im Winter schutzlos den Grünspechten und anderen Feinden zu präsentieren?

Nach einer Weile entdeckte Gerhard sogar eine Königin, die durch ihre besondere Größe auffiel. »Hier stimmt etwas nicht«, murmelte er und suchte die Nachbarbauten auf. Dort bot sich das gleiche Bild.

Er ärgerte sich, dass er kein Thermometer dabei hatte. Schnell zog er den rechten Handschuh aus und hielt die Hand über die Kuppe. Kein Wunder, dass der Schnee hier geschmolzen war. Über dem Bau lag die Temperatur offenbar deutlich über null Grad Celsius.

Gerhard hatte längst vergessen, warum er ursprünglich hierhergekommen war. Soweit es ging, fuhr er an die anderen Haufen weiter bergauf heran, die sie erst vor zwei Wochen entdeckt hatten. Auch hier zeigte sich das gleiche Bild. Einige waren nur an der obersten Spitze freigetaut, andere sogar noch stärker als die zuerst untersuchten.

Blitzartig durchschoss ihn ein Gedanke. Er nahm ein Papiertaschentuch aus der Hosentasche, faltete es auseinander und legte es auf die Kuppe des am stärksten abgetauten Nestes. Bald kletterten die ersten Ameisen auf das Tuch. Nach kurzer Zeit veränderte sich das Weiß des Tuches, anscheinend durch Feuchtigkeit. Er wartete noch einige Minuten, schüttelte vorsichtig die Ameisen ab und roch, alle Geruchszellen angespannt, intensiv am Papier.

Gerhard war in der ganzen Familie für seine analytische Nase berüchtigt. Oft genug hatte er sich den Vorwurf gefallen lassen müssen, insbesondere von seinen Schwestern, er würde immer nur am Essen herummeckern. Die Butter war schon an der Grenze, der Quark roch nach Kühlschrank, die Marmelade nach Schimmel und so weiter. Nach Gerhards Überzeugung waren es durchaus berechtigte Feststellungen. Diese Sensibilität kam ihm jetzt zugute. Im kalten Luftstrom, der durch die Härchen seiner Naseninnenwände strömte, erkannte er neben dem typischen Papier-mit-Hose-Geruch einen Hauch von Ameisensäure und – tatsächlich noch eine andere, ganz spezielle Note. Dieser Geruch war ihm nur zu gut in Erinnerung. Noch vor kurzem war er ihm beim Anziehen des einen T-Shirts entgegengeschlagen, der Geruch, den er mit so manchem Wäschestück von seinen Exkursionen mitgebracht hatte. Der Duft von Schlammbädern auf der Insel Vulkano in Italien und von Island. Auf Exkursionen war es immer ein besonderes Ereignis, mit einer großen Studentengruppe in einer übel stinkenden Brühe zu sitzen.

Das Tuch roch ganz leicht nach Schwefelverbindungen.

Schlagartig setzte sich in Gerhards Kopf eine Gedankenlawine in Bewegung. Urplötzlich war alles wieder da, was er seinen Studenten über möglichen Vulkanismus erzählt hatte, der jederzeit wieder ausbrechen könnte, von den Gefahren gerade hier am Rhein, von den Folgen und und und. Gerhard musste sich erst einmal beruhigen. Er wusste, dass gerade beim Vulkanismus oder auch nur bei Gasaustritten aus der Kruste Schwankungen in der Intensität völlig normal waren, dass die Zusammensetzung der Gase wechselte oder die Gasaustritte sogar ganz versiegen konnten.

Es liefen ständig irgendwelche Prozesse in der Kruste ab. Nichts war so konstant wie die Veränderung. Ein alter Spruch, mit dem sich Gerhard zu beruhigen versuchte.

Er beschloss, als Erstes ein paar Ameisenbauten im weiteren Umfeld aufzusuchen. Er musste unbedingt wissen, ob es sich um ein größeres Gebiet handelte, in dem diese hohen Temperaturen auftraten. Vielleicht waren auch Unterschiede in der Stärke des Auftauens oder in der Aktivität der Ameisen zu erkennen.

»Ich darf die Mainzer Geologen nicht vergessen!« Gerhard kramte sein Handy aus der Hosentasche und rief Horst Ganter im Geologischen Landesamt an. Er verpflichtete ihn und seinen Kollegen Manfred Bäumler, bis zu seinem Eintreffen zu warten. Er versprach ihnen eine kleine Sensation in Sachen Vulkanismus. Anschließend machte er sich auf den Weg und fuhr alle ihm bekannten Bauten im Umkreis von mehreren Kilometern an. Keiner der Haufen zeigte nur annähernd die Erscheinungen, wie er sie am Hang der Hohen Buche beobachtet hatte.

Am frühen Nachmittag hatte er genug gesehen und fuhr zurück auf die Autobahn. Bei den Schneeverhältnissen war die Fahrt sehr kräftezehrend und langwierig. Erst gegen 17 Uhr erreichte Gerhard das Landesamt und erwartete, zwei recht mürrische Kollegen zu treffen. Doch als er das Büro betrat, wurde er sofort mit dem typischen Humor der beiden konfrontiert.

»Sie haben bestimmt ein glühendes Stück Lava in der Tasche. Zeigen Sie mal her!«, ulkte Ganter.

»Das habe ich unterwegs verloren. Hat sich wahrscheinlich durch die Hosentasche gebrannt«, erwiderte Gerhard trocken und breitete seine Karten aus.

»Sehen Sie sich das bitte an. Es scheint sich etwas zu tun, und zwar an dieser Stelle. Dort haben wir anomal hohe Temperaturen in südöstlichen Richtung von der Hohen Buche ausgehend und ebenso entlang der Ost-West-Störung in Richtung Osten zum Rhein.«

»Was heißt anomale Temperaturen?«, wollte Bäumler wissen.

»Auf den Ameisenbauten, die in diesen beiden Richtungen liegen. Sie sind so warm, dass die Kuppen abgetaut sind. Und das bei immerhin zwanzig Zentimetern Schnee.«

»Wie weit haben Sie das verfolgt?«, fragte Ganter.

»Die Haufen, die ich in der weiteren Umgebung auf die Schnelle kontrollieren konnte, sind anscheinend normal temperiert. Und ich bin mir ziemlich sicher, Schwefelverbindungen gerochen zu haben«.

»Ei, ei, das hört sich aber doch etwas beunruhigend an.«

Ganter zeigte auf die Karte. »Sicherlich wird dort morgen kein Vulkan ausbrechen, aber wir sollten das unbedingt im Auge behalten. Ich informiere sicherheitshalber Wiese, unseren Chef. Der ist bestimmt noch im Haus.«

Er ging in die oberste Etage und kam kurze Zeit später mit dem Leiter des Landesamtes zurück.

»Guten Tag, Herr Böhm, was haben Sie denn schon wieder ausgegraben?«, begrüßte er Gerhard.

Gerhard grüßte zurück, erklärte mit wenigen Worten die neuen Beobachtungen und zeigte ihm die Karten, die er mit den neuesten Daten ergänzt hatte. »Ich glaube, wir sollten an dieser Stelle etwas vorsichtig sein. Es handelt sich um eine höchst neuralgische Ecke. Herr Wiese, Sie wissen, was im Extremfall passieren kann, nicht wahr?«

»Ein Vulkanausbruch?«

»Nicht nur das. Viel schlimmer wäre ein Vulkanausbruch an genau dieser Stelle. Überlegen Sie, wie die Folgen aussehen würden, wenn das einer von der Sorte ist, der im Westerwald oder im Vogelsberg die neue Phase eingeleitet hat.«

»Sie meinen die reinen Basaltvulkane? Nach der explosiven Phase, wie sie beim Laacher See, beim Wehrer Kessel und so weiter stattgefunden hat?«.

»Genau. Es wäre möglich, dass mit einem neu einsetzenden Vulkanismus in der Eifel auch der Charakter und die Intensität wechseln. Von Schmelzen, die vorab lange Zeit in einer Magmakammer gespeichert waren, zu solchen, die direkt aus dem Erdmantel nach oben kommen«.

»So wie auf Hawaii?«, fragte Wiese.

»Nicht ganz. Dort haben wir es mit einem Hot Spot zu tun, der über lange Zeiträume aus noch größeren Tiefen des Erdmantels gespeist wird. Aber der Aufstiegsmechanismus ist durchaus ähnlich.«

»Wollen Sie damit andeuten, dass auch hier wesentlich größere Schmelzmassen aussteigen könnten als bisher bei den kleinen Basaltvulkanen?«, erkundigte sich Ganter.

»Das sollte man auf jeden Fall in Betracht ziehen.«

»Und was wäre dann?«, fragte Wiese.

»Nun ja, schauen Sie sich einmal die Lage an.« Gerhard beugte sich über die Karte und deutete auf die Engstelle am Hammersteiner Riegel.

»Dann saufen wir hier in Mainz ab«, scherzte Ganter.

»Ich bitte Sie, Herr Ganter!«

»Doch, allen Ernstes. Wenn an dieser Stelle Lava in den Rhein fließt, gibt's einen Darmverschluss für den gesamten Oberlauf. Dann haben wir hier in Deutschland ruck, zuck mehrere Unterwasserstädte. Ich denke da als Erstes an Neuwied und Koblenz.«

»Setzen Sie nicht solche Hirngespinste in die Welt! Nachher kriegen wir noch Ärger wegen öffentlicher Panikmache. So etwas lässt sich doch in den Griff kriegen. Wir werden zunächst einmal unsere Geophysiker hinschicken und Kollegen, die Gasmessungen machen können, um Hilfe bitten.«

»Die Gasmessungen können wir durchführen«, warf Gerhard ein. »Wir müssten uns nur über die Kosten verständigen. Unser Etat ist jetzt am Jahresende auf unter Null gefallen. Und Sie wissen ja, wie es zurzeit mit der Forschungsfinanzierung aussieht. Für meine Kollegen Gutachter sind Projekte in der Eifel zu regional angelegt. Ich trage es inzwischen fast mit Humor und behaupte immer, wenn ich die gleiche Problematik auf einem anderen Kontinent erforschen würde, hätte ich viel bessere Chancen, an entsprechende Gelder zu kommen.«

»Das kommt mir sehr bekannt vor, ich höre das inzwischen von allen Seiten. Gut, ich werde beim Ministerium um Sondermittel nachfragen«, versprach Wiese.

»Sollten wir dort nicht gleich mögliche Konsequenzen zur Sprache bringen?«, fragte Bäumler. »Vielleicht wäre in diesem Fall ein vorsichtiger Hinweis nicht unangebracht.«

»Da könnten Sie recht haben. Ich werde mich darum kümmern.«

Gerhard verabschiedete sich in Mainz und nahm die Hoffnung mit, sein Forschungsprojekt jetzt auf größere Beine stellen zu können. Für den nächsten Tag hatten sie ein Treffen im Brohltal verabredet.

Die Rückfahrt war mörderisch. Einsetzender Schneefall, Staus und Unfälle zehrten an Gerhards Nerven. Beinahe hätte ihn die Müdigkeit übermannt. Mit seinen letzten Reserven kam er gegen Mitternacht in Köln an, wo ihn Katrin trotz dreier Telefonate während der Fahrt besorgt erwartete.

Am nächsten Morgen klingelte Gerhard um sieben Uhr seine Diplomanden aus dem Bett. Eine Stunde später holte er sie an einer Bushaltestelle ab, dann fuhren sie nach Burgbrohl. Dort warteten schon die Kollegen aus Mainz und Karsten Specht mit einem Mitarbeiter. Karsten war ein Freund aus alten Tagen, Geophysiker und Erdbebenspezialist aus Köln. Er konnte manchmal etwas mürrisch sein, war aber menschlich in Ordnung und in seiner Wissenschaft ein ausgewiesener Experte.

Die Schneeschauer hatten in der Nacht aufgehört. Es sah nach einem kalten sonnigen Tag aus. Laut Wetterbericht sollte sich ein neues Hochdruckgebiet durchsetzen.

Sie verstauten sämtliche Messgeräte im Bus und fuhren zum Südhang der Hohen Buche, auf demselben Weg, den Gerhard am Tag zuvor genommen hatte.

Als Erstes führte er die Gruppe direkt zur Hohen Buche, vorbei an den Ameisenhaufen, die trotz der Minustemperaturen immer noch Leben dicht unter der obersten Nadelstreu aufwiesen. Auf dem Berg hatten sie bei dem klaren Wetter einen herrlichen Ausblick auf das Engtal des Rheins.

»Können Sie jetzt verstehen, warum es mich so sehr beunruhigt, wenn ich mir vorstelle, dass hier ein Ausbruch erfolgen könnte?«, fragte Gerhard seine Kollegen vom Landesamt.

»Ja, das ist schon aufregend«, befand Ganter und warf einen Schneeball in Richtung des Rheins. »Wie viele Meter sind es von hier ungefähr?«

»Bis zum Rhein? Luftlinie nach Karte, einen Moment…« Gerhard nahm ein Lineal aus der Tasche und maß die Strecke zwischen Rhein und Hoher Buche ab. »Genau ein Kilometer, geradeaus den Hang hinunter.«

»Warum fixiert ihr euch so auf diese Stelle?«, wollte Karsten wissen. Er musste erst einmal in die Überlegung zum möglichen Gefahrenpotenzial eingeführt werden.

»Ach, das sollte man nicht so eng sehen«, erwiderte er nach Gerhards kurzer Erläuterung. Als Geophysiker hatte er wenig Sinn für Spekulationen. Er war jemand, der im Grunde nur seinen harten Messdaten vertraute. Die Sache mit den Ameisen war ihm schon eine Spur zu gewagt. »Wir messen seit Jahrzehnten kleine Erdbeben im Neuwieder Becken. Da gibt es bei Ochtendung eine Abschiebung, die ständig aktiv ist. In der Nähe der kleinen Ortschaft Plaidt, etwas weiter nördlich, registrieren wir seit kurzer Zeit ein gehäuftes Auftreten von Kleinstbeben, die man meistens nicht spüren, aber messen kann. Wenn ich etwas befürchten würde, dann eher in dieser Region.«

»Aber wir kennen genügend Beben im Aachener Raum, die zum Teil auf Bewegungen an Seitenverschiebungen zurückzuführen sind«, gab Gerhard zu bedenken. »Bei meinen Untersuchungen kam heraus, dass diese Störungen genau ins Neuwieder Becken laufen. Wenn es in Aachen bebt, heißt das, dass es auch hier früher oder später Auswirkungen mit weiteren Bewegungen gibt.«

»Das müssten wir in naher Zukunft wirklich einmal genauer untersuchen«, schlug Karsten vor.

Sie gingen zum Bus zurück und holten die Messgeräte. Die Temperaturen, die sie auf der Kuppeloberfläche der Ameisenbauten maßen, lagen deutlich über Null. Die Gasproben nahmen sie vorsichtig von den Randbereichen der Haufen, um die Ameisen nicht zusätzlich zu stören. Nach drei Stunden waren alle Standorte beprobt.

Karsten Specht und Manfred Bäumler fuhren in der Zwischenzeit zum nächsten Bauernhof. Es brachte nichts, die teuren Messgeräte für die geophysikalischen Untersuchungen im Wald versteckt aufzubauen. Zwar hatte Karsten genügend Akkus dabei, doch bei der Kälte traute er ihnen nicht zu, dass sie auch nur eine einzige Nacht überstehen würden. Auf dem Bauernhof erklärten sie ihr Vorhaben mit wissenschaftlichen Routineuntersuchungen. Nicht ein einziges Wort über den wahren Hintergrund kam über ihre Lippen. Kurze Zeit später waren die Geräte mit Netzstromversorgung und funkgesteuerter Datenübertragung in einem abgelegenen Gebäudeteil installiert. Karsten Specht ging davon aus, dass die Signale in dieser geringen Entfernung genauso messbar sein würden wie direkt am Berg.

Müde und durchgefroren verabschiedeten sie sich, kurz bevor es dunkel wurde. Gerhard versprach den Kollegen vom Landesamt, die Ergebnisse der Gasmessungen sofort zu melden.

»Wir müssen noch ins Institut und die Proben abliefern«, kündigte Gerhard seinen Diplomanden an. »Markus, unsere Laborperle, fängt bereits um sieben Uhr morgens an. Dann kann er gleich mit den Messungen loslegen.«

Roger streckte sich und gähnte ausgiebig.

»Dann gibt es zwei Möglichkeiten. Entweder schmeißen wir Sie an der Bushaltestelle raus, und wir bringen die Proben weg – oder umgekehrt.«

Gerhard hatte nichts gegen die erste Alternative einzuwenden. Irgendwie steckten ihm immer noch die letzten Tage in den Knochen, und nachdem er stundenlang bei Eiseskälte im Wald herumgestapft war, spürte er, wie seine Augenlider schwer wurden.

»Gut, ich nehme Ihr Angebot an. Dafür setze ich mich bis Köln selbst ans Steuer. Sie können in dieser Zeit schon etwas vorschlafen.«

An der Bushaltestelle in Köln übernahm Roger den Bus und Gerhard verabschiedete sich bis zum nächsten Morgen.

Zu Hause kam ihm Katrin schon im Flur entgegen und nahm ihm die Geländekleidung ab. »Gut, dass du vorher angerufen hast. Wir können sofort essen.«

»Ich springe noch schnell unter die Dusche. Ich muss mich irgendwie aufwärmen. Besorgst du eine Flasche Rotwein?«

»Den von Pedro? Ich hatte gestern schon eine Flasche ins Zimmer gestellt.«

»Sehr schön!«, freute sich Gerhard. »Nach diesem kalten Tag hätte ich gern genau diesen.«

»Und genau das habe ich mir gedacht.«

Gerhard musste wieder einmal feststellen, welche Vorteile eine langlebige Beziehung haben konnte. »Anschließend werde ich tot ins Bett sinken.«

»Das wäre ja was ganz Neues.«

»Na ja, fast tot.«

Gerhard öffnete die Flasche, probierte einen Schluck und goss ein.

»Der kann noch warten, während ich duschen gehe.«

Die Mahlzeit nach einem Geländetag war immer ein Festessen. So schwärmte es Gerhard gern seinen Freunden vor, die tagtäglich nur im Büro saßen. Nach kalten Tagen wie diesem wurde es besonders deutlich. Der Wein wirkte schon nach dem ersten Glas.

»Ich denke, heute werde ich nicht alt.« Gerhard streckte sich auf dem Stuhl nach hinten und gähnte herzhaft.

»Wie war es denn in der Eifel? Glaubt ihr, dass sich dort was tun könnte?«

»Schwer zu sagen. Immerhin hatten wir neulich das recht starke Erdbeben. Dazu die starke Entgasung im Laacher See und die Temperaturanomalien auf den Ameisenhaufen und möglicherweise Schwefel in den Gasen, was wir aber erst morgen sicher wissen werden. Das schließt sich langsam zu einem Bild.«

»Wann geht ihr damit an die Öffentlichkeit?«

»Um Himmels willen. Denk bloß noch nicht an so etwas! Wenn wir das tun, hätten wir keine ruhige Minute mehr. Dafür müssten wir uns wirklich ganz sicher sein. Und wenn etwas passieren sollte, bemerken wir es hoffentlich früh genug.«

Gerhard gähnte erneut.

»Ich glaube, ich gehe heute wirklich früher ins Bett.« Er gab Katrin einen Kuss und verschwand nach oben.

Am späten Vormittag des nächsten Tages war es so weit. Gespannt schauten Gerhard, Michael und Roger auf den Monitor des Analysengerätes. Markus hatte die letzte Probe eingelegt. Er lud die Daten aller Messungen in eine Tabelle und startete den Rechenvorgang. Zeile für Zeile erschienen die Werte der Gasbestandteile in den Proben.

»Schauen Sie mal! Das ist der Haufen mit der höchsten Temperatur.« Gerhard hatte sich nicht getäuscht.

»Deutlich erhöhte Gehalte von Schwefel. Und hier ist die gesamte Palette typischer vulkanischer Gase vertreten. Die treten sonst nur in magmatisch aktiven Zonen auf.«

»Und was bedeutet das konkret?« Michael wirkte leicht irritiert.

»Ich denke, das müssen wir länger beobachten«, sagte Gerhard mehr zu sich und studierte den Ausdruck der Ergebnisse. Dann ging er in sein Büro und rief in Mainz an. Ganter war sofort am Gerät. Kurz berichtete er ihm von den vorläufigen Ergebnissen und bot an, die Werte sogleich zuzumailen. Er machte ihm deutlich, dass sich sein Verdacht bestätigt habe und dass sich daraus etwas entwickeln könnte.

»Ich fasse es nicht!«, kam es vom anderen Ende der Leitung zurück.« Also hat es sich doch gelohnt, dass unser Chef beim Ministerium ein paar Euro für Sie locker gemacht hat.«

»Seien Sie geküsst!«, entfuhr es Gerhard.

»Ich bitte Sie! Aber wenn es unbedingt sein muss, schicken Sie lieber Ihre Frau vorbei.«

»Ich werde sie fragen, was sie von der Idee hält. Aber das mit dem Geld ist wirklich dringend. Ich müsste die Fahrten sonst privat bezahlen und das ist bei meiner derzeitigen Haushaltslage einfach nicht möglich.«

»Ja, die armen Professoren! Sind nicht mal bereit, für die Rettung der halben Menschheit ein paar Euro locker zu machen«, frotzelte Ganter. »Wann sind die ersten Ergebnisse von Ihrem Geophysikerkollegen zu erwarten?«.

»Karsten Specht ist heute Vormittag nach seiner Vorlesung rausgefahren. Wenn etwas Dringendes anliegt, ruft er von dort an. Warten wir es ab.«

»Okay. Sie melden sich.«

Am Nachmittag kam der Anruf von Karsten. Er hatte eine leichte seismische Aktivität beobachtet. In der Größenordnung der Mikrobeben, wie sie ständig weiter südöstlich in der Gegend von Plaidt auftraten. Von seiner Seite gab es keinen Grund zur Besorgnis. Gerhard rief anschließend Ganter an und besprach den Ablauf der nächsten Tage. Michael und Roger sollten täglich Proben nehmen und die Veränderung der Gaszusammensetzung verfolgen. Gerhard hatte den beiden versprochen, dass sie die Ergebnisse in ihrer Diplomarbeit verwenden konnten, mit dem Hinweis, dass es bei späteren Bewerbungen sicher von Vorteil wäre. Darüber hinaus hatte das Land Rheinland-Pfalz sich bereit erklärt, die Fahrtkosten zu übernehmen.

Gerhard fuhr nun jeden zweiten Tag mit zur Hohen Buche. Er untersuchte die weiter entfernt liegenden Ameisenbauten, um sich zu überzeugen, dass es zu keiner Verlagerung in den Gasaustritten gekommen war. In den täglich genommenen Proben traten leichte Schwankungen in der Zusammensetzung auf, aber insgesamt schien vor allem die Schwefelkonzentration langsam abzunehmen. Auch Karsten Specht stellte eine Beruhigung des Untergrundes fest. Nach und nach legte sich die Anspannung bei den Geowissenschaftlern.

Mit Ganter verabredete Gerhard, dass größere Abstände zwischen den einzelnen Messungen eingehalten werden konnten. In der zweiten Dezemberwoche waren die Ameisen wieder in der Tiefe ihrer Bauten verschwunden. Vielleicht waren sie aber auch umgekommen oder Räubern zum Opfer gefallen. Neue reichhaltige Schneefälle hatten die Hügel seit einigen Tagen vollständig verhüllt. Ab diesem Zeitpunkt fuhren Roger und Michael nur noch einmal die Woche in die Eifel, um Proben zu nehmen. Die Gehalte waren inzwischen fast auf normale Werte gesunken, sodass alle beruhigt auf das Weihnachtsfest zugingen.

Aus Mainz erreichte ihn die ironische Bemerkung, dass der Böhm das alles bestimmt nur inszeniert hatte, um schnell an ein paar Euro für seine Forschungen zu kommen.

Weihnachten vollzog sich bei Böhms in gelassener, familiärer Ruhe. Kirstin und Marcello waren da und hatten viel zu erzählen. Susanna hatte inzwischen einen Freund, der fast täglich hereinschaute und vorgab, die Spezialitäten einer anderen Familie kennen lernen zu wollen. Es gab wie jedes Jahr zu Heiligabend Schlesische Weißwürste mit Sauerkraut und am ersten Feiertag eine Gans. Die Weißwürste waren eine Tradition aus Gerhards mütterlicher Linie, die aus Oberschlesien stammte. Nur gegen Pfefferkuchensoße hatte die gesamte Familie etwas einzuwenden. Die Gans kam mehr aus Katrins Richtung. Nach mehr als 20 Jahren Braterfahrung hatte sie die Zubereitung bis zur Perfektion getrieben und trug dadurch viel zur Vorfreude auf das Fest bei.

Dem Kater ging es gut, er hatte beträchtlich von der Gans geschnorrt und verbrachte den Tag mit Verdauungsprozessen und viel Schlaf.

Der obligatorische nachweihnachtliche Besuch bei den Eltern und Schwiegereltern fiel diesmal relativ kurz aus. Die Kinder hatten keine richtige Lust, weil sie für Silvester Feten bei ihren Freunden vorbereiten wollten und Gerhard war gedanklich immer noch in seine Messungen eingebunden. Nur Katrin murrte, als es wieder nach Hause gehen sollte. Zwei Tage vor dem Jahreswechsel rief Gerhard Karsten Specht an, um zu erfahren, was es Neues gab.

Es folgten jetzt ab und zu stärkere Beben und dann wieder kleinere Bebenschwärme, erfuhr er von Karsten. Auch die Messgeräte im weiteren Umfeld, die vom Landesamt betreut wurden, verzeichneten eine leicht erhöhte Tätigkeit. Es sei aber nichts Bedrohliches. Gerhard nahm sich vor, gleich nach Neujahr die nächste Gasmessung durchzuführen. Vorher konnte er deswegen keinen seiner Mitarbeiter ansprechen. Er selbst hatte noch viel einzukaufen, denn in diesem Jahr waren sie an der Reihe, eine Party für ihre Freunde auszurichten.

II. FEUER

Manchmal begegnet der Mensch in der Konfrontation
mit der Natur der niederschmetternden Erfahrung,
dass es etwas gibt, an dem er nicht den geringsten Anteil
hatte oder haben wird und dessen Ereigniswucht
jeden Maßstab der Sinne übertrifft.

Immanuel Kant

Der Tag versprach nichts Gutes. Schon am Vormittag hatten sich Vorboten des kommenden Gewitters am Himmel gezeigt – Wolkenpakete, die sich gefährlich zusammenballten und in immer größere Höhen kletterten. Aber es waren nicht die Wolken, die die kleine Waldameisenarbeiterin in Unruhe versetzten. Ihre Augen waren nicht dafür geschaffen, solche Anzeichen zu erkennen. Es waren die Ladungen in der Luft, die sich für das sensible Lebewesen spürbar veränderten. Das gesamte Volk mit über dreihunderttausend Verwandten war wie elektrisiert. Das Tempo der eingespielten Bewegungsabläufe hatte sich erhöht. Jede kleine Störung – ein Falter über dem Nest, ein Vogel auf dem nahen Ast – wurde mit heftiger Aggression beantwortet. Der Hinterleib zwischen den Beinen nach vorn gekrümmt, jederzeit bereit, Säure zu verspritzen, gingen die Soldatinnen in Verteidigungsstellung. Der ganze Hügel, ein riesiger Bau von fast zwei Metern Höhe, lag unter einer feinen Wolke aus Ameisensäure. Es war der älteste und größte in der Region; er hatte bereits zahllose Generationen von Königinnen erlebt.

Die Arbeiterin war bereits seit zwei Stunden unterwegs, hatte genauso wie Hunderte ihrer Kolleginnen die entfernt stehende Kiefer bestiegen, das Sekret zahlreicher Lachniden, einer mit der Blattlaus verwandten Art, in ihren Kropf geladen und befand sich nun wieder auf dem Rückweg über den Waldboden. Mindestens eine halbe Stunde würde der Marsch durch den Nadelmischwald zurück zum Nest noch dauern.

Die dunkle Wand, die sich mit zunehmender Geschwindigkeit von Südwesten heranschob, täuschte eine verfrühte Dämmerung vor. Irritiert von der einsetzenden Dunkelheit, steigerte die Ameise ihr Lauftempo. Die vielen anderen Arbeiterinnen taten es ihr gleich, alle strebten zurück zum sicheren Nest.

Die ersten Tropfen fielen. Sie waren genauso groß wie das kleine Tier. Einen direkten Treffer auf den Kopf steckte sie erstaunlich gut weg. Wäre der Niederschlag gefroren, hätte ein Hagelkorn vermutlich das Ende für sie bedeutet.

An der Kreuzung erfolgte die gleiche Geruchskontrolle wie bei jedem Transport. Die Arbeiterin gehörte zum großen Mutternest und musste geradeaus. Einige ihrer Verwandten waren für die Versorgung des neuen, wesentlich kleineren Nestes zuständig. Sie liefen nach rechts zum Neubau, der eine Baumlänge entfernt war.

Es fehlten noch wenige Meter bis zum Nest. Schlagartig setzte ein Knistern in der Luft ein, das das Rascheln der laufenden Ameisen kurzfristig übertönte. Und dann ging alles ganz schnell. Eine geballte Ladung elektrisch geladener Teilchen baute sich im Umfeld des Waldstücks auf. Der Bewegungsapparat der Arbeiterin war wie gelähmt. Noch bevor sie zu einer Reaktion fähig war, kam es zur Katastrophe.

Die Fichte direkt neben dem neu angelegten Nest leitete den Blitz in die Erde. Mit unbändiger Wucht fegte die Druckwelle über den Waldboden und wirbelte die Arbeiterinnen durcheinander.

Ozon hat keinen eigenen Geruch. Was die sich aufrappelnde Arbeiterin so sehr irritierte, war das Ergebnis der Reaktion von

Ozon mit anderen Bestandteilen der Luft. Dieser Geruch war ihr völlig unbekannt. Aber es kam noch ein ganz anderer hinzu, der sie in Panik versetzte. Obwohl sie ihn noch nie selbst wahrgenommen hatte, löste er instinktiv ein besonderes Verhalten aus. Es war der Geruch von Rauch, von brennendem Holz und Pflanzenmaterial.

Der Blitz hatte das obere Drittel der Fichte gespalten und in Sekundenbruchteilen in Brand gesetzt. Der abgespaltene Teil sackte in die Tiefe und entzündete sofort den noch trockenen Waldboden. Der Regen würde eine Weile benötigen, bis die Zweige ihn nach unten weitergeleitet hatten.

Das Tochternest war verloren. Wie in einer frisch gestopften Pfeife fraß sich das Feuer in die Tiefe, vernichtete sämtliche Bewohner und ihre Brut.

Das große Nest lebte. Überall krabbelten Ameisen und waren bereit, sich für die Gemeinschaft zu opfern. Doch die Evolution hatte für diese Katastrophe keinen Rettungsplan entwickelt. Jetzt kam es nur noch darauf an, ob das Feuer schneller war als der Regen. Doch das Nadeldach der anderen Bäume war zu dicht. Immer weiter fraßen sich die Flammen in Richtung Mutternest durch. Im dichten Rauch knackte und zischte es heftig. Harzreiche Zapfen explodierten nach allen Seiten.

Der beißende Rauch verwirrte die Orientierung der Arbeiterin. Ihr Instinkt schickte sie zum Mutternest. Es waren nur noch wenige Meter. Sie würde vor dem Feuer dort sein. Ein explodierender Zapfen schleuderte ihr etwas vor die Füße, eine halb verbrannte Kollegin, die sich im Todeskampf eingekrümmt hatte. Sie brauchte genau eine Sekunde, um es als Nahrung zu identifizieren, und fasste mit den Zangen zu.

Gemeinsam mit anderen flüchtenden Kolleginnen erreichte die Waldameise den äußersten Rand ihres Staatsgebiets. Es war eine flach nach außen abfallende Zone aus kleinsten Sandpartikeln, über einen halben Meter breit, angelegt wie ein Saturnring. Sie selbst hatte daran mitgearbeitet, in der Zeit, als sie noch für den Nestbau zuständig gewesen war. Der Sand stammte aus dem Inneren des gewaltigen Hügels, von den Gangsystemen und den geschützten Brutkammern in der Tiefe. Jetzt sollte sich auszahlen, dass der Sand nicht nur an einer Seite oder auf einem Haufen deponiert worden war. Über den Sinn hatte die Arbeiterin nie nachgedacht. Der Sandring bot dem langsam heran kriechenden Brand des Waldbodens Einhalt. Für ein weiteres Vorrücken fehlte die Nahrung.

Es dauerte nicht mehr lange, bis der Gewitterregen die letzten Glutnester gelöscht hatte. Am nächsten Tag würden sie aufräumen und nach dem Tochternest schauen. Diesmal hatten sie noch Glück gehabt.

KAPITEL 5

Das einzige Ereignis, bei dem ein Großteil der Bevölkerung des Landes gleichzeitig innerhalb weniger Stunden eine deutliche Anhebung des Alkoholspiegels im Blut vornahm, war die Jahresabschlussfeier zu Silvester. Alljährlich um null Uhr knallten die Raketen und Korken, man lag sich in den Armen und konnte endlich die Person an sich drücken, an die man sich zu anderen Zeiten nur in Gedanken heranwagte.

Es war eine Minute vor 24.00 Uhr. Die Straßen von Koblenz füllten sich schlagartig. Lauthals wurden die letzten 60 Sekunden des Jahres im Rhythmus des Sekundenzeigers zurückgezählt.

Fünf – vier – drei – zwei – eins – null!

Und dann war es wieder so weit. Es kamen die Knaller und Raketen, die guten Vorsätze und die Glückwünsche, alles genau wie im letzten Jahr und in den Jahren davor. Niemand dachte in Koblenz daran, dass sich die Rahmenbedingungen des täglichen Lebens für alle einmal grundlegend ändern könnten.

Es war genau um 0.15 Uhr bei sternenklarem Himmel. Die Abschüsse der Raketen erreichten gerade ihren Höhepunkt, als eine heftige Erdbebenwelle, die den Boden erzittern ließ, durch die Stadt rollte. Sie war deutlich spürbar, selbst für jene, die dem Alkohol übermäßig zugesprochen hatten. Und die Richtung, aus der sie kam, bemerkten die schwankenden Körper ebenfalls. Aus Nordwesten. Wenige Sekunden später erschütterte ein gewaltiger Knall die Luft. Viel gewaltiger als alles, was vorher in die Luft geschossen wurde. Der Schalldruck war so stark, dass die Scheiben zitterten und die Türen in den Angeln knarrten. Alle schauten wie versteinert dorthin, wo Schall- und Bebenwelle ihren Ursprung hatten. Am dunklen Horizont stieg eine tiefrote Wolke auf, angestrahlt von einer glühenden Masse, die ihr in den Himmel nachfolgte.

»Boah ey!«, entfuhr es einem alkoholisierten Gemüt, dessen Wahrnehmungsfähigkeit bereits stark eingeschränkt war. »Das is ja mal'ne dolle Show!«

Es dauerte einige Sekunden, bis sich die Münder wieder schlossen. Das Feuerwerk war schlagartig zum Erliegen gekommen. Alle standen ratlos da, keiner wusste in diesem Moment, was er tun sollte. Der Alkohol in den Köpfen macht es schwer, die Gedanken zu sortieren.

»Was war das?«, kreischte es an vielen Ecken los. »Was passiert jetzt, was sollen wir machen?«

Erst, als sich von allen Seiten die Sirenen mit furchtbarem Geheul meldeten, war die Denkblockade gebrochen. Schlagartig brach heilloses Chaos aus.

Das neue Jahr in Deutschland begann mit einer Katastrophe.

Es war der erste Vulkanausbruch in der Eifel seit Menschengedenken. Mit dem Initialausbruch entwickelte sich eine gewaltige Eruptionssäule, die in die Atmosphäre emporschoss. Die Luftbewegung der höheren Schichten lenkte sie leicht nach Westen um. Irgendwann verlor die Masse über dem Vulkan den Schwung. In der zusammenstürzenden Säule sammelten sich Teilchen und Gase zu einem gefährlichen Glutwolkenstrom. Zum Glück für die Bewohner von Namedy im Osten wurde er durch die Westdrift in die entgegengesetzte Richtung abgelenkt. Unter den herrschenden Hochdruckverhältnissen gab es keinen Wind aus Südwesten wie an den anderen Tagen. Sonst hätte es sie zuerst und mit voller Wucht getroffen. Aber dann kamen die faust- bis kopfgroßen Gesteinsbrocken. Sie prasselten auf den Ort und die Menschen nieder. Erschlugen jene, die nicht rechtzeitig in Deckung gingen, zerstörten Dächer, Fenster und Autos. Häuser in unmittelbarer Nähe zum Vulkan gingen in Flammen auf.

Die glühende Masse aus zersprengtem Gestein, kleinsten Lavafetzen und heißen Gasen raste in die andere Richtung, nach Westen ins Brohltal, über einen Bauernhof und eine Abfüllanlage für Mineralwasser hinweg. Die Bewohner des Bauernhofes hatten Glück im Unglück. Sie feierten unten am Rhein in Brohl, weil sie in diesem Jahr zur Silvesterparty bei Verwandten eingeladen waren. Jetzt standen sie auf der Hauptstraße, am nördlichen Ortsausgang Richtung Bonn.

Das Brohltal kannte solche Glutströme. Der letzte hatte sich erst vor 13.000 Jahren hier hindurchgewälzt. Die wenigen Bewohner des Tales waren auf der Straße, als der Ausbruch losging – alle, die zu Hause geblieben waren, mit Sekt, Bier und Knallern. Sie kannten das Gestein, den Trass im Tal, in dessen Nachbarschaft ihre Häuser standen. Sie wussten, wie er entstanden war, kannten die Diskussion, was geschehen würde, wenn erneut ein Ausbruch am Laacher See stattfand. Dieses Wissen ließ sie spontan das einzig Richtige tun. Sie rannten den Berg hinauf, weg vom Vulkan und raus aus dem Tal.

Unten am Rhein, direkt in Brohl, waren zu viele Menschen – Besucher, Touristen, alte und viele junge Leute. Sie standen hilflos auf den Straßen und starrten immer noch auf den neuen Vulkan. Die Bomben und Blöcke, die zu Beginn durch die Luft rasten, hatten den Ort nur knapp verfehlt. Jetzt knallte und bebte es fortwährend weiter. Sie konnten nicht sehen, wie sich der Strom formierte und sie ahnten nicht, dass die Hauptgefahr von der Seite, aus dem Brohltal kommen würde.

Das Rauschen des Stromes wurde schlagartig lauter. Mit dem Übergang vom Brohl- ins Rheintal bildeten die Glutwolken eine breite Front, die die Häuser in einem Fächer überflossen und niederrissen. An den Seiten jagten Ausläufer in die Gassen und erstickten jeden, der nicht fliehen konnte. Die tödliche Fracht raste weiter zum Rhein hinunter. Unter heftiger Dampfentwicklung wurde wie in einem brodelnden Inferno alles von der Strömung mitgerissen.

Die weiße Winterlandschaft wurde von einem neuen Niederschlag in ein schmutziges Grau gehüllt.

Als Gerhard und Katrin mit ihren Freunden ins Wohnzimmer zurückkamen, lief der Fernseher noch. Jedes Jahr wurde er für die letzten Minuten zum Auszählen angestellt.

»Ich mach die Kiste jetzt aus – oder will noch jemand unbedingt den Holzhammerrock zu Ende hören?«, fragte Gerhard provozierend.

»Ja!« – »Nein!« – »Ja!«, ging es hin und her. Die Stimmung war ausgelassen wie selten.

Plötzlich verstummte die Musik aus dem Fernseher und ein Nachrichtensprecher erschien auf dem Bildschirm.

»Meine Damen und Herren, wir unterbrechen die Sendung für einen Sonderbeitrag zu einem Katastrophenereignis, das sich vor wenigen Minuten zugetragen hat.«

Katrin und Gerhard schauten sich verwundert an.

»Vor etwa einer halben Stunde ist bei Namedy, nördlich von Koblenz am Rhein, ein Vulkan ausgebrochen. Seine Eruption war so heftig, dass die in die Luft geschleuderten Massen bis Bonn zu sehen waren. Bei der Bildung eines Glutstromes, der sich in das

Brohltal ergoss, ist der größte Teil der Ortschaft Brohl überflossen worden. Hierbei kam es zu einer unbestimmten Anzahl von Opfern. In Namedy, der dem Vulkan am nächsten liegenden Ortschaft am Rhein, gab es zahlreiche Tote und Verletzte durch Steinschläge. Viele Häuser wurden beschädigt und sind in Brand geraten. Hören Sie jetzt eine Ansprache des Ministerpräsidenten von Rheinland-Pfalz.«

Katrin und Gerhard lief es eiskalt über den Rücken. Blind tasteten sie sich zu den Sesseln, ohne den Blick von den ersten Bildern aus Brohl abzuwenden.

Ihre Gesichter hatten schlagartig die Rötung der Feierlaune verloren.

»Das darf doch nicht wahr sein!«, rief Gerhard, nachdem er den ersten Schreck überwunden hatte, und sprang aus dem Sessel auf. »Warum jetzt, warum heute? Wir wollten doch noch unsere Messungen machen! Warum, warum?«

»Das ist unfassbar«, stammelte Katrin. Mit wenigen Worten erklärte sie den Freunden die Hintergründe.

»Ausgerechnet jetzt! Wo wir alle viel zu viel getrunken haben!« Gerhard konnte sich nicht beruhigen. Aufgeregt rannte er zum Telefon. Wer war jetzt überhaupt zu erreichen? Die einzigen Leute, die er in der Gegend besser kannte, waren die Bewohner des Bauernhofes, auf dem das geophysikalische Messgerät stand – hoffentlich noch stand. Hektisch suchte er in seinen Unterlagen nach der Nummer. Nach einigen Minuten des Wartens gab er auf, als keine Verbindung zustande kam. Es wäre auch ein Wunder gewesen. Karsten Specht meldete sich ebenfalls nicht. Er hatte gesagt, dass er irgendwo außerhalb feiern wollte.

»Es hat wohl keinen Zweck«, meinte Katrin. »Zu diesem Zeitpunkt dürfte kaum jemand erreichbar sein.«

Die Feier war durch den Vulkanausbruch schlagartig beendet worden. Die Freunde ließen die Böhms nach einer längeren Diskussion allein. Katrin und Gerhard saßen bis tief in die Nacht vor dem Fernseher. Sie verfolgten eine Sondersendung nach der anderen. An Schlaf war kaum zu denken.

Gegen drei Uhr erhob sich Gerhard aus dem Sessel. »Ich werde nachher hinfahren. Deshalb will ich versuchen, wenigstens ein bisschen zu schlafen und mich etwas auszunüchtern.« Er trank den Rest Mineralwasser aus und schlurfte ins Badezimmer.

»Ich komme mit«, sagte Katrin und machte den Fernseher aus.

Obwohl sie nur wenige Stunden geschlafen hatten, fuhren Gerhard und Katrin am frühen Neujahrsmorgen als Erstes zum Institut und holten den Bus ab. Mit einem Behördenfahrzeug hoffte Gerhard besser durch die zu erwartenden Sperren zu kommen. Außerdem brauchte er ein geländetaugliches Allradfahrzeug. Während des Blitzfrühstücks hatte er versucht, die Kollegen vom Landesamt in Mainz zu erreichen, aber ohne Erfolg. Vermutlich waren sie gar nicht zu Hause.

Auf der Autobahn herrschten bereits chaotische Zustände. Zahllose Rettungsfahrzeuge fuhren in beide Richtungen. Anscheinend wurden die Ortschaften in der Nähe des Vulkans vollständig geräumt. Die Abfahrt ins Brohltal war gesperrt, sogar für Hilfsfahrzeuge. Gerhard musste die nächste Abfahrt nehmen und stand wenig später vor einer bewachten Straßensperre. Es dauerte eine halbe Stunde, bis Gerhard die Polizisten überzeugen konnte, ihn durchzulassen. In Wassenach am Nordhang des Laacher Sees war in einem Hotel ein Besprechungszentrum für den Krisenstab eingerichtet worden. Hier glaubte man, außerhalb der Reichweite der Vulkanauswürfe zu sein. Von den Polizisten hatten sie erfahren, dass die Evakuierung von Brohl abgeschlossen war, aber die Suche nach Verschütteten noch lange andauern würde. Der Vulkan hatte sich nach dem katastrophalen Ausbruch in der Nacht ein wenig beruhigt. Es fanden nur noch unregelmäßig kleinere Eruptionen mit geringem Auswurf statt. Andernfalls hätten sich die Suchmannschaften gar nicht in die Nähe des Krisengebietes wagen können. Auch Namedy und die kleinen Ortschaften auf der gegenüberliegenden Rheinseite waren bereits evakuiert und die Verletzten in die Krankenhäuser der umliegenden Städte gebracht worden.

Den größeren Ort Andernach im Südosten hatte man nur teilweise geräumt. Die Leiter des Krisenstabes wollten abwarten, ob die Aktivität in den nächsten Stunden wieder zunahm. Es stand alles bereit, um notfalls den gesamten Ort zu evakuieren. Der Bahn- und Schiffsverkehr im Rheintal war seit dem Ausbruch völlig eingestellt worden.

Etwa gleichzeitig mit den Böhms trafen vier weitere Geowissenschaftler in Wassenach ein: Helmut Jahn, ein Geophysiker aus Potsdam, zusammen mit dem Geologen Eduart Wischnewski, Heinz Linder, ein Geologe aus Bonn, und Waldemar Röttgen, ein bekannter älterer Vulkanologe, der einen Lehrstuhl in Brüssel übernommen hatte. In der Hotelhalle wimmelte es von Pressevertretern. Dazwischen liefen Angehörige des THW, der Feuerwehr und des Roten Kreuzes herum. Beamte der Bundespolizei bemühten sich, eine technische Infrastruktur für Kommunikation und EDV aufzubauen. Der Leiter des Krisenstabes war Gernot Kruse, ein grauhaariger Staatssekretär aus dem Innenministerium von Rheinland-Pfalz.

Während Katrin es vorzog, am Bus zu bleiben, begrüßte Gerhard seine Kollegen und tauschte sich mit ihnen über die wichtigsten Dinge aus. Kurze Zeit später entdeckte er Wiese vom Geologischen Landesamt in Kruses Nähe.

»Guten Tag, Herr Böhm. Das ist ja denkbar dumm gelaufen.« Er drehte sich zu Kruse um. »Das ist Herr Böhm, von dem ich Ihnen gerade erzählt habe. Er war am dichtesten an einer Vorhersage dran. Anscheinend sind uns die Feiertage zum Verhängnis geworden.«

Kruse war mindestens 1,90 Meter groß und kräftig gebaut. Sein Auftreten wirkte souverän und nicht so distanziert, wie es für seine Berufsgruppe üblich war.

Gerhard begrüßte den Staatssekretär. Er ahnte, dass Wiese sich nicht ganz wohl in seiner Haut fühlte. Wenn die Presse etwas von den Voruntersuchungen mitbekam, wäre er die erste Adresse für einen Angriff. Wiese winkte die übrigen Geowissenschaftler heran und stellte sie ebenfalls vor.

»Ich bin froh, einige kompetente Kollegen erreicht zu haben, trotz des ungünstigen Zeitpunkts.« Er deutete auf die zwei Potsdamer.

»Diese beiden, Herr Jahn, Geophysiker, und Herr Wischnewski, Geologe, beide aus Potsdam, haben sich speziell mit Erdbeben und der Früherkennung von, Vulkanausbrüchen befasst. Herr Lindert aus Bonn ist ein weiterer Kenner der Geologie vor Ort und Tektoniker, und Herrn Waldemar Röttgen brauche ich Ihnen wohl nicht vorzustellen, er ist Deutschlands und Belgiens bekanntester Vulkanologe.«

»Meine Herren, ich begrüße Sie und möchte Sie bitten, mir in den Raum nebenan zu folgen. Vor der großen Sitzung möchte ich etwas mit Ihnen besprechen.«

Kruse führte die Geowissenschaftler in einen kleinen Raum, in dem sie ungestört reden konnten.

»Als Erstes bitte ich Sie, dem Land Rheinland-Pfalz in nächster Zeit als Berater zur Verfügung zu stehen. Aufwandsentschädigungen und Vergütung richten sich nach den üblichen Sätzen. Sie bekommen spezielle Ausweise und Fahrzeuge und können sich unbürokratisch notwendige Messgeräte beschaffen. Herr Wiese, ich bitte darum, diese Dinge über Ihr Amt zu regeln.« Wiese nickte zustimmend. »Können wir mit Ihrer Unterstützung rechnen, meine Herren?«

Er gab keine Einwände.

»Gut. Ich habe für Punkt zehn Uhr einen Besprechungstermin angesetzt, an dem alle zuständigen Rettungskräfte und Experten teilnehmen werden. Ich werde Sie nachher um Statements zur gegenwärtigen Lage bitten. Ich gebe aber zu bedenken, dass hier und heute einiges auf dem Spiel steht. In erster Linie müssen wir Vorsorge für die Bevölkerung treffen, ohne dass es zur Panik kommt. Gleichzeitig darf es nicht zu überzogenen Prognosen für die weitere Entwicklung kommen. Dieser neue Vulkan sitzt an einer Hauptader der deutschen Wirtschaft, direkt an der Verkehrsschiene des Rheins. Von den direkten Verlusten an Menschenleben und Immobilien einmal ganz abgesehen, können sich in so einer brisanten Situation kleinste Ursachen zu enormen Schäden aufschaukeln.«

»Gab es denn vor dem Ausbruch keine Anzeichen?«, unterbrach Röttgen den Staatssekretär. In diesem Moment stürmte Karsten Specht in den Raum.

»Entschuldigen Sie, Specht mein Name. Ich hatte bisher die geophysikalischen Untersuchungen durchgeführt.«

»Gut, dass Sie es noch rechtzeitig geschafft haben«, begrüßte ihn Wiese und machte ihn mit Kruse bekannt.

»Wir waren gerade bei den Anzeichen für einen Ausbruch«, fuhr Kruse fort. »Herr Wiese, könnten Sie dazu Stellung nehmen?«

»Das ist denkbar ungünstig gelaufen.« Wiese räusperte sich nervös. Dann gab er einen kurzen Überblick über die Voruntersuchungen. »Aus unserer Sicht bestand absolut kein Grund anzunehmen, dass es zu einem Ausbruch kommen würde.«

»Zumal die Messgeräte in der letzten Zeit keine größeren Abweichungen registriert haben«, ergänzt Specht.

»Wenn wir an die Öffentlichkeit gegangen wären, hätten wir uns mit den bis dahin vorliegenden Daten den Vorwurf der Panikmache eingehandelt«, bestätigte Gerhard.

»Meine Herren, wir haben jetzt keine Zeit mehr, weiterzudiskutieren, es ist gleich zehn Uhr. Ich bitte Sie nur um eins. Treffen Sie noch keine konkreten Aussagen zu den Voruntersuchungen. Sie können sich die Reaktionen der Presse ausmalen. Wir müssen unsere Kräfte jetzt für andere Dinge aufsparen.«

Im Versammlungsraum des Hotels war es brechend voll. Vertreter sämtlicher im Katastrophenfall beteiligter Institutionen und Rettungsdienste waren anwesend. Darüber hinaus waren alle kommunalen Amtsinhaber der betroffenen Ortschaften und Regionen, Vertreter der Bahn, der Wasserbehörde und der Binnenschifffahrt gekommen. Die meisten hatten leicht verquollene Gesichter und wirkten müde. Die Presse wurde auf eine Konferenz im Anschluss an die Sitzung vertröstet.

Der Staatssekretär begrüßte alle Anwesenden, erläuterte kurz das nächtliche Ereignis und erklärte den geplanten Ablauf der Besprechung. Als erstes rief er Bergmann auf, den örtlichen Einsatzleiter der Rettungsaktion des Technischen Hilfswerks. Er sollte einen knappen Bericht über die Vorkommnisse der letzten Nacht geben.

Bergmann schilderte mit einfachen Worten den Ablauf der Ereignisse, wie sie ihm von Augenzeugen dargestellt worden waren, und die Situation, die die Hilfsmannschaften beim Eintreffen vorgefunden hatten. Er verdeutlichte, dass man inzwischen von über 50 Personen ausgehe, die durch den Ausbruch ums Leben gekommen waren. Genaues könne man aber noch nicht sagen, weil durch die Silvesterfeiern kein Überblick über Anwesenheit der Bewohner und zusätzliche Besucher möglich war. Die größte Anzahl war dem Glutstrom in Brohl zum Opfer gefallen, vier Personen wurden direkt durch ausgeworfene Gesteinsmassen erschlagen. Die Anzahl der Verletzten lag bei über zweihundert.

Kruse bat nun Gerhard, die geologischen Rahmenbedingungen zu erläutern. Den Anwesenden stellte er ihn als Bearbeiter der regionalen Geologie vor.

Gerhard berichtete knapp vom Verlauf der neu entdeckten Störungen und den kleinen Beben in der Region. Er deutete an, dass es kleine Ungereimtheiten gab, zum Beispiel etwas stärkere Entgasungen im Laacher See, die aber normalerweise kein Anlass zur Sorge waren.

Kruse forderte Karsten Specht auf, Gerhards Bericht über die gemessenen Beben zu ergänzen. Karsten machte deutlich, dass er selbst vom Ausbruch überrascht und sehr betroffen war. Vielleicht hätte er mit etwas weniger Sorglosigkeit verhindern können, dass Menschenleben zu beklagen waren. In seinen Ausführungen stellte er jedoch klar, dass es keinen berechtigten Grund für eine Warnung gegeben habe. Man hatte eben noch keine Erfahrung, wie sich ein Vulkanausbruch in der Eifel nach einer so langen Ruhepause ankündigen würde.

Schließlich teilte er noch mit, dass beim Ausbruch der komplette Bauernhof, auf dem er sein Messgerät aufgebaut hatte, zerstört worden war. Die Bewohner hatten unwahrscheinliches Glück gehabt. Sie waren aufgrund einer Feier bei Freunden im Norden von Brohl und vom Glutstrom verschont geblieben.

»Was uns alle jedoch am meisten interessiert, ist die Frage: Wie wird es weitergehen? Und da spreche ich besonders Sie an, Herr Röttgen. Der Staatssekretär bat Röttgen ans Mikrofon.

Der bekannte Vulkanexperte aus Brüssel holte erst einmal weit aus. Er berichtete über die bisherige vulkanische Entwicklung der Osteifel und ging darauf ein, dass es sich bisher stets um relativ kleine Ausbrüche gehandelt habe, weil das Magma nicht in der Kruste zwischengespeichert war, sondern direkt aus dem Erdmantel nach oben kam. Er führte aus, dass die ganz großen Ausbrüche, wie zum Beispiel der des Laacher Sees vor 13.000 Jahren, ganz anderer Natur gewesen waren. In diesem Fall hatte es eine lange Entwicklung der Schmelze im Untergrund gegeben, die letztlich zu hoher Explosivität geführt hatte. Wie sich die Sache im Moment gestaltete, war er sich fast sicher, dass es sich nur um einen der ungefährlicheren Ausbrüche handele. Genaues wollte er aber erst sagen, wenn die Analyseergebnisse der Vulkanitproben vorlagen.

Gerhard machte direkt im Anschluss seine Zweifel geltend. Er betonte die Gefährdung der gesamten Region durch die Nähe des Rheins, falls es zu einem größeren Lavafluss kommen sollte. Daraufhin entspann sich ein typischer Expertenstreit, der vom Staatssekretär kurzerhand abgebrochen wurde.

»Meine Herren Geowissenschaftler, ich fordere Sie auf, umgehend Maßnahmen für die Überwachung des Vulkans einzuleiten. Aber ich bitte Sie darum, nicht zu leichtsinnig zu sein. Die Sicherheit geht vor. Ich werde jetzt, während Sie die Lage vor Ort erkunden, in den weiteren Besprechungen mit den Hilfsorganisationen Maßnahmen und Vorgehensweisen planen und sie Ihnen umgehend mitteilen. Bitte informieren Sie mich, sobald neue Erkenntnisse vorliegen!«

Gerhard verabschiedete sich von Wiese, der bei der Besprechung anwesend sein musste.

»Wie halten wir Kontakt?«

»Ich werde Ganter bitten, mit Ihnen in Verbindung zu bleiben. Vermutlich wird er sich mit Bäumler abwechseln. Es ist besser, wenn immer jemand aus dem Amt vor Ort ist oder bei Bedarf direkt mit Ihnen ins Gelände gehen kann. Rufen Sie ihn an, wenn Sie sich einen Überblick verschafft haben.«

»Gut. Bis demnächst.«

Gemeinsam kämpften sich die sechs Wissenschaftler durch die Journalistenschar, die eine dichte Traube vor dem Gebäudeeingang bildete, und wichen Fragen stoisch mit Hinweis auf die Pressekonferenz aus.

Gerhard schlug vor, den Institutsbus zu nehmen und so dicht wie möglich an den neuen Vulkan heranzufahren. Die Kollegen waren einverstanden und luden ihre Ausrüstungen um. Wenig später machte Gerhard sie mit Katrin bekannt. Sie kam gerade mit

Tee und einem Würstchen von einem Verkaufswagen, der vor dem Hotel Stellung bezogen hatte. Sein geschäftstüchtiger Besitzer hatte die Gunst der Stunde erkannt.

»Hätte ich das gewusst, hätte ich dir eins mitgebracht.«

»Dann musst du eben teilen.« Gerhard zog ihre Hand mit dem Brötchen zu sich heran und biss ordentlich ab.

»Nicht so viel!«, protestierte Katrin. »Es gibt eine erstaunliche Neuigkeit«, sagte sie dann zu den anderen. »Ich habe einige Gespräche am Stand mitgehört. Die Einheimischen haben dem Vulkan schon einen Namen gegeben.«

»Und welchen?«, fragte Gerhard neugierig.

»Nunak.«

»Wie kommen die Leute auf so einen komischen Namen?« Eduart Wischnewski schüttelte den Kopf. Der Geologe aus Potsdam wirkte wesentlich jünger, als er war. Seiner Frisur hatte er mit viel Gel einen modernen Anstrich verliehen, vermutlich, um seine jugendliche Dynamik zu betonen. Mit diesem Auftreten musste er ein ziemlicher Frauenschwarm sein, dachte Katrin, als sie sich neben ihn setzte.

Gerhard startete den Bus und fuhr los.

»Genau weiß ich es auch nicht, aber weiter nördlich bei Linz gibt es einen zwanzig Millionen Jahre alten Doppelvulkan, der durch Steinbrucharbeiten beinahe vollständig abgebaut ist. Der eine Teil heißt Nak und der andere Nutzenak. Diese Namen tauchen in alten Karten noch auf. Er wird fast nur im Doppelpack als der Nak-Nutzenak erwähnt.«

»Stimmt«, schaltete sich Röttgen ein. »Nunak klingt irgendwie verwandt – wie »Neuer Nak«.

»Wir hatten übrigens immer ein nettes Wortspiel mit dem Doppelvulkan im Programm.« Während er sprach, trat Gerhard behutsam auf die Bremse. Der Untergrund schien gefroren zu sein. »Vielleicht wissen Sie, dass die eisfreien Berge in den Polarregionen von den Einheimischen Nunataks genannt werden.

Daraus haben wir eine theoretische Prüfungsfrage gebildet: War der Nak-Nutzenak ein Nunatak?

»Nicht schlecht«, urteilte Specht.

Von weitem sahen sie im Nordosten bereits den grauschwarzen Kegel, der sich deutlich von der verschneiten Winterlandschaft abhob. Überall dort, wohin die Luftturbulenzen Asche verfrachtet hatten, lag ein schmutzig grauer Schleier auf den Schneeflächen, den Bäumen und den Äckern. Die Glutlawine hatte eine breite Schneise in den Hang zum Brohltal geschnitten. Die Bäume im Randbereich, die nicht mitgerissen worden waren, lagen alle mit der Spitze hangabwärts gerichtet. Gerhard stellte den Bus abfahrbereit unter einer höheren Geländekante ab. Er hoffte, dass er hier bei sehr weiten Bombenwürfen einigermaßen sicher war.

Wenig später hatte die Gruppe, mit Helmen bewaffnet, die äußerste Grenze des Bombenfächers erreicht. Der schneebedeckte Boden war eine einzige Kraterlandschaft. Jeder Einschlag hatte ein elliptisches Loch hinterlassen.

»Hier lässt sich ja wunderbar die Flugbahn bestimmen!«, begeisterte sich Röttgen. »So schön bekommt man die Längsachse nur selten geboten. Ich hätte unsere Studenten mitnehmen sollen.«

Um den Einschlagspunkt hatten die heißeren Gesteinsbrocken das Loch weiter aufgetaut. Der oberflächlich mit Asche bedeckte Schnee schimmerte leuchtend weiß durch. Ihm war es zu verdanken, dass die Bäume und das Laub am Boden nicht in Brand geraten waren. Die Anzahl der ausgeworfenen Brocken nahm nach oben zu, je näher der Schlot kam.

»Wir sollten nicht zu weit gehen, da wir das Verhalten des Nunak noch nicht kennen«, schlug Röttgen vor. »Proben können wir auch hier nehmen.«

Es lagen viele Sandsteine und Stücke, die aus größerer Krustentiefe stammten, herum. Aber auch erstarrte Lavabrocken mit zahlreichen Blasenhohlräumen waren darunter.

»Katrin, geh doch bitte zum Bus zurück und lass den Motor laufen. Mir ist es hier schon etwas unheimlich. Und versuch bitte, Markus zu Hause zu erreichen. Wir brauchen ihn heute Nachmittag unbedingt im Labor. Er soll auch den Schliffpräparator vorwarnen, dass eine ganz dringende Sache auf ihn zukommt.«

Mit gemischten Gefühlen stapfte Katrin durch den Schnee zurück, nicht ohne Gerhard noch einmal an die Gefahr zu erinnern.

»Herr Röttgen, wir sollten verschiedene Proben nehmen, von den dichten Brocken ohne Blasenhohlräume und von den sehr porösen. Und möglichst große, die wir teilen können«, schlug Gerhard vor. »So gewinnen wir mehr Sicherheit bei den Analysendaten, wenn zwei Labore die Gesteine untersuchen.«

»Genau das wollten ich Ihnen auch vorschlagen, Herr Böhm.«

Nach kurzer Zeit hatten sie die verschiedenen Vulkanite eingesammelt. Plötzlich rumpelte es, als würde eine U-Bahn in den Bahnhof einfahren. Oben an der Bergspitze knallte und fauchte es heftig.

»In den Wald!«, schrie Gerhard.

Panikartig rannten die sechs in den nahen Eichenwald und hockten sich hinter die Baumstämme. Viel weiter oben hörten sie den Steinregen in die Bäume und den Schnee prasseln.

»Mann, das ist nicht ganz ohne!«, sagte Heinz Lindert respektvoll. »Das könnte auch mal schief gehen.«

»Wir sollten weitere Risiken vermeiden und so schnell wie möglich von hier verschwinden.« Auch Helmut Jahn war etwas nervös geworden. Trotz jahrelanger Forschung auf diesem Gebiet war er am heutigen Tag zum ersten Mal in Wurfweite eines Vulkanausbruches gekommen.

Mit schnellen Schritten rannten sie im tiefen Schnee den Hang hinunter. Die schweren Rücksäcke mit den Gesteinsproben schlugen ihnen heftig in den Rücken. Bei allen war der Fluchtinstinkt noch deutlich ausgeprägt.

Gerhard wurde von Katrin mit einer Mischung aus Verärgerung und Erleichterung begrüßt. Sie war um die Geländekante herumgelaufen, um zu sehen, was passiert war. »So etwas habe ich mir fast gedacht. Ich wollte schon Hilfe anfordern!« Sie schnappte sich Gerhard und nahm ihn in den Arm.

»Schon gut. So schlimm war es ja gar nicht.« Gerhard dachte gar nicht darüber nach, ob ihm ihre Besorgnis peinlich sein musste.

»Wir sollten noch einen Blick auf Brohl werfen«, schlug Karsten Specht vor. »Ich muss mir ein Bild von der Zerstörung machen, und ich brauche ein paar sichere Orte, an denen ich meine Messgeräte aufstellen kann.«

Die anderen stimmten zu. In weitem Bogen fuhren sie nach Norden um das Brohltal herum und kämpften sich durch die chaotischen Verhältnisse auf der Rheinstraße. Sie war nun die einzige Verbindung, die nach Brohl führte. Weit vor dem Ort mussten sie den Wagen stehen lassen. Rettungs- und Einsatzfahrzeuge hatten absoluten Vorrang. Brohl selbst war zweigeteilt. Ein halbwegs unversehrter Bereich des Ortes lag unter einem dicken Schleier aus vulkanischer Asche, als hätte sie ihn vor Schlimmerem beschützt. Dort, wo der Glutwolkenstrom mit unbändiger Gewalt eine breite Schneise geschlagen hatte, waren nur noch Trümmer und die mächtigen Ablagerungen des Stromes zu sehen. Es war nicht leicht, diesen Anblick zu verkraften. Für alle. Helfer arbeiteten sich durch die Mauerreste. Sie gruben nach Verschütteten, und sie gruben gegen ihre Verzweiflung an. Die heiße Masse war kaum zu beherrschen. Nur unter Einsatz von Pumpen und viel Wasser kamen sie an die tieferen Schichten heran.

Die Gruppe ging auf einen THW-Mann zu, der an der vordersten Einsatzstelle mit lauten Anweisungen einen Arbeitstrupp dirigierte. Röttgen stellte sich vor und erklärte kurz, welche Aufgabe die Gruppe hatte.

»Hier drunter hat keiner eine Chance«, polterte der Einsatzleiter los. »Aber wir hoffen, vielleicht in den Kellerräumen noch

Überlebende zu finden.« Der Mann hieß Erik Wagner und stammte aus dem Nachbarort. Er war einer der Ersten, die in der Nacht mit Hilfsgeräten zur Stelle gewesen waren. Sein etwas aufgedunsenes Gesicht war tiefrot angelaufen, und er hatte dunkle Ringe um die Augen, aus denen Wut und Verzweiflung blickte. An diesem Ausdruck war nicht die durchgearbeitete Nacht schuld.

»Vermissen Sie jemanden, den sie persönlich kennen?«, fragte Katrin vorsichtig.

Wagner schossen die Tränen in die Augen. Schnell drehte er sich zur Seite und brüllte einem Kollegen am vordersten Einsatzfahrzeug etwas zu.

Als er sich umdrehte, hatte er sich wieder im Griff.

»Meine Tochter war hier irgendwo zum Feiern. Sie ist noch nicht wieder aufgetaucht.« Erneut musste er sich umdrehen.

Zwei THW-Mitarbeiter und ein Feuerwehrmann kamen durch den Schlamm zu Wagner gewatet und fragten nach dem weiteren Vorgehen.

»Ich muss jetzt was abklären«, wandte sich Wagner an Röttgen.

»Mein stark verschmutzter Kollege hier kann Sie weiter informieren. Der war auch von Anfang an dabei.« Wagner drehte sich um und stapfte mit dem zweiten THW-Mann und seinem Kollegen von der Feuerwehr zu einer Gruppe, die gerade einen Keller freigelegt hatte.

»Glauben Sie, dass es noch eine Chance gibt, Überlebende zu finden?«, fragte Wischnewski den Freiwilligen vom THW. Er war tatsächlich sehr verdreckt, als wäre er einmal durch den Schlamm gezogen worden.

»Wir müssen daran glauben. Das ist unser einziger Antrieb.«

Langsam gingen sie in Richtung eines Hauses, von dem nur noch die Mauern des Erdgeschosses stehen geblieben waren.

»Einige könnten bis in den Rhein mitgerissen worden sein«, überlegte Röttgen.

»Möglich. Wir lassen den Fluss bis Köln nach Leichen absuchen.«

»Wie viele Tote haben Sie schon geborgen?« Karsten wirkte extrem nervös.

»Dreiundvierzig. Über zwanzig Personen werden noch vermisst.« Auch der fast zwei Meter große Hüne konnte kaum die Tränen verbergen.

Katrin, Gerhard und seine Kollegen fühlten sich unwohl in ihrer Haut. Es wurde zu deutlich, dass dies hier für die Helfer keine Routineaufgabe war. Alle hatten Probleme, mit der Realität fertig zu werden. Zu plötzlich war der Tod gekommen, mitten in den ausgelassenen Silvesterfeiern.

Als sie bei dem Grabungstrupp ankamen, starrte Karsten wie hypnotisiert auf ein verkohltes Bein, das die Männer gerade aus der Asche freilegten. Katrin hatte ihn schon eine Weile beobachtet. Sie stieß Gerhard an und deutete mit dem Kopf auf ihn. »Mir scheint, dass ihn das alles hier sehr mitnimmt. Er macht sich bestimmt Vorwürfe.«

»Ich glaube auch, dass er noch eine Weile braucht, um es wegzustecken.«

Gerhard ging hinüber, legte ihm einen Arm auf die Schulter und zog ihn langsam zur Seite. »Karsten ... das hat wirklich niemand vorhersehen können.«

»Ich werfe mir nicht vor, Daten falsch oder zu nachlässig interpretiert zu haben«, sagte Karsten. »Ich muss mir vorwerfen, dass ich mir überhaupt nicht klar gemacht habe, welche Verantwortung damit verbunden war. Ich bin da in irgendwas reingeschliddert, ohne darüber nachzudenken, welche Konsequenzen es einmal haben könnte.«

Katrin kam zu den beiden und zeigte nach oben, wo der Steilhang vom Rhein- zum Brohltal überging. »Seht mal, genau dort waren wir vor gar nicht allzu langer Zeit und haben die erste Seitenverschiebung entdeckt. Wenn wir es damals auch nur geahnt hätten...«

Plötzlich durchzuckte es Gerhard. »Dabei fällt mir ein, Katrin, dass in einer Arbeit zur Geologie der Eifel ein Steinbruch erwähnt wird. Ich habe den Hinweis erst später bei der Literaturrecherche gefunden.«

»Und?«

»Der Steinbruch soll oberhalb eines alten Stollens angelegt worden sein. Kannst du dich erinnern? Wir haben auch dort oben Vererzungen gefunden. Vermutlich fand der richtige Erzabbau weiter unten statt.«

Gerhard ging Wagner entgegen, der gerade wieder zurückkam. »Sagen Sie mal, gab es hier nicht einen alten Stollen im Ort, direkt unter dem kleinen Steinbruch am Hang?«

»Ich weiß nicht, ich stamme nicht von hier. Aber warten Sie mal... He, Arnold, wo steckt Georg? Der stammt doch aus Brohl!«

»Moment, ich lass ihn rufen.« Arnold stapfte durch den Schlamm zu einem Funkgerät.

»Glauben Sie, dass Leute im Stollen sein könnten, wenn es dort wirklich einen gibt?«

»Schwer zu sagen. Ich stelle mir nur vor, wie ich reagieren würde, wenn so eine Glutlawine kommt. Die hört man ja schon etwas früher. Wenn es keinen Fluchtweg mehr gibt, ab ins nächste Haus und in den Keller.«

»Das kann natürlich zur Falle werden, allein schon, wenn die Luft verbrennt.«

»Sicher, aber wer überlegt sich in diesem Moment die Folgen? Damit hat doch keiner von uns Erfahrung. Und wenn man keine Alternative hat, versucht man immer irgendwie wegzukommen.«

»Stimmt. Würde ich auch so machen.«

»Und wenn es dort einen Keller mit Anschluss an einen Stollen gibt, dann besteht auch eine Überlebenschance.«

»Zumindest für Leute, die davon wissen und ihn erreichten.«

Inzwischen war ein THW-Mann eingetroffen, der seinen Chef suchte.

»Was ist? Habt ihr noch jemanden gefunden?« Nach einem Leichenfund wurde Georg immer als erster gerufen. Er kannte die meisten aus dem Ort. Er half dabei, zu identifizieren, was es noch zu identifizieren gab.

»Vielleicht werden wir noch jemanden finden«, sagte Wagner. »Der Geologe aus Köln behauptet, dass es früher einen Stollen in dieser Ecke gab. Ist das richtig?«

»Ja, bei Schusters, die hatten immer den kühlsten Keller.«

»Wieso?«

»Na, der alte Schuster war nicht von gestern. Er hat die Vermauerung irgendwann durchbrochen und den Stollen freigelegt. Das war nicht erlaubt, aber wen hat es schon gekümmert, was jemand in seinem Keller macht?«

»Dann los! Zieht sechs Mann am Haus zusammen, holt den Lader und versucht, so viel wie möglich mit dem Gerät wegzuschaufeln. Vielleicht lohnt es sich.« Trotz seiner Müdigkeit wurde Wagner plötzlich hektisch und fuchtelte wild mit den Armen. Ein Hoffnungsschimmer trat in seine Augen. »Es gibt ja immer wieder verrückte Zufälle«, sagte er zu Gerhard. »Und für unsere Leute wäre ein Erfolgserlebnis sehr wichtig.«

Gerhard hätte die Grabungen gerne bis zum Schluss verfolgt, um sich zu vergewissern, ob er recht hatte. Am liebsten hätte er selbst mit angefasst. Doch Karsten und die anderen drängten auf die Weiterfahrt. Unwillig kehrte Gerhard mit ihnen zum Bus zurück. In weitem Bogen fuhren sie um das Brohltal nach Wassenach. Als sie schließlich bei den Autos der Kollegen hielten, tauschten sie Telefonnummern aus und luden die Sachen in die eigenen Fahrzeuge. Mit dem Versprechen, alle sofort per Rundruf über die neuesten Erkenntnisse zu informieren, fuhren sie auseinander.

Gerhard war froh, sie endlich los zu sein. Die Grabung in Brohl ließ ihm keine Ruhe.

»Komm, Katrin! Wir fahren noch einmal kurz zurück nach Brohl. Ich will sehen, ob an unserer Idee etwas dran war.«

Mit gemischten Gefühlen arbeiteten sie sich erneut durch die Bergungsmannschaften und den Schlamm in Brohl. Als sie endlich das Haus des alten Schuster erreichten, stand Wagner gebeugt über einer Öffnung, die augenscheinlich zum Keller gehörte. Im tiefsten rheinischen Dialekt brüllte er einem Kollegen in der Tiefe etwas zu.

»Und? Können Sie schon etwas sagen?«, fragte Gerhard gespannt.

»Nein, wir sind gerade dabei, die eingestürzten Gesteinsmassen zur Seite zu schaufeln. Wir sind noch nicht mal im hintersten Kellerraum.«

Aus dem Loch tauchte ein Helfer mit Atemschutzmaske auf, riss sie sich vom Gesicht und rief nach oben: »Wir brauchen mehr Wasser! Das Scheißzeug ist noch viel zu heiß!«

Fast fünf Minuten lang hielt einer der THW-Männer den Schlauch in den Keller. Eine dichte Dampfwolke quoll aus dem Loch hervor.

»So, das muss reichen.«

Zwei weitere Helfer machten sich daran, die Zwischentür zur Hälfte freizulegen. Aus der Nebelwand ertönten Hiebe von Äxten, die die obere Hälfte des Türblattes zerlegten. Es war verzinktes Metallblech, das den Temperaturen standgehalten hatte.

»He! Dahinter ist noch ein Raum!«

»Was ist drin?« Wagner wurde ungeduldig.

»Gerümpel, aber keine Lava, dafür verdammt dicke Luft.«

»Geht rein, aber vorsichtig! Immer nacheinander.«

Einer der drei Helfer wagte sich zuerst in den hinteren Raum. Er hatte nur mit dem Atemschutzgerät eine Chance.

»Wenn hier wirklich jemand ist, wäre es zu spät für eine Rettung«, rief er halblaut zurück. »Da hinten ist noch eine Metalltür. Das könnte die zum Stollen sein.« Er deutete den beiden zurückgebliebenen Männern die Richtung an und tastete sich langsam vorwärts. Vorsichtig drückte er die Klinke und zog die Tür auf. Seine

Helmlampe war in den Spalt gerichtet. Der Lichtstrahl bahnte sich einen schmalen Streifen in das Dunkel. Mit jedem Zentimeter, den die Tür aufging, breitete er sich weiter aus.

»Ist hier jemand?« Die zittrige Stimme wurde durch das Atemgerät zu stark gedämpft. Kurz entschlossen riss sich der THW-Mann die Maske vom Gesicht und brüllte erneut mit voller Kraft in den Stollen.

»Wouh wouhuh«, heulte es jämmerlich, entfernt im Dunkeln. Aus einer finsteren Nische im hinteren Bereich des Stollens schälte sich eine Gestalt heraus. Es war der Sohn des alten Schuster, der mit einer ganzen Gruppe zusammengekauert auf dem Boden hockte.

»Alarm!«, schrie der Mann vom THW so laut, wie er konnte. »Hier sind Überlebende!«

Die Mannschaft war wie elektrisiert. Weitere Helfer stürzten mit Sauerstoffgeräten in den Keller und in den Stollen. Einer der ersten war Wagner, ohne Maske und ohne Helm. Noch nie hatte er den Namen seiner Tochter so laut geschrien. Fast im gleichen Moment hatte er Gewissheit und schloss sie in die Arme. Er drückte sie an sich und ließ endlich seinen Tränen freien Lauf. Es war die ganze Welt, die er in diesem Augenblick umarmte.

Es waren elf verzweifelte Menschen und der Mischlingshund von Schusters. Völlig erschöpft und benommen von der sauerstoffarmen Luft waren sie im Stollen eingeschlafen, bis man sie entdeckt hatte.

Als die Ersten unter heftigem Blitzlichtgewitter aus dem Keller getragen wurden, nahmen sich Katrin und Gerhard in die Arme.

Beide konnten ihre Tränen nicht zurückhalten. Sie drückten sich ganz fest, bis zuletzt der Hund herausgehoben wurde. Als sie gerade gehen wollten, kam Wagner auf sie zu gerannt, baute sich vor Gerhard auf und griff zu. Ohne Rücksicht auf seinen verdreckten Overall drückte er ihn bis zur Schmerzensgrenze an sich. »Unendlichen Dank!«, waren die einzigen Worte, die er aussprechen konnte.

Dann sah er Katrin an, zögerte kurz, drehte sich um und ging wieder zu seiner Tochter zurück.

Die Böhms beschlossen, nach Hause zu fahren. Sie hatten kaum etwas gegessen und waren völlig übermüdet. Langsam gingen sie zum Bus.

»Das tat gut«, sagte Gerhard. Es waren seine ersten Worte, die er wieder richtig sprechen konnte. »Das tat einfach nur gut, nach dieser verpatzten Vorhersage.«

Katrin ging schweigend eine ganze Weile neben ihm her. »Ich glaube, du solltest Karsten anrufen«, sagte sie schließlich. »Der kann das bestimmt gebrauchen.«

Markus hatte schon mehrere Stunden gewartet, als sie am frühen Abend in Köln ankamen.

»Der Ausbruch scheint ja selbst für Sie ziemlich überraschend gekommen zu sein, obwohl Sie immer davon gesprochen haben«.

»Leider kann man nicht immer zur richtigen Zeit an der richtigen Stelle sein.« Gerhard berichtete kurz von ihren Erlebnissen und gab ihm die Basaltproben. Dann erklärte er ihm, welche Stellen er absägen und zum Schliffpräparator bringen sollte.

»Machen Sie es am besten gleich morgen früh. Haben Sie ihn überhaupt erreicht?«

»Ja. Obwohl es nach der Silvesterfeier ein ganz schönes Detektivspiel war. Ich musste um tausend Ecken telefonieren, bis ich seine Handynummer hatte.«

»Machen Sie ihm klar, dass es sehr eilig ist. Wenn ich Zeit habe, werde ich ihn auch anrufen. Können Sie mir gleich seine Nummer geben?«

»Was soll mit den restlichen Proben passieren? Volles Programm?«, fragte Markus.

»Nein, für die grobe Einordnung des Basalttyps dürfte eine Analyse der Hauptelemente reichen.«

»Das geht relativ schnell. Ich werde eine halbe Nachtschicht einlegen. Morgen haben Sie dann die Ergebnisse.«

Gerhard und Katrin verabschiedeten sich von Markus und fuhren nach Hause.

Gerhard beschloss, noch vor dem Abendessen die Karten, die er als Nächstes studieren musste, zusammenzustellen und weitere Unterlagen über die anderen Vulkane in der Nachbarschaft des neuen Vulkans herauszusuchen. Er bat Katrin aus den Resten von Silvester, irgendetwas Schnelles zum Essen zu zaubern. Sie befürchtete sofort, dass Marcello sich jetzt in der Ferienzeit vielleicht an ihren Vorräten gepflegt haben könnte. Aber Susanna gab gleich Entwarnung. Er war mit seinen Freunden in irgendeiner Burger-Schmiede.

»Willst du ein Bier?«, rief Katrin durch das Treppenhaus nach oben.

»Heute ausnahmsweise nicht. Höchstens ein alkoholfreies.«

Katrin deckte mit Susanna den Tisch im Wohnzimmer. Schon den ganzen Tag liefen Sondersendungen zum Vulkanausbruch, wie Susanna berichtete. Sie erzählte, dass sie Gerhard aber auch Katrin in verschiedenen Beiträgen gesehen hatte. Und sie wunderte sich, wie viele Vulkanologen es plötzlich in Deutschland gab, die sich zu Wort meldeten. Als das Essen warm war und alle am Tisch saßen, begannen gerade die Hauptnachrichten. Die Sensation des Tages war die Rettung der elf Personen aus dem Stollen.

»Schau mal, wir sind ja wirklich im Bild zu sehen!« Katrin wurde plötzlich unruhig.

»Ach du Schande, jetzt erzählt der THW-Mann womöglich, von wem die Idee mit dem Stollen stammt! Dann können wir uns auf eine ruhige Nacht einrichten.«

Gerhard hatte kaum zu Ende gesprochen, da fiel auch schon sein Name. Kurz darauf wurde der Filmausschnitt, auf dem Katrin und Gerhard zu sehen waren, erneut eingeblendet.

Es dauert keine zehn Sekunden, bis das Telefon klingelte. Es waren Gerhards Eltern, völlig aufgelöst über das, was sie gerade gehört hatten. Nach einem knappen Bericht und dem Versprechen, in Kürze ausführlicher zu erzählen, legte Gerhard auf. Es klingelte erneut. Sämtliche Verwandten forderten der Reihe nach ihren Tribut. Gerhard wimmelte die ersten drei ab und verwies auf die mütterliche Telefonzentrale. Dann zog er den Stecker heraus. Das Handy hatte Katrin längst ausgeschaltet.

Am nächsten Morgen lagen die Ergebnisse der Analyse auf dem Schreibtisch. Markus war unbezahlbar. Er hatte bis tief in die Nacht gearbeitet und die Daten sofort zu Böhms nach Hause gefaxt.

Gerhard grummelte nachdenklich vor sich hin, während er beim Frühstück mehrmals die Daten durchging.

»Ist es etwas Besonderes?«, wollte Katrin wissen.

»Nein. Der Basalt sieht genauso aus, wie die anderen Vulkanite in der Umgebung.«

»Ist das gut oder schlecht?«

»Wenn sich daran nichts ändert, wäre es gut für den weiteren Verlauf der Vulkantätigkeit. Dann wäre es nur ein kurzzeitiges Intermezzo. Etwas Lavafluss und das wäre es dann. Aber vor einer endgültigen Einschätzung möchte ich wenigstens die Schliffe sehen.«

»Was kann man daran erkennen?«

»Die Schliffe werden aus hauchdünnen Basaltscheiben hergestellt. Sie werden auf eine Glasplatte geklebt und anschließend so dünn geschliffen, dass man mit dem Mikroskop hindurchschauen kann.«

»Und was gibt es dann zu sehen?«

»Die ganze Welt der Gesteine. Nein. So wild ist es natürlich nicht. Aber man kann sehen, aus welchen Mineralen das Gestein besteht, wie sie angeordnet sind, wie feinkörnig sie sind und noch einiges mehr.«

»Und daran kannst du erkennen, ob der Vulkan für lange oder kurze Zeit spuckt?«

»Warten wir's ab. – Still jetzt, da kommen die nächsten Nachrichten!«

Der Sprecher berichtete von den jüngsten Ereignissen, die darauf hindeuteten, dass der Vulkan in seiner Aktivität nachließ. Dies decke sich auch mit der Aussage des international renommierten Vulkanologen aus Brüssel, der nach ersten Gesteinsanalysen von einem kleinen basaltischen Ausbruch sprach, der für diese Region in der Osteifel völlig normal sei. Eine schlimmere Entwicklung sei nicht zu befürchten, man müsse nur noch einige Zeit mit abklingenden Eruptionen rechnen. Diese seien mit der Installation eines umfangreichen geophysikalischen Überwachungssystems gut zu kontrollieren. Als Nächstes folgte erneut ein Bericht über die Bergung der Überlebenden. Man sprach inzwischen vom Wunder von Brohl und von Gerhard als dem entscheidenden Retter.

Der entscheidende Retter stand in Köln vor dem Fernseher und wurde gerade vor Wut tiefrot im Gesicht.

»Mann, da ist aber jemand vorgeprescht! Röttgen hat wohl nicht verkraftet, dass er nicht als Erster im Fernsehen aufgetreten ist.«

»Ihr habt doch abgesprochen, dass ihr die Daten zuerst austauscht und diskutiert, bevor sie an die Öffentlichkeit gegeben werden.«

»Genau das bringt mich so auf die Palme. Irgendwie bin ich von meinem lieben Kollegen ziemlich enttäuscht.«

»Ich dachte, du wüsstest, wie es in deiner Branche zugeht«, gab Katrin zurück. »Hast du nicht selbst oft genug gesagt, dass die Eitelkeiten und Verletzlichkeiten bei den Wissenschaftlern häufig im umgekehrten Verhältnis zu ihrem Können stehen?«

»Ja, das habe ich.« Nachdenklich ging Gerhard im Zimmer auf und ab. »Ich sehe da nur ein Problem auf mich zu kommen, wenn mir die Schliffe etwas anderes sagen. Nachdem Röttgen sich so weit aus dem Fenster gelehnt hat, wird er keine andere Meinung mehr zulassen können. Und er ist nun mal der vom Ministerium und den Kollegen anerkannte Vulkanologe. Hoffen wir das Beste – dass er Recht behält.«

Als Katrin das Telefon wieder anschloss, klingelte es gleichzeitig an der Haustür und am Telefon.

»Wir müssen uns etwas überlegen«, sagte Gerhard. »Wir werden gleich von Dingen bedrängt, auf die ich mich jetzt nicht einlassen kann. Ich fahre in die Uni, da ist heute vermutlich niemand und dort habe ich ein paar Telefone zur Auswahl. Eins davon wird hoffentlich mal nicht klingeln. Außerdem werde ich die Dünnschliffe abholen, wenn sie fertig sind, und sie mikroskopieren. Bleib du hier und mach den Telefondienst.«

»Klar, ich bin wieder die Dumme!«, protestierte Katrin und nahm den Hörer ab.

Gerhard zog sich an und ging zur Tür.

»Ach herrje! Was wollen Sie denn alle hier?«

Ein Blitzlichtgewitter ging los. Mindestens zehn Reporter mit Kamera und Mikrofon standen vor der Tür und stürmten mit Fragen auf Gerhard ein.

»Na gut«, sagte Gerhard. »Ich gebe Ihnen genau zehn Minuten, dann muss ich dringend los. Aber nur, wenn Sie versprechen, danach wirklich zu gehen und mir nicht zu folgen. Ich habe sehr wichtige Dinge zu erledigen. Abgemacht?«

»Klar, abgemacht!«, kam die einhellige Antwort.

Sicherheitshalber ließ er die Gruppe vor dem Haus stehen.

Nach fünfzehn Minuten eines Dauerfeuers von Fragen, die er so allgemein wie möglich zu beantworten versuchte, befreite er sich aus der Journalistenmasse und holte das Auto aus der Garage. Während der Fahrt rief er den Schliffpräparator an, der sich offenbar sehr mit der Arbeit beeilt hatte.

»In einer halben Stunde habe ich die Schliffe fertig«, erklärte er stolz. »Das war übrigens nur möglich, weil Ihr Mann noch in der Nacht vorbeigekommen ist und die Steinchen mitgebracht hat.«

»Hervorragend! Dann kann ich also direkt zu Ihnen kommen. Bis ich da bin, sind sie vermutlich gerade fertig.«

»Geht in Ordnung. Ich lege einen Zahn zu.«

Der Präparator hatte sich ein kleines Schleiflabor in Bensberg eingerichtet, wo sich auch die Erdbebenstation von Arne Schäfer befand. Er war Frührentner und verdiente sich mit solchen Sonderaufträgen ein wenig dazu. Der Ort lag weit außerhalb Kölns im Schiefergebirge, war aber verkehrstechnisch gut an die Stadt angebunden. Auf der Autobahn schaute Gerhard häufiger in den Rückspiegel. Ihm fielen mehrere Fahrzeuge auf, die genau im gleichen Tempo fuhren wie er.

»Irgendwie habe ich mir so etwas gedacht«, murmelte er verärgert. Er hatte nicht die Absicht, die Meute auf den alten Mann zu hetzen. »Aber wartet, euch werde ich schon abhängen!«

Am nächsten Autobahnkleeblatt fuhr Gerhard ab und beobachtete, welche Autos ihm folgten. Schließlich konnte es Zufall sein, dass diese Fahrzeuge seit längerer Zeit hinter ihm waren. Unter der Autobahnbrücke nahm er wieder die nächste Auffahrt und kam so in die Gegenrichtung. Nach zwei weiteren Abfahrten hatte er das ganze Kleeblatt umfahren und befand sich wieder in der ursprünglichen Richtung.

Die Autos, die er in Verdacht hatte, waren immer noch hinter ihm.

»Dann zeig ich euch einmal etwas Neues!«, freute Gerhard sich insgeheim.

Nicht umsonst war er seit Jahren im Schiefergebirge unterwegs. Kurz vor der Abfahrt Bensberg verließ er die Autobahn, fuhr etwa drei Kilometer weit über eine Landstraße und bog an einer unübersichtlichen Kurve hinter einer Waldschonung in einen Weg ein. Nach etwa hundert Metern kam eine Schranke. Gerhard hatte von der Forstverwaltung vor Jahren die Genehmigung erhalten, für seine Geländeuntersuchungen die Waldwege zu befahren. Für Schranken mit Schlössern bekam er die Schlüssel auf Anfrage. Standardschließungen benötigten lediglich einen speziellen Dreikantschlüssel, den er immer im Auto liegen hatte. An solch einer Schranke hielt er an, öffnete sie und fuhr in den Wald, ohne sie wieder zu schließen. Als er nach mehreren hundert Metern vom Weg abzweigte, sah er im Rückspiegel den Ersten der Verfolgergruppe.

Gerhard gab Gas. Seit etwa zwei Jahren hatte er privat einen Allrad, sein Wunschtraum, seit er achtzehn geworden war. Für die Fahrten in der Forst war das von großem Vorteil – vor allem jetzt, wenn Schnee lag.

Die Winterreifen waren noch neu. In dieser Kombination war er unschlagbar. Mit einem Tempo, das dem Weg und den Schneeverhältnissen eigentlich nicht angemessen war, preschte er den Forstweg entlang und bog mehrfach rechts ab. Nach etwa zehn Minuten hatte er wieder den Ausgangspunkt und die Schranke erreicht. Doch diesmal schloss er sie ab, nachdem er sie passiert hatte.

Als er in Bensberg ankam, war kein Verfolger mehr hinter ihm.

Es dauerte eine Weile, bis der Präparator die Tür öffnete. Die automatische Schleifmaschine lief noch für den letzten Schliff.

»Sie kommen genau richtig. Ich bin sofort fertig. Muss nur noch alles einpacken.«

»Sie sind unbezahlbar!«, lobte Gerhard ihn und nahm die Schliffe in Empfang.

»Das hoffe ich nicht. Die Rechnung schicke ich Ihnen später zu.«

»Alles klar«, sagte Gerhard und bedankte sich im Namen der Wissenschaft und der betroffenen Menschen am Rhein. Er versprach, in nächster Zeit wieder mehr Proben zu bringen.

Die Universität betrat Gerhard diesmal durch den Hintereingang. Er hatte kein Interesse daran, viel Zeit mit Erklärungen an zufällig anwesende Personen zu verlieren. Doch seine Befürchtung war unbegründet. Nach Neujahr herrschte hier so gut wie kein Betrieb. Er kam unbehelligt in sein Zimmer, schaltete zuerst das Licht am Mikroskop an und legte den Schliff auf den Objekthalter. Erst dann zog er die Winterjacke aus und setzte Teewasser auf.

Die Welt der Gesteine im Dünnschliff war für Gerhard schon immer etwas sehr Faszinierendes gewesen. Während der Blick durch den Schliff gegen das Sonnenlicht häufig nur einen grauen Schatten zeigte, entlockten spezielle Filter dem Gestein und den Mineralen die schönsten Farben. Jedesmal tat sich ein neuer Kosmos auf, manchmal so bunt wie die Welt der Korallenriffe.

Lange studierte er den ersten Schliff. Immer wieder drehte er den Teller, auf dem das Präparat lag, regulierte die Scharfeinstellung des Mikroskops oder wechselte die Vergrößerung. Diesmal interessierten ihn nicht die Minerale, die mit bestimmten Einstellungen leicht zu identifizieren waren. Er suchte vielmehr nach kugeligen Strukturen, die im Querschnitt als Kreisflächen auftauchen mussten. Leider waren durch den hohen Gasgehalt der Schmelze zahlreiche Hohlräume vorhanden, in denen das Gestein fehlte. Die Zwickel der Hohlräume waren zu klein, um das erkennen zu lassen, was er suchte.

Aber dann sah er an der äußersten Ecke des Schliffes doch etwas, das ihm bekannt vorkam. Genau diese Strukturen hatte Gerhard erstmals an den ältesten Basalten des Westerwaldes entdeckt. Die Kreisflächen waren Querschnitte von kleinen Basaltkugeln, die vor der Abkühlung als Tröpfchen in einer anderen Schmelze geschwommen waren. Sie entstanden durch Mischung zweier Magmaflüsse. Eine heißere Schmelze, die aus der Tiefe in eine kühlere Magmakammer in der Kruste einströmte, konnte sich genauso verhalten wie Öl, das in Wasser Tropfen bildete, wenn beide Flüssigkeiten verrührt wurden.

Gerhard nahm sich den nächsten Schliff vor.

»Ja, hier ist es viel deutlicher«, murmelte er vor sich hin. Er stellte den Computer an, schoss ein paar Fotos mit der Digitalkamera, die fest mit dem Mikroskop verbunden war, und lud die Bilder direkt in den Computer. Kurze Zeit später hielt er die ersten Ausdrucke in der Hand.

Als Nächstes rief er Katrin an. Natürlich war besetzt. Also wählte er ihre Handynummer, die nur den Familienmitgliedern bekannt war. Nach längerem Klingeln hatte er sie endlich am Apparat und erkundigte sich sofort nach der Lage zuhause.

»Da hast du mir vielleicht was angehängt!«, stöhnte Katrin entnervt.« Die Presse, die Verwandtschaft, der Bürgermeister...«

»Du Ärmste. Ich habe es geschafft, die Presse abzuschütteln.«

»Den Trick muss du mir unbedingt verraten!«

»Später. Es ist genau das eingetreten, was ich befürchtet habe.«

»Was meinst du damit?«.

»Ich habe mir die Schliffe angesehen. Die Sache ist ziemlich eindeutig, zumindest für jemanden, der so etwas schon einmal gesehen hat. Es ist eine Magmenmischung.«

»Und was bedeutet das?«

»Das bedeutet, dass es irgendwo in der Kruste eine Magmakammer gibt, in der sich über längere Zeit eine Schmelze angesammelt hat. Nun muss eine neue, heißere Schmelze aus der Tiefe eingeströmt sein, was möglicherweise den Ausbruch in Gang gesetzt hat. Wenn wir den ersten ausgeworfenen Brocken analysieren, haben wir nur eine Mischung aus der alten und der neuen Schmelze. Das sagt nicht viel aus. Wir brauchen eine Analyse von dem, was neu aus der Tiefe hochgekommen ist. Und das steckt in den winzigen Kügelchen, die ich gerade gefunden habe.«

»Und was ist das Schlimme daran?«

»Verstehst du nicht? Die jetzige Analyse besagt: normaler Basalttyp wie immer in dieser Gegend. Da kommt nicht viel nach. Wenn aber die andere Schmelze, die eigentliche Hauptschmelze aus der Tiefe, das ist, wofür ich sie halte, dann gehört sie zu einem

Typ, den man tholeiitisch nennt. Dazu gehören zum Beispiel alle Ozeankrustenbasalte.«

»Das sagt mir nichts.«

»Dieser Typ tritt eigentlich nur dann auf, wenn größere Mengen Mantelgestein aufgeschmolzen wurden. Das heißt, es geht um eine ganz andere Größenordnung. Der riesige Vogelsberg-Vulkan in Hessen hat vor sechzehn Millionen Jahren solch eine Schmelze gefördert. Der hat heute noch einen Durchmesser von fünfzig Kilometern. Und wenn nur ein Bruchteil davon am Nunak gefördert wird, dann gute Nacht!«

»Das müssen wir nachher noch einmal in Ruhe besprechen. Wann kommst du nach Hause?«

»Am späten Nachmittag. Ich muss noch alle anderen informieren. Halt die Ohren steif.«

»Dazu müsste ich sie erst einmal runterkühlen.«

»Gibt es sonst etwas Neues?«

»Ja, morgen findet die ökumenische Trauerfeier für die Opfer des Vulkanausbruchs statt. Ich fände es gut, wenn wir dabei sein könnten.«

Dafür werde ich mir auf jeden Fall freinehmen. Die Kollegen werden sicher auch alle kommen. Wo wird sie stattfinden?«

»In sicherer Entfernung zum Vulkan, im Apollinaris-Kloster bei Remagen.

»Das wollten wir doch schon immer besichtigen. Ich hätte nicht gedacht, dass wir durch solche Umstände die Gelegenheit dazu erhalten.«

»Ich war auch etwas betroffen. Wir sehen uns später.«

Gerhard spürte einen leichten Druck im Magen. Die Trauerfeier würde ihm nicht leicht fallen, das wusste er schon jetzt. Mit einem Ruck riss er sich von seinen Gedanke los und setzte sich an seinen Computer. Nach einer Weile hatte er die Adressen der Kollegen zusammengestellt, denen er die ersten Analyseergebnisse versprochen hatte. Mit wenig Text und den Fotos der Dünnschliffe als Anhang versuchte er, seine Befürchtungen über die Zusammensetzung der Schmelze und die damit verbundene Problematik deutlich zu machen.

Die Trauerfeier bei Remagen brachte eine kurze Unterbrechung in der Hektik der Ereignisse. Alle Beteiligten, Angehörige, Freunde der Opfer, Politiker und sogar die Wissenschaftler, wurden für kurze Zeit auf die andere Seite der Realität geholt --die Seite, auf der es um die Endlichkeit des Seins, die Unausweichlichkeit des Todes und die Unberechenbarkeit des Schicksals ging. Unmittelbar nach der Feier fuhren Katrin und Gerhard zurück nach Köln. Zu sehr waren beide von den Ereignissen mitgenommen. Sie brauchten dringend Ruhe.

Am folgenden Tag begann eine Diskussion unter den Wissenschaftlern, die sich fast zu einem Kleinkrieg entwickelte. Selbst die Presse wurde in die Auseinandersetzung mit einbezogen, was der Sachlichkeit nicht eben dienlich war. Es kam, wie Gerhard es vorhergesagt hatte. Seinen Untersuchungen wurde wenig Vertrauen geschenkt. Selbst nachdem er mühevoll die Kügelchen aus dem Gestein herausgebohrt und analysiert hatte, glaubte nur eine kleine Gruppe Gleichgesinnter seinen Ergebnissen. Die Aussagen des führenden Vulkanologen waren leichter verdaulich, zumal die nachlassende Aktivität des Vulkans sie zu bestätigen schienen. Man wollte auch gar nichts anderes glauben, andernfalls hätte man völlig andere Konsequenzen ziehen müssen. Vier Wochen später war die Vulkantätigkeit so gut wie abgeklungen.

In dieser Zeit waren die Aufräumarbeiten in Brohl und Umgebung weit gediehen und die Evakuierung der umgebenden Ortschaften fast vollständig rückgängig gemacht worden. Der Rummel um Gerhard hatte sich schnell gelegt. Ein Teil der Presse war ihm ohnehin nicht mehr wohl gesonnen. Er konnte und musste seine Verpflichtungen als Hochschullehrer wieder wahrnehmen, wurde aber nicht müde, vor den Gefahren eines neuen, weit größeren Ausbruchs zu warnen. Er sprach im Ministerium und in den betroffenen Kommunen vor und forderte einen Notfallplan für die Evakuierung des gesamten Mittelrheintales, die Vorratshaltung von großen Stahlrohren und die Bereitstellung großer Pumpen. Vor allem Letzteres führte dazu, dass man ihn nicht mehr so recht ernst nahm. Zu abenteuerlich waren die Vorstellungen, die sich mit seinen Forderungen verbanden.

Die Rheinschifffahrt war besonders hart vom Geschehen betroffen. In den ersten vier Wochen nach dem Ausbruch war der Rhein für alle Schiffsklassen vollständig gesperrt. Nach Ausbleiben weiterer Vulkanaktivität wurden unter Druck des Binnenschifffahrtsverbandes einzelne Lastkähne ohne Gefahrstoffe am Ausbruchspunkt vorbeigelassen, immer unter Aufsicht und unter Begleitung eines speziell gesicherten Bootes, das die Schiffsbesatzung im Notfall an Bord nehmen konnte. Die Umleitung des gesamten Personen- und Gefahrstoffgüterverkehrs der Bahn erfolgte über die Schnellbahnstraße Frankfurt-Köln. Die beiden Strecken links und rechts des Rheins waren dafür nicht einsetzbar. Die linksrheinische Linie war zwar von Stein- und Lavabomben geräumt, das Gleisbett und die Schienen aber nachhaltig zerstört. Eine Reparatur wurde als unsinnig angesehen, solange der Vulkan nicht eindeutig erloschen war. Die rechtsrheinische Strecke durfte schon wieder für den normalen Güterverkehr eingesetzt werden.

Die Vulkan-Episode am Rhein wurde bereits als abgeschlossen betrachtet. Die Geophysiker hatten ein dichtes Netz von Messgeräten installiert und vertrauten auf eine längere Vorwarnzeit, falls es zu einem weiteren Ausbruch kommen sollte.

KAPITEL 6

Wilfried Bremer hatte die Nacht schlecht und vor allem viel zu kurz geschlafen. Am Vortag war er 47 geworden, ein Alter, das er nicht mehr ignorieren konnte. Die viele körperliche Arbeit hatte Spuren in Gelenken und Knochen hinterlassen. Früher hätte ihm eine Party nichts ausgemacht, trotz Arbeitsbeginn um fünf Uhr am nächsten Morgen. Inzwischen war das anders. Deshalb hatte er die Feier auf das Wochenende vorverlegt. Aber dann waren am Sonntag doch noch Gäste gekommen, ganz spontan, wie es ihm eigentlich am liebsten war. Sie wieder nach Hause zu schicken, war nicht Wilfrieds Sache.

Es wurde viel zu spät für ihn, nicht einmal vier Stunden Schlaf hatte er hinter sich gebracht, als der Wecker klingelte. Um 5.10 Uhr saß er am Steuer und startete den Tankwagen. Jeden zweiten Tag fuhr er die gleiche Route und holte die Milch von den Bauernhöfen ab. Gekühlt konnte sie zwei Tage unbeschadet gelagert werden. Nach dem zweiten Hof bog er in Richtung Rheintal ab. Es war noch dunkel an diesem Morgen, der Wind peitschte Regenschauer über die Hochflächen des Westerwalds zwischen Wied und Rhein. Vereinzelt mischten sich große Schneeflocken in die feuchten Schwaden, die gegen die Windschutzscheibe prasselten.

Es war Ende Februar. Er hatte Glück in diesem Winter. Der Schnee war nur selten so reichlich gefallen, dass die steile Straße zum Rheintal hinunter gesperrt werden musste. Wenn sie frei war, sparte er einen Umweg von 30 Minuten, den er bei Glätte für nur zwei Bauernhöfe fahren musste. Das Gebiet, das er betreute, war auch jetzt noch, vier Wochen nach dem Abklingen der Vulkantätigkeit, offiziell gesperrt. Nur Versorgungsfahrzeugen und Personen mit Sondergenehmigungen war es erlaubt, notwendige Arbeiten durchzuführen. Die Sicherheitsposten schienen aber bereits überflüssig zu sein. Vor einigen Tagen waren sie ganz verschwunden. Man vertraute auf die geophysikalischen Vorwarnsysteme und darauf, dass sie eine neue Gefährdung rechtzeitig ankündigen würden.

Wilfried war zwar theoretisch in Sichtweite zum neuen Vulkan, der nur wenige Kilometer vor ihm auf der anderen Seite direkt am Rhein lag, doch in der Dunkelheit und im stärker werdenden Schneeregen konnte er nur einzelne Lichter an den Hängen erahnen. Sie stammten von den wissenschaftlichen Messstationen, die in unterschiedlichen Abständen zum Vulkanschlot standen. Die Bauernhöfe, die er jetzt anfuhr, waren nicht vom Hauptausbruch betroffen gewesen, aber umgehend evakuiert worden. Als es am Nunak wieder ruhiger geworden war, hatten die Landwirte als Erste zurückkehren dürfen, um ihre Stallungen zu nutzen. Sie hatten eine Menge feinster Asche abbekommen, die vom Wind aus Westen in der zweiten Woche nach dem Ausbruch herangetragen worden war. Das ganze Gebiet war mit einem schmutzig grauen Kleid überzogen worden. Nur langsam schaffte es der Regen zusammen mit dem schmelzenden Schnee, den Staub in den Rhein zu spülen.

Wilfried legte den dritten Gang ein. Es ging jetzt in die erste Kurve, die hangabwärts in die Steilstrecke überleitete. Sein Edelstahltank war bereits halb voll, und das erforderte besonders an dieser Stelle einen versierten Fahrer. Die Milch schob beim Bremsen mit ihrer Masse in die Bewegungsrichtung und schlug mit

Macht gegen die Tankinnenwand. Das ältere Modell war dafür besonders anfällig. Der Tank war nicht zusätzlich gekammert, wie bei den moderneren Wagen.

Nach der Kurve führte die Straße eine kurze Strecke am Hang entlang. Die Scheinwerferkegel reichten gerade bis zur nächsten Kurve. Im Augenwinkel bemerkte er etwas Helles. Wilfried drehte den Kopf zum Rhein. Auf der gegenüberliegenden Rheinseite leuchtete ein länglicher, tiefroter Streifen durch die Nacht, genau dort, wo er zwischen den Lichtern der Messstellen den Vulkan vermutete. Hektisch riss er am Schaltknüppel und drückte den vierten statt den zweiten Gang ins Getriebe. Der Tankwagen machte einen Satz nach vorn. Der jähen Beschleunigung folgte eine panische Vollbremsung.

Jetzt passierte das, wovon er immer schlecht geträumt hatte. Die Milch wollte den Weg nach unten fortsetzen und schwappte mit gewaltiger Wucht gegen die vordere Wand. Beinahe hätte er auch noch das Steuer verrissen, doch er reagierte richtig. Mit verkrampften Armen stemmte er sich in das Lenkrad und rutschte auf dem Schmier, den der Vulkan hinterlassen hatte, auf die nächste Kurve zu.

Er hatte Glück. Die steile Felswand auf der rechten Seite reichte erst nach der Kurve direkt an die Straße heran. Davor gab es ausreichend Abstand zwischen Bordstein und der Wand des kleinen Steinbruchs. Er musste früher für den Wegebau hier angelegt worden sein. Lediglich zwei kleine Traubenkirschen, die im Weg standen, wurden gezwungen, ihren Standort aufzugeben. Wilfried schaltete die Warnblinkanlage ein, nahm die Handlampe unter dem Sitz hervor und stieg mit zittrigen Beinen aus.

»So eine Scheiße!«, fluchte er laut. »Was war denn das?«

Er lief einmal um den Tankwagen herum und kontrollierte die Reifen. Die vorderen schienen den Kontakt mit der Bordsteinkante überstanden zu haben. Anscheinend würde er ohne Hilfe weiterfahren können.

Mit einem mulmigen Gefühl in der Magengegend stapfte er zum gegenüberliegenden Straßenrand. Er stierte auf die andere Rheinseite, dorthin, wo er den Vulkan vermutete.

»Das darf doch wohl nicht wahr sein!« entfuhr es ihm.

Vom oberen Hang des Vulkans leuchtete eine glutrote Spur herüber, die sich langsam wie ein Lindwurm nach unten fortbewegte. Mit offenem Mund starrte der bodenständige Mann aus dem Westerwald auf das unerklärliche Schauspiel.

»Das muss ich sofort melden«, murmelte er und griff zum Handy.

Plötzlich wurde es heller im Rheintal. Arbeitsscheinwerfer, Blaulichter, gelbe Blinklampen von Einsatzfahrzeugen, alles schien in Bewegung zu geraten.

»Ach, die haben es schon selber gemerkt«, sagte er. Wen sollte er jetzt anrufen? Seine Frau? Nein, die wollte er nicht beunruhigen.

Dann fiel ihm ein, dass er über seine Verwandtschaft diesen Geologen kannte, der hier gearbeitet hatte und neulich im Fernsehen gewesen war. Der interessierte sich bestimmt dafür. Nach zwei Telefonaten hatte er seinen Schwager erreicht und berichtete ihm kurz von seinem Abenteuer. Der versprach, seinen Bekannten Gerhard Böhm zu informieren.

Gerhard erhielt den Anruf um 7.35 Uhr. Er war gerade dabei, die erste Tasse Tee zu trinken. Am Vorabend war es wieder spät geworden. Lange hatte er über den Karten gebrütet und seine Geländedaten übertragen. Um 7.45 Uhr saß er im Auto, Katrin warf ihm noch Obst und Brote auf den Rücksitz, dann gab er Gas. Nach zehn Metern trat er voll auf die Bremse, legte den Rückwärtsgang ein und fuhr die kurze Strecke zurück. Katrin verschwand gerade in der Tür. Gerhard hupte kräftig.

»Katrin, ich habe den Blecheimer vergessen! Wo ist er?«

»Der für die Asche vom Kachelofen?«

»Ja!«

»Auf der Terrasse. Moment!«

Gerhard lief in die Garage und holte Arbeitshandschuhe.

Katrin brachte den Eimer. »Da ist noch ein Rest Streusand drin.«

»Das ist gut so. Tschüss!« Er stellte den Eimer hinter den Fahrersitz und brauste los.

Durch die Absperrungen bis an den Rhein zu kommen, war diesmal weniger aufwändig. Man konnte sich noch an Gerhard erinnern, er musste seinen Ausweis gar nicht erst herausholen. Trotzdem dauerte es für ihn viel zu lange, bis er es geschafft hatte.

Der Nunak schleuderte seit kurzem wieder Asche und Bomben in die Umgebung. Die Bevölkerung in den umliegenden Ortschaften war erneut auf der Flucht. Seit den frühen Morgenstunden wurde der gesamte Gefahrenbereich weiträumig evakuiert. Eine zweite Katastrophe wie zuvor in Brohl sollte und durfte es nicht geben. Alle Straßen waren voll, mit den Autos der fliehenden Bevölkerung in der einen und den Rettungs- und Hilfsfahrzeugen in der anderen Richtung. Hubschrauber flogen über dem Rhein. Es herrschte wieder die gleiche angespannte Hektik wie wenige Wochen zuvor.

An der ersten Sperre hatte Gerhard erfahren, dass die Zufahrt zur neuen Ausbruchsstelle von Norden aus komplett gesperrt worden war. Man befürchtete einen zweiten Glutwolkenstrom, der wieder durch das Brohltal kommen konnte. Es blieb keine andere Möglichkeit, als in weitem Bogen nach Süden zu fahren, um von Andernach und über Namedy an den Vulkan zu gelangen.

Am Ortseingang von Namedy, unten auf der Rheinstraße, galt auch für Gerhard Böhm ein absolutes Durchfahrverbot. In die letzte Sperrzone durften nur noch Rettungs- und Spezialfahrzeuge vorstoßen. Zu gefährlich war ein möglicher Bombenhagel oder gar ein Glutwolkenstrom des Nunak. Gerhard stellte den Wagen etwas höher am Hang ab, da einem das Hochwasser des Rheins um diese Jahreszeit schnell den Rückweg versperren konnte. Er nahm seinen Geologenhammer, die Arbeitshandschuhe und den Blecheimer und ging zur Straße zurück.

Schon von weitem erkannte der Geologe, welche neuen Probleme jetzt auf die Region zukamen. Hoch oben am Hang, zwischen Nunak und Rhein, musste sich eine Spalte geöffnet haben. Gleichmäßig wurde von hier aus ein Lavastrom gespeist, der wie sehr dünnflüssiger Honig den Hang hinunter lief und bereits am Fuß zur Niederterrasse ein breiteres Plateau aufgebaut hatte. Bis zur Bahnlinie waren es nur noch wenige Meter.

Gerhard hielt einen Geländewagen an, der durch Holzbohlen auf dem Dach provisorisch gegen Steinschlag geschützt war. Der Wagen fuhr bis zum nördlichen Ortsausgang von Namedy zu einem notdürftig gesicherten Unterstand. Davor standen bereits mehrere Geländewagen mit Fahrer und laufendem Motor, genau nach Süden ausgerichtet.

Gerhard sprang aus dem Fahrzeug und lief die paar Schritte bis zum Unterstand. Dort war eine heftige Diskussion im Gange. Und da waren die alten Bekannten – die Leiter der Krisenstäbe, die Geologen, die Vertreter der Kommunen, des THW, der Feuerwehren und der Bundespolizei. Fast unbemerkt schloss sich Gerhard der Runde an.

»Guten Tag, meine Herren, jetzt haben wir den Salat«, unterbrach er die Gespräche.

»Herr Böhm, ich grüße Sie!« Kruse, der Staatssekretär vom Mainzer Innenministerium, reichte ihm die Hand. »Ich fasse es nicht, dass der Wahnsinn erneut losgeht. Können Sie uns das erklären?«

»Wo ist denn mein Kollege, der Herr Röttgen?«

»Der steckt noch irgendwo im Stau zwischen Flughafen und hier. Wir erwarten ihn jeden Augenblick.«

»Ja, ich glaube schon, dass ich Ihnen das erklären kann. Aber ist denn keiner von den Geophysikern hier? Es muss sich doch etwas in den Messungen abgezeichnet haben.«

»Das ist ja das Merkwürdige! Ihr Bekannter, der Herr Specht, war schon hier, ist dann aber zu zwei seiner Stationen weitergefahren. Er meinte, dass es wohl bis zuletzt kaum richtige Beben gegeben habe.«

»Oh, dann war die Schmelze schon weiter aufgestiegen, als ich dachte.«

»Was heißt das?«

»Die Schmelze wirkt zusammen mit den Gasen wie ein Schmiermittel. Spannungen, die in der Kruste auftreten, werden langsam und gleitend abgebaut. Dann bleiben die ruckartigen Bewegungen aus, die zu Beben führen.«

»Aber warum ist es jetzt zu einem neuen Ausbruch gekommen? Und warum hier am Hang?«

»Das hängt sehr wahrscheinlich mit der Tektonik zusammen, von der ich Ihnen berichtet habe. Erinnern Sie sich noch an meine Aufrufe vor wenigen Wochen, als ich versucht habe, das einigen wichtigen Leuten klar zu machen? Ich habe diese Möglichkeit kommen sehen.«

»Ja, Sie scheinen leider recht zu haben. Also, warum jetzt dieser Ausbruch?«

»Wie es aussieht, sitzt der Nunak wirklich auf einer Störungszone, vielleicht sogar auf einer Kreuzung von zweien. Eine davon ist sicher eine der großen Ost-West-Seitenverschiebungen, die wir letztes Jahr gefunden haben. Der Förderkanal des Nunak liegt vermutlich genau innerhalb dieser Störung. Die Schmelze steigt auf und trennt sich im oberen Bereich vom gelösten Gas.«

»Wie beim Öffnen einer Sektflasche. So viel habe ich schon begriffen.«

»Genau, wir haben die Folgen erlebt. Das komplette obere gasreiche Material ist explodiert und wurde ausgeworfen. Die gasärmeren Anteile bleiben so lange in der Tiefe zurück, bis von unten wieder Neues nachdrückt.

»Und das ist jetzt passiert.«

»Nicht nur. Durch die Spannungen in der Kruste ist die Störungszone in Richtung Rhein weiter geöffnet worden und der Zufuhrkanal des Nunak hat eine Verbindung zu dieser neuen Öffnung aufgebaut.«

»Mit der Folge, dass wir jetzt noch einen Vulkan haben?«

»Nicht ganz, beide gehören schon zusammen. Aber nun wird die Sache getrennt – in eine gasarme Schmelze, die ruhig zur Seite ausfließen kann, und eine gasreiche, die im zentralen Schlot aufsteigt.«

»Und dort ab und zu in die Luft fliegt. Das leuchtet ein.«

»Sie haben doch sicher schon einmal das Fett von der Soße eines Gänsebratens getrennt.«

»Äh, nicht persönlich, aber ich weiß, worauf sie hinauswollen.«

»Das geht am besten, wenn man die Soße in eine alte Kaffeekanne füllt. Wenn man die Kanne schräg hält, fließt die fettarme Soße unter der leichteren Fettschicht durch den Ausguss ab. Der Hals entspricht dem Spaltenausbruch.«

»Ah, und das Fett ist die gasreiche Lava. Gutes Beispiel!«

Wie zur Bestätigung von Gerhards Ausführungen donnerte am Nunak plötzlich eine Wolke aus Asche und gröberen Brocken in die Luft. Der Ausbruch war zu klein, um einen Glutstrom zu bilden. Ein einzelner Block knallte mit lautem Krachen auf die Stahlplatten, die den Unterstand sicherten. Erschrocken zogen alle den Kopf ein.

»Verdammt!«, entfuhr es dem Staatssekretär. »Das wird unser Hauptproblem sein, wenn wir gezwungen sind, etwas gegen den Lavastrom zu unternehmen. Wir haben daran gedacht, ihn im Notfall umzuleiten, wie es auf Hawaii schon mehrfach durchgeführt wurde.«

»Aber dort lagen etliche Kilometer Abstand zwischen dem Austrittspunkt und der Stelle, wo man die Lava mit Wasser gekühlt hat. Hier stehen wir sehr dicht am Schlot. Die Schmelze ist viel zu heiß für eine Umlenkung. Dann bildet sich nur eine dünne Haut, die schnell wieder überflossen wird. Und wenn es tatsächlich funktionieren sollte – wohin wollen Sie das Zeug leiten, wenn es nicht aufhört zu laufen?«

»Das müssen wir dann sehen.« So richtig zuversichtlich klangen die Worte des Leiters des Krisenstabes nicht.

»Ich brauche dringend eine Probe von der Lava. Kann ich einen der gepanzerten Wagen mit Fahrer haben?«

»Fragen Sie, ob einer von ihnen bereit ist, bis an den Strom zu fahren. Nehmen Sie einen Helm und einen Schutzschild mit. Das sind zwar nur Bleche mit Trageriemen, die wie halbe Surfbretter mit Metallverkleidung aussehen, aber man kann sie wie einen Schild tragen. Gegen kleinere Brocken sollen sie ganz gut helfen.«

»Wo haben Sie diese Sachen so schnell herbekommen?

»Das sind noch Provisorien vom letzten Ausbruch. Genauso wie dieser transportable Unterstand.«

»Gut, ich versuche mal mein Glück.«

Gerhard ging zum zweiten Unterstand, in dem sich die Fahrer aufhielten.

»Ist jemand bereit, mich an den Lavastrom zu fahren? Ich muss Proben holen.«

Es waren sogar zwei Fahrer bereit. Gemeinsam bestiegen sie den Wagen mit der behelfsmäßigen Ausrüstung und fuhren im Rückwärtsgang den knappen Kilometer bis zum Lavastrom. Gerhard dirigierte den Geländewagen über die halbwegs befahrbare Wiese an eine isoliert zur Seite gelaufene Lavazunge. Hier ließ sich vermutlich eine nicht allzu heiße Probe nehmen, da die Oberfläche bereits dunkler geworden war. Mit Eimer, Hammer und Schutzschild sprang Gerhard aus dem Wagen, tränkte in der nächsten Pfütze die Arbeitshandschuhe mit Wasser und legte die letzten Meter zum Lavastrom zurück. Ohne Schutzschild, den er vor den gebeugten Körper hielt, hätte er gleich wieder aufgeben müssen. Hier herrschte eine Hitze wie bei einem Hochofenanstich.

»Ihr sagt Bescheid, wenn was geflogen kommt!«, rief er den Fahrern zu. Dann schlug er mit dem Hammer auf die erstarrte Kruste, bis er einen Teil gelöst hatte. Unter dem obersten Zentimeter glühte das halbwegs feste Gestein noch dunkelrot. Er hielt den Blecheimer schräg an die Lava und hebelte mehrere Stücke hinein. Zum Glück war auf dem Boden noch ein Rest vom Streusand vorhanden, den er erst vor kurzem für den vereisten Bürgersteig gebraucht hatte. Die Schicht diente halbwegs als Wärmeisolierung. So schnell er konnte, hetzte er mit Eimer und Ausrüstung zum Geländefahrzeug zurück. Heftig keuchend und mit hochrotem Kopf übergab er dem zweiten Fahrer den Eimer.

»Hier! Jetzt haben Sie eine Standheizung. Aber nicht direkt auf den Boden stellen!«

»Wenn man die nicht stellen kann, dann ist das auch keine Standheizung«, kam es grummelnd vom Beifahrer. »Halten kann ich den Eimer auch nicht lange. Das wird zu heiß.«

»Moment! Ich hole eine Schaufel Erde von der Wiese. Die können wir unterlegen.«

Mit Vollgas fuhren sie zum Unterstand zurück. Ehrfürchtig bestaunten die Krisenmanager den Eimer mit der heißen Lava.

Inzwischen war Röttgen eingetroffen.

»Guten Tag, Herr Kollege. Wollen wir darum wetten, welchen Chemismus diese Lava hat?« Gerhard deutete provokativ auf den Eimer mit der Probe.

»Bestimmt nicht den, den Sie vermuten. Sie kann gar nicht tholeiitisch sein. »Röttgen kämmte die grau melierte Haarmähne nach hinten. Es wirkte wie eine einstudierte Demonstration der Eitelkeit.

»Kann mich mal jemand aufklären?«, forderte Kruse die beiden Konkurrenten auf.

Röttgen war gerne dazu bereit. »Meine Untersuchungen der ersten Schmelze vor zwei Monaten haben ergeben, dass es sich eindeutig um Produkte handelt, wie sie in der letzten Million

Jahre immer wieder hier zutage getreten sind, um so genannte kontinentale Basalte. Und genau dasselbe wird die Analyse dieser Proben ergeben.« Röttgen nutzte die Hitze aus dem Eimer, um sich die Hände aufzuwärmen. »Die Konsequenz daraus ist, dass der Lavastrom nach kurzer Zeit wieder zum Erliegen kommt.«

»Und was heißt tholeiitisch?«

»Das ist die Ansicht von Herrn Böhm. So werden die Basalte bezeichnet, die den Ozeanboden aufbauen und nur vereinzelt in den Kontinenten auftreten.«

»Wie am Vogelsberg«, fiel Gerhard ihm ins Wort.

»Ja, dort gibt es sie auch. Wenn das hier der Fall wäre, hätten wir einen Übergang in eine neue Entwicklung...«

»Genauso wie im Tertiär vor sechzehn Millionen Jahren am Vogelsberg«, fiel ihm Gerhard erneut ins Wort.

»... und möglicherweise ein größeres Problem.«

»Herr Röttgen, haben Sie beobachtet, wie dünnflüssig die Schmelze am Hang ist? Man kann es schon an der flachen Zungenausbildung weiter unten erkennen. Ein typisches Zeichen für Tholeiitlaven. Meine Analyse der Basaltkügelchen in den gleichen Proben, die auch Sie untersucht haben, zeigte eindeutig einen tholeiitischen Chemismus. Ich bin mir sicher, dass die Basalte in diesem Eimer genauso aufgebaut sind. Wir sollten die Proben teilen und schnellstmöglich analysieren. – Gibt es hier irgendwo sauberes Wasser?«.

»Moment!« Ein Fahrer kroch auf die Ladefläche eines Geländewagens und kam mit einem Benzinkanister zurück. »Hier das ist Leitungswasser.«

»Sicher?« Gerhard schraubte den Deckel ab und roch vorsichtig an der Öffnung. »Na schön, dann werde ich es einfach mal glauben.«

Mit leichtem Schwung ließ er einen kleinen Schwall Wasser auf das heiße Gestein schwappen. Die heftige Dampfentwicklung nebelte den halben Unterstand ein. Neugierig drängelte sich der versammelte Krisenstab um den Eimer. So etwas erinnerte an frühere Tage, an Lagerfeuer und Abenteuer.

Nach mehrfachem Wässern waren die Gesteinsproben halbwegs abgekühlt und konnten geteilt werden. Gerhard bat Kruse, einen Boten zu organisieren, der die Basalte nach Köln bringen sollte. Röttgen schloss sich der Bitte gleich an und nannte Brüssel als Adresse.

Der Staatssekretär organisierte alles Nötige. Gerhard hatte Markus bereits über Handy informiert und ihn vorgewarnt. Die Untersuchung war jetzt von höchster Dringlichkeit.

»So, meine Damen und Herren, wir sollten jetzt unbedingt zu unserer geplanten Krisensitzung kommen«, ermahnte Kruse die Gruppe im Unterstand. »Wir fahren in die provisorische Zentrale nach Andernach. Herr Böhm, ich möchte Sie bitten, wieder mitzukommen. Ihre Kenntnisse der regionalen Geologie sind für uns im Moment unverzichtbar.«

»Oh, so etwas hört man selten!«

»Ich werde Staatssekretär Fuchs vom Bundesinnenministerium bitten, Sie als ständiger Berater des Krisenstabes einzustellen. Das Bundesinnenministerium hat die Koordination der Krisenstäbe an sich gezogen, weil es diesmal um nationale und vermutlich schon bald um internationale Interessen geht. Und zwar dann, wenn die Lava über einen längeren Zeitraum in den Rhein fließt.«

Für einen kurzen Augenblick stand Gerhard unentschlossen vor Kruse und schaute ihn halb fragend, halb provozierend an. Das Verhalten der Kollegen und Politiker nach der ersten Ausbruchsphase des Nunak hatte ihn doch sehr geärgert. Nachdem er nun fest davon überzeugt war, recht zu haben, schien ihm eigentlich eine kleine Trotzreaktion angebracht. Doch nach kurzem Abwägen kam ihm diese Möglichkeit etwas albern vor.

»Sie können mit meiner Hilfe rechnen.«

»Das hatte ich erwartet. Gehen wir!«

In der Besprechung wurde zum ersten Mal ernsthaft über eine mögliche Blockade des Rheins durch die Lava diskutiert. Während Röttgen die Lage für beherrschbar hielt, gab es von Gerhards Kollegen aus geologischer und geophysikalischer Sicht Bedenken und Hinweise, dass man durchaus mit dem Schlimmsten rechnen müsse. Es entwickelte sich eine heftige Debatte um Wahrscheinlichkeiten, mögliche Auswirkungen und dringend durchzuführende Maßnahmen. Am Ende der Sitzung war klar, dass jede Bemühung, den Lavastrom zu diesem Zeitpunkt umzulenken, zum Scheitern verurteilt war. Die unregelmäßigen Ausbrüche waren nicht berechenbar. Gleichzeitig kündigte sich ein schweres Hochwasser an, das in absehbarer Zeit die Straßen auf der Niederterrasse fluten würde. Es blieb nichts anderes übrig, als Notfallpläne für die Evakuierung des oberen Mittelrheintales und sämtlicher Zuflüsse auszuarbeiten und alle Rettungsorganisationen und Hilfsmannschaften sowie Bundespolizei und Bundeswehr in Alarmbereitschaft zu versetzen.

»Wir sollten so schnell wie möglich auf die andere Rheinseite fahren und den Lavafluss beobachten«, mahnte Ganter, der verspätet zur Besprechung in Andernach eingetroffen war.

Auch Kruse drängte zum Aufbruch. Kromme vom THW hatte ihn gerade per Handy über die aktuelle Lage informiert. »Meine Herren, wir stehen kurz vor einer sehr kritischen Situation. Es kann jeden Moment zum Lavaeintritt in den Rhein kommen.«

»Dann nichts wie los!«, riefen Röttgen und Gerhard gleichzeitig.

Die Gruppe verteilte sich auf die bereitgestellten Geländewagen. Die Stimmung war so angespannt, dass nicht einmal die klobigen Holzbohlen auf den Fahrzeugdächern kommentiert wurden.

Kromme stand mit einem Fernglas auf der anderen Rheinseite und starrte auf den Lavastrom genau gegenüber. Das Wetter um diese Jahreszeit war hässlich trübe. In der monoton grauen Wolkendecke tauchten dunklere Flecken auf. Gleich würde es regnen. Erst vor kurzem war der provisorische Unterstand fertig geworden.

Mit stabilen Stützen und einem mächtigen Erddach, das einige Vulkanbomben aushalten würde. Er lag einige Meter über der Niederterrasse, hinten am Hang, südlich der kleinen Ortschaft Hammerstein. Von hier hatte man einen freien Blick zur anderen Seite. Der Hammersteiner Werth, die lang gestreckte Kiesinsel mitten im Rhein mit ihren hohen Bäumen, endete wenige Meter weiter im Süden.

Sie hatten den Bunker noch im Trocknen errichten können. Kromme war stolz auf seine Leute, ein gutes Team. Die Zeit für den Aufbau war zweifellos rekordverdächtig. Nervös saugte er am Stummel seiner kalten Zigarre. Seit zwei Jahren war er Leiter des Technischen Hilfswerks im Bezirk Koblenz. Und seit letztem Herbst wohnte er mit seiner Frau und den drei Kindern im Engtal des Rheins südlich von Koblenz. Ein Grundstück war dort gerade noch finanzierbar. Nicht direkt an der Bahnlinie, nein, er hatte die etwas bessere Lage in zweiter Reihe kaufen können. Über seine Frau und die Beziehungen ihrer Verwandtschaft. Dort fuhren die Züge nicht direkt durchs Schlafzimmer, wie er immer vor Freunden betonte. Das Haus hatten sie fast in Eigenleistung gebaut. Alle hatten mitgeholfen. Nachbarn, seine Kumpels vom THW und eben die Verwandten. Elf Jahre, so hatte er sich ausgerechnet, würde er noch sparen und die Hypothek abzahlen müssen. Dann sollten sie es geschafft haben.

Leichter Regen setzte ein. Am Hang, dort wo die Schmelze hinablief, stiegen die ersten zarten Dampffahnen auf.

Die Lava hatte sich gefährlich nahe an die Kante zum Wasser vorgeschoben. Krommes Kragen wurde zu eng. Das Blut staute sich in seinen Adern. Er brauchte nicht viel Fantasie, um die Katastrophe vorherzusehen. Diesmal konnte es auch seine Katastrophe werden.

»Sie kommen!«

Ahrens' Bemerkung riss ihn aus seinen Gedanken. Es half ihm, den Anflug von Panik zu verdrängen.

»Da bin ich aber gespannt, was die zu sagen haben«, brummelte er und richtete sein Fernglas auf die heranrollende Fahrzeugkolonne.

»Glaubst du, die wissen mehr als wir?« Ahrens machte einen frustrierten Eindruck. Er war schon seit Tagesanbruch im Gelände, um sich einigermaßen einen Überblick zu verschaffen. Jahrelang hatte er im Ausland sein Geld verdient, auf den großen Baustellen, als Spezialist für Wasserbau. Meistens wurde Unmögliches von ihm verlangt, unter schwierigsten Bedingungen. So etwas prägte und kostete Lebensjahre. Er merkte es schon länger am Zustand seiner Gesundheit und seines Nervenkostüms. Aber hätte er heute noch einmal die Wahl, er würde sich wieder für diesen Job entscheiden.

Doch diesmal war es anders. Der Innenminister von Rheinland-Pfalz höchstpersönlich hatte ihn aufgefordert, hier mitzuhelfen, eine Lösung zu finden. Aber an einem Vulkan? Damit kannte er sich überhaupt nicht aus.

Die Geowissenschaftler saßen in den ersten beiden Fahrzeugen. Dahinter folgten die Leiter der Hilfsorganisationen, die Krisenmanager, einige Vertreter der betroffenen Kommunen und ein Fahrzeug der Presse.

»Von hier haben wir den besten Überblick«, rief der Bürgermeister einer der Nachbargemeinden den Aussteigenden dienstbeflissen zu. »Und verhältnismäßig sicher sollte es auch sein.«

Ganter zog die rechte Augenbraue hoch und sah ihn skeptisch an.

Ahrens ging der Gruppe langsam entgegen. Sein Körper schien irgendwie unproportioniert. Der kugelige Bauch wirkte wie ein Fremdkörper am nicht gerade kleinen Mann. Er ging etwas nach vorn gebeugt, als würde der Helm auf dem runden, fast kahlen Kopf ihn nach unten drücken. Gerhard dachte im ersten Moment an eine Schildkröte. Vielleicht lag es an dem etwas zu langen Hals, der die Wippbewegungen des Kopfes ausglich.

»Guten Tag, meine Herren – ach, und Damen sehe ich auch!« Ahrens hatte den Kopf gereckt, um die zuletzt ankommende Gruppe zu mustern. Unter einem Regenschirm entdeckte er zwei Frauen, die er sofort als Reporterinnen identifizierte. »Ich hoffe, Sie haben für diese Schweinerei da drüben eine Lösung parat.«

Eine Antwort war nicht möglich. Die Vertreter der Presse stürmten auf Ahrens ein und bombardierten ihn mit Fragen, während sie in den Unterstand gingen.

»Nun mal langsam! So geht das nicht. Ich kann Ihnen die Lage nur so beschreiben, wie sie halt ist. Wir können nur beobachten und nichts unternehmen, weil jeden Augenblick ein Bombenhagel droht. Sehen Sie doch selbst! Die verfluchte Schmelze hat schon die Bahnlinie und die Straße erreicht. Sie wird jeden Augenblick in den Rhein fließen. Ich hoffe nur, dass die Strömung bei diesem Hochwasser stark genug ist, um sie wegzureißen.«

»Da kann ich Sie etwas beruhigen«, schaltete sich Röttgen ein. »Es dürfte halb so schlimm werden, zumindest am Anfang. Wenn es zum Kontakt zwischen Schmelze und Wasser kommt, entstehen noch ganz andere Kräfte. Es wird einige kleinere Explosionen geben, die die Masse auseinander sprengen sollten.«

»Achtung«, rief Ganter. »Gleich geht es los.«

Die Diskussion in der Gruppe verstummte. Gebannt schauten alle auf die andere Rheinseite. Einige hatten Ferngläser dabei und liehen sie kurz an die Nebenstehenden aus. Es war nur noch eine Frage von Sekunden. Etwa ein Meter lag noch zwischen der vordersten breiten Lavazunge und dem Rhein der durch das Hochwasser dicht an die Straße herangerückt war.

Ganter hatte recht, es war so weit. Gewaltige Schwaden aus Wasserdampf schossen plötzlich am anderen Ufer in die Höhe. Einzelne Explosionen zerfetzten die abgeschreckte Haut der glühenden Masse und schleuderten sie in hohem Bogen durch die Luft. Der Rhein schien zu kochen. Das Zischen und Brodeln drang bis zur anderen Rheinseite, bis zum Unterstand. Es war die Begleitmusik für das Abtauchen der Lava in den Rhein.

»Jetzt müssten sich im tieferen Wasser Pillows bilden.« Gerhard versuchte sich vom Schauspiel zu lösen und deutete auf das gegenüberliegende Ufer.

»Was soll sich bilden?«, fragte Ahrens nervös.

»Die schnelle Abkühlung der Schmelze im Wasser führt zur Ausbildung von kugeligen Basalten, die aussehen wie Kopfkissen, erklärte Röttgen und wandte sich der restlichen Gruppe zu. »Im Englischen heißen sie deshalb Pillow-Basalte.«

»Und was machen wir, wenn sich die Lava da drüben festsetzt und einen Damm bildet?« Ein Vertreter der Presse hatte sich bis in die erste Reihe vorgearbeitet und baute sich direkt vor dem Staatssekretär auf.

»Dann werden wir mit unseren paar Mann nicht ganz ausreichen«, übernahm Kromme die Antwort, holte kurz Luft und spuckte seinen Zigarrenstummel in den Matsch. Dann drehte er sich langsam zu Kruse um. »Ich hatte Sie ja schon vorgewarnt. In diesem Fall sollte am besten die gesamte Bundeswehr hier antanzen.«

»Was kann die denn gegen die Lava unternehmen?«, kam es von hinten. »Etwa bombardieren oder wegsprengen?«

»Da können wir überhaupt nichts machen«, schaltete sich Gerhard ein »Wir kommen ja nicht mal an den Strom heran, um ihn mit Wasser zu kühlen und umzulenken. Das wäre viel zu gefährlich, weil wir viel zu nah am Ausbruchspunkt sind.«

»Und was bleibt uns dann noch übrig?« Der Frager ließ nicht locker. Es war der kommunale Vertreter aus Andernach.

Ahrens holte tief Luft. »Überlegen Sie mal. Wir stehen am Anfang einer der üblichen Hochwasserphasen um diese Jahreszeit. Das müssten Sie doch am besten wissen. Hier kommen heute Abend mit der Hochwasserwelle schätzungsweise vier oder fünftausend Kubikmeter pro Sekunde vorbeigeflossen. Das dürfte sich in den nächsten Tagen auf sechstausend steigern. Das sind in zwei

Tagen mehr als ein kompletter Kubikkilometer. Wenn der verfluchte Vulkan hier jetzt alles dichtmacht, dann verteilen sich nach zwei Wochen sieben bis zehn Kubikkilometer Wasser rheinaufwärts, je nach dem, was noch von oben runterfällt. Und nach zehn Wochen, also das Ganze mal fünf, haben Sie die Menge vom Bodensee. Der hat fünfzig Kubikkilometer. Ahnen Sie jetzt, was da auf uns zukommt?

»Ich befürchte, nichts Gutes.« Der Bürgermeister wirkte plötzlich sehr hilflos.

»Das bedeutet, dass wir alle Ortschaften am oberen Mittelrhein aufgeben können. Alles – Neuwied, Koblenz, sämtliche Dörfer!«

Kromme wippte nervös auf der Stelle. »Genau das. Und wenn wir nichts gegen die Lava tun können, geht es immer weiter. Dann kommen Mainz, Wiesbaden, Frankfurt dran, und anschließend geht es den Oberrheingraben rauf. Die sitzen alle in der Falle. Ein einziger Ablauf für ein Gebiet, das so groß ist wie Rheinland-Pfalz. Ein Stöpsel genau hier an dieser Stelle ist der Mega-Gau. Das gibt einen gewaltigen Teich.«

»Das wird ja wohl irgendwann wieder aufhören.« Karsten Specht war inzwischen eingetroffen und hatte die letzten Sätze mit angehört.

»Und wenn nicht? Wenn dieses Ding da drüben nicht aufhört zu spucken, dann läuft uns die Wanne auf über zweihundert Höhenmeter voll. Was machen wir dann?« Ahrens hatte sich in Rage geredet und wippte heftig mit dem Kopf.

»Ich fürchte, dann können Sie an der Festung Ehrenbreitstein mit einem Dampfer anlegen«, gab Specht ungewohnt sarkastisch zurück.

»Und Tauchkurse für die Festung anbieten. Die liegt nämlich nur 180 Meter hoch.« Diese Bemerkung konnte nur von Ganter kommen. Er kannte sich bestens mit den alten Bauwerken im Mittelrheingebiet aus.

Eine Reporterin mischte sich ein. »Sagen Sie, gibt es hier denn wirklich keinen anderen Ablauf?«

Die meisten in der Runde schauten etwas verlegen drein. Sie waren sich nicht sicher, wie die topographischen Verhältnisse im weiteren Umfeld des Rheins aussahen.

»Da können Sie lange suchen.« Gerhard hatte sich nach dem ersten Ausbruch zum Jahreswechsel ausgiebig mit der Landkarte von Deutschland und angrenzenden Gebieten beschäftigt.

»Schauen Sie sich einmal die Höhenlinien im Einzugsgebiet des Rheins an. Selbst wenn das Wasser auf über zweihundert Meter über dem Meeresspiegel steigt, könnte es nur hier abfließen. Einen anderen Überlauf gibt es nicht. Im Norden ist alles dicht, da sitzt der Vogelsberg, im Süden sind die Vogesen und der Jura. Die Pässe zwischen den Höhenrücken liegen alle höher. Erst bei über zweihundertdreißig Metern wird es interessant. Dann fließt der Rhein die Mosel flussaufwärts bis in die Höhe von Nancy und setzt erst einmal die französischen Industriestädte in dieser Gegend unter Wasser. Dort gibt es den Rhein-Marne-Kanal, der mit einem Tunnel zur Maas überleitet.«

»Den kenne ich«, sagte Ganter nachdenklich. »Darüber liegt ein recht hoher Bergrücken, und dann gibt es noch einen Eisenbahntunnel. Aber durch die beiden kleinen Tunnel passt nicht viel durch.«

»Aber das, was durchkommt, fließt in die Maas und über Belgien und Holland in die Nordsee.«

»So weit wollen wir doch nicht gehen!«, warf Kruse ein. »Dann wäre ja schon alles verloren. Und wenn es tatsächlich so kommen sollte, dauert es sicherlich einige Jahre, bis sich solche Wassermassen angestaut haben.«

»Sollte man die Franzosen nicht trotzdem rechtzeitig informieren?«, fragte Ganter.

»Daran haben wir natürlich gedacht. Wenn es hier zu echten Problemen kommt, werden wir die Krisenstäbe um Kollegen aus den benachbarten Ländern ergänzen.«

»Aber letztlich gibt es nur eine Stelle, an der sich das Problem lösen lässt, und das ist hier. Hier müssen wir einen Weg finden, und zwar...«

Gerhard hatte noch nicht ganz zu Ende gesprochen, da tauchte aus dem Inferno am gegenüberliegenden Ufer ein schwarzer Buckel auf. Die Lava war erstarrt und bildete für die nachfolgende Schmelze ein kleines Hindernis. Sofort bog der Lavastrom um und floss seitlich rheinabwärts in das tosende Wasser. Die Förderung oben an der Spalte schien sich noch gesteigert zu haben. In breiter Front schob sich die glühende Masse immer weiter übereinander und wälzte sich in den Rhein.

»Höchste Alarmstufe!«, schrie Ahrens. »Die Lava baut einen Damm!«

Kruse zückte sofort sein Handy und wählte hastig die Nummer, die ihn direkt mit dem Innenministerium in Mainz verband. Für ihn war es völlig ungewohnt, dass seine Stimme am Telefon zitterte. Etwas umständlich schilderte er dem Referenten die Sachlage. Fünf Sekunden später hatte er den Innenminister persönlich am Apparat. Sichtlich um Ruhe bemüht, erklärte er erneut die Lage.

»Sind Sie sich ganz sicher und sind Sie sich vor allem bewusst, was Sie da fordern?«, fragte der Minister, mehr um Zeit zum Überlegen zu gewinnen, als seinen Staatssekretär zu hinterfragen. Kruse hatte ihn aufgefordert, die Evakuierung des Mittelrheinlaufes anzuordnen.

»Ja, ich bin mir ganz sicher. Überzeugen Sie sich selbst, die Lava baut einen Damm!« Kruse ging mit dem Telefon zu einem der Kamerastative, die das THW inzwischen aufgebaut hatte, und zoomte näher an das gegenüberliegende Ufer heran. In den Innenministerien der betroffenen Bundesländer und in Berlin waren Leinwände installiert worden, damit die Krisenstäbe über verschiedenen Standkameras live mit Bildern rund um das Katastrophengebiet versorgt wurden.

»Sie werden in Kürze von mir hören!« Der Minister legte auf.

Im provisorischen Bunker begann eine hitzige Diskussion über mögliche Maßnahmen gegen den drohenden Verschluss des Rheins.

»Können wir nicht wenigstens versuchen, den Damm jetzt gleich wegzusprengen, während er sich bildet – mit Haubitzen, Panzern oder vielleicht mit Bomben?« Krommes Gesicht hatte eine gefährlich dunkelrote Farbe angenommen. »Ich kann doch nicht tatenlos zusehen, wie hier langsam das Rheintal zuwächst. Ich habe Haus und Familie, gleich südlich von Koblenz, direkt im Engtal. Das ist doch ruck-zuck abgesoffen, wenn das hier so weitergeht!«

»Das hat alles keinen Zweck«, wehrte Ahrens ab. »Das ist, als würdest du mit einer Pistole gegen ein Kriegsschiff kämpfen.«

»Verdammt noch mal, wir können hier doch nicht herumstehen und darauf warten, dass unsere Häuser absaufen!«, brüllte Kromme los. »Es muss doch Bomben geben, mit denen man den ganzen Scheiß in die Luft jagen kann!«

»Weißte, was dann passiert?« Ahrens' Kopf schwang wieder gefährlich hin und her. »Deine Bomben fallen in die Glutpampe und machen ein kleines Plopp. Und wenn die Dinger ein paar Meter unter der Suppe heiß genug geworden sind, macht es noch mal Plopp. Und das ist dann genauso, als wenn 'ne Kröte im Schlammteich furzt. Da passiert überhaupt nichts. Guck dir nur mal an, was da jede Minute runterkommt. Kapierste nicht? Das verdammte Schiefergebirge hat Durchfall.«

Kromme stand mit offenem Mund in der Runde und bekam keinen Ton mehr heraus.

Ganter stieß Gerhard leicht in die Seite und deutete auf Kromme. »Den sollten wir im Auge behalten. Das könnte schief gehen.«

»Habe ich mir auch schon gedacht. Ich rede mal mit Kruse. Vielleicht wäre es besser, wenn er ihn freistellt.«

Der Lavastrom war inzwischen auf mehrere Zehnermeter Breite angewachsen und ergoss sich unter einem atemberaubenden Schauspiel in das schlammige Rheinwasser. Die kleine Einengung reichte bereits aus, den Wasserstand merklich zu erhöhen. Hinzu kam der Anstieg durch das vorhergesagte Hochwasser.

»Wir müssen hier gleich raus. Der Unterstand hat nicht mehr allzu viel Zukunft.« Kruse bat Kromme, den Bunker mit seinen Leuten weiter hangaufwärts zu verlegen.

»Das werde ich noch schnell organisieren«, stammelte dieser, sichtlich bemüht, seine Erregung zu unterdrücken. »Dann muss ich mich aber um meine Familie kümmern. Ich brauche mindestens einen halben Tag, um das zu regeln. Ich schlage vor, dass wir den Unterstand nach Leutesdorf oben an den Hang verlegen, direkt neben die Edmundhütte. Dort haben wir die beste Übersicht.«

»Und einen Kaffee sollte es dort auch geben, wenn die Hütte noch bewirtschaftet wird«, bekräftigte Ahrens den Vorschlag.

Kruse stimmte zu und bat Kromme, einen Vertreter zu benennen, der seinen Job vorübergehend übernehmen konnte. Dann entließ er ihn, damit er sich um seine Familie kümmern konnte. Als sie den Unterstand verlassen wollten, klingelte Gerhards Handy. Es war Markus. Er hatte die Analyse abgeschlossen und gab hastig die wichtigsten Elementgehalte durch.

»Gute Arbeit, Markus. Ich lasse von mir hören.«

Gerhard drehte sich langsam zur Gruppe um. Einen Moment lang starrte er nur auf den Schlamm an seinen Stiefeln, und in diesem Augenblick war er unendlich weit weg. Dann drängte sich etwas in sein Bewusstsein, das er bisher nur am Rande wahrgenommen hatte – der starke Schwefelgeruch in der Luft.

»Und?«, fragte Ganter ungeduldig.

Gerhard zuckte zusammen, als wäre er aus einem Sekundenschlaf aufgewacht.

»Liebe Kollegen, die Nachricht ist nicht sehr erfreulich. Unser Labor hat den Basalt analysiert. Wie es aussieht, haben wir es eindeutig mit einer tholeiitischen Schmelze zu tun.«

Röttgen wurde nervös. »Wie sind denn die Werte?«

Gerhard nannte ihm die wichtigsten Daten.

»Das bedeutet?«, fragte Kromme beunruhigt.

»Das bedeutet, dass wir sehr wahrscheinlich mit einem längeren Lavaaustritt zu rechnen haben.«

In diesem Moment klingelte das nächste Handy.

Gerhard zeigte überflüssigerweise auf die Stelle, von der das Klingeln kam – Röttgens Jackentasche. Für den Bruchteil einer Sekunde trafen sich ihre Blicke. Welche Datenmengen wurden mit diesem Blick ausgetauscht? Sie waren nicht fassbar, nicht einmal ansatzweise zu erahnen.

Während Röttgen umständlich das Gerät aus der Jacke fingerte, beschlich Gerhard ein eigenartiges Gefühl, das er bisher nur sehr selten erlebt hatte. Er hatte das Gefühl, einem fremden Menschen gegenüberzustehen, der einen sehr komplizierten Teil seines eigenen Denkens in gleicher Weise und zur gleichen Zeit vollzog.

In der Gruppe knisterte es vor Spannung, als Röttgen seinen Laborleiter begrüßte.

»Das sind praktisch die gleichen Werte, die ich eben vom Kölner Labor erfahren habe. Vielen Dank, Herr Jahnke. »Röttgen legte auf. Die leichte Rötung seines Gesichts war schlagartig einem schwachen Grauton gewichen. »Ich habe mich geirrt. Herr Böhm, Sie haben recht behalten. Ich kann die Werte bestätigen. Leider!«

Gerhard konnte sich nicht über seinen Erfolg freuen. Noch während Röttgen sprach, schoss ihm ein Gedanke durch den Kopf.

»Wir müssen sofort die Franzosen und die Luxemburger informieren! Das haben wir vorhin nicht zu Ende diskutiert.«

»Nur keine Panik!«, wiegelte Kruse ab.

»Panik?«, erwiderte Gerhard erregt. »Wissen Sie, was an der Mosel hinter der Grenze zu Frankreich kommt?«

Kruse wurde unsicher. »Nun ja, ein paar Ortschaften und Städte...«

Da steht eines der größten französischen Atomkraftwerke mit vier Reaktoren. Schon mal von Cattenom gehört?«

»Ach du Scheiße!«, entfuhr es Kruse. »Entschuldigung, aber das habe ich in der Hektik völlig vergessen. An das Atomkraftwerk Mülheim-Kärlich nur wenige Kilometer südlich von hier haben wir wohl alle schon gedacht. Das ist ja zum Glück stillgelegt. Aber Cattenom ist mir völlig durchgegangen.«

»Wenn es hier wirklich zum Äußersten kommt, dann haben die Franzosen ein Problem – aber nicht nur die Franzosen.«

»Wie hoch liegt Cattenom? Haben Sie eine ungefähre Vorstellung?«

»Moment!« Gerhard kramte in seiner Umhängetasche und holte eine ältere Übersichtskarte heraus. Während er mit dem Finger die Mosel nach Südwesten verfolgte, starrten alle gebannt auf das leicht zerschlissene Blatt.

»Hier ist eine Höhenangabe… es müssten so um die hundertvierzig Meter über NN sein.«

»Dann haben wir achtzig Meter Höhenunterschied Zeit, um eine Lösung zu finden. Ich werde sofort über das Außenministerium veranlassen, dass die Nachbarländer informiert werden. Die Regierung in Berlin habe ich bereits vorher unterrichten lassen.«

Kruse entfernte sich zum Telefonieren ein Stück von der Gruppe. Anschließend ordnete er den unverzüglichen Umzug der Krisenzentrale nach Melsbach an, einem kleinen hoch gelegenen Ort am Nordrand des Neuwieder Beckens.

»Meine Herren, ich glaube, wir alle sind uns mittlerweile im Klaren, dass die Einrichtung eines ständigen Tagungsortes für den Krisenstab diesmal kein Provisorium sein darf. Zu deutlich sind die Anzeichen, dass mit dem neuen Ausbruch eine längere Problemphase bevorsteht.«

»Wie kommen Sie auf Melsbach?«, wollte Kromme wissen.

»Von dort kann man in einigermaßen sicherem Abstand die Tätigkeit des Nunak-Vulkans verfolgen und ein mögliches Hochwasser sollte nicht bis dorthin reichen. Die bereits ausgesuchte Räumlichkeit liegt knapp über zweihundert Meter Höhe.«

Wieder klingelte ein Handy, das von Kruse. Es war der erwartete Anruf aus dem Innenministerium. Der Minister war selbst am Apparat.

»Herr Kruse?« Die Stimme war deutlich für die Umstehenden zu verstehen.

»Ja, bitte?« Kruse wirkte plötzlich sehr konzentriert.

»Ich habe mich mit den Ministerpräsidenten und Innenministern der Länder verständigt. Wir werden evakuieren.« Es folgte eine Liste von Anordnungen, die sich Kruse schnell notierte. Zehn Minuten später legte er auf. Die nächsten Schritte standen fest.

Nach diesem Telefonat begann die größte Evakuierungsaktion in der Geschichte der Bundesrepublik Deutschland.

KAPITEL 7

Gerhard war zusammen mit seinen Kollegen für den nächsten Morgen zur Lagebesprechung des Krisenstabes berufen worden. Der Krisenstab war dafür zuständig, nach der Evakuierungsentscheidung des Innenministers von Rheinland-Pfalz und des Bundesinnenministers die Organisationen und Behördenvertreter zu informieren. Dieses Treffen fand bereits in Melsbach statt. Einbestellt waren alle Leiter der verschiedensten Hilfsorganisationen und Feuerwehren, des Technischen Hilfswerks, der Bundeswehr und der Bundespolizei. Die Innenminister der Länder Nordrhein-Westfalen, Rheinland-Pfalz, Hessen, Saarland, Bayern und Baden-Württemberg waren genauso vertreten wie die Führungskräfte der größeren unmittelbar betroffenen Städte und Gemeinden. Geleitet wurde die Besprechung vom Vertreter des Bundesinnenministeriums, Staatssekretär Fuchs. Die angemietete Versammlungshalle war vollständig belegt, die Öffentlichkeit war wohlweislich ausgeschlossen.

In einer kurzen Einführungsrede erläuterte Fuchs die Gründe für die Einberufung der Krisensitzung. Er machte deutlich, dass die neu ausgebrochene vulkanische Aktivität zu ernsteren Probleme führen könne, als bislang angenommen. Aus diesem Grund sei vom Bundesinnenminister in Absprache mit dem Innenminister von Rheinland-Pfalz die Grundsatzentscheidung einer Evakuierung für den oberen Mittelrhein getroffen worden. Eine Sondersitzung aller Innenminister solle in Kürze folgen, auf der weitere Entscheidungen besprochen würden. Aus Gründen der Dringlichkeit sollten die Anwesenden schon jetzt vorab informiert werden. Er bat Ahrens als kompetenten Wasserbauingenieur und Mitglied des örtlichen Krisenstabes, von den Tätigkeiten vor Ort am Vulkan zu berichten.

Ahrens fühlte sich äußerst unwohl in seiner Rolle. Er kam sehr schnell auf den Punkt, dass es so gut wie ausgeschlossen sei, die Lava umzuleiten, zu bombardieren oder durch Beschuss mit Granaten in der Fließrichtung umzulenken. Es war in viel zu kurzer Zeit viel zu viel Masse, was alle Versuche zunichtemachen würde. Seine knappen Ausführungen verdeutlichten den Zuhörern sehr schnell, dass bei ununterbrochenem Lavafluss keine Chancen auf eine gesteuerte Handhabung des Stromes bestand und dass die größte Gefahr nicht vom Vulkan selbst ausging, sondern von der möglichen Abriegelung des Rheintales. Ein zweiter Abfluss an anderer Stelle war einfach nicht vorhanden.

Als Nächstes wurde Schönegger, der Leiter der Wasser- und Schifffahrtsdirektion Südwest, befragt. Er hatte anhand von Computermodellen mögliche Szenarien der Wasserhochstände berechnet. Er war sichtlich bemüht, seine Nervosität zu unterdrücken.

»Meine Damen, meine Herren, ich nehme es gleich vorweg: Wenn sich die eben von Herrn Ahrens geschilderten Problemen nicht in den Griff bekommen lassen, stehen wir kurz vor der größten Katastrophe in der Geschichte der Bundesrepublik Deutschland. Sollte in den nächsten Tagen durch die Lava der Rheinabfluss in der Höhe von Namedy beim jetzigen Hochwasser auf Null zurückgehen, und nach den Wetterprognosen stehen wir erst am Beginn einer längeren Regenperiode, dann werden nacheinander folgende Städte vollständig dem Wasser zum Opfer fallen.«

Im Saal herrschte plötzlich eisige Stille. Gebannt starrten alle zur Leinwand, auf die Schönegger mit einem Beamer Karten der betroffenen Region projizierte.

»Ich beginne mit dem Rhein: Andernach, Neuwied, der Kernbereich von Koblenz und die kleineren Ortschaften nördlich und südlich von Koblenz werden nach wenigen Tagen vollständig überflutet sein. In den ersten zwei Wochen folgen die Orte des gesamten Mittelrheins über Boppard, St Goar, Bacharach, Rüdesheim und Bingen.«

Schönegger ließ die Städte, die er anführte, in der Projektion rot aufleuchten.

»Der Rückstau im Lahntal wird in diesem Zeitraum Bad Ems, Nassau und Limburg überfluten. An der Mosel sind es Treis-Karden und die Dörfer bis Cochem, die erst teilweise und dann vollständig überflutet werden. Zu diesem Zeitpunkt liegen wir erst zwanzig bis dreißig Meter über dem normalen Wert. Bei der Menge des derzeit anfallenden Wassers geht es in den engen Tälern sehr schnell. Innerhalb von zwei Tagen staut sich mehr als ein Kubikkilometer auf. Wenn wir das über siebzig bis neunzig Tage hochrechnen, haben wir die Wassermenge des Bodensees.«

Ein Raunen ging durch den Saal.

»Bei Erreichen des Mainzer Gebietes vergrößert sich die Überflutungsfläche, sodass der Anstieg verlangsamt wird.« Er deutete mit dem Laserpointer auf das Gebiet des nördlichen Oberrheingrabens. »Das verschafft uns allerdings nur wenig Luft. Wenn wir vom *worst case* ausgehen, und das sollten wir bei unseren Planungen, dann müssen wir mit einer Stauhöhe von zweihundert Metern über dem Meeresspiegel rechnen. Wenn es ganz schlimm kommt, sogar noch mit mehr. Wie Sie bereits gehört haben, kann der Rhein bis zum Stand von etwa zweihundertdreißig Metern nur bei Namedy abfließen.«

»Welche Städte wären weiterhin betroffen?«, erkundigte sich Fuchs mit unsicherer Stimme.

Im Saal wurde die Stille immer beklemmender.

Schönegger drückte auf eine Taste seines Laptops und sofort erschien in weiten Teilen des Kartenausschnitts eine weit verzweigte helle Linie.

»Ich habe Ihnen hier einmal die Zweihundert-Meter-Höhenlinie im Einzugsbereich des Rheins und seiner Nebenflüsse dargestellt. Sie können deutlich erkennen, wie weit die Flusstäler in die angrenzenden Gebirge hineinreichen. Dadurch ergibt sich ein Muster, das an einen weit verzweigten Baum erinnert. In Abhängigkeit vom Anstieg der jeweiligen Flussbasis sind als nächstes Ingelheim, Mainz, Groß Gerau und Darmstadt betroffen. Am Main sind es Wiesbaden, Frankfurt mit dem Flughafen, der etwas über einhundert Meter liegt, und Rüsselsheim. Wenn wir es nicht schaffen, den Damm zu beseitigen, bevor die Zweihundert-Meter-Marke erreicht ist, steht neben Offenbach und Hanau auch Aschaffenburg komplett unter Wasser. Schließlich wird sogar die Altstadt von Würzburg überflutet werden. Im Oberrheingraben sind es nacheinander folgende Städte und ich nenne nur einige: Worms, Biblis, Mannheim, Speyer, Karlsruhe, Baden-Baden, Straßburg, Colmar. An der Mosel ist der vermutlich kritischste Ort Cattenom mit dem Atomkraftwerk.«

»Welchen Zeitraum haben Sie für die Füllung bis zum Höchststand berechnet?« Der Staatssekretär rutschte unruhig auf seinem Sitz hin und her.

»Das lässt sich nur sehr grob angeben, weil wir die künftige Niederschlagsentwicklung nicht kennen. Wir können nur mit Mittelwerten beziehungsweise unteren und oberen Grenzwerten rechnen. Wenn wir sehr trockene und sehr feuchte Jahre als Grenzwerte nehmen, können wir eine grobe Spanne von vier bis acht Jahren angeben. Dann steht aber bereits am Kaiserstuhl eine Wassersäule von mehreren Metern. Etwas weiter südlich haben wir dann die Zweihundert-Meter-Marke erreicht, Basel bleibt verschont, weil die Stadt höher liegt. Allerdings sind Mainz und Frankfurt dann bereits seit mehreren Jahren vollständig überflutet.«

Im Saal setzte ein lautes Gemurmel ein.

»Einen Moment, meine Damen und Herren, ich bin noch nicht fertig. Hinzu kommen verschiedene Nebenflüsse und die Wetterau bis zum Vogelsberg, die ebenfalls überflutet werden. Ich nenne hier nur Friedberg in Hessen, Bad Nauheim oder Nidderau. Von der Lahn ausgehend sind es Weilburg, Wetzlar, Marburg, am Neckar Heidelberg und Heilbronn, an der Mosel und Saar Trier, Konz, Metz, Saarburg und so weiter. Zusätzlich zu Cattenom werden in Deutschland insgesamt sieben Atomkraftwerke überflutet, die umweltsensiblen Industrieanlagen will ich gar nicht erst aufzählen.«

»Das wäre der Untergang des Industriestandorts Deutschland!«, brüllte ein kommunaler Vertreter der betroffenen Region entrüstet in den Saal. »Es wird doch wohl möglich sein, diesen kleinen Pfropfen aus dem Rheintal rauszusprengen!«

»Ich bitte darum, hier keine Statements abzugeben, dazu fehlt uns die Zeit«, würgte Fuchs den Redner ab. »Bitte äußern Sie sich nur, wenn Sie aufgerufen werden«.

Schönegger ergriff wieder das Wort. »Mit entsprechendem zeitlichen Vorlauf gibt es Möglichkeiten, wenigstens in einigen Seitentälern das Schlimmste zu verhindern. Wenn wir mit genügend Sicherheitsabstand Dämme in den Seitentälern errichten, kann der Rückstau eingegrenzt werden. Das würde aber gleichzeitig bedeuten, dass wir gewaltige Anstrengungen unternehmen müssten, um die Flüsse über die Dämme zu pumpen. Das wäre zum Beispiel die einzige Möglichkeit, Cattenom zu retten.«

»Sie wollen die ganze Mosel durch Rohre schicken, auch bei Hochwasser?«, rief einer der Landräte Schönegger zu.

»Theoretisch wäre das machbar. Es hängt davon ab, wie viel Zeit wir haben und ob wir das Material schnell genug bekommen. Strom für die Pumpen wäre jedenfalls in ausreichender Menge vorhanden.«

»Aber dann würde das Wasser im Rheintal schneller steigen, und das werden wir nicht hinnehmen!«, ereiferte sich der Bürgermeister eines Touristenortes vom südlichen Mittelrhein.

Wieder wurde es laut im Saal. Die Dankesworte an Schönegger gingen völlig im Lärm unter. Ungeduldig wies Fuchs den Techniker an, die Sprechanlage lauter zu stellen. Ein schriller Pfeifton übertönte für mehrere Sekunden die hitzigen Dispute im Saal.

Endlich drang der Staatssekretär wieder zur Versammlung durch und kündigte Gerhard Böhm als nächsten Redner an.

Als ortskundiger Geologe sollte er eine zusammenfassende Darstellung der Situation liefern. Mit verständlichen Worten erklärte er die Geologie des betroffenen Raumes und die Ergebnisse seiner Untersuchungen der tektonischen Störungen. Anschließend ging er auf die Schwierigkeiten bei der Interpretation geophysikalischer Messungen ein. Er deutete an, dass mit der Wiederbelebung des Vulkanismus eine ganz neue Art der Aktivität eingesetzt haben könnte, bei der viel mehr Lava produziert wurde, als bei den Vulkanausbrüchen der letzten Million Jahre. Wenn dies der Fall war, und die Analysedaten stützten diese Vermutung, wäre eine Evakuierung der genannten Städte unvermeidlich, weil man einen dauerhaften starken Lavafluss nicht in den Griff bekommen könne.

»Stellen Sie sich vor, dass an dieser Stelle ein Vulkan wie der Ätna entsteht. Gar nicht weit weg, im Westerwald nördlich von Westerburg oder im Vogelsberggebiet gab es schon vor einigen Millionen Jahren so große Vulkane. Die könnten Sie nicht einmal mit Atombomben beseitigen. Von der Katastrophe, die dadurch herbeigeführt würde, einmal ganz abgesehen. Langfristig wäre die einzige Abhilfe die Anlegung eines Kanals um die Gefahrenzone herum. Aber das kostet Zeit.«

Zum Schluss griff Gerhard die wenig durchdachte Bemerkung des kommunalen Vertreters auf.

»Eins möchte ich von vornherein klarstellen: Wer die Sprengung eines aus Lava aufgebauten Dammes fordert, sollte sich zwei Tatsachen bewusst machen. Erstens: Solange die Lava im Inneren noch nicht erstarrt ist und von oben ständig Nachschub bekommt, ist eine Bombardierung oder eine Sprengung völlig sinnlos. Und zweitens: Eine Sprengung nach der Abkühlung, die übrigens Jahre dauern kann, birgt die Gefahr eines unkontrollierten Durchbruchs der aufgestauten Wassermassen. Überlegen Sie sich gut, wie Sie das den Bonnern, Kölnern und sonstigen Bewohnern des Niederrheingebietes erklären wollen – zumindest denen, die diese Flutwelle überlebt haben.«

Das war deutlich genug. Die Unruhe, die im Saal aufkam, war kaum noch zu beherrschen. Die Innenminister der Länder und der Leiter des Krisengipfels zogen sich mit ihren Beratern zu einer Besprechung zurück. Der Bundesinnenminister wurde über eine Standleitung zugeschaltet.

Trotz der Aufregung im Saal wurde Gerhard gebeten, in der Zwischenzeit Fragen zur Geologie zu beantworten und über die bisherigen Maßnahmen zu berichten. Die Stimmung war unheimlich. Einige Lokalpolitiker griffen ihn beinahe persönlich an, als wäre er für das Problem mitverantwortlich. Warum hatten die Wissenschaftler nicht rechtzeitig vor dieser Katastrophe gewarnt?, lautete der immer wieder vorgebrachte indirekte Vorwurf. Appelle einiger weniger, sich den Tatsachen zu stellen und sich auf die Zukunft zu konzentrieren, konnten die Wut und Verzweiflung der meisten nicht unterdrücken.

Nach siebzig Minuten war die Besprechung der Innenminister beendet. Staatssekretär Fuchs kehrte in den Saal zurück und trat wieder ans Rednerpult.

»Meine Damen und Herren, ich gebe Ihnen hiermit die Ergebnisse der Besprechung mit dem Bundesinnenminister und den

Innenministern der betroffenen Länder bekannt: Der Bundesinnenminister hat über die Region des Ober- Mittel- und Unterrheins mit sofortiger Wirkung den Ausnahmezustand verhängt. Alle erforderlichen Maßnahmen zur Evakuierung der betroffenen Ortschaften sind nach Grad der Gefährdung unverzüglich einzuleiten. Die Unterstützung der Bundeswehr ist bereits offiziell beim Verteidigungsminister angefordert und zugesagt worden. Das Technische Hilfswerk und sämtliche privaten Hilfsorganisationen werden aufgefordert, alle verfügbaren Kräfte aus ganz Deutschland am Mittelrhein zusammenzuziehen. Alle Maßnahmen werden durch einen Stab, der direkt dem Innenministerium untersteht, koordiniert. Polizei und Bundespolizei sorgen für die Sicherheit und überwachen die Evakuierungen. Die betroffenen Atomkraftwerke werden rechtzeitig abgeschaltet, Firmen, die in absehbarer Zeit von der Überflutung betroffen sein werden, sind angewiesen, Gefahrstoffe so weit wie möglich aus der kritischen Zone zu schaffen. Dies gilt ebenso für Apotheken, Universitäten und Forschungseinrichtungen. Das Bundesumweltministerium trägt die Oberaufsicht über diese Maßnahmen. Rettung und Schutz von Leben ist oberstes Ziel. Eine Rettung wertvoller Kulturgüter ist nachrangig anzustreben.«

Im Saal sprangen mehrere Vertreter der Städte und Gemeinden auf und mischten sich mit Zwischenrufen in die Ausführungen des Staatssekretärs.

»Ich muss Sie auffordern, Ruhe und Disziplin zu wahren, meine Damen und Herren! Dazu ist die Lage zu ernst. Lassen Sie mich bitte noch zu Ende ausführen! In den Städten außerhalb der Gefahrenzone werden Krisenstäbe eingerichtet, die die Aufnahme von Hochwasserflüchtlingen regeln. Die Bundeswehr und entsprechende Hilfsorganisationen sorgen für die Erstellung von Zeltstädten und Notunterkünften. Staaten, mit denen ein gegenseitiges Hilfsabkommen im Katastrophenfall besteht, werden um Unterstützung gebeten, unter anderem die Nachbarstaaten Frankreich,

Schweiz, Luxemburg, Belgien und die Niederlande. Die Maßnahmen sind vorsorglich für das Gebiet von Andernach bis Bingen und entsprechenden Rheinnebenflüssen einzuleiten.«

Fuchs blickte von seinen Notizen auf und richtete den Blick in den Saal.

»Und jetzt noch etwas, und damit spreche ich insbesondere Sie an, meine Herren, die hier laufend dazwischenrufen. Das oberste Gebot der Stunde ist, Ruhe zu bewahren und eine Panik zu vermeiden. Ich weiß, dass das eben von mir Gesagte nicht geheim gehalten werden kann, dafür sind zu viele Menschen hier in diesem Raum. Deshalb werden wir gleich im Anschluss eine Pressekonferenz abhalten, mit der wir versuchen wollen, die Bevölkerung vorsichtig zu informieren. Ich hoffe, dass wir in der Zwischenzeit genügend Polizei und Bundespolizei in die Städte schicken können, um das Schlimmste zu verhindern. Die Einheiten sind bereits unterwegs.«

Gerhard hatte eigentlich vorgehabt, gleich nach der Sitzung nach Hause zu fahren, um erst einmal alles zu verdauen. Fuchs bat ihn jedoch, sich nach der Pressekonferenz noch weiterhin zur Verfügung zu halten.

Die Veranstaltung war schrecklich. Sie war ein blasses Abbild von dem, was sich draußen abspielen würde, wenn die breite Öffentlichkeit zum ersten Mal mit den unvermeidbaren Tatsachen konfrontiert wurde. Der Staatssekretär war nach der Pressekonferenz sichtlich gezeichnet. Völlig durchgeschwitzt und mit hochrotem Kopf kam er im Anschluss auf Gerhard zu.

»Das war eine von den weniger angenehmen Tätigkeiten in meinem Job. Ich habe Sie gebeten, noch zu bleiben, weil ich Sie persönlich bitten wollte, als Berater des großen Krisenstabes mitzuwirken. Soweit ich weiß, hat Staatssekretär Kruse vom Innenministerium Rheinland-Pfalz schon mit Ihnen darüber gesprochen. Sie waren ja bereits unter seiner Leitung tätig.«

»Er hat mich unterrichtet.«

»Mir ist bewusst, dass Sie mit ihren Untersuchungen sehr dicht an dieser Entwicklung dran waren. Nachdem ihre Forschung in der Region nicht unterstützt wurde, sollten Sie wenigstens mit uns zusammenarbeiten. Ich hoffe, dass Sie zusagen«.

Gerhard hatte sich schon entschieden, als Kruse ihn auf dieses Thema angesprochen hatte. Die Anmerkungen der Gutachter zu seinem geplanten Projekt hatte er schon fast vergessen, die Geschichte hatte sie überholt. Er willigte sofort ein.

Als Gerhard spät abends in Köln eintraf, war die ganze Familie versammelt. Kirstin hatte es nach den vielen Berichten im Fernsehen nicht mehr in Heidelberg ausgehalten. In dieser kritischen Zeit wollte sie alles mit der Familie besprechen. Marcello ging es genauso. Der Fernseher lief den ganzen Tag. In den Sondersendungen wurden bereits die detaillierten Evakuierungspläne diskutiert.

Kirstin stürmte sofort auf Gerhard zu, als er ins Wohnzimmer kam.

»Hallo, Paps! Das ist ja heftig, was sich bei euch da unten am Rhein abspielt!« Sie schloss ihn herzlich in die Arme. »Ist Heidelberg auch betroffen?«

»Immer mit der Ruhe, lasst mich doch erst einmal ankommen! Aber es besteht wirklich kein Grund zur Panik. So schnell wird das Hochwasser nicht steigen.«

Nachdem der Rest der Familie begrüßt war, musste Gerhard Rede und Antwort stehen. Nebenbei klingelte laufend das Telefon. »Leute, ich ziehe jetzt den Stecker raus und esse etwas. Dabei können wir uns weiter unterhalten.«

Katrin berichtete von den Sondersendungen, welche Maßnahmen geplant waren und welche Auswirkungen auf die Wirtschaft, die Börse und den Euro bereits jetzt diskutiert wurden.

»Wie wird das im Ausland gesehen?«

»Die Anrainerstaaten haben ihre Hilfsorganisationen in Alarmbereitschaft versetzt. Viele internationale Vulkanexperten haben ihre Hilfe angeboten. Und dann rechnet man natürlich hoch, was passiert, wenn der schlimmste Fall eintritt. Welche Folgen eine komplette Abriegelung des Rheins für Europa und die Wirtschaft hätte.«

Marcello erzählte von den Diskussionen in seinem Fachbereich in der Uni und von den Professoren, die immer wieder versuchten, Genaueres von ihm zu erfahren.

»Letztens hat mich doch einer gefragt, ob man nicht von der anderen Seite, vom Ahrtal aus, ein Loch in den Vulkan bohren könnte, um die Lava umzuleiten.«

»Wirklich tolle Idee!«, amüsierte sich Gerhard. »Aber mal ganz unter uns. Wenn der Vulkan wirklich nicht aufhört, können wir nichts machen. Dann stehen wir vor einer der größten Katastrophen, mit denen wir jemals zu tun hatten.«

»Was wird eigentlich aus den Häusern, wenn sie länger unter Wasser stehen?«, wollte Susanna wissen. »Kann man die danach wieder bewohnen?«

»Ach, das kommt sehr auf den Typ an. Wo viel Holz verbaut ist, wird wohl wenig zu machen sein. Dachstühle, Balkendecken, Fußböden oder Fachwerk, alles quillt auf und vergammelt.«

»Ähnlich schlimm sieht es wahrscheinlich auch bei den Fertighäusern mit Gipswänden aus.«

»Genau, Marcello. Nicht nur der Gips, sondern auch der Putz, alles weicht auf. Ich weiß nicht, ob die Stahlbetondecken das lange überstehen werden, falls der Stahl rostet. Diese sind ja nicht für unter Wasser gebaut. Und dann die ganzen Leitungen, die Heizkessel – es wird eine Riesenkatastrophe für die Hausbesitzer.«

»Wie wird das ablaufen, wenn du jetzt im Krisenstab mitarbeitest?«, fragte Katrin, die schon seit einigen Wochen mit einem Kurzurlaub geliebäugelt hatte.

»Ich werde jeden Tag und notfalls auch rund um die Uhr in der Gegend sein. Wir müssen die geologischen Strukturen in der

Umgebung des Vulkans beobachten und Pläne für Gegenmaßnahmen ausarbeiten.«

»Okay, das ist wichtiger als alles andere. Wann musst du morgen los?«

»So früh es geht. Aber vorher brauche ich noch meinen Schlaf. Heute war es ziemlich heftig.«

»Und wie geht es danach am Rhein weiter?«

»Das habe ich vorhin im Autoradio gehört. Die Evakuierung von Neuwied, Koblenz und den Ortschaften unmittelbar am Rhein dürfte jetzt sehr schnell beginnen. Schon die geringe Verengung des Flussbettes durch den Lavastrom hat ausgereicht, um das Hochwasser auf neue Rekordstände steigen zu lassen. Es ist absehbar, dass in den nächsten Tagen ganze Häuserzeilen im Uferbereich komplett unter Wasser stehen.«

»Das dürfte für die Leute kaum zu begreifen sein.«

»Was meinst du, was da unten jetzt los ist! Wir können wirklich von Glück sagen, dass wir auf dieser Seite des Dammes wohnen.«

»Denen dürfte kaum die Zeit bleiben, etwas aus ihren Häusern mitzunehmen. Sie werden alles verlieren!«

»Für die direkten Rheinanlieger ist es wirklich sehr schlimm. Wer zumindest ein Stückchen höher wohnt, kann noch einiges einpacken. Aber viel wird es nicht sein. Wenn der Lavastrom wirklich alles dichtmacht, geht das mit dem Wasseranstieg so schnell, dass die Rettungskräfte kaum noch mit dem Rausholen der Leute nachkommen.«

Die Diskussion wäre noch die ganze Nacht weitergegangen, aber Gerhard schlief schon fast im Sessel ein. Mit gemischten Gefühlen zog sich die Familie in ihre Zimmer zurück.

Der Lavastrom von der Steilkante des Rheintals wollte kein Ende nehmen. Ununterbrochen flossen Tag für Tag Hunderte von Kubikmetern den Hang hinunter und bauten etappenweise einen gewaltigen Damm im Flussbett auf. Die Mitte, wo die Insel lag, war bereits überschritten. Das immer reißender werdende Hochwasser hatte die Bäume längst abrasiert. Bereits nach acht Tagen war die Lavazunge so weit in den Fluss vorgedrungen, dass nur noch eine schmale Stelle zwischen der gegenüberliegenden steilen Felswand – dem Hammersteiner Riegel – und dem Damm frei war. Genau dort, wo bis vor kurzem die Bundesstraße von Neuwied nach Linz und Bad Honnef verlief. Der Rückstau im Neuwieder Becken nahm schon jetzt katastrophale Ausmaße an. Bereits vor dem Vulkanausbruch hatte der Wasserstand fünf Meter über dem mittleren Wert gelegen, und inzwischen erreichte er fast fünfzehn Meter. Der Rhein schoss mit unbändiger Kraft durch die Engstelle an der Lavazunge. Diese starke Strömung war der Grund, warum der letzte schmale Durchlass noch nicht geschlossen war.

Oben auf dem Felsvorsprung bei Hammerstein lag der beste, aber auch der gefährlichste Aussichtspunkt auf das phantastische Schauspiel. Gerhard war mit Vermessern an der Steilkante unterwegs, die die beste Sicht auf den gegenüberliegenden Nunak bot. Mit Hilfe spezieller Fotoverfahren sollte die Menge der geförderten Lava bestimmt werden. Zu dritt standen sie hundert Meter oberhalb der tosenden Wassermassen. Immer wieder schob sich ein Lavastrom bis an die vorderste Linie vor und ließ seine heiße Fracht über die Kante in das reißende Wasser fallen. Die Schmelze schob sich unter gewaltiger Dampfentwicklung in den wilden Strom und wurde sofort mitgerissen. Hochschäumendes Wasser spritzte auf den Rücken des Dammes und kühlte die obersten Millimeter zu einer dünnen Kruste ab. Der Wind blies kräftig mit vereinzelten stärkeren Böen. Er schaffte es, Löcher in die Schwaden zu reißen und kurzfristig den Blick auf das chaotische Geschehen freizugeben. Die Lavamassen hatten den Damm bereits so hoch aufgeschichtet, dass er mehrere Meter über dem aufgestauten Wasserspiegel des Rheins lag. An der vordersten Kante blieb nach jedem Umschwenken des Lavastromes ein Rest der Schmelze haften, der schnell erstarrte. Auf diese Weise hatte sich ein mächtiger Übergang gebildet, der von oben in den natürlichen Kanal hineinragte.

»Wenn das Wasser die Felsen unterspült, könnte das ein sehr medienwirksamer Abgang werden!«, brüllte einer der Vermesser durch das Tosen des Wassers zu seinen beiden Begleitern. Er deutete auf den Bunker weiter im Süden, den Krommes Leute am Aussichtspunkt der Edmundhütte aufgebaut hatten. Etliche Kameras waren von dort auf sie gerichtet. Es war die einzige Stelle in der Nähe des Vulkans, zu der einzelne Pressevertreter vorgelassen wurden.

»Ich glaube, wir werden so ziemlich die Letzten sein, die diese Aussicht genießen durften!«, schrie Gerhard zurück. »Wir müssen den Vorsprung unbedingt absperren lassen.«

Mit einem Kribbeln im Bauch kehrten sie um und steuerten den Bunker neben der Edmundhütte an. Schon von weitem, auf dem Weg zwischen den Weinhängen war zu erkennen, dass man diesen Bau für eine längere Zeit angelegt hatte. Mächtige Erdwälle, feuerfeste Türen und Lukenklappen sollten die gröbsten Gefahren eines Ausbruchs abhalten.

Ahrens hatte hier sein Hauptquartier eingerichtet. Ein halbwegs funktionierendes Büro mit sämtlichen Kommunikationsmitteln, Schlafgelegenheiten, Sauerstoffflaschen und allen möglichen Notfallutensilien. Als er Gerhard und seine Begleiter bemerkte, kam er ihnen einige Schritte entgegen.

»Hallo, zusammen! Sie sind heute mindestens die hundertsten Besucher.« Mit einem süßsauren Lächeln begrüßte er die drei Männer. »Es wird nicht mehr lange dauern, dann ist hier alles dicht«, legte er los, noch bevor die anderen etwas sagen konnten. »Wenn der Überhang wie bisher weiterwächst, bricht er in Kürze ab und verklemmt sich im Kanal. Dann können wir erst einmal einpacken.«

»Damit müssen wir wohl rechnen«, entgegnete Gerhard mit ernster Miene. »Aber vielleicht kommt es schon vorher zu einem Hangrutsch am Hammersteiner Riegel. Dann wäre sowieso alles egal.«

Gemeinsam gingen sie zum Bunker und mussten zuerst die Fragen der Presse über sich ergehen lassen.

Ahrens rollte eine Karte aus und zeigte auf den Rhein. »Hier ist die Stelle, wo die Lava austritt. Und diese Fläche ist bereits überdeckt.« Er fuhr mit dem Finger die Grenzen des Lavadammes ab.

»Welche Breite hat der Damm inzwischen?« Gerhard suchte auf der Karte nach dem Maßstab.

»Das sind jetzt schon an die sechshundert Meter. Das liegt daran, dass die Lava am unteren Hang mal nach rechts, mal nach links durchbricht und dadurch einen breiten Fuß ausbildet. Als wüsste sie nicht recht, wohin sie wollte.«

»Dummerweise hat sie sich keinen Kanal rheinabwärts aufgebaut. Dann wäre nicht so schnell mit dem Verschluss zu rechnen. Schade, dass wir nicht mit Wasser eingreifen können, um den Strom zu lenken.«

»Das wäre viel zu gefährlich. Die explosiven Ausbrüche oben am Nunak sind nicht kalkulierbar. Aber ich vermute einmal, das wir auch damit nur wenig Zeit gewonnen hätten. Die Produktion da unten im Kessel scheint einfach zu stark zu sein.«

Ein Journalist schaute Ahrens über die Schulter. »Haben sie denn überhaupt keine Idee, wie man die Sache hier in den Griff kriegen könnte?«

»Schauen Sie sich die Bescherung selbst an! Gegen diese Massen kann man einfach nichts machen. Ich erinnere mich noch gut an die tollen Vorschläge mit Bomben oder Granaten. Alles grober Unfug.«

»Und was glauben Sie, wann der Überhang abreißt und alles verstopft?«

»Das wird nicht mehr lange auf sich warten lassen. Nur noch wenige Tage.«

Ahrens hatte recht. Es dauerte noch genau zwei Tage. Fernsehsender aus aller Welt hatten ihre Kameras an verschiedenen Standpunkten in sicherem Abstand aufgebaut, und man wartete gebannt auf das Ereignis. Es geschah unter optimalen Beleuchtungsverhältnissen. Die abendliche Frühjahrssonne war bei lockerer Bewölkung gerade hinter dem Vulkan im Westen verschwunden. Der jüngste Lavastrom hatte sich entschlossen, nach Norden umzubiegen, und füllte eine flache Rinne zwischen zwei älteren erkalteten Strömen auf. Er traf im Unterlauf des Rheins auf einen Kolk, in dem sich das Wasser wirbelnd im Kreis bewegte. Die durch die Glut gebildeten Dampfschwaden zogen durch das Rheintal nach Norden und verhüllten die von Asche verschütteten Reste von Brohl.

Um 16.35 Uhr und 12 Sekunden zeichneten die Seismometer die ersten Ausschläge eines Bebens auf. In den vergangenen Wochen hatte in diesem Gebiet immer wieder die Erde gezittert. Durch den Aufstieg der Schmelze in der Kruse traten die Beben täglich, manchmal sogar mehrfach auf. Meist waren sie so schwach, dass man sie kaum wahrnahm. Diesmal jedoch war es anders. Die Erschütterungen waren so stark, dass alle in der näheren Umgebung instinktiv nach Halt suchten, als die Wellen ihnen den Boden unter den Füßen wegzuziehen schienen. Der gewaltige Überhang des Lavafächers hatte dem nichts entgegenzusetzen. Er wurde einfach abgeschüttelt. Mit dumpfem Grollen schlug der Felsbrocken in die reißende Flut und ließ die Wassermassen in einer gewaltigen Fontäne hochschießen.

Eine Sekunde später stürzte die Felsnase der gegenüberliegenden Steilkante in die Tiefe – der Felsen, auf dem Gerhard und die Vermesser wenige Tage zuvor gestanden hatten. Aus der Abrisskante des Lavadamms quoll zähflüssige, tiefrote Lava hervor. Im Inneren des Fächers befanden sich große Schmelznester, die noch lange nicht erstarrt waren. Der steinernen Barriere und der nachfließenden Schmelze konnte die restliche Wasserströmung nichts mehr anhaben. Stunden später in der Nacht war der letzte Durchlass des großen Flusses Rhein abgedichtet.

Gerhard hatte das Erdbeben und den Rheinverschluss um eine halbe Stunde verpasst. Erst abends sah er zu Hause den immer wieder ausgestrahlten Abbruch im Fernsehen.

»Schade, das hätte ich gern live miterlebt.«

Katrin und Gerhard hatten das Abendbrot vor den Fernseher verlegt.

»Das bedeutet jetzt den GAU für die Leute am Mittelrhein«, sagte Katrin, die den Abbruch schon zum dritten Mal sah.

»Im übertragenen Sinne schon. Aber ein GAU ist ein größter anzunehmender Unfall. Und das hier war kein Unfall.«

»Aber für die Menschen ist es eine schlimme Katastrophe.«

»Das ist richtig. Aber wenn wir es geologisch betrachten, ist es etwas, das immer wieder vorgekommen ist. Ähnliches hat sich in der Erdgeschichte schon tausendfach abgespielt. Im Grand Canyon ist es in der letzten Million Jahre mehr als zehn Mal durch Lavaströme zum Aufstau des Colorado Rivers gekommen. Das führte zu riesigen Seen mit 600 Meter Wassertiefe. Es dauerte jeweils zehntausende von Jahren, bis die Dämme wieder durchbrochen waren.«

»Wahnsinn, unvorstellbar, wenn es auch bei uns so kommt. Der Unterschied zum Grand Canyon ist nur, dass dort niemand wohnte und bei uns jetzt so viele Leute betroffen sind.«

»Weil sie nicht wussten oder nicht wissen konnten, welche Gefahren dort lauern. Sonst wären sie das Risiko vielleicht nicht eingegangen. Aber wir wussten es ja alle nicht.«

»Ich glaube kaum, dass es dann anders wäre. Du hast mir selbst die Dias vom Vesuv gezeigt, wo die Menschen direkt am Vulkan leben. Wenn der ausbricht, haben sie keine Chance, rechtzeitig wegzukommen. Sie wissen genau, welcher Gefahr sie sich aussetzen, und leben trotzdem dort.«

»Das stimmt allerdings.«

»Aber dass ausgerechnet an dieser Stelle in Deutschland ein Vulkan ausbrechen muss, an der dümmsten Ecke, an der überhaupt ein Vulkan ausbrechen kann – das will mir nicht in den Kopf.«

»Geologisch gesehen ist dies ein ganz normaler Vorgang, der von vielen physikalischen Randbedingungen gesteuert wird. Wenn du die Ursache wissen willst, müsstest du genau genommen bis an den Anfangspunkt der Weltentstehung zurückgehen.«

»Das ist mir doch etwas weit hergeholt. Solche theoretischen Überlegungen bringen uns nicht weiter. Was werdet ihr jetzt unternehmen? Habt ihr überhaupt so etwas wie einen Plan?«

»Wir werden morgen ausführlich über alle Möglichkeiten diskutieren. Ich kann es dir einfach noch nicht sagen. Sind Marcello und Kirstin wieder zurückgefahren?«

»Ja. Kirstin überlegt sich, ob sie nicht gleich in eine andere Wohnung ziehen soll, solange es noch welche gibt. Sie wohnt ziemlich nahe am Neckar.«

»Es wäre vielleicht sinnvoll. In den nächsten Monaten wird es noch ein mächtiges Chaos geben. Komm, lass uns schlafen gehen.«

Das Chaos am Mittelrhein, das Gerhard vorausgesagt hatte, hätte nicht größer sein können. Niemand hatte je zuvor die Evakuierung ganzer Städte mit bis zu 100.000 Einwohner geübt – und schon gar nicht während einer Hochwassersituation, in der die meisten Verkehrswege abgeschnitten waren, und erst recht nicht, wenn es gleich mehrere Städte auf einmal betraf.

Am Tag, als der Damm vollständig das Flussbett abriegelte, ging alles sehr schnell. Die Bewohner der tiefsten Lagen mussten fluchtartig ihre Häuser verlassen. Wer in den Tagen zuvor nicht das Nötigste weggeschafft hatte, musste jetzt alles zurücklassen. Für einige ging es in den nächsten Stunden nur noch darum, das nackte Leben zu retten. Der Grund war die Weigerung vieler Bewohner der etwas höher gelegenen Straßenzüge, sich so früh wie möglich in sichere Gebiete zu retten. Sie konnten und wollten nicht einsehen, dass das Wasser entgegen allen menschlichen Erfahrungen so hoch über dem normalen Stand des Rheins auch ihren Besitz vernichten würde. Als es so weit war, war alles zu spät.

Katrin fuhr zu Gerhard nach Melsbach in die Krisenzentrale. Er war seit einigen Tagen nicht zu Hause gewesen und brauchte dringend Wäsche, Obst und ein paar Karten, die er zu Hause vergessen hatte. Nur mit Mühe und mehreren Telefonaten an den Sperrzonen konnte sie überhaupt zu ihm durchkommen.

»Mann, ist das ein Durcheinander! Da draußen geht ja gar nichts mehr!«, begrüßte Katrin ihren Mann und umarmte ihn. »Hier sind die Karten und die Sachen. Außerdem habe ich dein Fernglas mitgebracht. Das hattest du auch vergessen.«

»Wenn ich nicht bald etwas mehr Schlaf bekomme, vergesse ich noch, wer du bist.«

»Das werde ich zu verhindern wissen. Kannst du mich aufklären, was hier so alles läuft und demnächst laufen wird?«

»Gleich im Auto. Wir können zusammen nach Leutesdorf fahren, genau gegenüber von Namedy. Dort steht der Bunker und gleich in der Nähe gibt es einen noch besseren Aussichtspunkt, von dem aus wir auf den Vulkan und das Neuwieder Becken schauen können.«

»Gute Idee! Dann sehe ich das auch einmal live und nicht nur in Filmberichten.«

Gerhard organisierte einen Geländewagen von der Fahrabteilung. Sie mussten einen größeren Umweg nach Norden fahren, in einer langen Kolonne mit Hochwasserflüchtlingen, vorbei an einer unendlichen Schlange von Hilfsfahrzeugen, Möbelwagen und Kleintransportern, die ihnen entgegenkamen. Die Wied, ein Zufluss des Rheins, hatte bereits die nahe gelegenen Brücken, über die sie unter normalen Bedingungen gefahren wären, vollständig überflutet.

»Du wolltest mir erzählen, was jetzt geplant ist«, bohrte Katrin nach.

»Schau es dir selber an – live und in Farbe! Hier wird gerade der komplette Auszug des Mittelrheingebietes organisiert. In Melsbach tagt ununterbrochen der Krisenstab und die Geologen und Geophysiker diskutieren über die nächsten Schritte. Gegen Abend haben wir wieder eine lange Besprechung.«

»Ich habe in den Sondersendungen gesehen, dass die nichtstaatlichen Hilfsorganisationen eingesetzt werden, um die Krankenhäuser und Altersheime zu evakuieren, und dass eine Spezialeinheit der Bundespolizei den Auftrag hat, die wichtigsten Unterlagen und Datenspeicher aus den Behörden zu retten.«

»Ja, das sind alles Dinge, an die man vorher nie gedacht hat.«

»Im Fernsehen haben sie auch eine Kolonne von Sicherheitsdienstleuten gezeigt. Die dürfen ja mit ihren Panzerwagen nicht mehr in die Stadt fahren. Aber die Banken und Firmen müssen ihre Tresore leeren. Die ganzen Kundendateien, Wertpapiere und sonstiges wertvolles Zeugs müssen in Sicherheit gebracht werden. Scharen von Sicherheitsleuten haben sich mit unglaublichen Werten zu Fuß durch das Gedränge der fliehenden Bewohner gekämpft. Bis zu den Ausfallstraßen. Neben den Kolonnen der Rettungsfahrzeuge standen genauso viele Panzerwagen.«

»Vermutlich sind die Sicherheitsfirmen in ganz Deutschland für die nächste Zeit komplett ausgebucht.«

»Und die der angrenzenden Länder ebenfalls. Ich möchte nicht wissen, wie viele sich diese Chance nicht entgehen lassen und mit einer Fuhre durchbrennen. In diesem Chaos findet sie doch keiner wieder.«

»Was ist eigentlich mit den Kirchen, Schlössern und Museen? Hier oben kriegen wir von der Evakuierung so gut wie nichts mit.«

»Davon wurde auch gesprochen. Die Kirchenvertreter sind offenbar am schlimmsten dran. Sie versuchen im heillosen Durcheinander ihre Kirchenbücher und Heiligtümer zu retten. Aber sehr viel Hilfe haben sie nicht, obwohl von außen jede Menge Angebote kommen. Es mangelt einfach an der Koordination.«

»Das Problem ist wohl auch, dass viele der möglichen Helfer selbst betroffen sind und sich zuerst um ihre eigenen Sachen kümmern.«

»Ganz schlimm soll es bei den historischen Gebäuden und den Museen sein. Die Helfer schaffen es einfach nicht, alles herauszuholen. Auf den Straßen geht ja auch nichts mehr. Alles erstickt im Stau. In Koblenz soll von der Kernstadt nur noch eine einzige Ausfallstraße befahrbar sein.«

»Sicher die, die nach Süden auf die Anhöhe führt.«

»Genau, die anderen über den Rhein oder die Moselbrücken sind bereits gesperrt.«

Nach einer kurvenreichen Fahrt über etliche Waldwege erreichten sie endlich den Aussichtspunkt oberhalb von Leutesdorf in der Nachbarschaft des Bunkers. Sie mussten den Wagen stehen lassen und einige Meter bis zu einem Vorsprung gehen.

Gerhard nahm das Fernglas und suchte die Wasserfläche ab. »Das musst du dir ansehen. Es ist unglaublich, wie viele Boote unterwegs sind.«

Katrin nahm das Glas und musterte die näher gelegenen Ortschaften.

»Es sind überwiegend Boote von den Pionieren der Bundeswehr. Sie sammeln sogar Menschen und Haustiere aus den Gebäuden auf, die bereits tief im Wasser stehen. Haben sie sich statt auf die Berge in die obersten Etagen geflüchtet?«

»Das ist ein echtes Problem. Manche müssen regelrecht gezwungen werden, ihre Wohnung zu verlassen.«

»Was ist eigentlich mit der Stromversorgung? Ist die komplett unterbrochen?«

»Nur zum Teil. Auch das ist eine wichtige Aufgabe für die Pioniere – und für die Leute vom THW und den Stadtwerken. Die Stromzufuhr muss kontrolliert unterbrochen werden, nach Möglichkeiten so, dass die höher liegenden Gebäude nicht vom Netz getrennt werden. Von einem THW-Mann habe ich vorhin gehört, dass es schon einige tödliche Stromunfälle in den überfluteten Häusern gegeben hat.«

»Das ist ja schrecklich! So etwas müsste sich doch vermeiden lassen.«

»Wie willst du in diesem Chaos den Überblick behalten? Die Pläne für die Leitungen sind zum Teil schon abgesoffen, die Leute, die sich vor Ort auskennen, sind meistens mit ihren eigenen Problemen beschäftigt und die Elektriker und Pioniere von außerhalb sind einfach überfordert.«

Katrin wandte sich resigniert nach Norden und betrachtete den Vulkan. »Das sieht irgendwie surreal aus. – mitten in Deutschland ein Vulkan, der Feuer speit!«

»Ich kann mir vorstellen, dass die Leute dort in den Hubschraubern das ganz anders sehen. »Gerhard zeigte auf die vielen Fluggeräte mit Helfern, die versuchten, die Menschen von den Dächern aufzunehmen.

»Die werfen sogar Rettungsinseln ab. Ich verstehe einfach nicht, dass die Leute immer noch in ihren Häusern sind.«

»Ich vermute, dass viele von ihnen schon evakuiert waren, aber zurückgekommen sind.«

»Weil sie etwas vergessen haben?«

»Weil sie vielleicht nicht alle wertvollen Sachen mitnehmen konnten.«

»Das kann ich nun wieder gut verstehen.«

»Schlimm wird es in der Nacht. Dann müssen die Hubschrauber die ehemaligen Straßen ausleuchten und Rettungsboote dirigieren.«

»In den Fernsehberichten wurden auch die vielen Autos gezeigt, die nicht mehr weggekommen sind und das Wasser mit Öl und Benzin verseuchen. Das gibt eine kräftige Suppe, wenn der Wasserstand irgendwann zurückgeht.«

»Ich schätze, der Anteil von den Autos dürfte noch das geringste Übel sein. Denk an die Öltanks der Heizungen, und dann warte mal ab, bis die Firmen und Industrieanlagen überflutet sind. Das kann noch richtig giftig werden.«

»Ich hoffe, dass die vorher das Schlimmste wegschaffen können.«

»Das hoffen wir alle. Komm, wir müssen zurück.«

Als sie zum Auto gingen, brauste ein Fahrzeug vom Landesamt Mainz auf sie zu und bremste heftig ab. Es war Ganter. Er sprang heraus und ging zuerst auf Katrin zu. »Ach, das ist nett, Sie mal wiederzusehen!«

Dann wandte er sich sofort an Gerhard. »Herr Böhm, sie werden dringend von den Geophysikern gesucht.«

»Gibt es Hinweise auf neue Ausbrüche?«

»Ich weiß es nicht, ich war nur kurz dort, um Karten abzugeben. Eigentlich suche ich den Kollegen Bäumler. Anscheinend ist sein Handy ausgeschaltet oder entladen. Sie haben ihn nicht zufällig gesehen?«

»Nein. Aber dabei fällt mir ein, dass auch ich mein Handy aufladen muss. Deshalb haben die Kollegen mich nicht erreicht.«

»Wissen Sie, was gerade in der Zentrale erzählt wurde?« Ganter wandte sich zu Katrin. »Das ist das Schöne an diesen Zentralen. Da wird man ganz schnell auf den neuesten Stand gebracht.«

»Nein, schießen Sie los«, entgegnete Gerhard ungeduldig.

»Die Bundespolizei hat den ersten Plünderer erwischt.«

»Das war doch vorherzusehen, wenn man bedenkt, was da unten gerade los ist.«

»Klar, aber raten Sie mal, auf welche Art er es gemacht hat. Unter Wasser, mit Taucheranzug! Der ist von Geschäft zu Geschäft und von Haus zu Haus geschwommen. Was meinen Sie, was es dort alles einzusammeln gibt!«

»Bestimmt keine Aquarelle. Vielleicht Schmuck und Geld?«

Jede Menge. Das war ein so genannter Raubtaucher.« Ganters Augen blitzten verschmitzt.

»Das wird sicher nicht der Letzte gewesen sein.«

»Das glaube ich auch. Wenn man sich nur überlegt, was nach der hastigen Räumung alles in den Juweliergeschäften zurückgeblieben ist. – Gut, dann werde ich jetzt weitersuchen.«

Ganter verabschiedete sich und fuhr über den Waldweg zur nächsten Terrasse hinauf.

»Auch wir sollten keine Zeit mehr verlieren«, sagte Gerhard. »Ich bin gespannt, was die Geophysiker von mir wollen.«

Für die Rückfahrt benötigten sie über eine Stunde. Der Verkehr auf den öffentlichen Straßen war trotz Einsatz der Polizei fast nicht mehr beherrschbar. In Melsbach verabschiedete sich Katrin und Gerhard versprach, diesmal nicht so spät nach Hause zu kommen, falls nichts Unvorhergesehenes passierte.

Karsten Specht hatte ihn gesucht. Es gab neue Messergebnisse, die sie interpretieren mussten. Erst sehr spät abends konnte sich Gerhard auf den Heimweg machen. Es waren genügend Kollegen vor Ort, von denen immer einige für die Nachtschicht eingeplant waren.

In dieser Nacht ging der Auszug der Menschen aus den Städten am Mittelrhein und seinen Nebenflüssen unvermindert weiter. Vielerorts spielten sich erschreckende Szenen ab. Manche Häuser mussten zwangsgeräumt werden. Weil sich die Besitzer weigerten, sie aufzugeben. Plünderer raubten ganze Wohnungen aus. Sie waren im Wirrwarr nicht von Hochwasserflüchtlingen zu unterscheiden. Viele Haustiere, Hunde, Katzen und sogar Hühner liefen verstört zwischen den Menschenmassen herum. Die zahlreichen Helfer hatten bereits die Grenze ihrer Leistungsfähigkeit erreicht. Hinzu kam die Ungewissheit, wie es überhaupt weitergehen würde. Keiner konnte fassen, dass so etwas mitten in Deutschland möglich war, in einer hochzivilisierten und hochtechnisierten Region. Wut und Verzweiflung mischten sich mit Angst, Hunger und Müdigkeit. Zudem lagen die Temperaturen jetzt im März nachts in Koblenz nur wenige Grad über Null. Die Menschen wurden in Busse, Hubschrauber und Mannschaftstransporter verladen und in höher gelegene Notunterkünfte gebracht. Der Radius, den die Fahrzeuge zurücklegen mussten, wurde immer größer. Zu schnell waren die Kapazitäten in den nahe gelegenen Ortschaften erschöpft. Aus dem Ausland trafen erste Hilfsmannschaften ein. Holländer, Belgier, Franzosen, Luxemburger und sogar Schweizer kamen und begannen mit dem Aufbau von Notunterkünften.

Das restliche Deutschland und die Welt sahen fassungslos zu. Eine Katastrophe in dieser Dimension konnte keiner richtig begreifen. Bald tauchte eine fast vergessene Redewendung wieder auf: Der Rhein, der Schicksalsfluss der Deutschen. Nie war die Bedeutung dieses Spruches deutlicher als in dieser Zeit.

Schüler einer Klasse aus Bonn hatten sich auf eigene Art mit der bedrückenden Situation auseinander gesetzt und die zweite Strophe des »Loreley-Liedes« umgedichtet:

Die Luft ist kühl und es dunkelt,
Und ruhig steigt der Rhein;
Der Gipfel des Berges funkelt
In der Lava glühendem Schein.

KAPITEL 8

An einem der nächsten Tage fuhr Gerhard morgens als Erstes ins Institut. Ihm fehlten einige tektonische Karten, die er für die Überprüfung der Geologie auf der rechten Rheinseite dringend benötigte. Als er alle Unterlagen zusammengepackt hatte und gerade das Arbeitszimmer verlassen wollte, klingelte das Telefon.

»Hi, kennst du mich noch? Ich bin's, Mareike, ich habe dich in den Nachrichten gesehen.«

Gerhard durchzuckte es wie ein Schlag. Mareike, seine alte Freundin und Lebensgefährtin in den ersten Studienjahren. In Sekundenbruchteilen fielen ihm Bilder aus längst vergangenen Zeiten ein. Bilder von der schönen Phase, vom Kennenlernen, von den gemeinsamen Urlauben und den vielen Partys. Erst mit der zweiten Sekunde kam die Erinnerung an die quälende Trennungsphase, den Streit und den unendlichen Frust. Und dann war da noch etwas.

»Das ist ja ein Ding! Dich gibt es wirklich noch?«

»Ja, mich und Irma und Marie!«

»Du hast dich vermehrt?«

»Gleich zwei mit einem Streich! Ich habe Zwillinge, sieben Jahre alt.«

»Das ist ja toll! Unsere drei studieren schon und sind bis auf die Jüngste aus dem Haus. Was macht dein Mann, und wo steckst du überhaupt?«

»Na ja, das mit meinem Mann ist seit drei Jahren wieder passé. Ich bin jetzt eine von diesen allein erziehenden Müttern. Allerdings erst seit zwei Monaten.«

»Was ist passiert?«

»Bis dahin hatte mich meine Mutter unterstützt, wo es nur ging. Sie wohnte ganz in der Nähe. Dann ist sie gestorben.«

»Das tut mir sehr leid, Mareike.«

Auf der anderen Seite wurde es still. Gerhard hörte, wie sie schluckte.

»Und was ist mit deinem Vater?«

»Der ist vor vier Jahren gestorben, an Nierenversagen.«

»Das ist wirklich schlimm. Ich hätte beide gerne noch einmal wiedergesehen.«

»Mein Vater hat nie richtig verstanden, warum wir uns damals getrennt haben. Ich glaube, er mochte dich sehr.«

»Und wo wohnst du jetzt?«

»Deswegen rufe ich dich an. Wir wohnen in Koblenz etwas höher am Hang.«

»Was?«, rief Gerhard entsetzt. »In Koblenz? Auf welcher Höhe?«

»Das weiß ich nicht so genau, ich schätze, so bei achtzig oder neunzig Meter. Ich wollte mal von jemandem, der sich etwas besser auskennt, hören, ob wir hier wirklich etwas zu befürchten haben.«

»Wieso seid ihr überhaupt noch dort? Hat man euch nicht gewarnt?«

»Doch, sicher. Aber viele hier glauben nicht, dass es wirklich so schlimm kommen wird. Ich kann es mir auch nicht vorstellen. Außerdem wüsste ich gar nicht, wohin ich gehen sollte. Mein Ehemaliger kümmert sich nicht mehr um uns, der ist wieder irgendwo in Südamerika. Ich habe zurzeit kein Auto und müsste hier alles stehen und liegen lassen.«

»Pass auf! Gib mir deine Adresse und ich komme vorbei, sobald ich kann. Packt alles ein, was wichtig und wertvoll ist. Ihr müsst mit dem Schlimmsten rechnen!«

»Du machst mir ja Mut! Wie soll ich hier allein mit meinen beiden Mädchen so schnell alles packen? Ich habe gerade einer alten Dame geholfen, einer Freundin meiner Mutter. Sie wohnte näher am Rhein und ist vorhin evakuiert worden. Die wäre ohne mich völlig aufgeschmissen gewesen.«

»Hast du ein Handy?«

Sie tauschten ihre Nummern aus und Gerhard versprach, so schnell wie möglich vorbeizukommen.

Auf der Fahrt zurück an den Rhein grub Gerhard alte, längst vergessen geglaubte Erinnerungen aus. Früher hatte er oft daran gedacht, was wohl aus Mareike geworden war. Ihre Spur hatte sich vor sieben oder acht Jahren verloren, als sie mit ihrem Mann ins Ausland gegangen war. Und nun stellte sich heraus, dass sie fast Nachbarn waren. Es war schon seltsam. Da lagen über 28 Jahre zwischen der Gegenwart und einer Beziehung, die auf unschöne Weise zu Ende gegangen war, und trotzdem brachte ein einziger Anruf nach dieser langen Zeit alles wieder nach oben, als wäre es gestern gewesen. Am meisten erstaunte ihn die scharfe Trennung zwischen seinen guten und schlechten Erinnerungen. Wenn er an die letzten Monate dachte, an die Eifersucht und die vielen Diskussionen im Streit, kochte es in ihm sofort wieder hoch. Auf der anderen Seite standen die Jahre davor, die Schmetterlinge im Bauch, die ersten gemeinsamen erotischen Erkundungen, das erste Mal. Und dann hatte es noch ein Treffen gegeben, das er längst verdrängt hatte.

Gerhard überlegte, ob er Katrin sofort davon erzählen sollte. Er hatte nicht vor, durch Mareike irgendetwas zwischen sich und seine Frau kommen zu lassen. Das hätte Katrin nicht verdient, und Mareike hatte ihm schon genug Stress bereitet. Ganz hatte er das Ende der Beziehung immer noch nicht verdaut. »Ich werde zuerst bei Mareike in Koblenz vorbeifahren und es dann Katrin erzählen«, murmelte er vor sich hin und bog in die Stichstraße ein, die zum Krisenzentrum führte.

Gerhard brachte die Karten zu seinen Kollegen. Sie hatten mit den Untersuchungen der Gesteinsschichten auf der rechtsrheinischen Seite gegenüber dem Vulkan begonnen. Man benötigte so schnell wie möglich Informationen, um den Bau eines Ausweichkanals für den Rhein planen zu können. Nach kurzer Diskussion hielt es ihn nicht mehr im Hauptquartier und er machte sich wieder auf den Weg.

Er musste in weitem Bogen nach Norden ausweichen, um auf die linksrheinische Seite zu gelangen. Dort fuhr er auf der verstopften Autobahn nach Süden, direkt nach Koblenz. Unterwegs rief er Mareike an und riet ihr, so viel wie möglich einzupacken. Zum Glück hatte er den Bus und eine Fahrgenehmigung. Es schien eine Ewigkeit zu dauern, bis er sich endlich durch den Strom der Rheinflüchtlinge gekämpft hatte. Ohne seinen Ausweis als Mitglied des Krisenstabes hätte er gar keine Chance gehabt. Von seinen Kartierungen um Koblenz kannte Gerhard flüchtig das Viertel, in dem Mareike wohnte. Die Straße lag noch etwa drei bis vier Meter über dem Wasserspiegel. Überall standen Autos, die beladen wurden. Ein Durchkommen war fast unmöglich.

Alle versuchten, Ihre Habseligkeiten in den Fahrzeugen zu verstauen, so gut es ging. Die zum Teil hoffnungslose Überladung schien niemanden zu stören. Auf den Autodächern stapelten sich Möbel und Geräte, häufig ohne Gepäckträger, einfach nur mit Spanngurten gesichert, die unter dem Autodach durchgezogen wurden. Bis auf den Fahrer, die Käfigtiere und Katzen mussten alle anderen Familienmitglieder laufen. Die Organisation eines Möbeltransporters oder Kleinlasters aus Deutschland und den angrenzenden Gebieten glich einem Lotteriespiel. Die Firmen waren restlos ausgebucht.

Gerhard benötigte über zwanzig Minuten für die letzten hundert Meter. Die vollgepackten Wagen kamen nicht weg, Rangierlücken waren zugeparkt. Natürlich war auch vor dem Mehrfamilienhaus, in dem Mareike wohnte, alles dicht. Mit kurzem Anlauf fuhr Gerhard durch eine schmale Lücke über den Bürgersteig in den Vorgarten, direkt vor das Haus. Dabei quetschte er drei Rhododendronbüsche gegen die Hauswand.

»Hey! Sonst ist alles gesund?«, hörte er nur, als er ausstieg und zum Hauseingang hetzte. Gerhard zögerte kurz, dann schüttelte er den Kopf und suchte das Namensschild.

Mareike wohnte gleich im Erdgeschoss auf der rechten Seite. Sie hatte ihren Nachnamen behalten. Als Gerhard den Klingelknopf drückte, spürte er deutlich, wie sein Herz klopfte.

Es lag bestimmt daran, dass er so schnell gerannt war, dachte er und stellte sich vor, wie die vergangenen acht Jahre Mareike verändert haben mochten. Hatte sie schon graue Haare? War sie vielleicht fülliger geworden? Würde er sie überhaupt wiedererkennen? Er war gespannt, als würde er gleich eine Kiste öffnen, die er im Wald ausgegraben hatte.

Langsam ging die Tür auf.

Mit einem Schlag war alles wieder da. Mareike stand vor ihm, in engen Jeans und Pullover und immer noch mit halblangen blonden Haaren. Sie wirkte etwas voller, aber durchaus noch attraktiv. Mit einem Lächeln wie damals breitete sie die Arme aus und drückte Gerhard an ihre verführerische Oberweite. »Schön, dich mal wiederzusehen! Du hast dich ja kaum verändert.«

Sie küssten sich flüchtig auf die Wangen.

In Gerhard wurden alte Erinnerungen wach. Da war noch der gleiche Geruch, von den Haaren, vom ganzen Körper. Es war das gleiche Gefühl wie früher, als er sie in den Armen hielt.

Er war sich nicht sicher gewesen, wie er in diesem Moment reagieren würde. In Gedanken hatte er alle Varianten des Wiedersehens durchgespielt und mögliche Konsequenzen hochgerechnet. Das Ergebnis hatte ihn bestärkt, dass er keiner Gefahr ausgesetzt war. Trotzdem war ihm klar, dass solche Dinge nicht mit dem Kopf entschieden wurden.

Als er jetzt Mareike im Arm hielt, suchte er seine Gefühle so objektiv wie möglich nach Schwachstellen ab. Gab es da noch etwas, das ihn schwach werden ließ, ihn in die Vergangenheit zurückreißen würde?

Doch als sie sich wieder losließen und Mareike einen Schritt zurücktrat, war er sich ziemlich sicher. Es war vorbei.

Aus der Küchentür lugten zwei dunkelblonde Wuschelköpfe heraus. »Mama, ist das dein alter Freund?«

»Ja, das ist Gerhard, von dem ich euch erzählt habe. Der vor ein paar Tagen im Fernsehen war.«

»Na, ihr zwei! Wer von euch beiden ist denn wer?«

»Ich bin Irma!« – »Und ich Marie!«, kam es fast gleichzeitig.

»Ich grüße euch!« Gerhard drehte sich zu Mareike um. »Habt ihr das Wichtigste eingepackt?«

Sie zeigte zum Schlafzimmer. »Wir haben alles auf einen Haufen gestapelt. Glaubst du wirklich, dass das Wasser bis hier hochsteigt?«

»Mach dir bitte klar, dass wir ein echtes Problem haben. Der Vulkan hört nicht auf, seine Lava in den Rhein zu schütten. Da ist alles zu, und der Damm wächst ständig weiter. Wenn wir Pech haben, läuft in den nächsten Monaten das ganze Rheintal voll. Hier in Koblenz ist es besonders kritisch, weil es noch im Engtal liegt, wo der Anstieg sehr schnell geht.«

»Heißt es, wir müssen wirklich so schnell wie möglich weg?«

»Sogar ganz dringend. Ich habe einen VW-Bus, mit dem ich noch durchgekommen bin. Wir sollten alles einladen, was geht. Wir werden jeden Platz nutzen müssen. Alles was hier bleibt, könnt ihr abschreiben. In diesem Chaos werden wir es kaum schaffen, eine weitere Fuhre abzuholen.

Mareike schossen Tränen in die Augen. »Ist das wirklich wahr? Ich kann doch nicht alles aufgeben!«

Gerhard nahm sie in den Arm. »Das wird schon wieder. Von außen kommt sehr viel Hilfe.«

»Und wo sollen wir jetzt hin?«

»Ich werde bei unseren Evakuierungsleuten nachfragen, was mit euch geschehen soll. Aber lass uns erst einmal alles einpacken.«

Es dauerte eine knappe halbe Stunde, dann hatten sie die wichtigsten Sachen verstaut. Die Mädchen weinten, als sich die Tür hinter ihnen schloss. Sie hatten schnell begriffen, dass es ein endgültiger Abschied von ihrem bisherigen Zuhause war.

»Sehen wir wenigstens unsere Freunde wieder?«, fragte Marie schluchzend.

»Aber klar doch!«, versicherte Mareike, während sie ihre eigenen Tränen unterdrückte.

»Genauso muss es im Krieg auf der Flucht gewesen sein«, sagte sie zu Gerhard.

»Ja, ich habe in den letzten Tagen oft an meine Mutter und ihre Familien gedacht. Die mussten damals auch Hals über Kopf fliehen. Aber jetzt Kopf hoch! Wir suchen für euch ein neues Quartier, das sicher ist. Und dann sehen wir weiter.

Zu dritt quetschten sich Mareike und die Zwillinge auf die Beifahrerbank. Dann ließ Gerhard den Motor an. In Schlangenlinien fuhren sie an den vielen Hindernissen vorbei bis zur Straßenkreuzung. Dort begann der erste Stau.

»Warum hast du eigentlich kein Auto, Mareike?«

»Ach, hier in Koblenz konnten wir gut alles mit dem Bus erledigen. Und so viel habe ich mit der halben Stelle nicht verdient.«

»Was arbeitest du?«

»Ich war in einer Bank im Zentrum, die schon abgesoffen ist.«

»Na, Klasse!«

Unendlich langsam kamen sie dem Stadtrand näher. Die Verkehrssituation wurde von Polizisten mit Sprechfunk einigermaßen im Griff gehalten. Auf einem Parkplatz war ein großes Zelt aufgebaut, in dem die Hilfsorganisationen die Fußgänger registrierten und auf die Busse verteilten. Gerhard hielt an und fragte nach langem Warten den zuständigen Organisator, wo Mareike und ihre Zwillinge untergebracht werden konnten.

»Das wird eine Weile dauern, weil wir zunächst diejenigen bevorzugen, die zu Fuß hier ankommen«, erklärte der Mann vom Roten Kreuz. »Die Fahrzeugbesitzer sind mobil und können sich weiter weg ein Quartier suchen. In jeder größeren Ortschaft, die sicher ist, sind Zentralen eingerichtet. An die können Sie sich wenden. Aber nicht in den Köln-Bonner Raum. Der soll aus Sicherheitsgründen nicht mit zusätzlichen Flüchtlingen vollgestopft werden.«

»Ich habe fremde Personen im Wagen, die gehören nicht zu mir.«

»Haben die viel Gepäck?«

»Ja, ziemlich.«

»Dann müssen Sie erst mal eine andere Lösung finden. Wir können nur die mit wenig Gepäck mitnehmen.«

Gerhard wurde langsam von der nachschiebenden Menge abgedrängt. Etwas ratlos ging er zum Bus zurück.

»Wie sieht es aus?«, fragte Mareike ungeduldig.

»Das Problem ist, dass ihr relativ viel Gepäck habt. Damit kommt ihr nicht in die Busse. Auch über die Verteilerzentralen in den sicheren Ortschaften wird es schwierig.«

Irma fing an zu weinen. »Wohin sollen wir jetzt gehen«? Auch Marie konnte ihre Tränen nicht mehr zurückhalten.

»Wisst ihr was? Ich rufe Katrin an. Ich hoffe, sie hat nichts dagegen, dass ihr ein oder zwei Nächte bei uns in Köln bleibt. In der Zwischenzeit werden wir ein anderes Quartier für euch suchen.«

Gerhard entfernte sich ein Stück vom VW-Bus und zog sein Handy aus der Tasche. Es war bereits nach zwanzig Uhr.

»Hallo, Katrin! Du... ich habe ein Problem.«

»Schon wieder?«, fragte sie zurück, nichts Gutes ahnend.

»Rate mal, wer sich heute bei mir gemeldet hat.«

»Nun sag schon!«

»Mareike.«

»Ach so?«, kam es etwas spitz zurück. »Und wo ist jetzt das Problem?«

Gerhard erklärte ihr in knappen Worten die Situation.

»Bring sie mit!«, kam es von der anderen Seite – knapp, aber ohne Vorbehalte.

»Wunderbar! Du bist ein Schatz. Aber wir werden noch einige Zeit brauchen. Auf den Straßen herrscht das totale Chaos.«

Sie fuhren zwei Stunden bis Köln. Gerhard und Mareike nutzten die Zeit, um sich gegenseitig die wichtigsten Dinge der letzten Jahre zu erzählen. Als sie das Haus erreichten, schliefen die Kinder schon fest in Mareikes Armen. Sie trugen sie ins Haus und legten sie gleich in die Gästebetten, die Katrin vorbereitet hatte.

Katrin und Mareike begrüßten sich mit unterkühlter Neugierde. Sie waren sich schon ein paarmal flüchtig begegnet. Nach dem Ausräumen der wichtigsten Sachen gab es ein spätes Abendessen. Alle waren todmüde und drängten ins Bett. Katrin zeigte Mareike das Zimmer von Kirstin, in dem sie schlafen konnte, bis sich etwas Neues ergeben hatte.

»Was hast du mit ihnen vor?«, fragte Katrin, als sie endlich im Bett lagen.

»Ich werde mich um ein Quartier kümmern. Es wird nicht ganz einfach sein. Aber Mareike kann auch selbst losziehen und sich nach Möglichkeiten erkundigen.«

»Sie müsste sich schon eine möblierte Wohnung nehmen. Sie hat ja so gut wie nichts mehr.«

»Vielleicht könnte ich noch einen Versuch unternehmen, wenigstens die Geräte aus ihrer Wohnung zu holen. Alles, was noch etwas Wert hat.«

»Fernseher, Waschmaschine, Küchengeräte?«

»Zum Beispiel. Ich werde mal meine Leute fragen, ob sie mithelfen wollen. Wir könnten das Zeug in unserer Garage unterstellen, bis sich alles geklärt hat.«

»Und? Muss ich jetzt um dich Angst haben?«

Gerhard hatte die Frage fast erwartet. »Katrin, diese Geschichte ist vorbei, da bin ich mir ganz sicher. Du hast auch meine letzte ökologische Gefühlsnische vollständig besetzt. »Er sah Katrin mit einem strahlenden Lächeln an und kuschelte sich an ihren warmen Körper. »Da ist gar kein Platz mehr für andere Gefühle.«

Gleich nach dem Frühstück am nächsten Morgen fuhr Gerhard ins Institut und holte Roger ab. Er hatte sich bereit erklärt, mit ihm nach Koblenz zu fahren, um Geräte und Kleinmöbel abzuholen. Mareike hatte Gerhard den Wohnungsschlüssel gegeben. Sie musste in Köln bleiben, weil sie im Bus nur Platz wegnehmen würde und die meisten Sachen zu schwer für sie waren. Außerdem sollte sie die Zeit nutzen, um nach einer Unterkunft zu suchen. Während Gerhard von seinem Arbeitszimmer aus mit dem Krisenstab telefonierte und die Fahrt nach Koblenz bekannt gab, baute Roger die hinteren Sitzbänke des Busses aus.

»Wir müssen uns beeilen. Hoffentlich kommen wir einigermaßen durch«, sagte Gerhard, als endlich alles geregelt war.

»Wie sieht es da unten eigentlich aus?«, wollte Roger wissen.

»Das Wasser müsste demnächst die Straße überflutet haben. Aber wenn das passiert, können wir die Sachen vergessen.«

»Die Wohnung liegt im Erdgeschoss?«

»Ja, das ist das Problem. Da ist das Wasser schneller drin, als man denkt. Wenn es erst einmal die Geräte erreicht hat, kann man alles abschreiben.«

»Warum ist sie nicht früher aus der Wohnung raus? Es wurde doch schon seit Tagen bekannt gegeben, dass bis in die höheren Lagen evakuiert werden muss.«

»Zum einen hat sie nicht so recht geglaubt, dass die Lage wirklich so ernst ist, dann hatte sie kein Fahrzeug und wusste nicht, wohin sie sich wenden sollte. Hinzu kam das allgemeine Chaos. Und als die Zwangsevakuierung begann, haben sie natürlich zuerst die tiefer gelegenen Straßenzüge geräumt. Sie wäre erst jetzt dran gewesen, aber nur mit dem nötigsten Gepäck.«

»Irgendwie ist das alles schon schwer verdaulich.«

»Und es muss ja auch irgendwie organisiert werden. Im Moment sind fast eine Million Menschen betroffen. Eigentlich geht es noch viel zu langsam. Sicherheitshalber müsste man mindestens einen Tag Abstand haben.«

»Sie meinen, damit es nicht gleich Probleme gibt, falls sich die Evakuierung mal um einen Tag verzögert?«

»Genau. Es könnte zum Beispiel zu einer Unterwassereruption des Vulkans kommen. Was meinen Sie, was dann für eine Welle über Koblenz hinwegschwappt! Es würde genau die Leute erwischen, die unmittelbar an der Wassergrenze wohnen. Das wäre absolut tödlich. Man würde mehr als einen Tag brauchen, um alles wieder in den Griff zu bekommen.«

Als sie endlich die einzige noch befahrbare Zufahrtsstraße von Koblenz erreicht hatten, ging erst einmal gar nichts mehr. Da niemand mehr in die Stadt gelassen wurde, waren beide Spuren der Straße mit Fahrzeugen verstopft, die nach draußen flohen. Nur mit Hilfe des Allradantriebes war es möglich, über Randstreifen, Bürgersteige und Vorgärten vorwärts zu kommen. Das Wasser stand in den tieferen Senken der Seitenstraße schon mindestens zehn Zentimeter hoch. Als sie vor dem Haus ankamen, gab es genügend Parkplätze. Die Polizei hatte den Bereich inzwischen vollständig räumen lassen. Trotzdem stellte Gerhard den Wagen wieder im Vorgarten ab, um näher am Hauseingang zu sein. Kaum hatten sie die Seitentür geöffnet, kam schon ein Polizeiwagen angeschossen.

»Sie können hier nicht mehr einladen, Sie müssen sofort verschwinden!«, rief der Beifahrer aus dem Fenster des Fahrzeugs. Gelassen ging Gerhard zum Streifenwagen und zeigte seinen Ausweis. »Ich werde doch wohl meine eigenen Möbel abholen können! Schließlich war ich die ganze Zeit im Einsatz und hatte bisher keine Gelegenheit dazu erhalten.«

Der Polizist musterte kurz das Papier. »Entschuldigen Sie, Herr Böhm, das konnten wir nicht wissen. Aber beeilen Sie sich, damit Ihnen der Wagen hier nicht absäuft!«

»Ist klar, das ist auch in meinem Interesse. Höchstens zwanzig Minuten.«

»Gut, wir sagen unseren Kollegen Bescheid.«

Gerhard und Roger beeilten sich, die Geräte herauszuschaffen. Als Erstes kamen die Waschmaschine und der Herd in den Wagen. Kurze Zeit später waren die wichtigsten Sachen verstaut. Danach stopften sie alles, was klein genug war, in die Lücken. Vor allem die Spielsachen der Kinder und viele Kleinteile, von denen Gerhard meinte, dass sie wichtig sein könnten. Nach vierzig Minuten drohte der Bus aus den Nähten zu platzen, und Roger und Gerhard waren völlig durchgeschwitzt. »Es wird Zeit, wir müssen fahren!« Gerhard setzte sich ans Steuer und startete den Wagen.

»Hier wurden bestimmt unschätzbare Werte in den Häusern zurückgelassen. Das wird jetzt alles zu Schrott«, sinnierte Roger. »Wenn man Zeit und einen LKW hätte, könnte man mächtig was abstauben.«

»Wenn Sie unter die Plünderer gehen wollen, sollten Sie gut aufpassen, weil Bundespolizei und Polizei hier ständig patrouillieren. Nachdem das Wasser höher gestiegen ist und genug Tiefgang für die Lastkähne vorhanden ist, werden noch eine Menge Sachen aus den oberen Stockwerken geholt. Das hat sich ganz gut eingespielt. Die Einsatzteams lassen nur die Press-Spanmöbel und Sofas zurück.«

»Ich habe mich schon gewundert, was die weiter unten mit den ganzen Booten machen.«

Gerhard gab Gas. Auf der Nebenstraße hatte er jetzt freie Fahrt und preschte durch die aufspritzende braune Brühe. Als sie an die Einmündung der nächsthöheren Straße kamen, ging es wieder nur im Schritttempo weiter. Roger drehte sich ständig um. Fassungslos starrte er auf die Häuser, die alle Stadien der Überflutung zeigten. Es waren bedrückende Szenen.

Erst am späten Nachmittag erreichten sie Köln. Gerhard hielt an einer Bushaltestelle an und ließ Roger aussteigen.

»Ich werde mich demnächst revanchieren«, rief Gerhard ihm hinterher und fädelte sich wieder in den Stadtverkehr ein.

Katrin erwartete Gerhard bereits. »Da bist du ja endlich! Habt ihr noch etwas rausholen können?«

»Hallo, erst mal! Ja, wir haben alles in den Bus gestopft, was irgendwie hineinging.« Gerhard öffnete die Seitentür.

»Ich glaube, da wird jemand sehr erleichtert sein. Mareike ist unterwegs. Sie hat verschiedene Adressen bekommen, bei denen sie gerade vorbeischaut.«

»Gut. Ich dachte schon, dass es vielleicht Schwierigkeiten gibt, weil die offiziell niemanden nach Köln zuziehen lassen wollten.«

»So eng wird das wohl nicht gesehen, solange es um die höher gelegenen Außenbezirke geht. Hier wird wohl auch bei einem Dammbruch nichts passieren.«

»Das hoffe ich auch! Kannst du mit anfassen? Wir räumen erst einmal alles in die Garage.«

»Ich muss vorher nur schnell etwas zum Abendbrot einkaufen. Jetzt sind wir ja ein paar mehr am Tisch. Passt du so lange auf die Kleinen auf?«

»Dann fahre ich den Bus noch vor das Tor. Die beiden können eigentlich mithelfen, den ganzen Kleinkram auszuladen.«

Während Katrin zum Einkaufen fuhr, fingen die drei an, die ersten Sachen aus dem Bus zu laden.

»Oh, das ist ja unsere Puppenstube!«, freute sich Irma, als sie eine Decke von einem Stapel nahm.

»Ja!«, rief Marie. »Können wir jetzt gleich damit spielen, Gerhard?«

»Okay, geht ins Wohnzimmer. Wenn etwas ist, ruft ihr mich, abgemacht?«

Die beiden verschwanden überglücklich mit ihrem geretteten Schatz.

Kurze Zeit später kam Katrin zurück. »Was machen die Mädchen?«, fragte sie als Erstes.

»Die Bereitschaft zur Mithilfe hat nicht lange vorgehalten. Ich habe ihnen etwas mitgebracht, von dem ich mir schon dachte, dass sie es vermissen würden. Und damit spielen sie jetzt.«

Katrin brachte den Einkauf in die Küche und wurde sofort von den Zwillingen in Beschlag genommen. Sie musste erst die Puppenstube bewundern, bevor sie Gerhard helfen konnte.

»Die Kleinen sind niedlich, meinst du nicht auch?«, fragte Gerhard, während sie den Bus ausluden. »Zwillinge hatten für mich schon immer etwas Besonderes.«

»Ja…«

Schließlich stand nur noch die Waschmaschine im Bus. Gerhard holte ein Rollbrett, stellte es direkt vor die Seitentür und kantete das schwere Gerät über die Ecken nach vorn.

»Jetzt musst du die Füße vor das Brett stellen, damit es nicht wegrollt, und ich lasse die Maschine langsam über den Rand hinunter. Und fass gleich hier an der Ecke mit an.«

Als die Waschmaschine auf dem Rollbrett aufsetzte, traf sie etwas zu weit außen auf die Kante. Das Brett hob sich auf der gegenüberliegenden Seite an und krachte sofort wieder auf den Boden, bevor Gerhard die Bewegung abfangen konnte. Aber genau an dieser Stelle befand sich Katrins Zeh. Sie schrie auf und ließ alles los. Gerhard konnte aus der Drehung heraus nicht schnell genug zufassen und krachte mit Waschmaschine und Wagen gegen einen kleinen Schrank, den sie schon ausgeladen hatten. Der kippte halb um und entledigte sich seiner Schublade, die ihren gesamten Inhalt in der Garage verteilte.

»Scheiße! Was war das denn?«, brüllte Gerhard.

»Das musst du gerade fragen!«, schnauzte Katrin zurück und hielt sich hüpfend den Zeh. »Ich hoffe, der ist nicht gebrochen!«

»Zeig mal her!«

»Nein, du lässt gefälligst die Finger davon! Sonst fällt er mir noch ganz ab!«

Katrin humpelte fluchend ins Haus, um den Fuß zu verarzten.

Gerhard brummelte noch einen Augenblick herum, dann begutachtete er den Schaden. Die Waschmaschine hatte nicht viel abbekommen, nur der kleine Schrank hatte eine dicke Schramme.

»Immer noch besser als abgesoffen«, murmelte Gerhard und suchte den Kleinkram vom Boden auf. Es waren Sachen, die sich im Laufe der Zeit ansammelten und nirgendwo einen richtigen Platz fanden. Die Schublade schien ein regelrechter Friedhof für Kleinteile zu sein. Zwischen Schlüsseln, Schrauben, Knöpfen und Werkzeug schimmerte etwas Helles hervor. Interessiert nahm Gerhard einen leicht gebogenen, relativ schweren Metallstreifen in die Hand. Die Länge betrug fast zehn Zentimeter. Er ging mit dem Stück nach draußen ins Tageslicht.

Es war ein ungewöhnliches Material, das ein wenig wie Bronze aussah. Vielleicht war es sogar poliert. An der breiten Außenseite waren Symbole eingraviert, die er noch nie gesehen hatte.

Gerhard räumte die restlichen Sachen ein und ging mit dem Fundstück ins Haus.

»Katrin!«, rief er laut vom Flur aus.

»Ja, was ist denn?«, kam es mürrisch aus dem Badezimmer zurück.

»Wo steckst du? Schau mal, was ich in der Schublade von Mareikes Schrank gefunden habe!«

»Das ist mir egal. Schau du dir lieber an, wie dick der Zeh geworden ist!«

»Ach, so schlimm sieht es doch gar nicht aus.« Gerhard legte das Metallstück auf den Badewannenrand und half ihr beim Verbinden. »Es tut mir wirklich leid, aber solch kleine Unfälle kommen nun einmal vor.«

»Herzlichen Dank! Komisch ist nur, dass ich immer diejenige bin, die es erwischt!«

»Ach ja? Ich kann mich da an eine ganz andere Sache erinnern.«

»Was meinst du?

»Als wir in unserem ersten Haus den Spitzboden ausgebaut haben. Da gab es eine Einschubtreppe, auf der ich nach oben gestiegen war. Weil meine liebe Frau auf dem engen Flur immer um diese Treppe herumturnen musst, hat sie kurzerhand ein Stück nach oben geschoben.«

»Hör auf mit dieser alten Geschichte!«

»Und wer hat sich den Kopf und den ganzen Rücken aufgeschlagen, als er ganz dringend wegen irgendeiner Kleinigkeit zu Hilfe gerufen wurde? Von oben konnte ich in der Eile nicht sehen, dass die Treppe eingeschoben war.«

»Damals waren wir beide ziemlich im Stress wegen des Umbaus und der Kinder.«

»Und genau dann passieren solche Unfälle.«

»Ist ja schon gut! Aber der Fuß tut trotzdem höllisch weh, auch wenn ich versuche, nicht mehr sauer auf dich zu sein.«

Gerhard nahm seinen Fund wieder in die Hand. »Willst du es dir jetzt einmal anschauen?«

Katrin seufzte und tat ihm den Gefallen. »Das scheint ein Bruchstück von einem größeren Reif zu sein. Sieht irgendwie mittelalterlich aus, wie ein Requisit aus einem Historienfilm.«

»Ich werde Mareike nachher fragen, ob sie weiß, was das ist oder woher es stammt.«

Gerhard verzog sich wieder in die Garage, um weiter aufzuräumen.

Gegen neunzehn Uhr kam Mareike zurück. Die Zwillinge waren in der Küche und halfen Katrin beim Kochen. Gerhard hatte die Aufgabe übernommen, den Tisch zu decken. Mareike schien Erfolg gehabt zu haben. Er kannte sie immer noch gut genug, um es sofort an ihrem Mienenspiel ablesen zu können.

»Wie ist es gelaufen?«

»Eigentlich ganz positiv. Die Gemeinde hat verschiedene Wohnungen zur Verfügung gestellt beziehungsweise angemietet. Ich kann in den nächsten Tagen eine Zweizimmerwohnung bekommen. Sie ist sogar teilmöbliert und liegt gar nicht weit weg von hier. Und was habt ihr erreicht? Konntet ihr noch etwas aus der Wohnung holen.«

»Komm mit. Ich zeige dir die Sachen.«

Als Gerhard das Garagentor aufschob, fiel Mareike ihm spontan um den Hals. »Du bist ein Schatz! Damit hatte ich überhaupt nicht mehr gerechnet.«

»Ich nehme dich zwar immer noch sehr gern in den Arm, aber halt bitte etwas mehr Abstand. Ich möchte nicht, dass Katrin etwas missversteht. Der habe ich schon mit deiner Waschmaschine den Zeh blau geklopft.«

»Schon gut, ich bin einfach nur erleichtert. Wie ist das denn passiert?«

»Ach, ein kleiner Unfall. Passen diese ganzen Sachen überhaupt in die zwei Zimmer?«

»Das dürfte ziemlich eng werden. Können wir den Kram hier noch eine Weile stehen lassen?«

»Klar. Aber ihr solltet die wichtigsten Dinge mitnehmen, damit ihr nicht täglich an die Garage müsst.«

»Kein Problem.«

»Was ich dich fragen wollte… bei dem Unfall vorhin ist aus dem kleinen Schrank die Schublade rausgerutscht, und der Inhalt hat sich in der Garage verteilt. Beim Aufsammeln habe ich einen auffälligen Metallstreifen gefunden. Was hat es damit auf sich?«

»Meinst du ein messingfarbenes, längliches Metallteil?«

»Genau. Moment, ich habe es wieder zurückgelegt.« Gerhard ging zum Schränkchen und holte es aus der Schublade.

Mareike nahm das Stück in die Hand und sah es nachdenklich an. »Das war eine ziemlich verrückte Sache. Es gehört noch ein Ring dazu. Die beiden Sachen habe ich mit Rolf, meinem Exmann, gefunden.«

»Gefunden?«

»Ja. Vor einigen Jahren bei einem Spaziergang am Rhein. Kurz bevor wir uns getrennt haben. Rolf ist Botaniker und war immer auf der Suche nach irgendwelchen Pflanzen.«

»Dann war es vermutlich kein reines Vergnügen, mit ihm durch die Natur zu streifen.«

»Das kann ich dir sagen. Wir kamen nie richtig voran. Botanisieren nannte er es, wenn er alle paar Meter stehen blieb und Pflanzen bestimmte. Damals waren wir am Rhein, in diesem trockenen Ausnahmejahr. Der Fluss führte kaum noch Wasser. Ich kann mich noch gut daran erinnern. Die Zwillinge waren noch nicht so mobil, und Rolf wollte unbedingt auf eine dieser Kiesinseln steigen. Es interessierte ihn, ob sich dort unter den neuen Bedingungen schon Pflanzen angesiedelt hatten.«

»Und?«

»Da steckte dann dieses Metallteil im Kies, mitten auf der Insel. Rolf hatte es zuerst zur Seite getreten, weil er eine Pflanze freilegen wollte. Dann hat er es zum Graben benutzt und gemerkt, dass es kein Müll war. Immerhin war es völlig verdreckt.«

»Und was war mit dem Ring?«

»Den habe ich gefunden. Als Rolf das Metallstück gesäubert hatte und es sehr interessant aussah, war das für mich der Ansporn, mit den Kindern die halbe Insel abzusuchen. Und da lag er, in einer hellen Matsche.«

»War es Ton?«

»Schon möglich. Jedenfalls lag die Schicht unter dem Sand. Aber nicht sehr tief. Nur so, dass man die Matsche oder den Ton vorher nicht sehen konnte.«

»Und der Ring lag einfach so dazwischen? Das verstehe ich nicht.«

Mareike druckste etwas herum. »Du glaubst es mir vielleicht nicht, wenn ich es dir erzähle.«

»Was? Nun sag schon!«

»Du weißt doch, wie das mit Kindern in diesem Alter ist. Marie musste ganz dringend. Also habe ich sie einfach mitten auf der Insel abgehalten.«

»Ich ahne es. Ihr habt den Ring frei gepinkelt.«

»So ist es. Peinlich, aber wahr.«

»Was meinst du, wie viele Ameisenhaufen ich schon entdeckt habe, weil ich mal ins Gebüsch musste! – Aber jetzt würde mich doch sehr interessieren, wie dieser Ring aussieht. Kannst du ihn mir zeigen?« Gerhard wurde ganz aufgeregt.

»Ich glaube kaum. Der dürfte noch in Koblenz liegen. In meinem Wohnzimmerschrank, unter Wasser. An das Ding habe ich überhaupt nicht mehr gedacht.«

»Wie kann man so etwas vergessen? Habt ihr ihn mal einem Juwelier gezeigt?«

»Nein. Wie ich schon sagte, begann kurze Zeit später der Trennungsstress. In dieser Zeit war mir vieles egal. Ich wusste auch nicht, ob man deswegen vielleicht Ärger kriegt oder man ihn abgeben muss. Er war mir einfach unwichtig.«

»Und wie habt ihr euch erklärt, dass da einfach so ein Ring im Kiesbett steckt?«

»Er könnte von einem Schiff stammen, das untergegangen ist. Oder er ist nur über Bord gefallen. Wir haben nicht lange darüber nachgedacht.«

»Und du bist dir sicher, dass der Ring noch in deiner Wohnung ist?«

»Ziemlich sicher. Wenn er nicht in der Schublade war, wo du ihn bestimmt entdeckt hättest, dann ist er noch in der Wohnung.«

»Schade, ich hätte ihn mir gerne angesehen. Irgendwie interessiert er mich. Habt ihr anschließend weitergesucht?«

»Klar. Rolf war regelrecht in Goldgräberstimmung und hat an einigen Stellen gegraben. Aber dann haben die Leute so merkwürdig geschaut, und er hat auch nichts mehr gefunden.«

»Jetzt musst du mir nur noch sagen, auf welcher Insel das war.«

»Das weiß ich nicht mehr so genau. Weil der Rhein so wenig Wasser hatte, waren viel mehr kleine Inseln zu sehen als sonst. Auf jeden Fall war es irgendwo nördlich von Koblenz.«

»Im Engtal oder im Bereich Neuwied?«

»Nein, mehr Richtung Bad Hönningen, im Engtal.«

Katrin war inzwischen in die Garage gekommen und hatte die letzten Sätze mitgehört. Sie erinnerte sich, dass auch Gerhard und sie damals zur Trockenzeit dort entlanggefahren waren.

»Dann könnten wir beim nächsten Niedrigwasser – und wenn die Gefahr eines Vulkanausbruches vorbei ist – noch einmal auf die Suche gehen«, schlug sie vor. »Kommt jetzt rein, ich habe Schinkenspaghetti gekocht.«

»Gut. Wenn du einverstanden bist, Mareike, bitte ich unser Labor, das Metall zu analysieren. Vielleicht lässt sich dann etwas über das Alter sagen. Dazu sind nur ein paar winzige Krümel nötig. Es wird also nichts zerstört.«

»Vielleicht solltest du einen Archäologen fragen«, sagte Katrin auf dem Weg ins Haus. »Der kann vielleicht etwas mit den Symbolen anfangen.«

»Das musst du entscheiden, Mareike. Wenn du Pech hast, kassieren sie das Stück sofort ein.«

»Dann hat sie es in Nordrhein- Westfalen gefunden und kann es wenigstens zur Hälfte behalten«, erwiderte Katrin mit einem leicht verschmitzten Grinsen.

»Ich glaube, ich ziehe das Labor vor«, sagte Mareike lachend. »Ich bin mal gespannt, was bei der Analyse herauskommt.«

»Das wird noch eine Weile dauern«, warf Gerhard nachdenklich ein. »Unser Laborleiter ist die nächste Zeit im Urlaub.«

III. WASSER

Da gießt unendlicher Regen herab,
Von den Bergen stürzen die Quellen,
Und die Bäche, die Ströme schwellen.
Und er kommt ans Ufer mit wanderndem Stab,
Da reißet die Brücke der Strudel herab,
Und donnernd sprengen die Wogen
Des Gewölbes krachenden Bogen.

Friedrich von Schiller

In den letzten Wochen hatte es ungewöhnlich viel geregnet. Trotz starker Durchfeuchtung hätte der steile Hang mit dem Gemenge aus Terrassensanden, Lösslehm und Schutt stabil bleiben können. Doch die Bedingungen änderten sich von einem Tag auf den anderen. Ungewöhnlich stark fiel das kräftige Sturmtief aus, das von Nordwest heranzog. Aus den chaotischen Turbulenzen in der Lufthülle setzte sich völlig unvorhersehbar ein kleiner kräftiger Luftwirbel ab.

Der Hang war ein Teil der Verwüstungsspur, die sich durch die halbe Eifel zog. Ausgewachsene Buchen fielen um wie Dominosteine. Auf dem durchnässten Untergrund, in der tonreichen Fließerde, hatten sie keine Chance. Lediglich eine kleine Baumgruppe hinter einer Staffel aus Buschwerk und jungen Eschen hielt stand. Jetzt ragten mächtige Wurzelteller zwischen den glatten Stämmen in die Höhe. Überall am Hang bildeten sich in den aufgerissenen Löchern tiefe Pfützen. Der Regen wollte nicht aufhören. Es war nur noch eine Frage der Zeit, bis das langsam versickernde Wasser die Scherkräfte zwischen festem Untergrund und durchweichter Masse aufgehoben hatte.

Im Nest herrschte immer noch Winterruhe. Die Kühle der ersten Märzwochen in der Eifel ließ noch keine der Aktivitäten des Sommers zu. Eng zusammengekauert lagen die Bewohner in den zahlreichen Wohnkammern und hielten die Temperatur auf einem erträglichen Minimum. Sie, die kräftige große Waldameise, hatte Bereitschaftsdienst und war mit ein paar anderen für die Bewachung des Nestes, die Abwehr möglicher Eindringlinge und die Kontrolle der Bakterienrasen in den tiefen Gesteinsspalten zuständig. Mit ihrem sensorisch entwickelten Nervensystem registrierte sie alles um sich herum, was den Bau und ihr Volk betreffen könnte.

Auch die feinen Schwingungen, die sich unentwegt durch den Untergrund fortpflanzten. Sie kamen von den Bäumen, die der starke Wind bewegte.

Plötzlich schreckte sie hoch. Über den Boden breitete sich schlagartig ein viel stärkeres Vibrieren aus als das, was sie seit Tagen im Unterbewusstsein registriert hatte. Mit jeder Sekunde wurden die Schwingungen deutlicher, bis ein eigentümliches Rumpeln und Poltern alles überlagerte. Sofort setzte sich die Bewacherin in Bewegung, bahnte sich mit drei anderen einen Weg durch die obersten feuchten Zentimeter des Ganges, der kunstvoll mit Fichtennadeln gegen das Eindringen von Regenwasser verschlossen war, und trat hinaus in die unwirtliche Dämmerung des beginnenden Abends.

Der Höhepunkt der Erschütterungen war bereits überschritten, als sie sich gegen den Anprall der Regentropfen stemmte, die Fühler talabwärts ausgerichtet, dorthin, wo die Unruhe ihren Ursprung hatte. Ihre Instinkte waren in höchstem Grade sensibilisiert. Doch die Bodenwellen wurden wieder schwächer. Beruhigt zogen sich die ersten Kolleginnen in das Innere des Nestes zurück. Sie ging als Letzte und schloss geschickt den Eingang mit den zur Seite gelegten Nadeln und Pflanzenstückchen. Durchs Nest strömte bereits der beruhigende Botenstoff, der den Mitbewohnern Entwarnung signalisierte. Die Rutschmassen waren unterhalb ihres Standortes ins Tal geglitten.

Am nächsten Tag machte sich die Arbeiterin auf den Weg in die Tiefe, in die Spalte, die zu einer größeren Störung in der Erdkruste gehörte. Der Kontrollgang galt dem Bakterienrasen, den die Ameisen in einem Milieu konstanter Temperatur und Feuchtigkeit angelegt hatten. Doch heute, am Morgen nach dem Erdrutsch, kam sie nicht weit. Eiskaltes Wasser versperrte ihr den Weg in die Tiefe. Aufgeregt betastete sie mit ihren Fühlern den Rand der Oberfläche. Es war eindeutig, dass das Wasser stieg. Wie verwandelt machte sie kehrt und lief durch das verzweigte Gangsystem nach oben. Diesmal war es der wirksamste Stoff überhaupt, den sie ausstoßen konnte, das Signal der höchsten Alarmstufe. Panische Hektik brach aus. Bald würde das steigende Wasser die ersten Brutkammern erreichen.

Die Schlammmassen hatten sich im kleinen Tal in Form einer Zunge bis an den gegenüberliegenden Hang geschoben und versperrten dem angeschwollenen Bach wirksam den Weg. Mehrere Meter hoch und doppelt so breit hielt der Damm dem stauenden Wasser stand. Nur noch ein oder zwei Stunden, dann würde der Wasserspiegel der kleinen Talsperre die große Nestkuppe am Fuß des Hanges erreicht haben.

Das Signal der Bewacherin hatte gewirkt. Routiniert, als hätten sie es hundertfach geprobt, räumten die Pflegerinnen und Arbeiterinnen die Brutkammern und trugen die Larven in die höchsten Stockwerke und nach draußen, trotz des widrigen Wetters und der feuchten Kälte. Die Farbe der höchsten Stelle des Ameisenhaufens wechselte faszinierend schnell von Braun ins Weißliche – der Farbe der Larven. Auf ein Ausweichen zum sicheren Hang war keiner der Bewohner programmiert.

Wenig später hatte das Wasser das Nest umschlossen. Es wurde eng auf der Kuppe, selbst die Königinnen hatten die Flucht nach draußen vorgezogen und hielten sich in der Nähe der Larven auf. Nachströmende Ameisen drängten fortwährend ins Freie. Es gab keinen Platz mehr. Einem überquellenden Vulkan gleich bewegten sich die Massen hangabwärts in Richtung Wasser. Unzählige Mitglieder des Ameisenstaats trieben bereits an der Oberfläche, festgeklammert an Holzstückchen und ohne Chance, ihrem Schicksal zu entfliehen. Die kreisende Strömung verteilte sie spiralförmig über das neu entstandene Stauwasser. Nur noch wenige Zentimeter, dann würde das gesamte Nest aufschwimmen und in kleinere Stücke zerfallen. Vielleicht war es die einzige Möglichkeit, einen Teil des Volkes zu retten, wenn diese am Ufer strandeten.

KAPITEL 9

Mitte März war der Winter endgültig vorbei. Kräftige Tiefdruckgebiete zogen über das Land und brachten feuchtwarme Luftmassen mit lang anhaltenden Niederschlägen. Dadurch wurde die Situation an den gestauten Flüssen dramatisch verschärft. Die vielen Regenfronten ließen den Stausee schneller steigen als erwartet. In den Alpen setzte die Schneeschmelze in diesem Jahr besonders früh ein. Der Damm aus Lava war inzwischen auf 110 Meter über Meeresniveau gewachsen. Das einzige Wasser, das jetzt noch hindurch kam, wurde durch die Kanalisation rechts und links des Rheins gedrückt. Knapp unterhalb des Dammes schossen gewaltige Fontänen mit lautem Getöse aus den Kanalschächten in die Höhe. Der Wasserstand im oberen Rheintal lag jetzt mit 95 Metern über NN nur 15 Meter unterhalb der Dammkrone. Das Neuwieder Becken mit Koblenz und das gesamte Rheintal bis Mainz waren genauso wie die Orte an der unteren Lahn und an der unteren Mosel komplett geflutet. Alle Versuche, den Lavastrom zu lenken oder durch Sprengung umzuleiten, waren gescheitert.

Gerhard hatte sich an diesem Wochenende den Sonntag als freien Tag ausgesucht. Es war für ihn weder möglich noch notwendig, jederzeit am Damm zu sein. Der Umzug von Mareike lag inzwischen hinter ihnen. Die meiste Arbeit hatten die Frauen ohne ihn erledigt.

Das sonntägliche Frühstück bei den Böhms war schon seit langem eine feste Institution. Als noch alle Kinder zu Hause wohnten, war es der Zeitpunkt in der Woche gewesen, an dem sich alle mehr oder weniger gleichzeitig am Tisch trafen.

Meistens artete die Sache zu einem Brunch aus, sodass häufig auf das Mittagessen verzichtet wurde. Kirstin hatte das Sonntagsfrühstück treffend als »Böhm'schen Markt« bezeichnet, bei dem alle zusammenkamen, Neuigkeiten austauschten und lebhaft diskutierten. Gleichzeitig war es eine Gelegenheit, endlich die im Laufe der Woche eingetroffenen Magazine zu lesen. In dieser Hinsicht bestand für Gerhard diesmal ein besonders dringender Nachholbedarf. Er organisierte sich alle Zeitungen der letzten vierzehn Tage, legte die Beine auf den nächsten Stuhl und vergrub sich in die Seiten.

»Das ist schon ziemlich verrückt, aber eigentlich genau das, was ich erwartet habe.«

»Was meinst du?«, fragte Katrin, die gerade eine neue Kanne Tee ins Esszimmer brachte.

»Hier steht, dass mit der sich abzeichnenden vollständigen Überflutung von Mainz und Frankfurt die Börsen auf einen historischen Tiefstand gefallen sind.«

»Bis unter den Wasserspiegel?«

»So könnte man es boshaft formulieren. Aber die europaweit angelaufene Hilfswelle ist wirklich beeindruckend. Selbst aus Übersee werden Notunterkünfte und sogar Gebrauchsgegenstände gespendet.«

»Hast du schon von der Völkerwanderung in den Osten gelesen?«

»Nein, wo steht das?«

»Im letzten *Spiegel*. In den neuen Bundesländern gibt es doch so viele leer stehende Häuser und Fabriken. Die Firmen, die schnell genug waren, haben sich komplette Fabrikanlagen, Hallen und Wohngebäude gesichert. Ganze Produktionsanlagen werden aus den Überschwemmungsgebieten verlagert.«

»Und das Personal?«

»Auch die müssen sich vor dem Hochwasser in Sicherheit bringen und folgen ihren Arbeitsplätzen. Deshalb die Völkerwanderung.«

»Dann ist es kein Wunder, wenn sämtliche Transportkapazitäten ausgeschöpft sind. Weil sie nicht nur zur Evakuierung, sondern auch zur Auslagerung kompletter Firmen genutzt werden.«

»Du glaubst gar nicht, wie viele ausländische Transportunternehmen hier inzwischen auf der Matte stehen. Und das ist noch lange nicht genug. Was schätzen eigentlich die Leute im Krisenstab, wie viele Millionen Menschen noch umziehen müssen?«

»Das hängt vom Nunak ab. Wenn der nicht aufhört zu spucken, zwei bis drei Millionen. Und wenn er auch nach der Zweihundert-Meter-Marke weitermacht, können wir noch mindestens ein bis zwei draufsatteln.«

»Wie soll ein Land so etwas verkraften?«

»Das weiß im Moment keiner.«

Apropos umziehen. Mareike war gestern kurz mit den Kindern hier.«

»Hat sie sich einigermaßen in der neuen Wohnung eingerichtet?«

»Ja, ganz gut. Sie hat mich gebeten, demnächst auf die Zwillinge aufzupassen, damit sie verschiedene Behördengänge machen kann.«

»Tust du ihr den Gefallen?«

»Klar. Aber jetzt erzähl mal, was ihr geplant habt. Irgendetwas muss doch endlich mal getan werden!«

»Es ist nicht so einfach. Die Versuche, den Lavastrom umzulenken, waren von vornherein zum Scheitern verurteilt. Jetzt erhoffen wir uns durch den Bau von Rohrleitungen eine kleine Chance, den Wasserstand nicht ganz so schnell steigen zu lassen. Damit werden wir versuchen, das Wasser über den Damm in den Unterlauf zu pumpen.«

»Ist es nicht genau das, was du von Anfang an gefordert hast?«

»Genauso ist es. Es zeigt einmal mehr, dass der Druck erst ausreichend groß werden muss, bevor solche Vorschläge aufgegriffen werden. Allerdings wird es schwierig, so kurzfristig Material in ausreichender Menge zu besorgen, zumal die Franzosen schon begonnen haben, Rohre und Pumpen für die Mosel aufzukaufen. Die ersten Leitungen sind bereits verlegt. Einige Landkreise wollen die Seitentäler mit Dämmen sichern. Das wird noch ein kräftiges Hauen und Stechen um das Material geben. Ich bin übrigens mit Heinz Lindert und zwei anderen Kollegen am Damm verabredet. Wir wollen über die Vorbereitungen diskutieren.«

»Heinz Lindert aus Bonn?«

»Ja. Er ist genau der richtige Mann für so etwas. Von Hause aus ist er Ingenieurgeologe und hat auch viel über Tektonik gearbeitet.«

Es war schon fast Mittag, als Susanna plötzlich völlig verschlafen am Frühstückstisch auftauchte.

»Na, Vadder, sieht man dich auch mal wieder?«

»Tag, Susanna.« Gerhard gab ihr einen Kuss auf die Wange. »Wenn du früher aufstehen würdest, hättest du das Vergnügen schon viel eher gehabt. Was hat dich denn so vorzeitig aus dem Bett getrieben?«

»Na, wer wohl? Morpheus! Der Blödmann ist auf mein Bett gesprungen und hat mir voll in den großen Onkel gebissen!«

»Hat er diese Angewohnheit immer noch nicht abgelegt? Das hat er früher doch immer bei uns gemacht.«

»Der wird nie erwachsen«, murrte Susanna und verzog sich in die Küche, um sich ein Müsli zuzubereiten.

Gerhard streckte die Arme weit nach hinten über die Lehne. »Mann, es wird Zeit, dass das mit diesem verrückten Vulkan endlich aufhört!«

Die Aktivität des Nunak war ungebrochen. Unermüdlich schickte er seine Lava aus der Spalte am Hang in das Engtal des Rheins. Die vereinzelten Eruptionen am Gipfel des Vulkans wurden inzwischen mit einer gewissen Gelassenheit hingenommen. Wenn es knallte, gab es für jeden, der im näheren Umfeld tätig war, einen genauen Plan, wie er sich zu verhalten hatte. Die Sicherheitsvorkehrungen waren inzwischen so effektiv, dass es zu keinen Unfällen mehr gekommen war.

Am nächsten Morgen holte Gerhard bei starkem Regen Heinz Lindert in Bonn ab. Sie fuhren direkt zum Damm auf die rechtsrheinische Seite. Für die Fahrzeuge war ein Stück abseits ein Unterstand aufgebaut worden, in dem Gerhard den Bus abstellte. Im Schutzbunker trafen sie Ahrens, Kromme und Maron, einen höheren Offizier der Bundeswehr. Kromme sah nicht gut aus. Er hatte sein Haus vollständig aufgeben müssen und war mit der Familie zu Verwandten auf die Hochfläche gezogen. Das alles schien ihn mehr mitgenommen zu haben, als er sich selbst eingestehen wollte. Immerhin hatte er Gerhard vor einigen Tagen anvertraut, dass er hin und wieder Probleme mit dem Herzen hatte.

Ahrens konnte kaum verbergen, dass er unter Dampf stand. Respektvoll begrüßten sie sich mit Handschlag.

Maron kannte die Geologen noch nicht persönlich. Er stellte sich als der Gesamtverantwortliche für die Einsätze der Pioniere vor. Dann traf Herbert Müller von der Wasser- und Schifffahrtsdirektion ein und schloss sich der Begrüßung an.

»Wie sieht es aus, Ahrens?«, erkundigte er sich jovial. Sie hatten in der letzten Zeit täglich miteinander zu tun gehabt.

Ahrens zog die Weste mit Schafsfellfütterung über dem Kugelbauch auseinander und schob die kräftigen Daumen hinter die breiten Hosenträger. Mit dem weißen Helm, der blauen Hose, der schwarzen Weste und den gelben Gummistiefeln hätte er auf jeder Baustelle den Polier abgeben können. Als würde ihn jemand nach vorn ziehen, senkte er leicht den Oberkörper, fing die Bewegung aber sofort durch Wippen auf den Zehenspitzen ab. Die Hautfarbe seines Gesichts wechselte von Dunkelrot nach Blaurot. Müller trat überrascht einen Schritt zur Seite.

»Ich wünschte, ich hätte jemanden, der für all das hier verantwortlich ist. Dann könnte ich wenigstens irgendjemandem den Hals umdrehen.«

»Nette Begrüßung!«, moserte Lindert genauso brummig zurück. »Da werden Sie aber noch eine Weile suchen müssen.«

Ahrens reagierte mit mürrischem Räuspern, griff in eine Kiste voller Kartenrollen und zog mehrere nacheinander heraus. Endlich schien er die richtige gegriffen zu haben und breitete sie auf dem Tisch aus, wobei er die Einrollbestrebungen mit zwei großen Linealen bändigte. »Jetzt schauen Sie sich das einmal an!«

Die anderen bauten sich neben Ahrens an der Karte auf.

»Wir haben erste Abschätzungen für den Bau eines Rohrsystems vorliegen. Wenn wir auf Nummer sicher gehen wollen, müssen wir genügenden Abstand zum Einlauf der Lava in den Rhein einhalten. Das heißt, der Ansaugbereich für die Pumpen muss südlich der Hammersteiner Werth, der ehemaligen Kiesinsel stehen.« Er fuhr mit einem Stift über die Karte, in der der Lavadamm gestrichelt eingezeichnet war.

»Also genau gegenüber von Namedy.« Maron deutete auf das rechtsrheinische Ufer.

»Wir müssen auf jeden Fall davon ausgehen, dass der Vulkan noch über lange Zeit aktiv ist und schlimmstenfalls eine Mauer von über zweihundert Metern über dem Meeresspiegel aufbaut«, gab Gerhard zu bedenken.

»Genau!«, bekräftigte Ahrens und wischte sich den Schweiß von der Stirn. »Das bedeutet, dass wir einen Höhenunterschied von mindestens einhundertvierzig Metern einkalkulieren müssen, wenn wir von der alten Rheinoberfläche ausgehen. Der Standarddurchmesser für die Rohre, die wir einsetzen können, beträgt einen Meter vierzig. Bei den Druckverhältnissen und der Pumpleistung kriegen wir maximal einen Durchfluss von zwei Kubikmetern pro Sekunde hin.«

»Was kommt normalerweise den Rhein herunter?«, fragte Kromme.

»Der hat jetzt ein mittleres Hochwasser, beziehungsweise hätte unter normalen Verhältnissen ein Hochwasser von vielleicht fünftausend Kubikmetern pro Sekunde. Also können Sie sich leicht ausrechnen, was das bedeutet. Um die Suppe einmal über den Berg zu pumpen, würden wir allein zweitausendfünfhundert Rohrleitungen benötigen. Aber damit würden wir den Wasserstand vor dem Damm nicht um einen Millimeter senken.«

»Zweieinhalbtausend Rohrleitungen?«, fragte Kromme ungläubig. »Und in welcher Länge?«

»Bis über die Kante etwa zwei Kilometer. Dann müssen wir wieder den Hang runter, sonst haben wir als Nächstes ein Problem mit der Erosion. Also rund vier Kilometer lange Rohrleitungen, einen Meter vierzig im Durchmesser und davon zweitausendfünfhundert Stück.«

»Das können wir doch komplett vergessen!« brüllte Maron los. »Bevor das steht, laufen in Basel die Keller voll.«

»Selbst unter größten Anstrengungen dauert es mindestens ein bis zwei Jahre, bis sich der Wasserspiegel auch nur um einen Fingerbreit gesenkt hat.« Ahrens nahm den Helm ab und kratzte sich die Kopfhaut. »So lauten jedenfalls die ersten Schätzungen.«

»Und was wäre mit einer Tunnelbaulösung? Wie lange würde er bis zum ersten Durchstich dauern?«, bohrte Kromme weiter.

»Mindestens zwei bis drei Jahre für eine Röhre.«

»Und wie viele brauchen wir davon, um das hier wegzuschaffen?«

»Ich habe noch nicht nachgerechnet, aber ich schätze, so an die fünfzig Stück.«

»Wie bitte? Das kann doch nicht ihr Ernst sein!« Kromme war außer sich.

»Die Schätzung klingt realistisch«, schaltete sich Gerhard ein. »Stellen Sie sich vor, wie viele Containerschiffe nebeneinander liegen müssten, bis Sie an dieser Stelle trocken über den Rhein gehen können. Und die müssten mindestens alle auf einmal hindurchpassen. Also würden Sie für jedes Schiff einen Tunnel brauchen.«

Kromme riss in einem Anflug von Verzweiflung die Arme hoch. »Das würde bedeuten, dass wir die Sache mit den Tunneln vergessen können! Das wären doch nur ein paar Tropfen durch den heißen Stein!«

»Genau so ist es«, bestätigte Ahrens. »Ich sage ja, bringen Sie mir jemanden, den ich würgen kann.«

»Verdammt! Was bleibt da überhaupt noch übrig?« Krommes Gesichtsfarbe hatte sich von einem ungesunden Rot in einen aschgrauen Ton verwandelt.

»Das ist das Problem. Wir sitzen in der Falle.«

»Und die läuft langsam voll«, sinnierte Müller. Er hatte sehr genaue Vorstellungen davon, welche Ortschaften mit dem nächsten Meter Wasser untergehen würden.

»Wir haben gesehen, dass bisher alle Sprengversuche in die Hose gegangen sind«, sagte Maron. »Die letzte Aktion mussten meine Pioniere schlagartig abbrechen, weil sich ein Lavastrom auf die vorgesehene Sprengstelle zugewälzt hat. Letztlich hätten alle Umleitungen sowieso nur kosmetischen Charakter. Wohin sollen wir die Lava dirigieren? Irgendwann wird alles wieder von oben zugekleistert.«

Gerhard holte eine Karte aus seiner Tasche und legte sie auf den Tisch. »Die Materialschlacht gegen einen solchen Vulkan können wir einfach nicht gewinnen. Wenn wir genügend Zeit hätten, würde die einzige Alternative darin bestehen, einen Bypass, einen Kanal um das Hindernis zu bauen.«

»Und wie lang soll der sein?«, fragte Müller.

»Mit dem nötigen Sicherheitsabstand wären auch das mindestens vier bis sechs Kilometer. Bei so einem Projekt müssten wir ganz sicher gehen, dass wir langfristig nicht wieder Probleme mit der Lava bekommen.« Gerhard zeichnete mit dem Finger die ungefähre Lage eines Kanals auf der Karte nach. »Er muss mindestens so breit wie ein Drittel des normalen Rheinlaufes sein, damit der Rückstau nicht zu groß wird. Größer zu bauen wird auf die Schnelle kaum machbar sein.

»Dann wäre der Rhein aber für lange Zeit nicht mehr durchgehend schiffbar. Durch so einen Kanal kommen doch höchstens Wildwasserkanus. »Herbert Müller reckte seine hagere Gestalt und federte auf den Zehnspitzen nach. Zischend sog er Luft und Speichel durch die Zähne und musste kräftig schlucken. Sein großer Adamsapfel bewegte sich, was am dürren Hals besonders deutlich sichtbar war. Er dachte an die schwer gebeutelten Transportunternehmer. Die verkehrsreichste Wasserstraße Europas war schon seit Monaten lahm gelegt. Im Oberlauf herrschte das Chaos, und der Unterlauf hatte kein Wasser.

»Das müssen wir in Kauf nehmen. Aber für mehr Breite ist einfach keine Zeit. Das dürfte allerdings das geringere Problem sein, das man zur Not später lösen kann.«

»Da die Zeit der kritische Faktor ist, sehe ich im Moment nur eine brauchbare Lösung.« Ahrens breitete die nächste Kartenrolle auf dem Tisch aus. »Wir sollten sofort mit der Installation der Rohrsysteme hier am Hang auf der rechtsrheinischen Seite beginnen. Die Beschaffung muss schnellstmöglich in die Wege geleitet werden, alle verfügbaren Rohre müssen geordert werden, notfalls aus Südafrika, wenn es nicht anders geht. Mit den Pumpen dürfte es etwas schwieriger werden. Zur Not müssen die Politiker bei den Firmen Druck machen, dass sie rund um die Uhr produzieren.

Unsere Schätzungen gehen davon aus, dass die ersten Systeme nach drei Monaten verlegt werden können.«

»Das würde aber auch bedeuten, dass in dieser Zeit die komplette Planung der Arbeiten stehen muss«, sagte Gerhard.

»Nicht nur das. Wir müssen planieren, Halterungssysteme für Talüberbrückungen verschweißen und viel Material bewegen. Wir können nicht zweitausendfünfhundert Rohre nebeneinander am Hang verlegen. Dann wären wir sehr schnell drüben im Westerwald. Es bleibt nur die Möglichkeit, in die Höhe zu gehen und die Rohrleitungen mehrfach übereinander zu bauen. Außerdem müssen Starkstrommasten aufgestellt werden. Mit Solarenergie bekommen wir die Pumpen nicht in Gang.«

»Es klingt vielleicht zynisch«, warf Kromme ein, »aber wir könnten einiges aus dem Bereich des Neuwieder Beckens abbauen. Das ist in der nächster Zeit sowieso nicht mehr zu gebrauchen.«

»Zuerst muss von oberster Stelle entschieden werden, ob ein Bypass gegraben werden soll oder nicht. Wenn ja, konkurriert der nämlich mit den Rohren. Deshalb sollten wir vorher klipp und klar auf eine Entscheidung drängen. Wenn der Kanal gebaut wird, müssen wir mit den Rohren weiter den Hang rauf.« Ahrens zeichnete die mögliche Lage auf der Karte nach. »Sonst sind die nachher im Weg.«

»Und umgekehrt?«, fragte Lindert.

»Sie meinen, wenn der Kanal weiter im Osten gebaut wird? Das wäre zeitlich und vom Kostenaufwand her absolut unsinnig.«

»Wenn die von oben entscheiden, dass nur das Rohrsystem gebaut werden soll, hätten wir die Pumpen in der Tat wesentlich schneller am Laufen«, sagte Lindert. Es war nicht zu überhören, dass er ursprünglich aus dem Ruhrgebiet kam. »Die könnten ja darauf spekulieren, dass das Rheintal wieder frei gegraben werden kann. Wenn die Lava erkaltet ist und nichts mehr nachkommt.«

Müller beugte sich über die Karte und suchte eine mögliche Strecke für die Rohre. »Ich denke, wir sollten erst einmal mit tausendfünfhundert Rohrleitungen kalkulieren. Damit schaffen wir zumindest das Volumen, das im Jahresmittel hier ankommt. Der Spuk muss ja irgendwann wieder aufhören. Und dann ist es doch nur eine Frage der Zeit, bis der Damm abgegraben ist.«

»Daran habe ich auch schon gedacht«, unterstützte Gerhard den Vorschlag. »Wir könnten gleichzeitig einen weiteren Versuch unternehmen, den Wasserstand zu senken. Der Lavastrom hat sich im Rheinbett genau über der Hammersteiner Werth ausgebreitet. Das ist eine lang gestreckte Kiesinsel mitten im Rhein. Der Basalt dürfte an der Unterseite bereits so weit abgekühlt sein, dass er eine stabile Scholle bildet. Wir könnten versuchen, den darunter liegenden Kies abzugraben.«

»Und wie wollen Sie den wegschaffen?«, fragte Ahrens skeptisch.

»Wir müssten versuchen, von der trockenen Seite aus ein Loch in das Kiesbett zu bohren. Unter dem Damm hindurch. Das wären zwar mehr als einen Kilometer Strecke und nicht gerade die besten Arbeitsbedingungen, aber wir sollten es ernsthaft diskutieren. Wenn erst ein größeres Loch da ist und das Wasser durchkommt, ist es nur noch eine Frage der Zeit, bis der ganze Kies weggespült ist. Das könnte bereits eine enorme Entlastung werden.«

»Das mit dem kleinen Loch können Sie sich aus dem Kopf schlagen, das funktioniert nicht«, polterte Ahrens los. Er hatte über längere Zeit Erfahrungen im Tunnelbau gesammelt. »Die Durchmesser sind viel zu gering, das stürzt gleich wieder zusammen und verstopft den Weg. Nein, da müssen Sie klassisch ran, mit Hochdruck-Spültechniken und Schildausbau.«

»In diesem Fall sollten wir einen Fachmann für Tunnelbau hinzuziehen.«

»Stimmt. Das kann nur eine Profi-Firma machen. Die werden den Kies mit Hochdruckpumpen raus spülen und mit Ladern wegfahren. Das ist am sichersten und kühlt gleichzeitig die Decke. Ich vermute, dass es da unten trotzdem immer noch recht warm wird.«

»Parallel brauchten wir einen Wandverbau, damit die lockeren Kiesmassen nicht laufend nachbrechen. Und wenn wir nahe genug am Durchstich sind, könnten wir Bohrer einsetzen, bis das erste Wasser durchbricht«, überlegte Gerhard. »Dann kann nicht mehr viel verstopfen.«

»Das dürfte ein Himmelfahrtskommando werden. Wer will das freiwillig machen? Draußen schmeißt uns der verfluchte Vulkan die Bomben auf den Kopf und drinnen genügt ein kleiner Riss in der Decke, und du kriegst einen Mantel verpasst, dass du hinterher aussiehst wie Max und Moritz im Brotteig«, ließ Ahrens seiner Phantasie freien Lauf. »Wenn sie dich überhaupt je wieder rausholen.«

»Und wie verhindern wir, dass der Tunneleingang gleich wieder zuläuft?« Lindert hatte die Frage an Gerhard gerichtet.

»Wir müssen höllisch aufpassen und versuchen, wenigstens in diesem Bereich den Strom dauerhaft umzulenken. Jedenfalls, solange dort unten gearbeitet wird.«

»Das könnten wir schaffen«, überlegte Kromme. »Eine Umlenkung nach Süden in den aufgestauten Bereich ist mit einigen Anstrengungen vielleicht machbar. Allerdings nur, wenn wir den Damm dadurch nicht zusätzlich verbreitern. Sonst wird der Tunnel immer länger.«

»Und wenn es gar nicht anders geht, versuchen wir, nach Norden einen Damm aus Lava zu bauen. Dazu muss alles an Flugzeugen ran, was Wasser durch die Luft fliegen kann. Dann bilden wir einen Kanal, in dem die Lava stromabwärts an der Bohrstelle vorbeigeleitet werden kann. Jedenfalls, solange es irgend geht«, schlug Heinz Lindert nach kurzem Nachdenken vor. »Und was das Himmelfahrtskommando angeht – wir müssen es probieren und die Leute gut bezahlen. Einige werden sich bestimmt finden, die da mitmachen wollen. Wenn allerdings die Temperaturen im Inneren zu hoch werden, sehe auch ich schwarz. In diesem Fall ist die Decke sicher noch zu dünn und könnte einsacken. Dann hätten wir womöglich einen wunderschönen dichten Lavapfropfen, den wir nicht so schnell abgraben könnten.«

Lindert musste sich bei diesem Gedanken schütteln. »Möglicherweise gibt es da noch ein anderes Problem. Es könnte sein, dass von der Kiesinsel gar nichts mehr da ist. Sie haben ja gesehen, welche Kraft das Wasser im enger werdenden Durchfluss entwickelt hat. Es könnte ausgereicht haben, fast alles wegzuspülen. Dann können wir das Ganze vergessen.«

»Besteht nicht die Möglichkeit, dass es zu Lavaaustritten unter Wasser gekommen ist? Ich kenne solche Aufnahmen aus Hawaii.«

Gerhard schaute Maron etwas verwundert an. Von einem Offizier der Bundeswehr hatte er eine derartige Frage nicht erwartet. »Sie kennen sich in Geologie aus?«

Maron war erst Anfang vierzig, wirkte aber durch seine grauen, leicht schütteren Haare deutlich älter. »Nur ein wenig. Ursprünglich sollte ich mal Geologie studieren, bin aber aus den verschiedensten Gründen bei der Bundeswehr hängen geblieben. Wie das halt so ist. Aber Geologie ist immer noch mein Hobby. Vor kurzem bin ich sogar in einen geologischen Verein hier im Ruhrgebiet eingetreten.«

»Nicht schlecht. Dann können Sie ja mitreden.«

»Ich weiß nicht, ob ich damit richtig liege, aber könnte es nicht sein, dass der Lavafächer bereits am Fuß Schmelzaustritte hatte, wie bei der Entstehung von Kissenlaven, wenn die Schmelze durch kleinere Lavatunnel läuft?

»Ja, das wäre durchaus möglich«, sagte Gerhard nachdenklich.

»Im tosenden Dreckwasser war ja kaum etwas zu erkennen. Sicher gab es auch im tieferen Wasser eine ordentliche Dampfentwicklung, wo Schmelze ausgetreten ist. Aber der Dampf muss gleich wieder kondensiert sein. Wenn sich der Lavafächer also auch von unten her aufgebaut hat, waren die Kiese und Sande vor dem Abspülen geschützt. Auch, als es im Flussbett enger wurde. Dann hätten wir eine Chance. Gute Überlegung.« Gerhard warf einen respektvollen Blick zu Maron, der einen gewissen Stolz nicht verbergen konnte.

»Wäre es nicht viel wichtiger, den Lavastrom schon weit oben so heftig mit Wasser zu bombardieren, dass sich ein Kegel bildet?«, fragte Kromme in die Runde. »Wir wissen doch überhaupt nicht, wie lange die mörderische Schmelze da oben noch rausläuft. Was ist, wenn es über längere Zeit so weitergeht, wie Gerhard Böhm das gleich zu Anfang als Möglichkeit angedeutet hat? Wir könnten doch mit dem Wasser dafür sorgen, dass sich die Lava an der Spalte auftürmt. Bis sie über das Niveau der Hauptterrasse gewachsen ist. Wenn zweihundertzwanzig Meter Höhe erreicht sind, haben wir gewonnen. Dann lenken wir das Zeugs nach Nordwesten auf die Hochfläche um. Dort gibt es viel Platz, wo sich eine Menge Lava ausbreiten kann. Zur Not müssen wir noch das gesamte Brohltal auffüllen. Dadurch gewinnen wir viel Zeit. Wir sollten darauf hinarbeiten und entsprechende Vorbereitungen treffen.«

In der Runde war es plötzlich still geworden. Alle starrten aus dem Bunker auf die andere Rheinseite zum Vulkan. Was wäre, wenn es mit der Lavaförderung wirklich noch sehr lange so weiterging?

»Ich glaube nicht, dass wir da oben mit Wasser etwas erreichen«, sagte Gerhard nach einer Weile. »Die Temperaturen sind einfach zu hoch. Das Wasser verdampft sofort und es bildet sich nur eine dünne Haut, die im nächsten Moment wieder mitgerissen wird. Am Steilhang ist das Fließtempo einfach zu hoch.«

Es hatte aufgehört zu regnen. Zwischen großen Wolkenkomplexen lugte der erste blaue Himmel seit Tagen hervor. Die Gruppe verließ den behelfsmäßigen Bunker und musterte den Lavafluss auf der gegenüberliegenden Seite. Die Spitze des Nunak schickte weiße Dampfschwaden in die Höhe, die an einen riesigen Kühlturm erinnerten. Das Regenwasser war in den Krater gesickert und wurde gleich wieder als Dampf ausgespuckt.

Die Gruppe war sich einig. Noch am gleichen Tag wollten sie den verantwortlichen Krisenmanagern vorschlagen, mit dem Bau der Rohrleitungen zu beginnen und gleichzeitig einen Tunnel unter dem Damm voranzutreiben. Es wurde Zeit, nach Melsbach zu fahren. Sie teilten sich auf die Fahrzeuge auf und warteten auf Gerhard. Er war die paar Schritte bis an die Kante zum Rheintal weitergegangen und starrte auf den Damm.

Ihm war unwohl in der Magengegend, wenn er daran dachte, an dieser Stelle einen Tunnel bauen zu lassen. Was wäre, wenn etwas schief ging? Vielleicht hatte er sich auch getäuscht, was die Tragfähigkeit der Decke betraf. Aber es gab keine Alternativen mehr.

Mit einem Ruck drehte er sich um und ging zu den wartenden Kollegen zurück. Es war ihm noch nicht richtig bewusst, aber langsam stellte sich bei ihm ein Abstumpfungseffekt ein, der angesichts der fortwährenden Belastung nicht ausbleiben konnte. Die Wirklichkeit schliff Tag um Tag an seiner Sensibilität, die sich duckte wie ein Nerv an einem absterbenden Zahn.

Am Morgen des 1. April tauchte am Horizont ein Hubschrauber auf, der genau auf den Ausbruchspunkt zuflog. Einer dieser wahnsinnigen Reporter hatte zusammen mit einem Fotografen einen südafrikanischen Piloten überredet, zum Vulkan zu fliegen. Das Vorhaben musste eine Menge Geld gekostet haben. Ein Pilot aus Europa wäre dazu nie bereit gewesen, weil er hätte befürchten müssen, seine Lizenz für immer zu verlieren. Für den Umkreis von zehn Kilometern um den Vulkan war aus Sicherheitsgründen ein absolutes Überflugverbot verhängt worden. Der gemietete Hubschrauber drehte von Westen kommend eine enge Runde um den Nunak. Die Arbeiter in der Nähe des Schutzbunkers konnten deutlich erkennen, wie der Fotograf seine Kameras abwechselnd auf die Ausbruchsstelle richtete. Der Reporter deutete in Richtung Krater. Mit einer engen Schleife zog der Pilot die Maschine hoch und flog genau über das lavaspeiende Loch.

»Sind die völlig verrückt geworden?«, schrie Ahrens und reckte die Faust in den Himmel. Ihm war aufgefallen, dass der Nachschub des Lavastromes deutlich nachgelassen hatte und nur noch ein kleines Rinnsal zu Tal wanderte. Das konnte aber auch bedeuten, dass ...

Ahrens blieb keine Zeit mehr, den Gedanken zu Ende zu führen. Mit einem lauten Knall machte sich irgendwo im Kraterbereich eine Explosion bemerkbar. Glühende Schmelzmassen und Gesteinstrümmer wurden hochgeschleudert, unmittelbar hinter dem Hubschrauber, der durch die Druckwelle unkontrolliert durch die Luft gewirbelt wurde. Die drei Insassen hatten keine Chance. Ehe der Pilot irgendwelche Gegenmaßnahmen einleiten konnte, krachte das Fluggerät am tieferen Hang auf die Reste des letzten glühenden Lavastromes und ging sofort in Flammen auf.

Entsetzt schauten alle zu, wie die brennenden Reste des Helikopters langsam in die zäher werdende Lava geknetet wurden. Der Nachschub der Schmelze versiegte allmählich. Sie reichte nicht mehr aus, das Wrack vollständig zu umschließen. Von weiter unten waren gerade noch die Reste der Rotorblätter zu sehen, die zu einem V zusammengedrückt in den Himmel ragten.

Ahrens hatte sein Funkgerät am Ohr, um einen Rettungshubschrauber loszuschicken. Erneut jagte ein explosiver Ausbruch glühende Fetzen himmelwärts. Diesmal war die Eruption ungleich stärker. Panikartig rannten alle in die gepanzerten Unterstände und sondierten, ob es noch schlimmer kommen würde. Inzwischen war auch dem Letzten klar geworden, dass hier keine Fernsehshow ablief. Drei Stunden später setzte, begleitet von einzelnen Ascheeruptionen, ein neuer Strom rot leuchtender Schmelze aus der Spalte ein und versiegelte wenig später die letzten Relikte des menschlichen Leichtsinns.

Gerhard war schockiert über den Wahnsinn der Presseleute, doch schon am nächsten Morgen steckte er wieder so sehr in der Arbeit, dass er alles um sich herum vergaß. Die Leiter des Krisenstabes hatten nach langen Beratungen grünes Licht für die Untertunnelung und die Rohrleitungen gegeben. Für den Bau eines Bypasses konnten sie sich nicht entscheiden.

In den folgenden Tagen begannen unter Hochdruck die Vorbereitungen für die Verlegung der Rohre. Ein Heer von Holzfällern zog auf der rechten Rheinseite zwischen Leutesdorf und Nieder-Hammerstein über die Hänge. Planierraupen, Lastwagen und Frontlader folgten und zerwühlten die flacheren Abschnitte. An den Steilhängen mit anstehendem Felsgestein tasteten sich Bohrtrupps von den Höhenlagen aus nach unten und bereiteten Sprengungen vor.

Im Rheinbett wurden von der trockenen Seite aus schwere Maschinen eingesetzt, um direkt unterhalb des Lavadamms Spundwände im nördlichsten, noch nicht überflossenen Teil der Hammersteiner Werth einzurammen. Hier hatte die Strömung einen Teil der Insel vor dem Abtrag verschont. Die Fahrzeuge boten einen ungewohnten Anblick, da sie über den Fahrerkanzeln und den sensibleren Teilen der Maschinerie stark gepanzert waren.

Schweißer bauten über dem geplanten Tunneleingang Gerüste, auf die stabile Stahlbleche aufgesetzt wurden. Sie mussten auch größere Basaltbomben aus dem Vulkan abhalten können. Leistungsfähige Pumpen standen bereit, um das einsickernde Wasser aus dem Kiesbett abzupumpen und gleichzeitig die Spritzen zu versorgen, mit denen das lockere Material unter dem Lavadamm freigespült werden sollte.

Trotz der großen Gefahr hatten sich genügend Arbeiter gefunden, die das Risiko auf sich nehmen wollten. Einige stammten aus dem direkt betroffenen Überschwemmungsgebiet im Oberlauf des Rheins. Neben dem Reiz einer besonderen Gefahrenzulage versprach ein in Tunnelnähe aufgestellter Sicherheitscontainer ein Mindestmaß an Überlebenschancen, sollte es zu einer plötzlichen Eruption oder einem Wasserdurchbruch kommen. Er war ausreichend gegen einen Kontakt mit glühender Lava isoliert, wasserdicht und hielt den Einschlag mittelgroßer Vulkanbomben aus. Die Versorgung mit Sauerstoff und Lebensmittel war über einen längeren Zeitraum gesichert. Sehr beruhigend wirkten außerdem die zwei armdicken Drahtseile, an denen der gesamte Container im Notfall den Hang hinaufgezogen werden konnte. Diese Vorrichtung hatte sich Ahrens ausgedacht. Er hatte seinen Schwager Hartmut Knobloch mit der Umsetzung beauftragt, da er gute Kontakte zu Firmen hatte, die einen schnellen Zusammenbau garantieren konnten. Hartmut war ein Ingenieur aus Ostdeutschland und kannte die Improvisationsfähigkeiten seiner Kollegen, die sie auch nach der Wende nicht verloren hatten. Genau fünf Tage nach dem Anruf stand der Kasten auf dem Tieflader und wurde mit Blaulicht an den Einsatzort gebracht. Dann war der Schutzraum installiert, mit verstärkten und isolierten Wänden, einer Sicherheitstür, zwei riesigen Metallösen an den Seiten zur Aufnahme der Drahtseile und zwei weiteren auf dem Deckel.

»Die sind zum Angeln, für den Hubschrauber, wenn alle Stricke reißen«, erklärte Ahrens grinsend. Seine Laune hatte sich endlich etwas gebessert. Er hatte sich zwei Tage freigenommen, was ihm sichtlich gut getan hatte.

»Den Preis für das beste Industriedesign werden Sie damit nicht gewinnen«, frotzelte Gerhard. »Aber Hauptsache, das Teil hält einiges aus.«

Die Untertunnelungsarbeiten konnten beginnen. Während Hubschrauber große Gebinde Wasser auf die Lava gossen, um wenigstens an einigen Stellen Schutzwälle aufzubauen, schaufelten sich zwei Radlader zwischen den Spundwänden in die Tiefe. Der Kies wurde von den LKWs flussabwärts transportiert. Er sollte für den Beton verwendet werden, der für die Fundamente der Wasserrohre gebraucht wurde. Es waren immer nur so viele Arbeiter im Gefahrenbereich zugelassen, wie absolut notwendig waren. Man wollte nicht leichtfertig weitere Menschenleben riskieren.

Am Steilhang war alles für die erste große Sprengung vorbereitet. Den ganzen Morgen fuhren Boten hin und her und informierten die Arbeiter. Um Punkt zehn Uhr musste der letzte im Unterstand sein. Der Trupp im Rheinbett konnte weiterarbeiten, weil er genügend weit von der Sprengung entfernt war.

Das Warnsignal vom Hang konnten die Tunnelgräber nicht hören. Die Betriebsgeräusche der Fahrzeuge waren zu laut.

Dann kam der Schlag. Eine gewaltige Detonation, die fast gleichzeitig an allen Hangabschnitten stattfand, ließ Luft und Boden erzittern.

Im nächsten Augenblick rannten sechs der Arbeiter mit kreidebleichen Gesichtern zum Container und warfen die schwere Tür hinter sich zu. Die Fahrzeugführer zogen im Moment des Schlages instinktiv den Kopf ein und gaben mit weichen Knien Vollgas. LKWs und Schaufellader rasten hintereinander die Rampe aus dem Flussbett hinauf. Oben an der Straße kam einer der Sprengmeister aus dem metallenen Unterstand, der eher an eine mobile Toilette erinnerte, und fuchtelte wild mit den Armen.

»Halt, halt, wo wollt ihr denn hin?«, rief er dem ersten Fahrer zu, der eine Vollbremsung hinlegte. »Mann, das war doch nur eine Sprengung!«

»Verfluchte Scheiße, könnt ihr Idioten denn nicht vorher Bescheid sagen? Wir haben da unten gedacht, dass der halbe Berg auf uns runterkracht!«

»Immer mit der Ruhe! Habt ihr die Sirenen nicht gehört?«

»Hätte ich dann jetzt 'ne volle Hose, du Schlaumeier?«

Plötzlich war ein tiefes Grummeln aus der Richtung des Vulkans zu hören. Es wurde stärker, bis die Erde spürbar bebte. Erschrocken drehten sich alle um.

»Verflucht, was ist denn jetzt schon wieder los?«, rief der Fahrer aufgebracht.

Aus dem Hauptkrater stieg eine schwarze Staubwolke auf. Sie quoll mehr und mehr in die Höhe. Im Zentrum schossen neue

Wolken mit größerer Geschwindigkeit durch die ersten Anwallungen, und es baute sich nach und nach eine immer höhere Säule aus Asche, Lavafetzen und Wasserdampf auf. Aus den unteren, fast schwarzen Wolkenklumpen flogen große Blöcke und landeten auf dem tieferen Abhang in der Asche. Dort rissen sie wie Kanonenkugeln lang gezogene Löcher und rollten weiter, bis sie den Schwung verloren hatten.

»Alles in Deckung!«, schrien alle wild durcheinander.

Die Alarmsirenen gingen los.

»Nehmt mich mit!«, brüllte der Sprengmeister in Panik. »Das kann ganz schlimm werden.«

Die Geologen und Vulkanologen hatten die Arbeitsteams in Vorbereitungskursen mit den Gefahren des Vulkans vertraut gemacht. Alle wussten, dass man sich vor einer hohen Eruptionssäule besonders in Acht nehmen musste.

»Der Schwung, mit dem die Teilchen in die Luft geschleudert werden, lässt irgendwann nach, und dann dreht sich die Bewegung um. Von diesem Moment an sackt die Säule in sich zusammen«, hatte Röttgen eindringlich dem Heer der Arbeiter und Helfer erklärt. »Die Masse fließt wie zu Beginn im Brohltal als Glutlawine den Hang hinunter und überrollt alles, was im Wege steht. Besonders gefährlich ist die heiße Luft, die noch weit außerhalb des Stromes die Lungen verglüht und zum Erstickungstod führen kann.«

Der Glutwolkenstrom wälzte sich nach Norden in Richtung Rheintal. Seine Hauptmasse drang etwas oberhalb der Werth in das Flussbett vor und bewegte sich weiter flussabwärts. Das Wasser, das durch die Kanalisation gedrückt wurde, hatte einen kleinen Bach im fast ausgetrockneten Rheinbett gebildet. Aber es war genug, um beim Kontakt mit der heißen Masse zu Dampf zu explodieren.

Schnell wurde deutlich, dass die Sprengung den meisten Arbeitern das Leben gerettet hatte. Sie waren rechtzeitig in die aufgestellten Sicherheitsunterkünfte geflüchtet, die sie kurz nach der Sprengung verlassen wollten. Auch die Gruppe der Fahrer für das Tunnelprojekt hatte mit ihren Fahrzeugen weit genug vom Strom fliehen können. Die irrtümliche Flucht nach der Sprengung hatte ihnen den entscheidenden Vorsprung verschafft.

Nur im Unterlauf des Stromes konnten viele die Gefahr nicht früh genug erkennen. In den Unterständen aus Stahl, die nur vor Steinschlag schützen, wurden sie regelrecht verkohlt. Die meisten Opfer waren unter den Pressevertretern zu beklagen. Sie waren zahlreich zur ersten großen Sprengung angereist und hatten sich in vermeintlich sicherem Abstand unten am Rhein in Stellung gebracht.

Der Glutwolkenstrom kam erst in Höhe der Ortschaft Brohl zur Ruhe. Die Aschewolken waren die Hänge und kleinen Seitentäler empor gequollen und hatten eine Spur der Verwüstung hinterlassen. Ein Großteil der Häuser in Hammerstein, am südlichen Rand von Brohl und im rechtsrheinisch gelegenen Rheinbrohl fiel dem Feuer zum Opfer. Die Bäume an den Hängen brannten, und über dem gesamten Gebiet schneite es schwarzgraue Asche. Die Luft war kaum noch zu atmen. Schwefel und feinste Partikel drangen durch alle Ritzen der Tücher, die sich die Helfer vor den Mund hielten.

Gerhard hielt sich mit dem Organisationsteam weit oberhalb der Steilkante im sicheren Lagezentrum auf, als der Ausbruch kam. Die Vorwarnzeit der geophysikalischen Messgeräte war zu knapp gewesen. Die Sprengung kurz vorher hatte die Anzeichen für ein Aufbrechen des Vulkanschlotes vollständig überlagert. Vielleicht war die Sprengung sogar der Anstoß für den Ausbruch gewesen.

»Wir müssen zu unseren Leuten auf der Werth«, sagte Horstkotte, der Leiter der Baumaßnahmen besorgt zu Berger, seinem Stellvertreter. »Schauen Sie nach, was aus ihnen geworden ist.«

»Ich komme mit! Hier kann ich jetzt nicht viel helfen«, rief Gerhard und folgte Berger.

Im Hintergrund liefen die Telefone heiß. Von oberster Stelle wurde eine Lagebesprechung mit allen Leitern der Hilfsorganisationen einberufen. Horstkotte sollte sofort einen Bericht über die Situation an der Baustelle abgeben.

Schon von weitem sah Gerhard die Fahrer von der Werth hinter dem Felsvorsprung am Rand der Hauptterrasse stehen.

»Gott sei Dank! Die sind wenigstens da unten rausgekommen«, sagte Berger erleichtert zu Gerhard.

Sie wussten noch nicht, welcher Umstand dazu geführt hatte.

Berger musste immer wieder die Gesteinsmassen umfahren, die von der Sprengung weit verstreut worden waren. Endlich hatten sie den Trupp erreicht.

»Bin ich froh, Sie hier zu sehen! Wo sind denn die anderen?«, begrüßte Gerhard die Mannschaft. Er hatte ein schlechtes Gefühl, schon seit Anstich des Tunnels. Ihm war bewusst, dass seine Nerven bei jedem Vorfall sofort blank liegen würden.

»Mann, haben wir die Schnauze voll!«, raunzte der Fahrer aus dem Radlader die beiden an. »Zuerst dieser Schreck mit der Sprengung, die wir erst mitbekommen haben, als es schon rummste. Und dann so etwas!« Er deutete mit dem Daumen über die Schulter ins Tal.

»Aber letztlich war es gut, dass wir das mit der Sprengung nicht wussten«, warf sein Kollege ein, der immer noch ganz bleich war. »Sonst würden wir nämlich da unten festsitzen. Als Backobst, genauso wie die anderen.«

»Hat es die erwischt?«, fragte Gerhard bestürzt.

»Wissen wir nicht. Die sind nach dem Schreck mit der Sprengung in den Container gerannt. Die haben bis jetzt nicht gerafft, dass das von euch kam. Und dann haben wir von hier oben gesehen, wie ein Teil von diesem Glutzeug in Richtung unserer Baustelle abgebogen ist.«

»Schnell!«, rief Berger. »Unsere Jungs sitzen da unten in der Scheiße. Los Leute, wir brauchen eure Radlader!«

Der Blick zum Vulkan ließ hoffen, dass das Schlimmste vorbei war. Nur ab und zu waren kleinere Ascheeruptionen zu sehen. Gemeinsam fuhren sie ins Tal, bis zu dem Punkt, wo sie die Stahlseile vermuteten. Die Asche lag hier so hoch, dass sie fast an Winter und frischen Schneefall erinnerte, allerdings in der grauen Version. Tiefer im Tal ging die Aschenlage in den Glutwolkenstrom über, der an der gewellten Oberfläche zu erkennen war. Der Container schaute noch zur Hälfte aus der Asche heraus. Weiter stromabwärts dampften die abgelagerten Massen in viel größerer Mächtigkeit vor sich hin. Immer wieder rissen Wasserdampfexplosionen Krater in der Aschedecke auf. Berger hantierte mit einem Funkgerät und versuchte den Container zu erreichen.

»Was ist mit der Verbindung?«, fragte Gerhard.

»Die ist tot!«

»Ich glaube, wenn der Container weiter unten stehen würde, müssten wir gar nicht erst versuchen, sie rauszuholen«, sagte Gerhard. »Aber in diesem Fall haben sie eine echte Überlebenschance.«

Nach kurzer Suche hatten sie die zwei Seile gefunden und an den Ladern befestigt.

»Jetzt fahrt mir bloß langsam an, damit die sich keinen dritten Herzinfarkt holen!«, wies Berger die beiden Fahrer an. »Zuerst zieht ihr einmal straff, dann geben wir mit Schlägen auf das Seil ein Signal, damit sie Bescheid wissen.«

Langsam setzten sich die Radlader in Bewegung. Wie aus einem Schlammteich tauchten die Seile beim Anspannen aus der Asche auf. Sie hinterließen eine schnurgerade Spur in der lockeren Masse. Mit einem großen Schraubenschlüssel hämmerte Berger auf das vordere Seil – zwei Takte Walzer.

»Das kann nicht vom Steinschlag kommen«, sagte er grinsend. »Das ist Musik!«

»Moment!«, schrie jemand von weiter oben. »Wir müssen das festhalten, für den Rest der Bevölkerung!« In einer großen Staubwolke kam ein Kameramann den Weg heruntergesprintet und baute sich neben Gerhard auf.

»Wie wollen Sie das den Insassen da unten im Römertopf klar machen?«, ärgerte sich Gerhard und gab ein Zeichen, dass es losgehen konnte.

Die Reifen der Lader drehten kurz auf dem lockeren Untergrund durch. Dann griffen sie. Der Container neigte sich langsam in Richtung der Seile.

»Gleich legt er sich auf die Seite. Die täten jetzt gut daran, wenn sie einen Schritt in die richtige Richtung machen.« Gerhard stellte sich vor, er wäre dort unten gefangen.

»Leute, geht zur Seite! Wenn das Seil reißt, gibt es hier Tote!«, brüllte Berger die Neugierigen und Helfer an, die zum Schauplatz geströmt waren. Auch Horstkotte war inzwischen eingetroffen.

Bomm machte es von unten. Der Container war gekippt.

»Wenn die beiden Lader es nicht schaffen, müssen wir die Planierraupen oder zwei Bergungspanzer holen. Kettenfahrzeuge haben hier eher eine Chance«, schlug Horstkotte vor.

»Ich denke, wir brauchen nur die ersten zwanzig Meter, dann sind wir vom Rand des Glutwolkenstroms weg und haben genug Abstand, um ohne besondere Schutzmaßnahmen an den Container zu kommen«, entgegnete Berger. »Danach wird es sowieso schwieriger. Durch das Hochziehen staut sich die Asche vor dem Container wie vor einem Schneepflug mit gerade gestelltem Schieber. Der Keil wird irgendwann so dick, dass nichts mehr geht.«

Berger hatte recht. Nach etwa achtzehn Metern brachte der Aschekeil vor dem Container die beiden Lader zum Durchdrehen.

»Schluss!«, rief Horstkotte. »Wir versuchen es schon jetzt!«

Sechs Helfer von THW und Feuerwehr stapften durch die Asche nach unten und erreichten ohne Probleme die Seitenwand mit der Tür.

Sie hämmerten gegen die Wand und schaufelten den heißen Staub weg, um die Tür öffnen zu können.

»Oh Mann!«, kam es aus dem aufgeheizten Inneren. »In die Sauna wollten wir eigentlich erst am Wochenende! Das wurde aber höchste Zeit!«

Halb entkleidet und mit weichen Knien kletterten sechs Neugeborene aus ihrem stählernen Mutterleib.

Der Kasten hatte sich bewährt.

Der letzte große Ausbruch des Nunak hatte die Operation um Tage zurückgeworfen. Während stromabwärts die Suchmannschaften Opfer bargen und Hunderte von Helfern und Arbeitern versuchten, die Infrastruktur wiederaufzubauen, pumpten die Arbeiter des Tunnelprojektes ununterbrochen Wasser auf die Aschemassen am künftigen Tunneleinstieg. Vor einer beträchtlichen Abkühlung war an ein Wegräumen nicht zu denken. Der Lavafluss aus der Spalte am Hang war nur kurzzeitig unterbrochen. Es schien, als würden sich der Zufuhrkanal für den Nunak und der für den seitlichen Spaltenausfluss bereits in größerer Tiefe trennen.

»Das könnte eine Erklärung für die zeitlich versetzte Aktivität sein«, hatte Röttgen in einem Interview erklärt. Der neue Lavafluss war bereits wieder gefährlich nahe an den Tunneleinstieg herangekommen. Hubschrauber, die sonst Waldbrände bekämpften, luden ununterbrochen ihre Wasserbomben über dem Strom ab. Auf diese Weise sollte ein Wall aus abgeschreckter Lava aufgebaut werden, an dem der Strom am Einstieg vorbeigeleitet werden konnte. Die ersten Meter waren bereits erfolgreich aufgetürmt worden. Ein Grund mehr, die Anstrengungen für den Tunnelbau zu verstärken.

In der Zwischenzeit war das Wasser rheinaufwärts auf 106 Meter über dem Meeresspiegel gestiegen. Je höher es kam, desto langsamer wurde der Anstieg. Die Fläche, die mit jedem Zentimeter Höhe neu überflutet wurde, wuchs gewaltig. Für die Evakuierungsmaßnahmen bedeutete das eine gewisse Entspannung. Trotzdem waren die Altstadt von Mainz, der Frankfurter Flughafen und viele andere Ortschaften inzwischen überflutet und zuvor mit einem in der Geschichte einmaligen Kraftakt evakuiert worden.

Die Situation in der Überschwemmungszone und den Zuzugsgebieten wurde immer kritischer. In der Bevölkerung wuchs der Unmut über die Hilflosigkeit der Verantwortlichen und über die Probleme, die mit den Umsiedlungen verbunden waren. Inzwischen gab es in Deutschland keinen Bereich mehr, der nicht von der Katastrophe betroffen war. Die Beschwichtigungen der Politiker, die sich regelmäßig im Katastrophengebiet blicken ließen, waren Durchhalteparolen gewichen. Genau genommen waren alle ratlos. Keiner der Verantwortlichen hatte eine konkrete Vorstellung, wie dieses Problem in nächster Zeit zu lösen war. Und der Vulkan drückte weiterhin ohne erkennbare Ermüdungserscheinungen seine Lava an die Oberfläche und verbaute den Rheinlauf Meter um Meter, immer breiter und immer höher.

Gerhard beschloss, eine Auszeit zu nehmen. Er spürte, wie sehr die Ereignisse der letzten Monate seine Psyche beansprucht hatten. Er rief Katrin an und verabredete sich mit ihr in der Nähe des Dernbacher Dreiecks, an der Autobahn, die aus dem Westerwald über Koblenz nach Trier führte. Mit seinem Dienstwagen fuhren sie durch die Absperrungen bis zum Rand des Neuwieder Beckens, dorthin, wo keine Katastrophentouristen gelangen konnten. Er steuerte einen Aussichtspunkt nördlich von Bendorf an, von dem aus man den größten Teil des Beckens überblicken konnte. Gerhard schnappte sich den Rucksack, den Katrin mit Proviant und dem üblichen Exkursionszubehör ausgerüstet hatte, legte den rechten Arm um ihre Schulter und ging mit ihr bis an den äußersten Rand der Steilkante.

Der Eindruck, der sich ihnen bot, war kaum zu verkraften. Bedrückt nahmen sie sich in den Arm. Zu zweit war es einfacher, mit diesem Anblick fertig zu werden. Ohne ein Wort zu wechseln, standen sie nur da und versuchten, das Bild in der Ferne zu begreifen. Dort, wo die komplette Infrastruktur einer Industrieregion mit vielen kleineren und größeren Ortschaften lag, war eine surreale Wasserlandschaft entstanden, aus der Häuser- und Gebäudereste je nach Hangposition unterschiedlich weit herausragten. Die Brücken über den Rhein waren fast vollständig verschwunden. Lediglich die Spitzen der Masten schauten noch heraus. Und dann war da noch der Kühlturm des Atomkraftwerks Mülheim-Kärlich. Er bildete einen Pfeiler, der alles überragte. Mit einer Höhe von über 160 Metern hatte er gute Chancen, den Wassermassen bis zuletzt zu trotzen.

Die Luft war erfüllt vom Geknatter unzähliger Hubschrauber. Es waren überwiegend Maschinen der Bundeswehr oder der Armeen benachbarter Länder. Hinzu kamen die sich farblich abhebenden Helikopter der Hilfsorganisationen und einiger privater Einrichtungen. Es musste eine beachtliche logistische Herausforderung sein, die Einsätze sinnvoll zu koordinieren. Gezielt wurden Hausdächer angeflogen und Kisten und Menschen abgeholt.

Auf dem Wasser schwamm alles, was schwimmen konnte. Mülltonnen, Kühlschränke, Möbel, Hölzer, Müll, Papiere und sogar ganze Gartenhäuser. Dazwischen wimmelte es von Booten, Schiffen und Container. Ein findiger Unternehmer hatte handelsübliche Container wasserdicht verschweißen und mit einer Öffnungsklappe auf der Oberseite versehen lassen. Zur Stabilisierung war außen ein Schlauchwulst angebracht und innen eine Schicht Ballastsand eingefüllt worden. Diese Gebilde wurden in den engen, bereits überfluteten Straßen als schwimmende Möbeltransporter eingesetzt. In den breiteren Straßen trieben die Frachtkähne, die sonst auf dem Rhein Schwergut transportierten. Mit ihrer Hilfe versuchte man, alle wertvollen größeren Gegenstände einzusammeln, die in den oberen, noch nicht überfluteten Etagen der Gebäude zugänglich waren. Männer mit Stapeln von Aufklebern kennzeichneten die Gegenstände nach Straße, Gebäude und Wohnung, um eine spätere Aushändigung an die Besitzer zu ermöglichen. Knapp oberhalb der ständig steigenden Wasserlinie waren an den Ausfallstraßen regelrechte Verladehäfen entstanden. Die Boote fuhren die provisorisch errichteten Anlegestellen an, und Packer luden die eingesammelten Gegenstände in Möbeltransporter um, die das Gut in sicherere Orte brachten. Die Lastkähne mit größerem Tiefgang wurden in die breiten Seitentäler gelotst und dort entladen. In ruhigeren Abschnitten flogen Möwen, Krähen und andere Vögel über der Wasseroberfläche, immer auf der Suche nach etwas Fressbarem. Sie sammelten die toten Ratten, Mäuse und anderes Kleingetier ein und schienen sich davon prächtig zu ernähren.

»Ich kann das alles gar nicht so schnell verarbeiten«, machte Katrin ihren Empfindungen Luft.

»Das sind Eindrücke, die wir wahrscheinlich nie richtig verarbeiten werden.«

»Schau mal dort, in der Nähe des Brückenmastes. Warum schwebt der Hubschrauber so lange über dem länglichen Möbelstück? Ob sich da jemand dran festklammert?«

Gerhard nahm das Fernglas und fokussierte auf den Holzkasten unter dem Hubschrauber.

»Nein, da klammert sich keiner dran, da ist eher einer drin.«

»Wie meinst du das?«

»Das ist ein Sarg.«

»Oje! Wo kommt der denn her?«

»Wahrscheinlich vom Friedhof. Der dürfte relativ frisch sein, weil er noch schwimmt.«

»Wie bitte?«

»Das passiert schon mal bei Überschwemmungen. Wenn die lockere Erde im frischen Grab durch das Wasser aufgeweicht wird und der Sarg genug Auftrieb hat, steigt er langsam durch den Schlamm nach oben.«

»Das gibt es doch gar nicht!«

»Aber sicher. Es gibt ein eigens dafür abgestelltes Boot, das die Särge einsammelt. Bestimmt wird es gerade vom Piloten angefordert.«

»Und wie werden die dem Besitzer zugeordnet? Särge haben schließlich keinen Strichcode an der Seite.«

»Das ist das Unangenehme daran. Wenn man Glück hat, kann die Verwandtschaft ausfindig gemacht werden, die noch einmal zur Identifizierung antreten muss, wenn das überhaupt möglich ist. Aber ich weiß auch nicht genau, wie das gehandhabt wird. Vielleicht gibt es einfach nur ein Sammelgrab auf den Höhen. Wir haben zurzeit wirklich ernstere Probleme.«

Gerhard drückte Katrin fest an sich.

»Schau mal«, sagte er schließlich, »von hier oben sieht es aus wie bei den Ameisen, deren Bau durch äußere Gewalt zerstört wurde.«

»Genau das geht mir schon die ganze Zeit durch den Kopf. Kannst du dir vorstellen, dass Ameisen die Fähigkeit besitzen, eine ausweglose Situation richtig einzuschätzen und dann einfach aufgeben?«

»Du meinst, wenn sie etwas reparieren, was immer wieder weggerissen wird? Ohne Aussicht auf Erfolg, weil alles nach und nach zerstört wird?«

»Ja, so ungefähr.«

Gerhard kratzte sich hinter dem linken Ohr. »Ich glaube nicht, dass sie so etwas erkennen können. Ameisen haben ein festes Programm in ihren Genen. Ich kann mir nicht vorstellen, dass sie einen Spielraum für individuelle Entscheidungen haben. Dazu müssten sie größere Gehirne haben, um eine Situation zu beurteilen, die Konsequenzen abzuschätzen und dann eine Entscheidung zu treffen. Nein, das glaube ich nicht!«

»So kompliziert habe ich es gar nicht gemeint. Ich hatte eher überlegt, ob es in ihrem Programm einen Schalter gibt, der zum Beispiel nach zehn erfolglosen Versuchen umgelegt wird und Resignation hervorruft.«

»Hm, wenn ich mir unsere Mitmenschen da unten ansehe, kann ich mir gut vorstellen, dass es bei denen so einen Schalter gibt. Aber vielleicht finden wir irgendwann einmal die Gelegenheit, so etwas bei den Ameisen zu beobachten.«

Katrin schaute plötzlich angespannt in Richtung Neuwied. »Gibst du mir bitte das Fernglas?«

Sie drehte an der Feinjustierung, um die Gläser auf ihre Augen einzustellen.

»Sag mal, bei dem Kühlturm da drüben liegt doch das Atomkraftwerk Mülheim-Kärlich, nicht wahr?«

»Genau. Den Turm werden wir noch eine Weile sehen.« Gerhard reckte den Hals. »Die Betonkuppel scheint schon verschwunden zu sein. Ich kann jedenfalls nichts mehr erkennen. Da kommt möglicherweise noch einiges auf uns zu. Das Lager für abgebrannte Brennstäbe konnte nicht mehr rechtzeitig geräumt werden und steht jetzt unter Wasser.«

»Also wird hier bald alles radioaktiv verseucht sein?«

»Nein, man hat uns versichert, dass die Castoren, in denen das Zeug steckt, wasserdicht sind und bestimmt nicht durchgerostet sind, bevor das Problem hier gelöst ist.«

»Ob man denen trauen kann?«

»Ich glaube schon. Vor ein paar Jahren haben wir uns auf einer Exkursion die Behälter im Zwischenlager Gorleben angesehen. Die kamen mir recht vertrauenerweckend vor. Eins ist jedenfalls klar – bei dem Gewicht werden die nicht wegschwimmen.«

Katrin konnte sich mit dem Fernglas gar nicht von der Stelle trennen.

»Gerhard!«

»Was ist?«

»Ich habe das komische Gefühl, dass da drüben etwas blubbert. Genau da, wo ich das Kraftwerk vermute.«

»Zeig mal her!« Gerhard nahm ihr das Glas aus der Hand und drehte an der Fokussierung.

»Ach du Scheiße!«, entfuhr es Gerhard. »Gib mir mal ganz schnell das Handy!«

»Was ist denn los?«

»Gleich!« Nervös tippte Gerhard die Nummer von Seifert ein, einem der stellvertretenden Einsatzleiter des Katastrophenstabes. Wenig später hatte er Seifert am Telefon und erkundigte sich, ob das AKW Mülheim-Kärlich von den Betreibern abgedichtet worden war.

»Ja sicher«, bestätigte Seifert. »Da kommt nichts rein, und die Sache mit den Castoren haben wir doch diskutiert. Da gibt es kein Problem.«

»Hat einmal jemand den Auftrieb der Kuppel berechnet?«

»Wie? Sie meinen, das Ding könnte...?

»...ins Schwimmen kommen. Genau das meine ich. Es ist nur eine Frage der Masse, die unten dranhängt. Soweit ich weiß, wurde als Sockel eine mächtige Betonplatte gegossen. Und die steht direkt auf dem Kiesbett. Das bedeutet, dass es kaum Haftung gibt. Ich glaube nicht, dass die Platte ausreicht, das Teil zu halten. Und der angrenzende Anbau reißt sicher ganz schnell ab. Denken Sie an den tollen Schürmann-Bau in Bonn. Der hat sich bei Hochwasser auch entschlossen, schwimmen zu gehen.«

»Verdammt! Ich kümmere mich sofort darum. Wie kommen Sie ausgerechnet jetzt darauf?«

»Wir befinden uns hier am Ostrand des Neuwieder Beckens, und ich beziehungsweise meine Frau hat mit dem Fernglas ein Blubbern im Umfeld des Reaktors entdeckt.«

»Um Himmels willen, da reißen vielleicht schon die Rohrleitungen ab! Das wird eng. Ich lasse die Sache sofort berechnen.«

»Rufen Sie mich an, sobald Sie fertig sind. Sie sollten sich beeilen. Und geben Sie am besten eine Warnung an alle Helfer vor allem in der Nähe von Mülheim-Kärlich aus. Wenn das passiert, was ich vermute, wird es ganz schön schwappen.«

Seifert legte auf.

Gerhard konnte sich gut vorstellen, welche Hektik jetzt im Zentrum ausbrach. Alle Hebel mussten in Bewegung gesetzt werden, um die Daten über das Atomkraftwerk zu bekommen. Nachdenklich griff er in den Rucksack und holte die Kamera heraus.

»Hier, vielleicht wird das der Schnappschuss deines Lebens. Ich versuche, einen Filmreporter zu finden. Die sind hier überall unterwegs.

Katrin hielt in der einen Hand die Kamera bereit und in der anderen das Fernglas, mit dem sie die aufsteigenden Blasen in der Nähe des Kraftwerks beobachtete.

Gerhard macht sich auf den Weg und kam wenig später mit drei Leuten zurück. Wie erwartet hatte er eine Reporterin und ein Filmteam aufgetrieben, die mit einer Sondergenehmigung die Absperrungen passieren durften. Gerhard stellte Katrin kurz vor und zeigte der Reporterin die Stelle in der Nähe des Kühlturms.

»Und Sie glauben, da könnte ein AKW hochkommen?«, fragte die Reporterin ungläubig. »Das wäre schon eine kleine Sensation.«

»Sagen wir mal so: Es lässt sich nicht völlig ausschließen. Hat sich noch etwas getan?«, fragte er zu Katrin gewandt.

»Ich bin mir nicht ganz sicher, aber ich glaube, das Blubbern hat sich verstärkt.«

Der Kameramann hatte inzwischen das Stativ aufgebaut und richtete die Kamera mit der größten Teleeinstellung auf die beschriebene Wasserfläche.

»Sie haben recht. Hiermit erkennt man es noch wesentlich besser. Sehen Sie!«

Gerhard, Katrin und die Kollegen schauten nacheinander durch das Gerät.

In diesem Moment klingelte das Telefon. Seifert rief zurück. Seit Gerhards Anruf war eine gute halbe Stunde vergangen.

»Verdammt, Herr Böhm, Sie haben recht. Es ist ein Grenzfall! Wenn wir Pech haben, geht das Ding hoch. Die paar Rohrleitungen können die Kuppel niemals da unten halten. Und die

Anbindung der Nebengebäude können wir vergessen. Wir haben den Fall gerade ausführlich diskutiert. Der Betonklotz scheint sich bereits zu heben, wodurch die Anschlüsse verkantet werden. Deshalb die Gasblasen. Ich gebe Alarm. Ich hoffe, Sie stehen hoch genug am Hang.«

»Kein Problem. Wir haben auch ein Filmteam hier. Ich hoffe, dass die Kuppel noch bei Tageslicht hochkommt, wenn sie hochkommt.« Gerhard legte mit einem mulmigen Gefühl in der Magengegend auf und wandte sich den Medienleuten zu.

»Wir haben noch etwa drei Stunden Licht. Wenn es im Dunklen passiert, haben wir Pech gehabt.«

»Wie soll so ein schweres Teil überhaupt schwimmen?«, fragte der Kameramann. »Außerdem steckt es tief im Boden, und dann sind da noch die ganzen fest verankerten Rohre. Das muss doch halten.«

»Das kommt auf die Größe des Auftriebes an, der unstrittig vorhanden ist, wenn die Kuppel fachgemäß versiegelt wurde«, erklärte Gerhard. »Die Kuppel zieht und zieht. Wenn das Ganze im Ton stecken würde, wie ein Gummistiefel im zähen Schlamm, würde es vielleicht noch eine Weile halten. Dann müsste erst Wasser von der Seite unter den Reaktor dringen, bis der sich lösen kann. Aber ich weiß, dass unter dem Reaktor ein Kiesbett liegt, das mit dem Grundwasser in Verbindung steht. Das bedeutet, wenn der Auftrieb an der Kuppel zieht, kann gleich Wasser von unten nachströmen. Und die paar Rohrverbindungen halten kein U-Boot dieser Größe auf, das auftauchen will.«

Gerhard hatte noch nicht ganz ausgesprochen, da lief ein eigentümliches Grummeln durch den Boden.

»Achtung, er kommt!«, rief Gerhard und hielt die Kamera ans Auge.

»Wow!«, erklang es aus fünf Mündern gleichzeitig.

Wie ein erwachendes Seeungeheuer schoss mit einem gewaltigen Wasserwall die Betonkuppel aus den braunen Fluten, stieg mehrere Meter empor, schien den Bruchteil einer Sekunde zu verharren und tauchte wieder ab. Das Wasser hatte nicht genug Tiefgang für die volle Pendelbewegung nach unten. Die Kuppel war beim Aufstieg etwas zur Seite gedriftet und schlug nach dem Eintauchen auf die Kante des aufgerissenen Loches. Als die Erschütterungswellen bei den fünf Beobachtern ankamen, nahm die Kuppel bereits den nächsten Anlauf aus dem Wasser. Das Spiel wiederholte sich in Form einer gedämpften Schwingung und schaufelte mit jedem Auftauchen eine riesige ringförmige Welle nach außen. Inzwischen heulten die aufgestellten Sirenen den Ton für die höchste Gefahrenstufe. Aber es war zu spät.

Die erste Welle hatte bereits die noch aus dem Wasser ragenden Gebäude erreicht und fegte wie mit einem überdimensionierten Handkantenschlag die Ziegel, Bleche und Schornsteine von den Dächern. Viele Boote, die an den Hauswänden festgemacht hatten, wurden einfach umgeworfen und vom Inhalt befreit. Die nachfolgenden Wellen räumten die Dachböden auf und warfen das gesamte Treibgut an die Hausmauern. Am schlimmsten traf es die Helfer, die mit Wathosen in den Gassen und Straßen im flachen Wasser standen und Gegenstände in die Boote luden. Die Boote wurden gegen die Mauern geschleudert und zerquetschten alles, was dazwischenstand. Die Warnung der Sirenen hatte nicht allen genützt.

»Mann, das war eine merkwürdige Verknüpfung von Zufällen, dass wir das hier und jetzt mit ansehen konnten!«, staunte Gerhard. Er wollte sich gar nicht wieder beruhigen.

»Hättest du nicht etwas eher an diese Möglichkeit denken können?«, sagte Katrin. »Ich möchte nicht wissen, wie viele arme Teufel es erwischt hat.«

»Du hättest eher mit dem Fernglas hinschauen sollen. Wie soll man alle Konsequenzen, die dieser Vulkanausbruch mit sich bringt, vorher theoretisch durchspielen? Das kannst du von niemandem verlangen.«

»Und was wird nun mit der treibenden Kuppel?«, fragte die Journalistin. Sie kehrte gerade zurück, nachdem sie sich ein Stück entfernt hatte, um eine telefonische Reportage zu übermitteln.

»Darüber müssen jetzt ein paar Leute gründlich nachdenken«, erwiderte Gerhard.

Die beiden verabschiedeten sich vom Team, nicht ohne Adressen zu tauschen und eine Kopie von der einmaligen Aufnahme einzufordern. Sie fuhren zum Stab und erkundigten sich nach den Auswirkungen. Es war noch nicht bekannt, wie viele Helfer zu Schaden gekommen waren, aber man wusste schon von drei Todesfällen. Betroffen fuhren die beiden nach Köln. Zu Hause schaltete Katrin als Erstes den Fernseher ein. Auf allen Kanälen war in den Nachrichten der spektakuläre Aufstieg der Kraftwerkskuppel zu sehen.

»Was passiert jetzt mit dem Ding?«, fragte Katrin.

»Gute Frage. Die Kuppel dürfte die nächste Zeit vor sich hindümpeln und je nach Strömung irgendwohin getrieben werden.«

»Und wenn das Wasser irgendwann wieder sinkt, setzt sie sich dort ab, wo sie gerade ist. Vielleicht in irgendeinem Ort auf dem Marktplatz.«

»Da könntest du recht haben. Wir werden das Problem diskutieren müssen.«

»Oder sie platziert sich vor den Ablauf oder direkt ins Flussbett. Dann habt ihr schon wieder ein neues Problem.«

»Du kannst einem richtig den Spaß verderben! Dann müssen wir uns eben einen Schlepper besorgen und die Kuppel an eine passende Stelle verfrachten.«

»Ihr wollt ohne Genehmigungsverfahren einen neuen AKW-Standort aufmachen?« Katrin grinste.

»Ach, wäre das für dieses Ding das erste Mal?«

Am nächsten Morgen stand das Ereignis groß in den Zeitungen. Während Gerhard duschte, kam Katrin ins Badezimmer und las ihm die wichtigsten Neuigkeiten vor. »Hier steht, es habe fünf Tote und über zwanzig Verletzte gegeben.«

»Unfassbar! Dabei hätten wir dieses Unglück durchaus verhindern können. Aber in diesen Zeiten kann kaum noch einer klar denken.«

»Außerdem heißt es hier, dass es wohl zur Ironie des Schicksals gehöre, dass eines der Opfer ein prominenter Gegner des Kernkraftwerkes Mülheim-Kärlich war.«

»Das gibt es doch gar nicht!« Gerhard stieg aus der Dusche und trocknete sich ab. »Ein Atomkraftwerk, das bisher nur im Probebetrieb gelaufen ist und demnächst abgerissen werden sollte, hat fünf Menschen das Leben gekostet?«

»Was wird eigentlich aus den anderen Atomkraftwerken im Oberrheingrabengebiet?«

»Gute Frage. Die Verantwortlichen werden das nun wahrscheinlich mit ganz anderen Augen sehen. Die Franzosen sind an der Mosel mit ihren Rohrleitungen und dem Dammbau wesentlich weiter als wir. Mit Cattenom hätten sie auch gleich ein schwimmendes AKW-Quartett, wenn es genauso wie in Mülheim ablaufen würde.«

»Wenn die einen feuerspeienden Berg im Vorgarten hätten, wären die auch nicht weiter als wir.«

Gerhard musste Katrin recht geben. »Was schätzt du, wie viel Milliarden Euro die Kraftwerke wert sind?«

»Sag es nicht! Lass uns lieber frühstücken. Der Tee ist schon lange fertig.«

»Steht in den Zeitungen schon etwas über Einschätzungen des Schadens?«

»Ich glaube nicht, aber ich habe auch nicht alles gelesen. Es ist einfach zu viel«.

»Es könnte sein, dass die Summe etliche Billionen erreicht.«

»Und das alles wegen eines relativ kleinen Vulkans?«

»Es ist wie im richtigen Leben. Ein Sandkorn zur richtigen Zeit an der richtigen Stelle im falschen Getriebe, und alles steht still.«

Für die zweite Maihälfte war trockenes und sonniges Wetter vorhergesagt worden, etwas, worauf Gerhard lange gewartet hatte. Schon seit einiger Zeit hatte er mit dem Gedanken gespielt, einen Rundflug über das Katastrophengebiet zu beantragen. Es klang reizvoll, die Ausmaße der Überschwemmung und Situation am Vulkan aus der Luft zu beobachten.

»Ich will mit!«, bestimmte Katrin, als sie von Gerhards Absicht erfuhr.

»Das möchten viele, aber leider ist es Privatpersonen nicht erlaubt.«

»Und für dich ist es kein Problem?«

»Ich bin Berater des Krisenstabes und muss mir den Vulkan von oben ansehen«, versuchte er Katrin diese Idee auszureden, während er an den Hubschrauberabsturz der Reporter dachte.

»Versuch es wenigstens. Es wird schon nichts passieren.«

Katrin hatte Glück. Der Koordinator der Flugeinsätze kannte sie inzwischen und wusste, dass sie Gerhard in letzter Zeit oft geholfen hatte. Also fuhren beide zum provisorisch eingerichteten Hubschrauberflugplatz, der in der Nähe der Autobahn Köln-Frankfurt lag. Auch ein Reporter und ein Kameramann vom Westdeutschen Rundfunk, die sich für einen Flug eingekauft hatten, stiegen in die Maschine. Sie nutzten sofort die Gelegenheit, Informationen aus erster Hand zu erhalten.

Als sie die Helme mit Sprechfunk aufgesetzt und sich angeschnallt hatten, ging es los. In weitem Bogen drehte der Pilot nach Westen ab. Gerhard deutete auf das Neuwieder Gebiet im Süden des Vulkans. So weit, wie es erlaubt war, flogen sie an den Nunak heran. Unter ihnen, wo die tieferen Gebiete des Neuwieder Beckens lagen, breitete sich eine erschreckende große Wasserfläche aus.

»Das ist der reine Wahnsinn! Gerhard war wie erschlagen vom Anblick der versunkenen Städte und teilüberfluteten Orte im Randbereich. »Von hier oben sieht das schon ganz anders aus«, rief er Katrin zu. Die vereinzelt aus den Fluten herausragenden Schornsteine, Kirchturmspitzen und Brückenmasten wirkten aus dieser Perspektive viel dramatischer als vom Steilufer bei Bendorf, wo sie sich das letzte Mal die Überflutung angesehen hatten.

»Was glauben Sie, Herr Böhm, wie lange der Vulkan noch aktiv sein wird?«, fragte der Reporter.

»Das lässt sich nicht sagen, weil wir in diesem Fall praktisch keine Vergleiche haben. Vielleicht ein bis zwei Jahre.«

»Es kann aber auch schon morgen aufhören?«

»Das kann es, und das wünschen wir uns alle. Aber wir wissen es einfach nicht.«

Gerhard bat den Piloten, eine Schleife über die Mosel bei Koblenz und den Rhein bis zur Lahn zu fliegen.

»Dass es wirklich so weit kommt, hätte niemand für möglich gehalten.« Katrin starrte fassungslos auf die breiten Flussarme. Überall waren Hilfsmannschaften mit Booten und Fahrzeugen im Einsatz. An den Ufern ballten sich die Menschen und Fahrzeuge. Die Landstraßen waren mit unendlich langen LKW-Konvois verstopft.

»Das hier ist noch gar nichts«, schaltete sich der Pilot ein. »Sie müssten einmal über den nördlichen Oberrheingraben fliegen, bis in den Frankfurter Raum. Sie glauben nicht, was da los ist.«

»Ich kann es mir ungefähr vorstellen«, antwortete Gerhard.

»In den Nachrichten haben sie Filmbeiträge gezeigt, die einen ziemlich deutlichen Eindruck vermittelten.«

»Gerhard, sieh mal die vielen kleinen Punkte dort unten! Das sind alles Menschen, die versuchen zu retten, was zu retten ist. Wie unsere Ameisen im Regen.«

»Komisch, das ging mir auch gerade durch den Kopf. Diesmal ist der Eindruck allerdings viel stärker als neulich am Rand des Neuwieder Beckens, als das Kraftwerk hochkam.«

»Da haben die Kollegen einen eindrucksvollen Treffer gelandet«, brüllte der Kameramann vom WDR gegen den Lärm in der Kanzel an. Man hörte deutlich den neidvollen Unterton heraus.

»Raten Sie mal, wem sie das zu verdanken hatten!«

»Ich habe Sie in den Nachrichten gesehen!«

»Nein, meine Frau hat den entscheidenden Hinweis geliefert. Sie hat die Luftblasen über der Kuppel entdeckt.«

»Alle Achtung!«

Gerhard dirigierte den Hubschrauber von Koblenz in Richtung Laacher See. Auf der Höhe von Plaidt im Westen des Neuwieder Beckens stand das Wasser schon bedrohlich nahe an der Autobahn.

»Wissen Sie, welche Höhe die Autobahn an der tiefsten Stelle hat?«, fragte der Kameramann.

Gerhard schaute in die Karte. »Ich schätze, so um die hundertfünfzig Meter. Ein bisschen Luft haben wir dort noch. Aber man sieht schon, dass bald das nächste Problem ansteht. Wenn diese Verkehrsachse dicht ist, müssen alle Transporte über die höher gelegenen Dörfer geleitet werden.«

»Das kann ja noch heiter werden!«

Der Pilot flog über den See nach Norden.

»Sieh mal, Katrin! Kannst du dich an die Heißluftballons letztes Jahr im Juli erinnern? Ich hätte nicht gedacht, dass auch wir so schnell das Vergnügen bekommen, direkt über den Laacher See zu fliegen.«

»Als Vergnügen würde ich es nicht bezeichnen.«

»Ich muss mir in den nächsten Tagen unbedingt noch einmal die Gasaustritte anschauen. Ich bin gespannt, ob sich dort etwas geändert hat.«

»Hätten Sie etwas dagegen, wenn wir Sie begleiten?«, fragte der Reporter.

»Nein. Aber das wird nicht so spektakulär wie dieser Flug sein.«

Das Rheintal nördlich des Lavadammes sah erschreckend aus. Rechts und links des Flussbettes zog sich eine Schneise der Verwüstung entlang, die von Asche, Geröll und Trümmermassen geprägt war.

»Es wird eine Weile dauern, bis sich die Touristen hier wieder wohl fühlen«, meinte Katrin.

»Ach, wenn das hier vorbei ist, wird es einen gewaltigen Boom des Katastrophentourismus geben.« Der Reporter hatte Erfahrung mit solchen Situationen.

»Jetzt muss ich einen bestimmten Punkt ansteuern, der westlich des Nunak auf der Störung liegt.« Gerhard dirigierte den Piloten anhand der Karte zu einer markanten Stelle im Gelände. »Moment! Können Sie jetzt so weit, wie es erlaubt ist, an den Vulkan heranfliegen?«

»Okay!« Der Pilot hielt direkt auf den Nunak zu.

»Wir sind nun genau über der Störung, auf deren Verlängerung sehr wahrscheinlich der Spaltenausbruch sitzt«, erklärte Gerhard den Presseleuten.

»So, weiter dürfen wir nicht«, meldete sich der Pilot.

»Können Sie diese Richtung auf der anderen Seite wiederfinden?«

»Kein Problem.« Wieder flogen sie im weiten Bogen um den Nunak herum und steuerten den Vulkan nun von der Ostseite an.

»So schön sieht man den Lavastrom selten«, stellte der Kameramann fasziniert fest, während er den Vulkan näher heranzoomte.

»Ich bin jetzt auf der gleichen Luftlinie wie im Westen. Wir können auf dieser Achse wieder direkt auf den Vulkan zufliegen.«

»Sehr gut. Genau das brauche ich.«

»Was haben Sie vor?«, fragte der Reporter.

»Ich will sehen, wie weit die Störung in den überstauten Bereich hineinläuft.«

»Und?«

»Das kann ich von hier oben besser abschätzen als auf der Karte. Wir befinden uns genau über dem Wasser, und darunter liegt die Störung.«

»Hat das irgendetwas zu bedeuten?«

»Ich will keine Pferde scheu machen, aber das kann sehr viel bedeuten. Ich werde es erst mit meinem Kollegen besprechen, bevor ich etwas dazu sage.« Gerhard gab dem Piloten ein Zeichen. Er flog eine große Schleife nach Norden und brachte die Gruppe sicher zum kleinen Flugplatz zurück.

»Ich hätte mich schon geärgert, wenn ich nicht dabei gewesen wäre«, sagte Katrin, als sie sich vom Piloten verabschiedeten.

»War ja auch kein Problem.«

»Und Sie sagen uns Bescheid, wenn wir Sie zum Laacher See begleiten können?« Die zwei Mitarbeiter des Westdeutschen Rundfunks holten ihre Visitenkarten aus den Brieftaschen.

Gerhard versprach sich zu melden.

»Morgen muss ich unbedingt ins Institut«, sagte Gerhard zu Katrin, als sie auf dem Rückweg nach Köln waren. »Meine beiden Diplomanden sind fertig«.

»Wie konnten die überhaupt weiterarbeiten? Ihr Gebiet war doch auch betroffen.«

»Hatte ich dir das nicht erzählt? Wir haben die gleiche Fragestellung auf die Region südöstlich von Aachen übertragen. Mit den bereits vorliegenden Ergebnissen aus dem Laacher See-Gebiet ließ sich einiges vergleichen. Jetzt haben sie ihr Zeugnis und wollen morgen einen Sekt ausgeben.«

»Das heißt, du kommst früher nach Hause?«

»Wenn nichts Wichtiges anliegt, versuche ich es. Im Institut gibt es noch so viel aufzuarbeiten.« Gerhard nutzte die rote Ampel und streckte sich auf dem Sitz weit nach hinten.

»Du musst dringend die Steuer machen!«

»Ach ja. So etwas Stinknormales gibt es auch noch!«

KAPITEL 10

Zwei Wochen nach dem letzten großen Ausbruch konnten die Arbeiten am Tunnelprojekt fortgesetzt werden, genau dort, wo sie jäh unterbrochen worden waren. Nachdem man mehrere Meter Lava weggesprengt hatte, die den Kieskörper bedeckte, tauchte die ursprüngliche Oberfläche der Insel unmittelbar unter den rundlichen Kissenlaven auf. Die Überlegung von Maron schien zu stimmen. Die Insel war durch die Lava der ersten Schmelzflüsse unter Wasser vor Erosion geschützt worden.

Ein Drittel der Mannschaft hatte aufgegeben. Die Erfahrungen, die die Männer mit dem Ausbruch gemacht hatten, waren zu nachhaltig. Sie hatten sich zu anderen Einsatzstellen versetzen lassen. Die restliche Mannschaft stammte überwiegend aus dem Mittelrheingebiet, das jetzt unter Wasser stand. Für diese Leute war es eine persönliche Angelegenheit, hier mitzuhelfen.

Die Radlader gruben mit Anlauf die gewaltigen Schaufeln ins Sediment, als würden sie eine Kiesgrube ausheben. Sie legten eine Rampe an, die vier Meter unter dem Basaltdach das feste Gestein des alten Flussbettes erreichte. Mit jedem Meter Grabungsfortschritt unter dem Damm stieg die Temperatur, sodass kurze Zeit später die großen Wasserspritzen zum Einsatz kommen mussten. Mit ihrer Hilfe wurde die Decke gekühlt und gleichzeitig unter Hochdruck Sand, Ton und Kies aus der Abbauwand gespült. Spezielle Schaufellader aus dem Bergbau transportierten den Kies nach draußen auf die wuchtigen Schwerkraftfahrzeuge. Mit dem Hochdruckspülverfahren konnte ein einigermaßen großer Sicherheitsabstand zur Abbauwand eingehalten werden. Einem Nachbrechen der Decke und Austreten glühender Lava an der Abbaufront war auf diese Weise besser zu begegnen. Im Abstand von wenigen Metern wurden an der Decke Temperaturfühler eingesetzt. Sie sollten Alarm geben, wenn die Hitze eine kritische Grenze überschritt. Von den stillgelegten Zechen des Steinkohlebergbaus stammten die hydraulischen Schilde, die mit dem Vortrieb an den Seiten eingebaut wurden. Sie konnten einen beträchtlichen Auflastdruck abfangen und zumindest im Randbereich ein Nachbrechen der Decke verhindern. Die Seitenwände erhielten Verstrebungen, die verhinderten, dass der lockere Kies wegrutschte. Eine Bewetterungsanlage sorgte neben dem Kühlwasser für einigermaßen erträgliche Temperaturen, sodass sich die Arbeiter überhaupt für längere Zeit im Tunnel aufhalten konnten.

Das Durchstichprojekt war Gerhards wichtigstes Anliegen in den nächsten Wochen. Allein die Möglichkeit, den Lavadamm von der Basis aus zu erforschen, hatte für ihn einen magischen Reiz. Der Tunnelbau wurde von einer Firma betrieben, die spezielle Erfahrung mit Spültechniken hatte. Die wissenschaftliche Betreuung war rund um die Uhr durch Firmengeologen gewährleistet. Trotzdem fuhr Gerhard unter Protest von Katrin jeden zweiten Tag in den Tunnel, um sich ein Bild von der Stabilität der Decke und der Gesamtsituation zu machen. Es war jedes Mal eine extreme Anspannung, sich bei schlechten Lichtverhältnissen und dem Lärm der Maschinen auf die Geologie zu konzentrieren, immer im Bewusstsein, unter einem Lavastrom zu sein, der im Inneren noch lange nicht erstarrt war. Ein etwas stärkeres Erdbeben konnte jederzeit die Decke aufreißen lassen, mit verheerenden Folgen für die Arbeiter und auch für Gerhard. Besonders kritisch musste es in der Mitte des Dammes werden. Dort lagerten die größten Lavamassen, dort war die Temperatur am höchsten und die Schmelze am dünnflüssigsten. Vorn am Stoß zu stehen und hinter sich Lava durchbrechen zu sehen, die den einzigen Ausgang blockierte – dieser Gedanke verursachte allen ein eigentümliches Kribbeln. Gerhard bemühte sich, ihn gar nicht erst aufkommen zu lassen. Trotz seiner Begeisterung für die Geologie hatte er sich sein Ende so nicht vorgestellt.

Seit dem Tunnelanstich waren fünf Wochen vergangen. Draußen war der Frühling, der im Mittelrheintal unter Asche lag, in den Sommer übergegangen. Es waren die ersten richtig warmen Tage. Wo Katrin und Gerhard vor einem Jahr im Blütenmeer von Schwarzdorn und Wildkirschen auf den Rhein geschaut hatten, befand sich nun eine grauschwarze Staublandschaft, durch die sich überall das frische Grün der Pflanzen schob. Doch richtig grün waren nur die Unterseiten der Blätter. Der Wind sorgte ständig für Nachschub an feinsten Aschepartikeln, die sich als graue Patina über die Vegetation legte.

Der Tunnelbau hatte gute Fortschritte gemacht. Mehr als die Hälfte war inzwischen abgegraben. Die Temperaturen am Basalt lagen bereits im kritischen Bereich, aber die Decke hielt – möglicherweise nur deshalb, weil die Strecke aus Sicherheitsgründen nur noch in der halben Breite aufgefahren wurde.

Die Böhms hatten in kleiner Besetzung einen Ausflug in den Harz eingeschoben. Mit Katrin und Susanna hatte Gerhard den Geburtstag seiner Mutter in Südniedersachsen gefeiert und drei Tage Entspannung angehängt. Jetzt war er zurück und neugierig, wie weit die Arbeiten vorangeschritten waren. Bereits morgens um sechs Uhr startete er von Köln und fuhr nach Brohl. Anderthalb Stunden später stand er am Tunneleingang und traf seinen Kollegen von der Tiefbaufirma. Nach einem kurzen Informationsaustausch war er auf dem neuesten Stand, sprang auf den nächsten Lader, der in den Tunnel fuhr, und ließ sich den größten Teil der Strecke mitnehmen. Der Fahrer hatte Ausbaumaterial für die Seitenwände geladen und musste irgendwann abladen. Gerhard kämpfte sich allein im Halbdunkel zur Abbauwand vor. Das Klima hier unten erinnerte ihn an die Tropen. Nur, dass über allem ein intensiver Schwefelgeruch lag. Das Dröhnen der Pumpen wurde immer lauter, aufgeheizte Wasserdampfschwaden schlugen ihm entgegen. Im diffusen Scheinwerferlicht sah Gerhard, wie ein Arbeiter auf der rechten Seite plötzlich innehielt, seine Hochdruckpumpe abstellte und nach vorn zur Wand lief.

Von einem zusammengeschwemmten Kieshaufen hob er etwas auf, das anscheinend freigespült worden war. Er verharrte eine Sekunde, drehte sich suchend um und lief auf Gerhard zu, als er ihn sah. In der Hand hielt er einen Gegenstand, mit dem er wild hin und her fuchtelte.

»Seht mal, was ich hier habe!«, schrie er seinen Kollegen und Gerhard zu. Mit der Stirnlampe leuchtete er auf eine etwa zehn Zentimeter große Figur aus Gold, an der viel Ton klebte. Am zierlichen Kopf schimmerten blaue und rote Punkte, die wie Edelsteine aussahen.

»Das glaube ich nicht!«, keuchte Gerhard. »Sagen Sie ihrem Kollegen, dass er auch die andere Pumpe ausmachen soll.«

Zu fünft zogen sie mit zusätzlichen Handscheinwerfern bewaffnet los und wateten langsam durch die schlammigen Wassermassen.

»Wir müssen alle Lampen gleichzeitig auf die Wand richten, möglichst auf einen Fleck. Leuchten Sie zuerst auf die obere Ecke.« Gerhard hatte ein unüberhörbares Zittern in der Stimme. Ihm rannen die Schweißtropfen ins Gesicht. Gebannt verfolgten sie die Lichtspur, die langsam an der Kieswand entlang wanderte.

»Da oben ist es rausgefallen!«, rief der Arbeiter, der die Figur gefunden hatte. »Genau dort war es!« Er deutete auf die Stelle, die in diesem Moment am stärksten ausgeleuchtet war.

Gerhard erkannte sofort die Veränderung im Sedimentgefüge. An einigen Stellen in den groben Kiesen schimmerten die gleichen hellen Tone durch, wie sie an der kleinen Figur klebten.

Einer der Arbeiter winkte einen Lader heran. Er dirigierte ihn dicht an der Abbauwand und gab ein Zeichen, die Schaufel leicht zu kippen. Der glückliche Finder und Gerhard kletterten hinein und hielten sich an der Schaufelrückwand fest. Behutsam hob der Fahrer die beiden um mehr als einen Meter in die Höhe.

»Das ist hoch genug!«, rief Gerhard gestikulierend. »Jetzt noch einen Meter vor, direkt an die Wand. – Wie heißen Sie?«, fragte er den Finder.

»Kalle!«, kam es etwas unsicher vom eher raubeinigen Hünen zurück.

»Ich bin Gerhard«, sagte Gerhard und reichte ihm die Hand.

»Herzlichen Glückwunsch, morgen stehst du in jeder Zeitung!«

»Oje, hier wird es aber heiß«, lenkte der Hüne ab, der sichtlich nervös wurde. »Aber sehen Sie – äh – sieh mal dort!«

Vorsichtig kratzte Gerhard an der Mischung aus Kies und hellem Ton, aus der etwas Glänzendes hervor schimmerte. Es war der Rand eines goldenen Tellers.

»Unfassbar!«, stieß Gerhard hervor und grub mit seinem Geologenhammer behutsam eine große goldene Schale mit Edelsteinbesatz aus. Ihm wurde zugleich heiß und kalt. War es nicht genau das, was er sich als Kind immer erträumt hatte? Spontan fiel ihm sein langjähriger Freund Manfred ein. Mit ihm hatte er sich die abenteuerlichsten Räuberpistolen ausgemalt. Wie oft waren sie voller Abenteuerdrang in den Wald gezogen und hatten nach Schätzen gegraben, die es nie gab?

»Das wird Katrin mir niemals glauben«, murmelte Gerhard und schüttelte leicht den Kopf. Ihm fiel wieder die Bank am Rhein an der Schleife oberhalb von Boppard ein.

»Wir brauchen Kisten und Verpackungsmaterial. Jemand soll die Sachen per Funk organisieren. Ach, und sagen Sie den Leuten da draußen, dass sie einen Archäologen auftreiben sollen, der mutig genug ist, nach hier unten zu kommen. Aber schnell, sonst werden wir gebraten!«, rief Gerhard einem Ladefahrer zu. »Und wenn es irgend geht, bringen Sie etwas zu essen mit. Das könnte länger dauern!«

Inzwischen hatten zwei der Arbeiter einen Schlauch in Stellung gebracht und sprühten mit geringem Druck vorsichtig die Decke ab.

»Danke, das war eine gute Idee«, lobte Gerhard die beiden und blinzelte aufgeregt in einer Wolke aus Dampf und Nieselregen. »Musste es wirklich erst zu einer solchen Katastrophe kommen, damit dieser Schatz entdeckt werden konnte?«, sagte er nachdenklich zu Kalle, der noch verwirrter schien als Gerhard.

Kalle beugte sich über die Schaufelkante und nahm einem seiner Kumpel den Wasserschlauch ab. »Vielleicht können wir mit schwachem Druck vorsichtig den Ton wegspülen«, meinte er und lenkte den Strahl auf die weißen Stellen im Kies.

Gerhard kannte das Spiel nur zu gut von seinen Tongruben-Exkursionen, die er regelmäßig mit Studenten durchführte. Besonders bei feuchten Wetterlagen. Der Ton klebte wie Pech am Untergrund und hielt die Stiefel fest. Anschließend steckte er in den Riefen der Sohlen und ließ sich nur mit Wasser unter heftigem Bürsten entfernen. Millimeter für Millimeter. Aber meistens gab es auf den Touren gar kein Wasser, zur großen Freude der Busfahrer. Einige weigerten sich sogar, ein zweites Mal mit Geologen ins Gelände zu fahren. Besonders, wenn sie erfuhren, dass es wieder in die Tongruben gehen sollte.

»Du kannst es probieren. Aber viel wird es nicht bringen.«

»Mist«, fluchte Kalle wenig später. »So hat es wirklich keinen Zweck. Wir müssten schon voll aufdrehen. Am besten wäre ein ganz feiner Hochdruckstrahl.« Er gab den Schlauch zurück.

»Kann uns jemand zwei Messer oder etwas Ähnliches besorgen? Hier gibt es doch sicher eine Werkzeugkiste!«, rief Gerhard der unten stehenden Gruppe zu.

Ein Arbeiter wühlte in einer Blechkiste, die auf dem Lader stand, und reichte den beiden Stemmeisen und Schraubenzieher. Wie im Rausch begannen sie, auf den Ton einzustechen.

»Das ist ja doll!« Kalle bekam leuchtende Augen. Vorsichtig zog er an einer Figur, die Gerhard mit einem Schraubenzieher freilegte.

»Wenn es das ist, was ich vermute, werden wir noch einiges finden«, rief Gerhard leicht keuchend den anderen zu. Er spürte plötzlich eine Stimmung aufkommen, wie er sie aus Geschichten über Schatzsuchen und Goldgräber kannte.

Ein goldener Becher kam zum Vorschein, dann folgte wieder ein Teller. Einige Stücke waren so stark mit Ton behaftet, dass sie nur an den Umrissen zu erkennen waren. Vermutlich war es ein Kelch, aus dem Gerhard gerade den Ton herausschälte. Er wollte den Klumpen nach unten werfen, als er eine harte Kante an der einen Seite spürte.

»Es sind auch Kleinteile im Ton!«, rief er Kalle und den anderen zu. »Wir müssen alle größeren Brocken in die Schaufel werfen und draußen weiter untersuchen!« Mit den Fingerspitzen klaubte er einen goldenen Ring aus dem gerade angeschnittenen Tonstück. Er sah nach einem Siegelring aus. Hastig wischte er den Rand an der Hose sauber, so gut es ging, drehte die Stirnlampe nach unten und hielt das Fundstück in den Lichtkegel.

Als hätte er es geahnt! Die Zeichen an der Seite hatte er in ähnlicher Form schon einmal gesehen, vor gar nicht langer Zeit.

Hatte Mareike ein Stück aus diesem Schatz gefunden?

Die Sensation hatte sich blitzschnell nach draußen verbreitet. Gerhard wies die Arbeiter an, keine weiteren Leute in den Stollen zu lassen. Die Sicherheit ging vor, auch in dieser Situation.

Horstkotte kam mit einem Geländewagen angeprescht. Es fiel ihm schwer, seine Neugier zu verbergen. »Das ist ja nicht zu fassen!«, entfuhr es ihm, als er die ersten Stücke begutachtete.

»Was glauben Sie, was das ist?«, fragte er Gerhard.

»Keine Ahnung. Möglicherweise der sagenhafte Nibelungenschatz.« Gerhard grinste. »Den wollte ich schon immer finden. Allerdings hatte ich mir die Umstände etwas anders vorgestellt.«

»Das ist nicht wahr!« Horstkotte schüttelte ungläubig den Kopf.

»Warten wir's ab. Unsere Archäologen werden sicher mehr dazu sagen können.«

Aber wie kommt jemand darauf, einen so gewaltigen Schatz in einer Tonlinse auf einer Kiesbank mitten im Rhein zu vergraben?« Er versuchte, den Ton von einem Becher abzuwischen.

»Wenn ich es mir genau überlege, ist der Ort sogar sehr weise gewählt.« Gerhard war kaum zu hören, als er mit dem Kopf im schon recht tiefen Loch steckte. Es wurde allmählich mühsam, in dieser Höhe und bei diesen Temperaturen zu graben. Ihm schmerzten bereits die Arme.

»Es könnte sein, dass die Belagerung einer der Burgen hier am Rhein drohte, worauf das Vermögen in Sicherheit gebracht werden musste.« Gerhard reichte das nächste Stück hinunter.

»Da hätte es doch andere Möglichkeiten gegeben.«

»Klar, aber es geht ja nicht nur ums Verstecken, sondern auch ums Täuschen. An Land hat man immer viele Zuschauer, die später plaudern können. Hier am Rhein konnten sie den Schatz vor Zeugen auf ein Schiff laden. Dadurch war sichergestellt, dass es sich herumspricht, bevor sie damit losgefahren sind. Wenn sie einen genügend langen Vorlauf hatten, konnten sie sogar einen günstigen Zeitpunkt wählen, zu dem der Rhein relativ wenig Wasser führte.«

»Sie meinen, eine Belagerung hätte sich rechtzeitig angekündigt?«

»Aber sicher. Es gab immer Vorbereitungen, die nicht unbemerkt blieben. Vermutlich war es kein Problem, gegen Abend mit einem Schiff an dieser Kiesbank festzumachen und dann über Nacht den Schatz zu vergraben. Man brauchte nur einen oder zwei Beobachter am Ufer, die in den Tagen danach Wache standen. Ein zufälliges Auffinden der Stelle von dritter Seite war höchst unwahrscheinlich.«

»Und spätestens mit der nächsten Überflutung war alles, was an verräterischen Spuren vorhanden war, verwischt.«

»Genau! Wenn sie ganz geschickt waren, haben sie den Kahn flussabwärts versenkt und anschließend unters Volk gestreut, dass der Schatz jetzt im Rhein liegt. Was sogar stimmte und mit jedem Eid beschworen werden konnte.«

»Nicht schlecht, das hat was. Anschließend hat man die Zeugen auf klassische Weise mundtot gemacht. Ein perfektes Versteck.«

Kalle hatte inzwischen das bisher größte Stück freigelegt und reichte es Gerhard. Es war ein Schwert, am Griff mit tonverschmierten Edelsteinen besetzt, die von unvorstellbarem Wert sein mussten. »Von dem Ding könnten wir uns ein Dorf auf Mallorca kaufen«, sagte Gerhard schmunzelnd und gab es nach unten an Horstkotte weiter.

»Nur nicht schwach werden!« Horstkotte kratzte mit den Fingernägeln vorsichtig am Belag. »Und was hat es mit diesem verdammten Ton auf sich? Das ist doch bestimmt keine übliche Methode, einen Schatz zu verstecken, oder?«

»Nein, das ist auch mir neu. Aber die Leute, die den Kram hier verbuddelt haben, waren vermutlich die ersten Geologen. Zumindest kannten sie die ausgezeichnete Möglichkeit, Gegenstände dauerhaft konserviert in der Erde zu lagern. Man braucht nur ein Loch und Ton. Dann wird der Ton mit ganz wenig Wasser versetzt, bis er knetbar ist, und zusammen mit den Gegenständen ins Loch gepackt. Der Ton wird mit der Zeit fester und bildet eine hervorragende Stützmasse, die viel Druck abfängt. Und weil meine frühen Kollegen das Ganze außerdem im Grundwasserbereich eingelagert haben, wird der Ton nie ganz trocken und kann somit auch nicht reißen. Das verhindert Luftzutritt, sodass nichts oxidieren kann.«

»Klingt logisch. Und woher hatten sie den Ton?«

»Danach mussten sie nicht lange suchen. Ton gibt es in großer Menge gleich nebenan im Westerwald.«

Plötzlich hupte es laut. Ein Fahrer brachte mit einem Pritschenwagen mehrere Holzkisten und Holzwolle. »Hier ist die Expresslieferung!«, sagte er stolz. »Alles per Luftfracht. Und ein Archäologe wird auch gleich eingeflogen.«

»Und was zu essen? Gerhard suchte vergeblich nach Hinweisen.

Grinsend zog der Fahrer einen Satz belegter Brötchen aus einer Tasche. »Natürlich habe ich das Wichtigste nicht vergessen!«

Kurze Zeit später tauchte ein hagerer älterer Herr auf, der nicht so recht in die Montur aus Overall, gelben Gummistiefeln und Helm passen wollte. Trotz Verkleidung war er zweifelsfrei als Archäologe zu identifizieren.

»Grobecker«, sagte er, »ich bin…«

»Für eine ausführliche Vorstellung haben wir jetzt keine Zeit«, unterbrach Gerhard ihn freundlich, aber bestimmt. »Wir müssen hier so schnell wie möglich alles rausholen, was rauszuholen ist. Sie sollen nur darauf achten, ob aus Ihrer Sicht etwas auffällig ist. Sie müssen alles fotografieren und gegebenenfalls Vermessungen durchführen.«

»Ja, aber…«

»Kommen Sie erst einmal mit.«

Gerhard führte ihn zu den Kisten und reichte ihm einen halbwegs vom Ton befreiten Teller mit Edelsteinbesatz. Grobecker wischte die letzten Tonreste von einem lupenreinen Granat in Daumennagelgröße und schaute sich die Einfassung mir einer beleuchteten Lupe an. Dann hielt er kurz inne, als wollte er ein kleines Gebet sprechen, und legte den Teller auf das Stroh in der Kiste zurück.

»Und dann hätten wir hier noch so etwas.« Gerhard nahm das Schwert aus der nächsten Kiste.

»Hätten Sie vielleicht ein Tuch?«

Ein Arbeiter holte mehrere Lappen aus einer Kiste. Gemeinsam wischten sie das Metallblatt sauber.

»Das ist unfassbar!«, stammelte Grobecker. »Die Klinge ist scharf und hat so gut wie keinen Rost angesetzt.«

»Es sieht fast danach aus, als würde ein Rest von Rindertalg oder etwas Ähnlichem auf dem Metall kleben.«

»Das werden wir analysieren müssen.«

Gerhard kramte in seiner Hosentasche, holte eine Sammlung benutzter Papiertaschentücher heraus und hatte schließlich den Ring in der Hand.

»Können Sie eine Schätzung abgeben, welches Alter das hier hat?

Grobeckers Finger zitterten leicht, als er die Hand ausstreckte und das Stück entgegennahm. Er sah den Ring nur kurz an und suchte durch den Overall den Zugang zu seiner Hosentasche. Endlich fand er ein betagtes Stofftaschentuch, mit dem er den restlichen Ton vom Edelstein putzte. Nachdem er die Lupe ans Auge gesetzt hatte, gab es für ihn kein Halten mehr.

»Das ist ja phantastisch, unglaublich!«, entfuhr es ihm.

»Wie alt?«, fragte Gerhard ungeduldig! »Nibelungen oder später?«

»Junger Mann!« Grobecker schaute über seinen Brillenrand.

»Sie glauben doch nicht, dass man alles, was in Sagen erzählt wird, für bare Münze nehmen kann!«

»Natürlich nicht«, beschwichtigte Gerhard. Es war ihm beinahe peinlich, dass seine aufkeimenden Jugendträume ihn zu dieser Frage verleitet hatten. »Aber in welche Zeit könnten diese Stücke fallen?«

Grobecker wischte sich mit dem Taschentuch die Schweißperlen von der Stirn. Die Temperatur hier unten lag bestimmt über 40 Grad.

»Der hier könnte aus den Jahren 400 bis 500 nach Christus stammen. Aber genau sagen kann ich das noch nicht. Dazu muss ich mehr sehen und einige Vergleiche anstellen. Und Sie wissen vielleicht, dass so ein »Schatz« ein Sammelsurium aus vielen Jahrhunderten sein kann, mit allem, was auf den Raubzügen mitgenommen wurde.«

Plötzlich ertönte ein dumpfes Grollen. Der Untergrund vibrierte leicht, dann wurde es heftiger. Aus der Wand brachen Kies und kopfgroße Gesteinsblöcke heraus. Sie polterten direkt vor die Füße der Schatzgräber.

»Zurück von der Wand!«, schrien alle durcheinander. »Ein Erdbeben!«

Erschrocken rannten alle zum zweiten Radlader, der weiter vorn im Tunnel stand. Sekunden später war der Spuk schon wieder vorbei.

Grobecker war kreidebleich geworden.

»Mit so etwas müssen wir ständig rechnen«, sagte Horstkotte zu ihm. »Das kann ziemlich an die Substanz gehen.«

»Es geht schon. Ich werde mich zusammenreißen.«

Hastig verpackten sie die Fundgegenstände und horchten angespannt nach weiteren Beben. Einige Minuten vergingen, bis sie wieder einen klaren Gedanken fassen konnten.

Für die nächsten Fundstücke musste die gesamte Wand um mindestens zwei Meter weiter abgetragen werden. Ein tieferes Vordringen in den frei gegrabenen Hohlraum war unmöglich, ohne das vollständige Wegrutschen der oberen Kiesschicht zu riskieren. Schon jetzt war durch das kleine Beben ein Teil der obersten Schicht nachgebrochen, die bis zum Basalt noch über einen Meter dick war.

Aus dem Tunnel tauchten plötzlich zwei Gestalten auf, die unschwer als Medienvertreter zu identifizieren waren. »Stopp!«, rief Gerhard, »hier sollten doch keine weiteren Leute mehr reingelassen werden!«

»Wir haben eine Genehmigung bekommen, wenn wir es auf eigene Gefahr machen«, erwiderte der Journalist beschwichtigend.

Gerhard kannte die beiden. Sie waren für eine große Illustrierte tätig. Er sah Horstkotte an. »Haben Sie…?«

»Nein, natürlich nicht, die arbeiten immer mit diesen Tricks. Aber wenn sie schon hier sind, dann können sie der Weltöffentlichkeit nach den vielen Katastrophen auch einmal eine positive Nachricht melden.«

»Mir soll's recht sein.«

Gerhard überlegte einen kurzen Augenblick. »Aber es gibt doch immer eine Menge Geld für die Erstveröffentlichungsrechte solcher Sensationen, nicht wahr?«

»Ja, schon, aber das hier ist doch etwas anderes«, versuchte der Reporter dieses Thema abzubiegen.

»Ich glaube, die Kollegen hier unten sind damit einverstanden, dass die Presse, die mit dieser Story sicher ein gutes Geschäft macht, einen Beitrag für die geologische Forschung leistet, und zwar in der halben Höhe wie bei einem üblichen Verkauf der Erstveröffentlichungsrechte in dieser Qualität. Okay?«

Die beiden sahen sich an. Kalle warf Gerhard einen fragenden Blick zu.

»Okay. Das können wir vor dem Chef verantworten«, kam die Zustimmung.

»Und die andere Hälfte geht an die Jungs hier unten, die immerhin täglich ihr Leben einsetzen, damit wir in Koblenz wieder Land unter die Füße kriegen.«

Das Gemurmel unter den Arbeitern verstummte schlagartig. Gebannt starrten sie auf die Pressevertreter.

Die beiden Reporter sahen sich erneut kurz an, dann willigten sie ein.

Den schmerzenden Schlag auf die Schulter, den Gerhard von Kalle einstecken musste, nahm er gern in Kauf.

Die Beseitigung der Kiesmassen und die Bergung aller Gegenstände dauerte mehr als sechs Stunden. Dreimal musste der Tunnel weiter vorangetrieben werden, um die letzten Teile aus der Tonlinse zu bergen. Die Fundstücke wurden sofort vom Pressefotografen aufgenommen, soweit die Tonmasse überhaupt etwas erkennen ließ. Der Schatz war größer, als alle es am Anfang erwartet hatten. Grobecker nahm jeden Gegenstand in einer Liste mit einer Kurzbeschreibung auf. Jede Holzkiste wurde, nachdem sie voll war, unverzüglich abtransportiert und draußen von einem Bewachungsteam der Bundespolizei in Empfang genommen. Schließlich waren es zwölf Kisten von der Größe eines Schreibtisches, die auf einen LKW verfrachtet wurden. Erst, als feststand, dass der Fundplatz geräumt war, wurden die Pumpen wieder angeworfen.

Es war bereits Spätnachmittag, als das Fahrzeug mit dem Sensationsfund startete. Ein großes Aufgebot der Bundespolizei und zwei Hubschrauber begleiteten den Transport, der noch vor Anbruch der Dunkelheit durchgeführt werden sollte. Es ging direkt nach Meckenheim ins Bundeskriminalamt. Hier befand sich der sicherste Aufbewahrungsort in der näheren Umgebung, und es gab genügend Platz, um eine erste Auswertung durchzuführen.

Gerhard war zum ersten Mal seit langem wieder gut gelaunt und beschloss, den Weg bis zum Tunneleingang zu Fuß zurückzulegen. Mit dem jetzt geschärften Blick suchte er im Schein seiner Stirnlampe den schlammigen Boden ab. Vielleicht war schon vorher ein Stück des Schatzes herausgespült worden.

Am Rand des Lichtkegels tauchte plötzlich etwas metallisch Glänzendes auf. Es lag genau am Fuß eines Stützschildes. Gerhard bückte sich und zog einen etwa acht Zentimeter langen, leicht gebogenen Metallstreifen aus dem Sand. Er hatte ein ungewöhnlich hohes Gewicht, was offenbar mit der Dicke zusammenhing. Das Band war etwa einen Zentimeter breit und mit auffälligen Symbolen versehen.

»Das kommt mir aber sehr bekannt vor«, murmelte er.

Es hatte große Ähnlichkeit mit dem Metallteil, das aus der Schublade von Mareikes Schrank gefallen war. Er kramte die Lupe aus seiner Hosentasche und suchte die feinen Rillen ab. Wenn das Stück zu den anderen Funden gehörte, musste irgendwo der Ton haften geblieben sein.

Er hatte recht. In einer Rille entdeckte er eine helle Substanz, die er mit dem Fingernagel herauskratzen konnte. Es war zweifelsfrei ein weißer Ton.

Gerhard steckte das Metallstück in die Tasche des Overalls und ging nachdenklich zum Ausgang. Er war sich fast sicher, dass dieses Teil etwas mit Mareikes Fund zu tun hatte. Und auch der Ring, der in Koblenz unter Wasser im Wohnzimmerschrank liegen sollte, steckte nach ihren Angaben in einem Tonklumpen. Außerdem lagen die Fundorte sehr nahe beieinander.

Noch ahnte er nicht, dass er wieder einen jener augenscheinlichen Zufälle erlebte, die er nie erklären konnte und nur hilflos zur Kenntnis nehmen konnte. Doch diesmal sollte es weitreichende Konsequenzen für ihn haben.

Der angebrochene Abend des warmen Sommertages wehte ihm einen leichten Wind ins Gesicht, als er ins Freie trat. Nach dem Dunst und Schwefelgestank im Tunnel war es ein Hochgenuss, die Lungen mit frischer Luft zu fluten. Trotzdem ließ der warme Wind ihn frösteln. Der Kontrast zur Hitze im Tunnel war einfach zu groß. Lange konnte er den Augenblick nicht genießen. Bald hatten ihn die Presseleute entdeckt und bestürmten ihn mit Fragen. Er antwortete ihnen so knapp wie möglich, weil er müde war und zu Katrin wollte, um mit ihr auf den Fund anzustoßen.

Es war weit nach neun Uhr abends, aber um diese Jahreszeit noch recht hell, als Gerhard in Köln ankam. Katrin hatte den Wagen in der Einfahrt gehört. Sie machte gerade eine Flasche Sekt auf, als Gerhard hereinkam.

»Herzlichen Glückwunsch, mein Schatzjäger!« Sie nahm ihn in den Arm und drückte besonders fest zu.

»Langsam! Ich habe ihn ja gar nicht selbst gefunden.«

»Aber du hast zumindest den Tunnelbau in Gang gesetzt. Sonst wäre man nie darauf gestoßen.«

»Vielleicht war es wieder einer dieser seltsamen Zufälle, obwohl ich eigentlich nicht an Zufälle glaube. Prost!«

Sie tranken das erste Glas im Stehen und schauten durch das Wohnzimmerfenster in den Garten. Morpheus kletterte gerade über den Gartenzaun und fixierte einen Laubwendervogel am Komposthaufen. Marcello hatte die Amseln und Drosseln so betitelt, weil sie den ganzen Tag damit beschäftigt waren, die Blätter auf den Beeten umzudrehen und anschließend auf den Gartenweg zu schaufeln.

»Was soll es sonst gewesen sein, wenn es kein Zufall war?«

»Eine Folge aller Prozesse, die vorher abgelaufen sind. In letzter Konsequenz lässt sich das alles bis auf den Anfang der Weltentstehung zurückführen.«

»Hatten wir das nicht schon einmal? Ich glaube, du spinnst! Welche Prozesse sollen denn so zielgerichtet abgelaufen sein, damit es ausgerechnet jetzt zu dieser Entdeckung kam?«

»Ich habe nicht gesagt, dass sie zielgerichtet waren. Ständig geschehen unendlich viele Dinge und kein Prozess ist selbständig. Alle sind mit allen verbunden. Meistens interpretieren wir das Geschehen nur falsch.«

»Wie meinst du das?«

»Was wir täglich erleben, bezeichnen wir als normal, weil diese Dinge nach unserem Erfahrungsschatz immer wieder mit leichten Abweichungen geschehen. Wenn etwas aus dieser Normalität herausfällt, wie bei dem Schatzfund, reden wir sofort von einem Zufall. Aber wenn wir genau hinschauen, hängen die normalen Abläufe unseres täglichen Lebens genauso an ganz besonderen Ausnahmen, die man alle als Zufälle bezeichnen könnte. Diese unendlich vielen »Zufälle«, die unsere Existenz begründen, kommen uns in der Summe normal vor, weil wir uns daran gewöhnt haben. Aber genau genommen ist jeder dieser »Zufälle« nicht mehr oder weniger zufällig als jeder andere Ablauf, den wir um uns herum wahrnehmen.«

Morpheus hatte sich hinter dem Kompost bis auf zwei Meter an den Vogel herangepirscht. Er hob den Körper etwas an, streckte den Kopf leicht nach vorn und schob langsam das rechte Vorderbein vorwärts. Gleich würde er zum Sprung ansetzen. In diesem Moment ging die Garagentür des Nachbarn auf, der Laubwendervogel erschrak und flog in den Baum.

»Hast du das gesehen?«, fragte Gerhard. »War das jetzt Zufall?«

»Nach deiner Auffassung wohl nicht. Dass der Vogel Blätter wendete, dass der Kater an dieser Stelle hockte und dass der Nachbar aus der Garage kam – all das hatte eine reale Vorgeschichte. Die Ereignisse trafen nur in diesem Moment zusammen.«

»Aber ein gerichtetes Ziel kann ich nicht erkennen.«

»Jetzt erzähl erst einmal, wie das mit dem Schatzfund passiert ist. Deine Mutter hat übrigens angerufen, weil sie in den Nachrichten davon gehört hat.«

Am nächsten Morgen standen sie alle in der Zeitung – die Arbeiter, die Geologen, der Archäologe. Neben dem ohnehin gesteigerten Medieninteresse am Geschehen im Rheintal gab es jetzt eine ganz neue Sensation zu vermelden. Endlich war wieder etwas Positives geschehen. Und obendrein etwas, das alle Menschen von Kindheit an begeisterte.

Grobecker und seine hinzugezogenen Kollegen hatten die Nacht durchgearbeitet. Die Gegenstände waren vom Ton befreit und fotografiert worden. Der Erhaltungszustand war erstklassig. Der Ton hatte die Fundstücke tatsächlich hervorragend konserviert. Nach einer ersten Sichtung wurde schnell klar, dass dieser Fund einer der bedeutendsten Belege der deutschen Geschichte war. Er hatte einen Wert, der sich nicht in Geld beziffern ließ. Und das zu einem Zeitpunkt, an dem die Probleme in Deutschland ins Unermessliche wuchsen. Allerdings war noch völlig unklar, wie der Schatz einzuordnen war. Es werde noch eine Weile dauern, bis die Stücke hinreichend untersucht seien, äußerten sich die Fachkollegen. Doch in der Presse hatten die ausufernden Spekulationen bereits begonnen.

Mit dem Metallstück, das Gerhard auf dem Weg aus dem Tunnel gefunden hatte, konnte er noch nicht viel anfangen. Dem Archäologen wollte er es später vorlegen. Zuerst sollte sein Labor die Zusammensetzung analysieren. Vielleicht konnte er sofort eine Verbindung zu Mareikes Fundstück herstellen.

Gleich nach dem Frühstück fuhr Gerhard ins Institut. Seine Labore waren mit den notwendigen Analysegeräten ausgestattet, mit deren Hilfe die Zusammensetzung leicht zu ermitteln sein musste. Markus war schon vor einiger Zeit aus dem Urlaub zurückgekehrt. Vor der Anstellung im Institut hatte er jahrelang in der Industrie gearbeitet und häufig Metalle untersucht.

»Wir haben uns ja lange nicht gesehen«, wurde er von Gerhard begrüßt. »Ich habe Ihnen direkt etwas Spannendes mitgebracht.«

»Hallo, Herr Böhm, ich erlebe Sie fast nur noch im Fernsehen. Ist das ein Teil des Schatzes?«, fragte er sofort, als er das Metallstück in der Hand hielt.

»Ich weiß es nicht. Behalten Sie es vorläufig lieber für sich.«

Gerhard gab ihm auch das zweite Metallstück von Mareike. »Sie brauchen bestimmt nur sehr wenig Material. Vielleicht können Sie es von den Enden abtrennen.«

Markus schaute sich die Teile genauer an und schätzte, dass es nur ein paar Tage dauern würde.

Es sollten drei Tage werden. Markus erreichte seinen Chef im Lagezentrum.

»Herr Böhm, die Ergebnisse liegen jetzt vor. Ich glaube, es wäre besser, wenn Sie sich die Sache persönlich ansehen.«

Neugierig geworden stimmte Gerhard zu, kürzte einen Besprechungstermin im Krisenzentrum ab und fuhr direkt nach Köln ins Institut.

Markus hatte von beiden Stücken etwas Material abgelöst und chemisch analysiert.

»Hier sind die Daten«, sagte er, als Gerhard eintraf. »Und hier habe ich Detailaufnahmen von den beiden Enden. Meiner Meinung nach sehen die Oberflächen verdächtig nach Bruchstellen aus.«

»Was ist das denn?«, staunte Gerhard, als er die Liste der chemischen Elemente durchsah.

»Es scheint eine Legierung zu sein, die heute nicht mehr verwendet wird.«

»Sie meinen, das Material ist schon älter?«

»Erheblich! So etwas kenne ich aus der Archäologie.«

»Für den Anfang ist das gar nicht so schlecht!« Gerhard kratzte sich am Kopf, wie er es immer tat, wenn er einen Denkvorgang anstoßen wollte. »Und was machen wir jetzt damit?«

»Ich werde die Literatur wälzen. Vielleicht finde ich Beispiele, die dem hier nahe kommen. Haben Sie keinen Kollegen, der sich mit so etwas auskennt?«

»Stimmt! Ich werde Perenz aus Aachen fragen. Der ist Materialwissenschaftler und forscht an Metalllegierungen. Schauen wir mal, ob er etwas damit anfangen kann.«

Gerhard hängte sich ans Telefon und versuchte den Kollegen zu erreichen. Nach einigen Umwegen über verschiedene Sekretariate hatte er bald sein Labor und dann ihn selbst am Draht.

»Ich grüße Sie, Herr Perenz! Kennen Sie mich noch?«

»Na, klar – bei der Publicity, die Sie derzeit umgibt.«

»Ach ja, die Presse…«, murmelte Gerhard. Kurz schilderte er sein Anliegen und erwähnte, dass es ihm sehr wichtig sei, Näheres über den Fund zu erfahren. »Ich werde meinen Mitarbeiter bitten, die Probe und die Analyseergebnisse direkt zu Ihnen zu bringen. Das ist das Sicherste.«

»Schicken Sie ihn vorbei. Ich bin die nächste Zeit im Institut.«

Sie verabredeten ein Treffen für den übernächsten Tag. Gerhard füllte bereits während des Telefonats den Dienstreiseantrag für Markus aus.

Er musste wieder an die Diskussion mit Katrin im Blütenmeer am Rhein denken, was ihn auf die abenteuerliche Idee mit dem Nibelungenschatz gebracht hatte. Wenn sich herausstellte, dass das gefundene Metall wirklich aus der entsprechenden Epoche stammte, ließ sich vielleicht der gesamte Fund eindeutig zuordnen.

Er verließ das Labor, nicht ohne sich bei Markus für die schnelle Analyse zu bedanken, und erledigte anschließend seine dringendste Post. Solange er als Berater im Krisenstab arbeitete, war er von der Lehrtätigkeit beurlaubt. Nur deshalb war es ihm überhaupt möglich, fast täglich vor Ort im Einsatz zu sein.

Es vergingen zwei Tage, bis Gerhard wieder im Institut vorbeischaute. In der Zwischenzeit wollte Markus die Metallanalysen mit Daten aus der Literatur verglichen haben. Noch bevor er in seine Post geschaut hatte, ging er ins Labor und suchte ihn. Markus saß am Rechner und studierte Tabellen, die er sich von einem Archäologen organisiert hatte.

»Na, wie sieht es aus?« Gerhard warf einen Blick auf den Monitor.

»Ihr Verdacht scheint sich zu bestätigen, Herr Böhm. Die Werte gleichen auffallend denen, die an Metallen aus dem zweiten bis fünften Jahrhundert gefunden wurden. Haben Sie schon etwas aus Aachen gehört?«

»Nein. Sie haben die Sachen doch abgegeben, oder?«

»Selbstverständlich! Und sogar pünktlich. So konnte ich sie bei Ihrem Kollegen persönlich abliefern, zusammen mit unseren Analysedaten.«

»Eigentlich dürfte man dort nicht so viel Zeit für die gleiche Analyse benötigen. Ich ruf gleich einmal an.«

Gerhard ging zum Telefon und suchte Perenz Durchwahl aus seinem Verzeichnis heraus. Während er die Nummer wählte, überlegte er, dass die Metallteile eine Menge wert sein mussten, wenn sie tatsächlich so alt waren.

»Ja, hier Böhm aus Köln. Guten Tag, Herr Perenz. Wir sind sehr neugierig. Haben Sie schon etwas herausgefunden?« Gerhard schaltete den Lautsprecher des Telefons ein.

»Ach, Herr Böhm, das ist mir etwas peinlich. Unsere Analytik steht zurzeit still, weil wir auf ein Ersatzteil warten. Aber aus Ihren Daten lässt sich schon einiges herauslesen. Ich tippe auf eine Metalllegierung aus dem frühen ersten Jahrtausend nach Christus.«

»Gut, wir hatten eine ähnliche Vermutung. Das hilft mir schon weiter.«

»Können Sie mir einen Hinweis geben, was es ungefähr sein könnte?«

»Es stammt aus dem Kies des Rheinbettes. Da es wie ein technisches Produkt aussieht, dachte ich an einen Zusammenhang mit dem Schatz.«

»Das wäre eine Möglichkeit. Sobald die Anlage wieder läuft, werde ich spezielle Isotopenuntersuchungen durchführen. Vielleicht wissen wir es dann ganz sicher. Und weiterhin viel Erfolg mit dem Nunak! Bis dann!«

Gerhard sah Markus an. »Sie haben es gehört. Mit unseren Schätzungen sind wir nahe dran. Und damit gibt es ein Problem.«

»Wieso ein Problem?«

»Weil es noch ein drittes Teil gibt, das vermutlich in diese Fundserie gehört. Und das ist noch viel interessanter.«

»Und was ist das für ein Stück?«

»Ein Ring«.

»Schön, aber wo ist das Problem?«

»Er liegt in einem Haus in Koblenz, das unter Wasser steht.«

»Dann müssen Sie eben tauchen.«

»Würde ich machen, wenn ich es könnte.«

»Ich habe einen Kumpel, der es kann. Er hat eine kleine Tauchschule in Duisburg. Sie kennen sicher das Gasometer im Industriepark Nord. Dort kann man tauchen.«

»Davon habe ich auch schon gehört. Könnten Sie ihn fragen, was er für einen solchen Einsatz nehmen würde?«

»Mache ich, sobald ich ihn erreicht habe. Im Augenblick sind alle Taucher ziemlich mit Aufträgen in den überschwemmten Gebieten ausgebucht.«

»Versuchen Sie es bitte. In der Zwischenzeit werde ich Verbindung mit dem Besitzer des Ringes aufnehmen.«

Gerhard rief Mareike aus seinem Büro an. Er erzählte ihr, dass er vorhatte, den Ring von einem Taucher suchen zu lassen. Sie verabredeten sich für den Nachmittag in ihrer Wohnung.

Gleich nach dem Essen in der Mensa fuhr Gerhard zu Mareike. Sie hatte den Wagen vom Fenster aus gesehen und stand schon an der Wohnungstür, als er die Treppe hochkam. Als er sie dort in kurzer enger Hose und einem dünnen T-Shirt stehen sah, durchzog ihn ein eigenartiges Gefühl.

»Hallo! Was machst du denn für ein komisches Gesicht?«

»Ach nichts.« Er riss sich zusammen und schloss Mareike zur Begrüßung in die Arme. Diesmal dauerte es einen Sekundenbruchteil länger als sonst. Als er über ihre Schulter schaute, sah er die Köpfe der Zwillinge aus der hinteren Zimmertür lugen. Er trennte sich von Mareike und ging auf die beiden zu.

»Hallo Irma und Marie! Kennt ihr mich noch?«

Die beiden kamen angerannt und nahmen Gerhard in den Arm. »Klar, kennen wir dich noch!«

Marie setzte eine besserwisserische Miene auf. »Du warst doch mal Mamas Freund und könntest unser Papa sein!«

»Marie, du bist unmöglich!« Mareike schoss eine leichte Röte ins Gesicht.

»Das muss dir wirklich nicht peinlich sein. Dazu kennen wir uns doch viel zu gut.« Gerhard stupste seiner ehemaligen Freundin in die Seite.

»Was ist denn an dem Ring plötzlich so wichtig?«, lenkte sie ab.

»Ich frage mich, ob er etwas mit dem Schatz zu tun haben könnte, den wir unter dem Lavastrom gefunden haben. Du hast doch sicher davon gehört, nicht wahr?«

»Klar. Schließlich war es ganz groß in den Nachrichten.«

»Es könnte sein, dass der Ring sehr viel wert ist.« Gerhard sah sich in der provisorisch eingerichteten Wohnung um. »Und etwas mehr Geld könntest du im Moment bestimmt gut gebrauchen.«

»Ich fasse es nicht! Wenn man keine Ahnung hat, lässt man die wertvollsten Sachen im Dreck zurück. Aber die Sachen, die wir im Rhein gefunden haben, gehören die wirklich uns?«

»Das könnte schwierig werden. Aber ich glaube, dass sich da zumindest etwas machen lässt, eine Art Finderlohn oder was auch immer. Irgendetwas gibt es bestimmt. Und sei es, dass du die Story an die Presse verkaufst. Kannst du mitkommen und uns lotsen, wenn wir den Tauchgang machen?«

»Wenn deine Frau auf meine Kleinen aufpasst.«

Gerhard überlegte kurz, sah darin aber kein Problem.

»Willst du nicht noch auf einen Tee bleiben?«

Gerhard sah auf die Uhr. »Würde ich gerne machen, aber ich habe wirklich keine Zeit.«

Sie verabredeten ein kurzfristiges Treffen, sobald der Taucher sein Okay gegeben hatte. Als Gerhard sich verabschiedete, spielten die Zwillinge schon wieder im Wohnzimmer. Er wehrte sich nur halbherzig, als Mareike ihn an sich drückte, schloss die Augen und versuchte, so viel wie möglich von dieser Sekunde aufzunehmen.

Plötzlich spürte er einen flüchtigen Kuss auf seinen Lippen. Mareike ließ ihn los. Genau das hatte er eigentlich vermeiden wollen.

»Ich fahre jetzt nach Melsbach«, stammelte er verlegen und etwas benommen. Dann verschwand er durch die Wohnungstür.

Am nächsten Morgen – es war der 18. Juli – klingelte um 5.30 Uhr das Telefon bei den Böhms. Es war Konrad, der stellvertretende Leiter des Krisenstabes aus dem Bundesinnenministerium.

»Herr Böhm, entschuldigen Sie die frühe Störung, aber ich habe eine dringende Sitzung für sieben Uhr einberufen, an der alle Geowissenschaftler teilnehmen müssen. Ich erwarte Sie.«

Gerhard hatte in der Nacht nicht richtig geschlafen. Immer wieder war ihm die Empfindung von Mareikes Nähe durch die nächtliche Gedankenflut gewandert. Insgeheim ärgerte er sich, dass er von ihr überhaupt so sehr beeinflusst wurde. Er war noch gar nicht richtig wach, da hatte Konrad schon wieder aufgelegt. Katrin stand mit ihm auf und machte Kaffee, während Gerhard unter der Dusche stand.

»Ich hoffe, es ist nichts Schlimmes«, verabschiedete sie ihn und gab ihm sein Handy, das er im Tran vergessen hatte. Gerhard überlegte nur, ob man ihm etwas von den verfluchten Gedanken ansehen konnte.

Diesmal war er ausnahmsweise pünktlich. Im Versammlungsraum des Krisenstabes trafen sich die Vulkanologen, Geophysiker und Geologen und die Vertreter sämtlicher Organisationen, die für die Bewältigung der Katastrophe eingesetzt waren. Röttgen, Specht, Jahn, Wischnewski, alle waren da, zum Teil mit Sondermaschinen eingeflogen. Es hatte eine neue Entwicklung am Vulkan und im Umfeld gegeben. Ahrens vom Krisenstab, Horstkotte als Leiter der Baumaßnahmen und Erich Madel, ein erfahrener Bauingenieur, waren zusätzlich zur Besprechung gebeten worden.

Seit einiger Zeit fanden beinahe regelmäßig kleinere Beben entlang des überstauten Mittelrheins statt. Joachim Lengert,

Geophysiker aus Münster, war aus diesem Grund eingeladen worden. Er hatte über Erdbeben gearbeitet, die bei der Befüllung von Talsperren auftreten konnten. Nach seiner Überzeugung waren die Beben am Mittelrhein durch die Auflast des überstauten Wassers verursacht worden und deshalb als völlig normal einzustufen. Doch in letzter Zeit hatten sich kleinere Beben im Bereich südlich des Lavadammes konzentriert. Sie waren von der Art, wie die Schatzgräber sie im Tunnel erlebt hatten. Die Aufzeichnungen der geophysikalischen Messgeräte deuteten eine geradlinige Spur nach Osten an, die direkt vom Nunak ausging.

»Ich habe Herrn Konrad gebeten, diese Besprechung außerhalb unserer normalen Routinesitzungen einzuberufen, weil mir die Sache langsam unheimlich vorkommt«, begrüßte Karsten Specht die Kollegen. »Auf dieser Karte habe ich die Häufigkeit der Beben der letzten acht Tage eingetragen. Man kann deutlich eine Linie erkennen, die genau auf den Vulkan zuläuft.«

»In welcher Richtung liegt diese Linie?«, fragte Gerhard nervös.

»Etwa 105 Grad.«

»Verdammt, das kommt mir sehr bekannt vor. Das ist die von uns gefundene Laacher See-Störung, die von Westen kommt.«

»Das kann bedeuten, dass wir es hier mit einer Platznahme von Magmen in der Verlängerung dieser Störung zu tun haben, die sich durch Erdbeben zu erkennen gibt«, folgerte Jahn, der Geophysiker aus Potsdam.

»Ist Ihnen klar, was das zu bedeuten hat?«, fragte Gerhard.

»Ich glaube, wir müssen wieder unsere Minister informieren«, stöhnte Horstkotte, der es allmählich leid war, ständig unangenehme Nachrichten weitergeben zu müssen.

»Das werde ich übernehmen«, schaltete sich Konrad ein, der mit Jahn vorab über mögliche Folgen diskutiert hatte.

»Vor allem müssen wir sämtliche Arbeiten stoppen und die Evakuierungen im Oberlauf auf das Nötigste begrenzen.« Gerhard ging zur Wandkarte und sah sich die neueste Wasserstandslinie im Mittelrheingebiet an. Es war erschreckend, welches Ausmaß die Überflutung inzwischen erreicht hatte.

»Moment, kann mich mal jemand aufklären? Ich komme nicht mehr ganz mit«, beschwerte sich Erich Madel, der bisher jede Besprechung als Experte für spezielle technische Rückfragen begleitet hatte.

Das hat etwas mit der Lage der Störung zu tun, mit der Möglichkeit eines Schmelzaustrittes an dieser Störung und dem vielen Wasser über dieser Störung«, setzte Gerhard zu einer Erklärung an.

»Das gibt einen ordentlichen phreatomagmatischen Ausbruch«, beeilte sich Röttgen, etwas aus seinem Spezialgebiet beizutragen. In letzter Zeit hatte er sich mit Vorhersagen etwas zurückgehalten.

»Einen... was?«

»Eine gewaltige Eruption, die bei einem Lavaausbruch im Kontakt mit Wasser entsteht«, fuhr Röttgen fort. »Das kann viel heftiger werden als alles, was wir bisher erlebt haben.«

»Wir sehen doch jeden Tag, wie die heiße Pampe in den Rhein läuft. Da zischt es doch bloß, und manchmal gibt es kleinere Explosionen. So wild kann das nicht werden.«

»Das liegt daran, dass die Wärmeenergie, die in der Lava steckt, bei der kleinen Kontaktfläche zum Wasser nur langsam abgegeben werden kann. Das reicht gerade für ein paar Dampfwolken. Aber wenn jetzt durch eine hohe Wassersäule genügend Druck aufgebaut wird und sich im Störungssystem gleichzeitig eine große Kontaktfläche zum eindringenden Wasser bildet, dann wird unter diesem Druck viel mehr Energie im Wasser gespeichert. Irgendwann wird eine Grenze überschritten und es entstehen Dampfblasen, die nach oben steigen. Dadurch wird der Druck verringert, die Bildung von Dampfblasen verstärkt sich, und schon haben wir die schönste Kettenreaktion, die zu einer gewaltigen Wasserdampfexplosion führen kann.«

»Danke, Herr Professor«, entgegnete Madel etwas gereizt. »Hört das denn nie auf mit diesem elenden Vulkanismus?«

»Das lässt sich nicht vorhersagen«, erwiderte Röttgen etwas pikiert. »Es kann sein, dass nächste Woche Schluss ist, es wäre aber genauso gut möglich, dass es jetzt erst richtig losgeht.«

»Sie können einem richtig Mut machen! Noch mal zu diesem möglichen phrrr... – wie hieß das noch gleich?«

»Sie meinen den phreatomagmatischen Ausbruch?«, fragte Gerhard.

»Ja, den. Was bedeutet das konkret?«

»Genau, klären Sie uns bitte endlich auf!«, rief ein Vertreter der Hilfsorganisationen dazwischen. »Was kommt jetzt noch auf uns zu?«

»Das bedeutet, dass wir ein gewaltiges Evakuierungsprogramm anwerfen müssen, und zwar hauptsächlich im Unterlauf. Dort, wo sich alle bisher noch einigermaßen sicher gefühlt haben. Diesmal ist die Gegend um Bonn, Köln und weiter rheinabwärts dran.«

Ein Raunen ging durch die Gruppe.

Röttgen musste noch einen draufsetzen: »Das läuft folgendermaßen ab. Zuerst kommen die Gesteinsbrocken, Schmelzfetzen und Aschen durch die Luft geflogen, und zwar viel gewaltiger als bei den bisherigen Ausbrüchen. Und wer das alles unten im Tal überstanden hat, wird von der Flutwelle mitgerissen, die sich mit recht heftiger Gewalt ins Flussbett stürzen wird.«

Madel öffnete den obersten Hemdknopf und schüttelte unwirsch den mächtigen Schädel hin und her. Sein ausladendes Doppelkinn verdeckte vollständig die Halspartie. Die Bartstoppeln kratzten deutlich hörbar auf den Kragenrändern entlang.

»Wir könnten versuchen, die maximale Flutwelle abzuschätzen, die über den Damm gehen kann«, führte Joachim Lengert aus. »Inzwischen liegt die Höhe der Wassersäule bei sechzig Metern, wir kennen den Druck und müssen nur noch die Energie-Übergabe, die Wasserdampfentwicklung und die...«

»Hören Sie auf damit!«, fiel Karsten ihm ins Wort. »Die Abschätzung ist doch viel zu ungenau, um danach einen Evakuierungsplan auszuarbeiten.«

»Und da wäre noch etwas«, warf Gerhard ein. »Wir wissen nicht, wo eine mögliche Explosion stattfinden wird.« Er nahm einen Zeigestock und fuhr auf der Wandkarte die Linie nach, die die Bebenzentren vorgegeben hatten. »Es kann hier drüben im Südwesten bei Feldkirchen oder näher am Flussbett in Leutesdorf passieren. Genauso gut könnte die Sache aber auch direkt am Damm hochgehen und einen beträchtlichen Teil des Lavadammes wegsprengen.«

Im Raum wurde es laut. Madel pumpte sich auf und brüllte los: »Aber sicher! Dann fließt hier demnächst der Amazonas ante Omas Portas und zwar runter bis Rotterdam, durch das ganze verdammte Niederrheingebiet. Und der Müll und Schutt, der mitgerissen wird und im Kanal landet, kann gleich als Damm verwendet werden, um die Engländer ans Festland anzuschließen! Und wenn das nicht reicht, können wir uns hier noch was vom Scheißvulkan abholen, der hat bestimmt noch was im Sack!«

Gerhard sucht Blickkontakt zu seinen Kollegen. Sie lächelten nur müde. Allen war klar, dass bei einigen allmählich die nervliche Belastungsgrenze erreicht war.

»Ich bitte um Ruhe!« Konrad versuchte, die Diskussion wieder auf eine sachliche Ebene zu bringen. »Die Lage ist einfach zu kritisch. Wir müssen in irgendeiner Form zu einer Abschätzung gelangen, welches Überschwemmungsrisiko im Unterlauf zu erwarten ist. Der Innenminister muss eine Entscheidungsbasis haben, zumal ab sofort auch die Holländer mit drinhängen. Wir müssen sie informieren und Beobachter einladen.«

»Wie ist die Lage, Karsten? Können wir es noch verantworten, dass unsere Leute da unten weitermachen?«, fragte Gerhard.

»Schwer zu sagen. Die Arbeiter sind jetzt zu zwei Dritteln durch. Langsam müssen wir sowieso an Sicherungsmaßnahmen für den Durchstich denken, sonst haben wir bald ganz andere Probleme. Eine Pause von zwei oder drei Tagen verändert den Wasserstand im Überflutungsbereich nur unwesentlich. Die Fläche ist jetzt schon so gewaltig, dass beim derzeitigen Zufluss nur noch ein sehr langsamer Anstieg zu erwarten ist. Aber es geht ja nicht nur um die Arbeiter im Tunnel. Wir müssen auch hier alles räumen. Die Rohrlegertrupps, die vielen Helfer, die Bevölkerung auf den Hochflächen in der näheren Umgebung und so weiter. Die aufgenommenen Hochwasserflüchtlinge werden dann ein zweites Mal umziehen müssen. Es wird wie im Ausverkauf – alles muss raus. Auch das Krisenbüro. Es liegt viel zu nahe am Vulkan. Wir müssen die gesamte Infrastruktur für die Kommunikation verlagern. Am besten nach Westen, damit uns der fast immer nach Osten blasende Wind nicht die ganze Asche hier aufs Büro wirft.«

Ahrens spann den Faden noch weiter. Als Wasserbauingenieur konnte er sich am besten in die Situation hineindenken: »Wenn es zu einer richtig großen Flutwelle kommt, ist auch der gesamte Oberlauf dran. Besonders dort, wo die Wellen in den Tälern hochschwappen können. Die werden alles wegfegen. Weiter im Süden Richtung Boppard wird sich die Flutwelle vielleicht nicht mehr so stark auswirken. Die vielen Kurven dürften sie ordentlich abbremsen.«

»Im trockenen Unterlauf sollte es eigentlich nicht so schlimm werden, vorausgesetzt, der Damm wird nicht weggesprengt. Das ist im Moment aber auch weniger wahrscheinlich. Die Flutwelle, die über den Damm geht, muss erst einmal die Differenz zwischen Wasserfläche und Dammkrone überwinden. Das sind mittlerweile achtzehn Meter«, rechnete Karsten vor. »Und dann trifft die Wassermasse ein leeres Flussbett, das einiges aufnehmen kann. Spätestens in Köln sollte sich die Welle auf einen unterkritischen Wert abgeschwächt haben.«

»Und Bonn?«, fragte Wischnewski. Er hatte dort studiert und hing am Flair dieser Stadt.

Die Antwort war allgemeines Achselzucken. Niemand wollte das Offensichtliche aussprechen.

»Wir sollten unser Sicherheitssystem überdenken«, meldete sich Ahrens wieder zu Wort. »Wir brauchen mehr und besser ausgestattete Bunker, damit jeder Arbeiter eine Chance hat, sich bei so einem großen Ausbruch in Sicherheit zu bringen. Dazu brauchen wir ein viel weiter reichendes akustisches Warnsystem, wenn ich bedenke, wie weit sich eine solche Eruption auswirken kann. Und ein Leuchtraketensystem, das Tag und Nacht bereit ist, das Signal zur sofortigen Flucht zu geben.«

»Sie haben recht, Herr Ahrens. Wir müssen nicht nur rheinabwärts ein neues Warnsystem aufbauen, sondern auch die gesamte Situation neu durchdenken«, überlegte Konrad. »Ich schlage vor, dass sich im Anschluss an diese Besprechung die verschiedenen Arbeitsgruppen wieder zusammensetzen und die bisherigen Pläne überarbeiten. Für jede Region müssen eigene Notfallpläne aufgestellt und die Sicherheitsmargen neu definiert werden.«

Gleich nach der Sitzung berichtete Konrad dem Bundesinnenminister und den Staatssekretären der Innenministerien der Länder. Bereits am Nachmittag fand eine Pressekonferenz statt, auf der die Bevölkerung über die neue Bedrohung informiert wurde. Der Unterlauf des Rheins bis Bonn wurde vollständig evakuiert und die Arbeiten an den Überlaufrohren und im Tunnel eingestellt. Noch am selben Tag zog der Krisenstab um, weit genug nach Nordwesten in ein ehemaliges Schulgebäude in einem kleinen Ort am Hang eines alten Vulkans des Siebengebirges, aber mit Blick auf den Nunak.

Durch den langsamen Anstieg in den überfluteten Gebieten hatten die Rettungskräfte einen Vorsprung von mehreren Wochen herausgeholt. Die jeweils als Nächstes betroffenen Wohnhäuser und Gebäude konnten seit Anfang Juli vollständig geräumt werden. Nach der ersten Phase des schnellen Anstiegs war dazu jetzt genügend Zeit. Aber wie hoch würde sich eine Flutwelle in den Randbereichen des Stausees aufschaukeln? Welche Häuser und Gebäude wären direkt betroffen und würden von einer möglichen Flutwelle erfasst? Das galt insbesondere für die Hanglagen, deren Bewohner sich für die nächste Zeit in Sicherheit wähnten, weil sie sich noch weit genug über dem Wasserspiegel befanden. Auf eine mögliche Flutwelle waren sie überhaupt nicht vorbereitet. Sie hatten die ganze Zeit darauf gehofft, dass das Problem vor Erreichen des Höchststandes gelöst sein würde. Arbeitsgruppen in Potsdam und Bonn arbeiteten rund um die Uhr an den Computern, um mit Hilfe mathematischer Modelle einigermaßen verlässliche Vorhersagen treffen zu können.

Doch sich allein darauf zu verlassen, war nicht sicher genug. Alle Anwohner, die im Ausbreitungsgebiet der Welle unterhalb des Hauptterrassenniveaus wohnten, mussten innerhalb weniger Stunden aus dem Gebiet evakuiert werden.

In der Nacht setzte eine Serie kleinerer Beben ein, die nur die Messgeräte registrierten. Sie lagen auffallend genau in der vermuteten Störungszone. Am Vormittag des nächsten Tages erfolgten in kurzem Abstand zwei heftigere Beben, die bis Köln und Aachen zu spüren waren. Das war für die Geo-Gruppe ein ausreichender Beleg. Sofort gaben sie Alarm der Stufe Eins. Für diesen Fall war ein direktes Warnsystem über Handy für die Arbeiter und Hilfsorganisationen, die noch in den weniger gefährdeten Gebieten tätig waren, geschaltet worden. Jeder Betroffene musste jederzeit erreichbar sein. Zusätzlich fuhren Boten mit Geländemotorrädern umher, um Geräteausfälle oder andere Schwierigkeiten bei der Kontaktaufnahme auszuschließen. Bei dieser ersten Warnstufe konnten die Fahrzeuge und die wertvollsten Gerätschaften noch in Sicherheit gebracht werden. Vom Krisenzentrum aus wurden alle Hilfsorganisationen über die Situation informiert und die Lage der Sperrgrenzen mitgeteilt. Alle Gruppen hatten Karten erhalten, in denen Zonen mit unterschiedlichen Gefährdungsstufen eingetragen waren. Damit genügte es jetzt, die Zone zu benennen, hinter die sich alle zurückzuziehen hatten.

Schwieriger gestaltete sich die Sache von Bonn aus in Richtung Niederrhein. Das Gebiet zwischen der Stadt und dem Vulkan war aufgrund der direkten Gefährdung bereits über Nacht vollständig geräumt worden. In Bonn einigte man sich auf die Sperrung der Brücken und die Evakuierung der dicht am Flussbett des Rheins gelegenen Häuser. Eine starke Strömung, die in den anschließenden Gebieten möglicherweise zum Einsturz von Gebäuden führen könnte, wurde als unwahrscheinlich angesehen. Die Zeit war ohnehin zu knapp, um für alle Eventualitäten vorzusorgen.

Es war am Nachmittag des nächsten Tages. Das Wetter war trocken und schön, die Sonne schien immer wieder durch größere Wolkenkomplexe, die wie riesige Luftschiffe in einer breiten Front über die Eifel zogen. Gerhard hatte mit seinen Kollegen in einer kleinen Pension in der Nähe des behelfsmäßig eingerichteten Schulgebäudes geschlafen. Mit vier Personen in einem Zimmer. Eine andere Möglichkeit gab es nicht. Die Nacht war entsprechend kurz gewesen. Bereits früh morgens saßen sie wieder zusammen und diskutierten die nächsten Schritte. Am Vormittag hatten sie beschlossen, den Sicherheitsabstand um den Vulkan erneut zu vergrößern und den aktuellen Windverhältnissen anzupassen. Immer wieder gingen die Blicke hinunter zum Rhein oder auf die Zeiger der Messinstrumente. Es herrschte eine extreme Spannung. Der Abstand zum Damm schien ausreichend groß zu sein, östlich von Linz, weit oberhalb des trocken gefallenen Rheins. Deshalb waren im ganzen Ort Übertragungswagen und Satellitenschüsseln zugelassen. Alle bedeutenden Sender der Welt waren vertreten.

Um kurz nach halb vier sprang Karsten auf. »Ich glaube er kommt!«, rief er mit halb erstickter Stimme.

Alle stürmten an den Rand des Schulhofes.

Diesmal waren die Instrumente zuverlässig. Es begann mit einem heftigen Beben. Dann kam ein lauter Schlag. Als die Schallwellen auf dem Schulhof eintrafen, konnten sie bereits die ein paar Dutzend Meter hohe Eruptionssäule sehen, die sich mehr und mehr aufbaute.

Die Kameras klickten um die Wette, begleitet von Ahs und Ohs, die sich die Geowissenschaftler nicht verkneifen konnten. Mit lautem Getöse schoben sich die vulkanischen Lockermassen in immer größere Höhe vor. Nach kurzer Zeit hatten sie die Grenzfläche zwischen zwei Luftschichten erreicht. Darüber segelten die mächtigen Wolkenpakete, getrieben von einem kräftigen Höhenwind.

Das Schauspiel hätte nicht beeindruckender sein können. Die dunkelgraue Säule schob sich, von unzähligen Blitzen umzuckt, genau in eines der Wolkenluftschiffe hinein. Dort tobte plötzlich ein lokales Gewitter los, begleitet von heftigem Niederschlag, der von den vielen Kristallisationskeimen der Asche ausgelöst wurde. Der Wind in dieser Höhe verteilte das Ganze genau an der Luftmassengrenze zu einem breiten Aschefächer, der nach Osten geblasen wurde. Oft war diese Form der Eruptionssäule mit dem Wuchs einer Pinie verglichen worden, deren einziger Zweig sich fast senkrecht vom Stamm abstellte. Aus der völlig ebenen Unterseite des Fächers trennten sich nun erste größere Fragmente und fielen zurück auf die Erde.

Eine riesige Flutwelle breitete sich kreisförmig vom Ausbruchspunkt aus. Es gelang ihr spielend, auf dem Weg nach Norden den Wall aus Lava zu überspülen. Mit gewaltigem Donnern stürzten sich die Wassermassen in das trockene Flussbett und wühlten die Lockermassen auf, die sich durch die Vulkanausbrüche im Flussbett gesammelt hatten. In der Gegenrichtung, auf der nach Süden offenen Wasserfläche, wanderte die Welle in einem immer größer werdenden Kreisbogen von der Ausbruchsstelle weg. Am Talrand baute sich eine haushohe Brandungswelle auf, die alles kurz und klein schlug, was ihr im Wege stand. Im

Neuwieder Becken zerstörte sie mit einem Schlag alle Einfamilienhäuser, die über der Wasserlinie standen.

»Gleich gehen die Ströme ab!«, rief Röttgen völlig aufgeregt. Selbst er, einer der erfahrensten Vulkanologen, hatte einen derart imposanten Vulkanausbruch noch nicht miterlebt. Wenige Sekunden später wurde eine schmale turbulente Strömung in der oberen Säulenhälfte sichtbar. Mit rasender Geschwindigkeit breitete sie sich nach unten aus.

»Gleich setzt sie auf dem Wasser auf! Jetzt! Phantastisch!« Röttgen war nicht wiederzuerkennen. Fieberhaft schoss er ein Foto nach dem anderen. Auf einer dünnen Dampfschicht glitt der Strom über die aufgeschaukelte Wasseroberfläche genau nach Südosten weit in das Neuwieder Becken hinein.

Trotz der Begeisterung für das grandiose Schauspiel verspürten alle Beobachter ein verdammt mulmiges Gefühl in der Magengegend. Hatte der Damm das, was sie da unten sahen, einigermaßen heil überstanden? Gleichzeitig waren sie heilfroh, die richtige Entscheidung getroffen zu haben.

Vom Ortsrand ertönte das knatternde Geräusch eines Hubschraubers. Es war eine wendige Maschine der Bundeswehr, die mit verschiedenen Spezialkameras an Bord startete und vorsichtig auf die Ausbruchsstelle zusteuerte. Der Pilot flog mit der Windrichtung, um zu verhindern, dass das Triebwerk mit Aschepartikeln verstopft wurde. Die Aufnahmen der Kameras wurden direkt zu den Bildschirmen in der Zentrale überspielt und von dort live in die Welt gesendet. Gebannt starrten alle auf die Bilder vom Lavadamm.

»Gott sei Dank, der Damm steht noch!« Obwohl Gerhard es erwartet hatte, war er erleichtert. »Aber die Flutwelle war deutlich größer, als ich vermutet hatte.«

»Das war auch keine kleine Eruption«, unterstrich Röttgen.

»Verdammt!« Gerhard zuckte plötzlich zusammen. »Wir haben etwas vergessen. Stellen Sie schnell eine Verbindung nach Bonn zum Katastrophenstab her!«

»Was ist denn los?«, fragte Horstkotte sichtlich irritiert. »Ich glaube, wir haben im Moment keine Verbindung. Mit dem Ausbruch scheinen die Netze ausgefallen zu sein.«

»Die Lockermassen von den letzten Ausbrüchen des Vulkans liegen größtenteils im Rheinbett. Und jetzt wird alles auf einmal abtransportiert.« Gerhard lief nervös mit dem Gerät in der Hand auf und ab.

»Und was heißt das?«

»Wenn der Rhein das Engtal verlässt, kriegt er Probleme mit der Fracht und setzt die Masse im Flussbett ab.«

»Das wäre genau bei Bonn«, bestätigte Wischnewski, nichts Gutes ahnend. »Dort geht das Gebirge in die Ebene über. Und wenn der Rhein sein eigenes Bett verstopft, dann…«

»Die Folgen können wir uns lebhaft ausmalen«, fiel Heinz Lindert ihm ins Wort. »Das Wasser sucht sich ein neues Bett, mitten durch die Häuser, und das kann kritisch werden.«

Als Gerhard endlich eine Verbindung bekam und den örtlichen Krisenstab in der Leitung hatte, war es schon zu spät. Die große Flutwelle hatte Bonn bereits erreicht. Sie war genau genommen nur noch eine Schlammwelle, die unterwegs alles Mögliche eingesammelt hatte, von Ziegelsteinen über Mauerreste, Balken und Bäume bis zu Maschinen. Diese Mixtur besaß eine wesentlich höhere Zerstörungskraft als reines Wasser. Der Strom hatte schon in Höhe von Rüngsdorf, einem Ortsteil von Bad Godesberg, das Bett gestrichen voll. Der einzige freie Weg führte mitten durch die Villensiedlung mit den ehemaligen Botschaftsgebäuden. Die Masse floss kaum noch, sie quoll durch die Gärten, Terrassen und Türen und füllte die Räume mit graubraunem Schlamm aus. Im Regierungsviertel erwischte es die untersten Etagen der ehemaligen Ministerien, das Wissenschaftszentrum und das Gebäude der Deutschen Forschungsgemeinschaft.

Ein Teil der älteren Bauten hielt dem Druck nicht stand. Sie wurden regelrecht zusammengefaltet. Wer sein Haus nicht verlassen wollte, hatte praktisch keine Chance. Später fand man mehr als zwanzig Leichen, ein Tribut, der sich hätte vermeiden lassen. Die übrigen Bonner konnten von Glück sagen, dass es nur ein einmaliges Ereignis war. Die erste Welle war die größte und brachte die verheerenden Schlammmassen. Die nachschwappenden Wellen, die sich im aufgewühlten Stausee aufschaukelten, waren im Vergleich dazu harmlos. Sie schafften es kaum noch, den Damm zu überspülen. In Godesberg blieb der größte Teil des Sediments liegen, während das Wasser über den Rheinauenpark wieder ins ursprüngliche Bett zurücklief. Ein Bruch des Lavadammes durch eine vergleichbare Eruption wäre der Untergang von Bonn gewesen – und nicht nur von Bonn.

»Wir müssen etwas tun!«, forderte Wiese in der gleichen Nacht auf einer Krisensitzung in großer Runde. Die Geowissenschaftler hatten sich vorab im kleinen Kreis auf eine Lösungsmöglichkeit verständigt und Wiese gebeten, als Chef des Geologischen Landesamtes ihre Vorstellungen zu vertreten.

Der Bundesinnenminister hatte diesmal selbst die Sitzung mit allen Stäben einberufen. Sie fand in sicherer Lage auf dem Petersberg im ehemaligen Gästehaus der Bundesrepublik statt. Drei weitere Minister, darunter der Finanzminister, waren ebenfalls an den Rhein gekommen. Aus den Niederlanden hatten sich vier ihrer Kollegen eingefunden, zusammen mit hochrangigen Vertretern des Heeres und einer Schar von weiteren Beratern. Aus den betroffenen Bundesländern waren die Ministerpräsidenten mit ihren Innenministern und Staatssekretären vertreten. Nachdem die Leiter der örtlichen Krisenstäbe einen Zustandsbericht abgeliefert hatten, war Wiese an der Reihe, die Einschätzung der Geowissenschaftler mitzuteilen.

»Meine Damen und Herren, die Lage am Vulkan ist so gut wie aussichtslos.« Es war Wieses Art, gleich zur Sache zu kommen. »Wir können dort nichts bewirken, solange die Ausbrüche uns immer wieder in die Defensive drängen. Wir müssen eine große Anstrengung unternehmen, um im Unterlauf das Schlimmste zu verhindern. Das heutige Beispiel war deutlich genug.«

»Welche Vorschläge haben Sie ausgearbeitet?«, fragte der Bundesinnenminister.

»Wir empfehlen dringend, nördlich des Vulkans in sicherem Abstand einen Damm zu bauen. So schnell es irgend geht, mindestens so hoch wie der jetzt aufgestaute Wasserspiegel im Oberlauf, aber sicherheitshalber in Höhe von zweihundert Metern über NN.«

Es wurde unruhig im Saal, als Wiese seine Forderung verkündete.

»Können Sie das bitte näher erläutern?«

»Die Sache sieht so aus: Langfristig kommen wir nicht darum herum, einen Bypass um die Ausbruchsstelle zu graben. Der Vulkan kann uns, wenn wir Pech haben, noch sehr lange Zeit beschäftigen. Wenn wir also erreichen wollen, dass der Wasserstand wieder sinkt, müssen wir eine dauerhafte Lösung finden, und das geht nur mit einem Ausweichkanal. Gleichzeitig besteht die Gefahr, dass der Damm bei einem der nächsten Ausbrüche unkontrolliert weggesprengt wird. Eine Andeutung der Folgen haben wir heute live miterlebt. Wenn wir jedoch einen zweiten Damm aufschütten, wird das Wasser dort zurückgehalten, falls der Basaltdamm bricht. Und wir müssen Rohre unter den neuen Damm legen, mit einem Querschnitt, der dem mittleren Durchfluss im Unterlauf entspricht. Das wäre eine Art Talsperre, die wir unter Kontrolle haben. Das Material für den Damm können wir nach unseren Berechnungen gleich aus dem künftigen Kanal herausholen.«

Die Runde debattierte noch die halbe Nacht. Es gab heftige Diskussionen über den Vorschlag der Geowissenschaftler und zu Alternativen, die jedoch am Ende allesamt verworfen werden mussten. Der künstliche Damm war die einzige Möglichkeit, einem zu erwartenden Wasserdurchbruch zu begegnen. Über die Kosten wurde gar nicht mehr gesprochen.

Der Vulkanausbruch war eine nationale Katastrophe, die sich zunehmend auf ganz Europa ausweitete. Die unmittelbar betroffenen Anrainerstaaten wie Frankreich, die Schweiz, die Niederlande, Belgien und Luxemburg waren mit Hilfsorganisationen, Armeeeinheiten und technischem Gerät vor Ort vertreten. Die Wirtschaftsströme über die Rheinschiene waren zum Erliegen gekommen. Eine Wirtschaftsmetropole mit enormen Import- und Exportkapazitäten im Zentrum von Europa war komplett zerstört worden. Allein der Ausfall des Frankfurter Flughafens war ein wirtschaftliches Desaster. Das Wasser des Rheins stand bereits seit Wochen auf den Start- und Landebahnen. Banken, Börse, Versicherungen – alle Gebäude mussten aufgegeben werden. Selbst die trockenen Etagen der Hochhäuser weit über dem Wasserspiegel waren komplett geräumt worden.

Die Aufrechterhaltung der täglichen Personen- und Warenströme war in dieser Situation einfach nicht mehr möglich – neben den Sicherheitsrisiken und Problemen bei der Versorgung mit Strom und Heizwärme. All dies hatte zu einem Komplettauszug der Banken, Firmen und Versicherungen geführt. In anderen Großstädten waren die Büroflächen vollständig ausgebucht. Sämtliche freie Transportkapazitäten, die irgendwo in Europa zu bekommen waren, wurden zwischen den hochwassergefährdeten Rheingebieten und den sicheren Städten eingesetzt. In dieser Situation spielten die Kosten für den Damm oder einen Kanal keine Rolle mehr. Die Schäden, die durch einen unkontrollierten Abfluss im Unterlauf entstehen würden, standen dazu in keinem Verhältnis.

Weit nach Mitternacht gaben die Innenminister den Auftrag, sofort mit der Planung für den Bau eines Dammes zu beginnen. Früh am nächsten Morgen wurden Spezialisten verschiedener Großbaufirmen, Ingenieur-Geologen und Logistikfachleute mit Hubschraubern eingeflogen. Sie sollten so schnell wie möglich den Standort festlegen. Am Mittag des nächsten Tages hatte man sich auf die günstigste Stelle geeinigt. Der Damm musste, weit genug von dem Vulkan entfernt sein, damit die Arbeiten ungehindert von künftigen Ausbrüchen stattfinden konnten. Er durfte nicht zu weit weg vom Anfang des Bypass-Kanals liegen, um möglichst wenig Zeit für den Transport der Gesteinsmassen zu verlieren. Und er sollte nicht unterhalb des nächsten einmündenden Tales gebaut werden, da es schon genug Verluste in den Ortschaften an den anderen Zuflüssen und im Rheintal selbst gab.

Der ideale Standort befand sich 1,5 Kilometer nördlich vom Lavadamm, direkt am Ortseingang von Brohl. Auf der gegenüberliegenden Seite reichte der Steilabhang fast bis an den Rhein heran, eine der engsten Stellen des Tales überhaupt.

»Was schätzen Sie, wie lange es dauern wird, bis das Ding einigermaßen steht?«, fragte Gerhard völlig übermüdet in die Planungsrunde.

Ahrens, der die lange Sitzung geleitet hatte und seit dreißig Stunden ununterbrochen auf den Beinen war, gähnte herzhaft und zog seinen Rechner aus der Tasche. »Also… das wird ein Damm von etwa siebenhundert Metern Länge, einschließlich des Bogens gegen die Strömungsrichtung, mit einer Höhe von etwa hundertvierzig Metern und den nötigen Böschungswinkeln… Damit kommen wir auf runde zehn Millionen Kubikmeter oder fünfundzwanzig Millionen Tonnen.«

»Und was heißt das?«

»Vorausgesetzt, die Steinbruchwerker schaffen genügend Material her, das wir ja direkt um die Ecke holen…« Ahrens tippte angestrengt auf seinem Rechner herum. »Also, wenn wir dreißig Muldenkipper mit jeweils hundert Tonnen Kapazität und noch ein paar in Reserve haben – die müssen nämlich rund um die Uhr laufen –, dann stelle ich Ihnen das Ding in zehn Monaten hin. Allerdings kommt noch die Verlegung der Rohre dazu.«

»Zehn Monate plus ein bis zwei für die Rohre, also knapp ein Jahr? Das wäre Rekordzeit.« Gerhard hing eine Weile seinen Gedanken nach. Schließlich stand er auf und schaute aus dem Fenster. »Aber für uns ist diese Zeitspanne vielleicht trotzdem viel zu lang.«

Ahrens beendete die Sitzung. Die Aufgaben waren verteilt, und die meisten mussten erst einmal ins Bett.

Noch am Morgen hatte Gerhard beschlossen, sich wieder mehr um das Tunnelprojekt zu kümmern. Aber derzeit war aus Sicherheitsgründen kein Zugang in die Ausbruchszone möglich. Außerdem war er viel zu müde. Katrin wartete schon auf seinen Anruf. Sie bot ihm an, ihn nach Hause zu holen.

Als Gerhard im Auto saß, fielen ihm fast die Augen zu.

»Halt, erzähl erst mal, was ihr jetzt vorhabt! In Köln sind alle in Panik. Die Leute bestürmen mich von allen Seiten und wollen wissen, wie es weitergeht.«

Er gab ihr eine Kurzfassung und nickte während der Fahrt immer wieder ein.

Zu Hause angekommen hatte Katrin Mühe, ihn wachzurütteln.

»Hast du Hunger?«

»Später.« Er holte sich ein Kölsch, trank es mit schnellen Schlucken aus und verschwand in die obere Etage.

KAPITEL 11

Es war sieben Uhr, als Katrin ihren Mann aus seinem letzten Alptraum weckte. Gleich nach der Dusche griff Gerhard zum Telefon und informierte sich über die Lage am Rhein. Als er sich nach mehreren Gesprächen endlich an den Frühstückstisch setzte, stand sein Plan fest. Heute sollte die Tauchaktion stattfinden.

Der Freund von Markus hatte sich einen Tag frei gehalten. Schlauchboot und Flaschen standen bereit. Die Situation am Vulkan schien einigermaßen stabil zu sein. Mit Mareike verabredete er ein Treffen für neun Uhr. Katrin hatte sich nur zögernd bereit erklärt, auf die Zwillinge aufzupassen. Lieber wäre sie bei dem kritischen Unternehmen dabei gewesen.

Kurz vor neun fuhr Gerhard zu Mareikes Wohnung und holte die kleine Familie ab. Irma und Marie freuten sich darauf, in der Garage ihre übrigen Sachen durchwühlen zu können. Als sie ankamen, stürmten sie freudig auf Katrin zu, die sie sofort im Garten entdeckt hatten.

»Ich melde mich, sobald wir etwas gefunden haben«, versprach Gerhard, nahm Katrin in den Arm und gab ihr einen Kuss.

Katrin hatte kein gutes Gefühl bei der Sache. Vielleicht lag es daran, dass Gerhard gleich zu Mareike ins Auto steigen würde. »Pass auf dich auf!«, sagte sie und drückte ihn ungewohnt fest an sich, als wollte sie ihn gar nicht mehr loslassen.

Gerhard sah ihr mit betonter Zuversicht in die Augen. »Du musst keine Angst haben.«

Die Zwillinge kamen aus dem Garten gelaufen und gaben ihrer Mama zum Abschied einen Kuss. Als sich der Wagen in Bewegung setzte, rannten sie einige Meter hinterher, bis sie nicht mehr mithalten konnten.

Die Fahrt nach Koblenz war seit ihrem Wiedersehen die erste Gelegenheit, bei der sich Gerhard und Mareike ungestört unterhalten konnten.

»Das erinnert mich an unsere erste Urlaubsreise nach Frankreich, mit dem Bus von Manfred. Da hattest du noch nicht mal einen Führerschein.«

»Das ist schon sehr lange her. Fast eine ganze Generation.« Mareike blickte geistesabwesend über die weiten Flächen der Kölner Bucht. »Ich habe oft daran gedacht. Es war die Zeit, in der ich die wenigsten Probleme hatte.

Gerhard riss sich von den Erinnerungen los. »Kannst du ungefähr sagen, in welcher Ecke des Schrankes der Ring liegt?«

»Ich glaube schon. Am besten geht der Taucher erst mal runter und berichtet, wie es da überhaupt aussieht. Wenn die Möbel weg sind, haben wir verloren.«

»Die Fenster lagen schon so tief unter Wasser, dass die große Welle dort eigentlich nicht viel Schaden angerichtet haben kann.«

»Wir werden sehen. Jedenfalls muss der Ring im großen Wohnzimmerschrank sein. Ich glaube, in der untersten rechten Schublade. Vielleicht schwimmt der Schrank sogar noch unter der Decke.«

»Vielleicht hat er sich auch schon so sehr mit Wasser vollgesogen, dass er gar nicht mehr schwimmen kann. Was ich sogar für wahrscheinlich halte. Wenn er allerdings mit der Nase auf dem Boden liegt, könnte es schwierig werden.»Gerhard drehte den Kopf zur Seite und schaute Mareike an. »Und wie geht es dir sonst so?«

»Was erwartest du von einer alleinstehenden Mutter mit Zwillingen, die keinen Job mehr hat und jetzt von der Sozialhilfe lebt?«

»Hast du nichts von deinen Eltern geerbt?«

»Erstens war es nicht viel, und zweitens ist schon fast alles weg. Ein bisschen habe ich noch für die Kinder zurückgelegt, für später.«

»Hast du einen Freund?«

»Ab und zu schon. Aber wenn sie mitkriegen, dass ich Kinder habe, gehen sie meistens schnell auf Distanz.«

»Warum hast du dich von deinem Mann getrennt?«

»Wie das halt so ist. Über längere Zeit lief es mehr schlecht als recht. Wir haben uns viel gestritten.«

»Das war bei uns zum Schluss auch nicht anders.«

»Kann sein, dass es an mir gelegen hat. Aber der Stress mit den zwei kleinen... immer zu wenig Geld... die Biologen verdienen ja auch nichts. Und dann hat er es herausgefunden.«

»Was?«

»Das eine Mal mit uns beiden. Damals auf deiner Tagung in Würzburg, wo wir uns zufällig trafen, als ich zu Besuch bei einer Freundin war.«

»Vor ungefähr acht Jahren.« Gerhard hatte genau gewusst, dass sie heute darüber sprechen würden. Eine Stunde im Hotel, die er nie vergessen würde, eine jener Überschneidungen zweier völlig verschiedener Lebensabläufe, die er nie verstehen würde.

Sie hatten sich in einem CD-Geschäft getroffen. Auf Tagungen gab es immer wieder ein paar Stunden Leerlauf, die man mehr oder weniger sinnvoll überbrücken musste. Diese Pausen waren gute Gelegenheiten, völlig entspannt auf die Suche nach Musik-CDs zu gehen. Gerhard hatte eine Vorliebe für argentinische Tangos, und er war immer bereit, dafür einige Zeit zu investieren. Es war nicht einfach, die Sammlung in Deutschland weiter auszubauen.

Er konnte sich noch genau an seine Überraschung erinnern, als Mareike plötzlich vor ihm stand. Sie kam aus der Klassikabteilung. Ihr Vater war begeisterter Klassikliebhaber und hatte wenige Tage später Geburtstag.

Mareike fiel ihm spontan um den Hals. Sie küssten sich flüchtig auf die Wangen. Mareike nahm den Kopf zurück, sah ihn kurz an und gab ihm einen richtigen Kuss. Wenig später stellten sie fest, dass sie fast zeitgleich an ihre oft wiederholte Abmachung dachten. Aus der Zeit, als sie noch im rosafarbenen Hochnebel schwebten, der sich erst nach und nach zu einer gewaltigen Kumuluswolke entwickelte, die bald ein tiefdunkles Blauschwarz annahm.

Es passierte, weil die Voraussetzungen so günstig waren und keine Widersprüche erlaubten. An diesem Spätnachmittag stimmte alles – alles bis auf eins. Das Gefühl füreinander. Als Mareike nach einer Stunde das Hotel verließ, war ein Schlussstrich gezogen.

»Hast du Katrin davon erzählt?«

»Nein.« Gerhard war sehr nachdenklich geworden.

»Ist eure Beziehung nicht so gut, dass ihr euch alles sagen könnt?«

»Eigentlich schon. Aber im Grunde weiß ich es gar nicht. Wir haben es noch nicht ausprobiert. Okay, wenn ich mich neu verlieben würde oder dauerhaft eine andere hätte, könnte ich das nicht verheimlichen. Aber das würde bedeuten, dass in unserer Beziehung etwas nicht stimmt, und dann wäre nach kurzer Zeit Schluss. Aber das kann ich mir im Moment nicht vorstellen.«

»So etwas kann immer mal passieren.«

»Ich hatte es bisher nicht nötig und Katrin wohl auch nicht. Mit uns lief es von Anfang an viel zu gut. Außerdem würden wir dadurch eine Menge aufgeben. Die Beziehung wäre danach nicht mehr dieselbe.«

»Aber es ist dir zumindest einmal passiert.«

»Mit dir war es irgendwie anders. Es gehörte gefühlsmäßig noch in die Zeit vor Katrin. Es war, als hätte ich endlich einen

Schlussstrich unter die Dinge gezogen, die mir immer noch im Kopf herumgeisterten.«

Mareike betrachtete nachdenklich die bergige Landschaft der Eifel. »Ich glaube, bei mir war es ähnlich.«

»Wie hat er es herausgefunden?«

»Durch einen dieser blöden Zufälle. Ist auch unwichtig.«

»Und er konnte es nicht verstehen?«

»Du weißt doch, wie das bei Männern ist. Wenn es um ihn gegangen wäre, hätte er es bestimmt genauso erklärt und verlangt, dass ich es akzeptiere. Aber ich glaube, er hat nur nach einem Grund gesucht, um wieder abzuhauen. Südamerika ging ihm über alles.«

»Aber wie kann man einfach so seine Kinder im Stich lassen? Das hätte ich bei allen Problemen mit der eigenen Frau nicht fertig gebracht.«

»Es gibt halt solche und solche.«

Gerhard bremste. Vor ihnen tauchte die Absperrung auf, die den Sicherheitsgürtel um das Koblenzer Gebiet markierte. Zwischen den geparkten Fahrzeugen auf dem Randstreifen stand ein Gespann mit einem Boot auf dem Hänger. Am Auto lehnte ein junger Mann mit sichtlich durchtrainiertem Körper in kurzen Shorts und T-Shirt, den Kopf leicht nach hinten geneigt und das Gesicht der Sonne entgegengereckt. Als er Gerhard sah, kam er langsam auf den Bus zu. Sein wippender Gang und die Sonnenbrille im tief gebräunten Gesicht ließen keinen Zweifel. Es war der Taucher. »Er sieht aus wie ein Surfer am Gardasee«, hatte Markus seinen Bekannten beschrieben.

»Hallo!«, sprach Gerhard ihn an. »Ich bin Gerhard, und das ist Mareike. Um ihre Wohnung geht es.«

»Hallo! Ich bin Thorsten.«

Sein Händedruck war angenehm kräftig. Mareike musterte ihn flüchtig.

»Wir können noch etwas näher heranfahren, müssen die Fahrzeuge aber mit einem Sicherheitsabstand zurücklassen. Zuerst werden wir das Boot zum Wasser schaffen. Meinen Wagen bringen wir danach wieder hoch.«

An der Sperre zeigte Gerhard seinen Ausweis vor und erklärte kurz ihr Vorhaben.

Fünfzehn Minuten später glitt das Boot ins Wasser, zwischen zwei Häuserreihen, denen die Flutwelle schwer zugesetzt hatte. Während sich Thorsten umzog, fuhr Gerhard den Wagen in eine sichere Position zwei Seitenstraßen höher am Hang. Als er im Laufschritt zurückkehrte, saßen Thorsten und Mareike bereits im Boot und der Motor tuckerte im Leerlauf. Mareike hatte Thorsten inzwischen ausführlich den Ring beschrieben, den er suchen sollte.

Gerhard stieg ein und drückte sich kräftig vom Ufer ab.

»Ziehen Sie lieber die Schwimmwesten über«, riet Thorsten, »das hier ist nicht ganz ohne!« Er steuerte vorsichtig durch die mit Holztrümmern und Müll übersäte, ölverschmierte Wasserfläche. Es war weit und breit das einzige Boot. Der Wasserverkehr war inzwischen aus Sicherheitsgründen stark eingeschränkt.

»Ist es nicht etwas gefährlich, was wir hier machen?«, fragte Mareike mit einem Anflug von Unsicherheit.

»Wenn es wieder so einen großen Unterwasserausbruch gibt, dann bestimmt. Aber so häufig kommen die nicht vor«, versuchte Gerhard sie zu beruhigen. »Die Messgeräte haben nichts Außergewöhnliches angezeigt. Ich habe heute Morgen extra meinen Kollegen Karsten Specht angerufen und nachgefragt.«

Langsam fuhren sie durch eine Häuserreihe, die nur zur Hälfte überflutet war. Sämtliche Fenster zur Rheinseite waren zerschmettert. In den Glasscherben der Rahmen hingen Reste von Bettwäsche, Kleidung, Teppichen und Zimmerpflanzen. Alles war mit dem Wellenschlag durcheinander gewirbelt worden. Durch eine breite Lücke zwischen den Häusern lenkte Thorsten das Boot mehr in Richtung Flussmitte. Es war nicht einfach für Mareike, sich zurechtzufinden. Dort, wo sie ihre alte Wohnung vermutete, breitete sich eine weite Fläche mit treibendem Müll aus. Weiter oben gab es nur noch Dächerreste, die aus dem Wasser schauten, dahinter kam eine Häuserzeile mit mehrgeschossigen Bauten, von denen noch eine vollständige Etage im Trockenen lag.

»Hier sind wir fast richtig!«, rief sie plötzlich. »Diese Häuser dort konnte ich immer vom Dachbodenfenster aus sehen.« Mareike zeigte auf die Gebäude, die hinter der zerstörten Häuserreihe lagen.

Gerhard zog das Boot an die Reste einer Giebelmauer heran und hielt fest.

»Passen Sie auf, dass das Boot nicht an die Balken gedrückt wird. Da stecken oft noch Nägel drin«, rief Thorsten ihm zu.

»Ich habe darauf geachtet, dass ich eine freie Stelle erwische. Soll ich den Motor laufen lassen, während Sie tauchen?«

»Das wäre nicht schlecht. So viel Sprit haben wir allemal.«

Während sich Thorsten startklar machte und die Flaschen anlegte, beschrieb Mareike ihm so genau wie möglich den Wohnungsgrundriss und den Schrank, in dem er suchen sollte.

»Jetzt muss ich nur noch wissen, wo das Haus steht.«

»Noch zwei Häuserreihen ungefähr in dieser Richtung«, erklärte Mareike mit ausgestrecktem Arm. »Vor dem Eingang steht auf der rechten Seite ein Betoncontainer für Mülleimer. Das ist nur dort der Fall, die anderen Häuser in dieser Straße haben ihn auf der linken Seite.« Mareike sah Thorsten plötzlich nachdenklich an. »Ist das nicht viel zu gefährlich für Sie?«

»Ach was, das passt schon.«

»Wahrscheinlich kommen Sie am besten durchs Fenster in die Wohnung«, schlug Gerhard vor. »Wenn die Möbel überall herumschwimmen, könnte es nicht ganz einfach werden, an die Schubladen zu gelangen.«

»Ich werde es sehen. Sicherheitshalber nehme ich das Stemmeisen mit.« Er hielt das Werkzeug demonstrativ in die Höhe.

Vorsichtig glitt Thorsten aus dem Boot. Mit den Flossen an den Füßen tastete er die Betondecke des Dachbodens ab, auf dem er stand. Das Wasser reichte ihm fast bis zur Hüfte. Er nahm die Leine, die aufgewickelt im Boot lag, und hakte sie am Gürtel ein.

»Wenn ich zweimal hintereinander kräftig ziehe, und zwar jeweils dreimal, heißt das, ich sitze fest. Dann müssen Sie sofort Hilfe ranfunken. Wenn Sie einmal kräftig ziehen, weiß ich, dass ich hochkommen soll. Okay?«

»Okay!«

Thorsten watete zur Kante der Betondecke, setzte die Tauchermaske auf und schaltete die Lampe am Gurt an. Er setzte das Mundstück ein, drehte sich noch einmal um und bildete mit Daumen und Zeigefinger einen Ring. Dann sprang er vom Dach in die Tiefe.

»Ich hoffe, das geht gut«, sagte Mareike unbehaglich. Mit einer Stange hielt sie das Boot an der Mauer fest, während Gerhard die Leine nachführte. Es dauerte eine ganze Weile, bis die Schnur nicht mehr spannte.

»So, jetzt muss er unten sein, mehr scheint er nicht zu brauchen.«

»Hoffentlich sieht er im Dreckwasser überhaupt etwas.«

»Ein Teil der Schwebstoffe hat sich bereits abgesetzt. Das Wasser steht schon seit längerer Zeit still. Hier oben ist der Mulm erst durch die letzte große Welle wieder aufgewühlt worden.«

In diesem Moment hörten sie ein dumpfes Donnergrollen. Erschrocken schauten sie nach Norden zum Nunak. Der Hauptschlot hatte wieder einmal den oberen Förderkanal freigesprengt und schoss eine größere Aschenwolke in die Höhe.

»Was hat das zu bedeuten? Kriegen wir hier jetzt ein Problem?«, fragte Mareike, die immer unruhiger wurde.

»Keine Panik, das ist nur einer der häufigen kleineren Ausbrüche. Wir sind weit genug entfernt.«

Ein zweiter, wesentlich stärkerer Donner hallte durch das überflutete Tal. Die Explosion sprengte eine große Gesteinsscholle von der Kuppe des Vulkans ab. Die zwei Menschen im Boot konnten von ihrem Standort aus nicht sehen, wie die Masse schwungvoll den Hang hinunterrutschte und in den aufgestauten Rhein schoss.

Der Brocken war so groß, dass er eine mehrere Meter hohe Welle aufwarf. Wie bei der Flutwelle eine Woche zuvor rollte sie halbkreisförmig vom Vulkan nach Süden ins Neuwieder Becken. Als sie Koblenz erreichte, war sie immer noch so hoch, dass sie deutlich hörbar an die Häuserreste brandete. In diesem Moment tauchte Thorsten aus den braunen Fluten auf.

»Vorsicht, eine große Welle!«, schrie Mareike in Panik und sprang mit einem Satz ins Wasser auf die Betondecke. Das Boot erhielt einen Stoß und driftete unkontrolliert von der Mauer weg. Hektisch watete sie hinter die Reste der Giebelmauer.

»Bleib hier! Wir müssen mit dem Boot aus den Trümmern raus!«, rief Gerhard ihr hinterher und drehte den Motor etwas auf. Mühsam versuchte er, an den Balken vorbeizusteuern.

Er hatte keine andere Wahl. Das Boot musste sofort vom Gebäude weg. Mit Vollgas drehte er eine Kurve und fuhr auf das offene Wasser. Gerade noch rechtzeitig. Er schaffte es, den ankommenden Wellenberg schräg zu überfahren – ohne dass der hochschwappende Müll die Gummihaut beschädigte.

Thorsten hatte die Situation sofort richtig erkannt. Auf dem Beton würde er keinen Halt finden. Kurz entschlossen drehte er sich um und tauchte zurück ins tiefere Wasser.

Als Gerhard die Welle ausmanövriert hatte, drehte er sich sofort suchend um. In diesem Moment erfassten die Wassermassen die Giebelmauer, hinter der Mareike zusammengekauert hockte. Die Wucht der Welle war für das angebrochene Mauerwerk zu groß. Wie Spielzeug wurden die aus dem Wasser ragenden Reste einfach nach innen umgeklappt.

»*Mareiiike!*«, schrie Gerhard so kräftig, dass er einen Hustenreiz bekam.

Mit Vollgas raste er auf das Haus zu, drosselte viel zu spät den Motor und rammte einen Schornsteinrest. Er sprang aus dem

Boot und kämpfte sich durch die nachlaufenden Wellen, die zwischen den Mauern schwappten. Ein Holzbalken traf ihn am Schienbein. Gerhard registrierte kaum, dass er seitlich wegknickte. Er sah nur die Mauer, unter der Mareike lag. Mit jedem Wellental tauchten ihre hellen Haare aus dem Wasser auf. Ihre Arme ruderten heftig in der Luft. Gleichzeitig versuchte sie, die Haare von Mund und Nase zu wischen. Krampfhaft rang sie nach Luft.

Zwei Sekunden später war Gerhard bei ihr. Er fasste unter die Schwimmweste und drückte ihren Oberkörper über die Wasserlinie hoch. Die Beine hingen fest, unter einem Mauerstück eingeklemmt. Mareike schrie und gurgelte vor Panik. Mit dem nächsten Wellental drückte Gerhard sie so weit hoch, dass sie einen Schwall Wasser erbrechen konnte.

»Hol Luft! Das kriegen wir schon hin!« Die nächste Welle bedeckte wieder ihren Kopf.

»Ich kann nicht mehr!«, schrie sie beim nächsten Auftauchen.

»Meine Beine... mir wird schwarz vor... »Die Wellen wurden allmählich kleiner.

»Warte, ich versuche, dich rauszuziehen. Hol ganz tief Luft!«

Gerhard drückte sie so weit hoch, dass sie mehrmals durchatmen konnte. Dann tauchte er ab und tastete sich an ihrem Körper entlang, bis er die Mauersteine fühlte. Er suchte Halt unter einer Kante und stemmte sich so kräftig vom Boden ab, dass ihm schwindelig wurde. Es war hoffnungslos. Schwer keuchend beugte er sich wieder über Mareikes Kopf und hob ihren Oberkörper über die schwankende Wasseroberfläche.

»Ich schaffe es nicht allein. Wir müssen auf Thorsten warten.«

Gerhard, ich kann nicht mehr... mir dreht sich alles.«

»Nicht aufgeben, du schaffst es! Du bist stark genug.«

Wieder schwappte eine Welle über ihren Kopf.

»Gerhard... Irma und Marie..... Sie sind alles, was ich habe. Wirst du...?«

Erneut spülte eine Welle über ihr Gesicht.

»Gerhard, ich schaffe es nicht…« Sie spuckte einen Schwall Wasser aus. »Die Kinder sind von dir, ich wollte es dir nie…«

»*Mareiiike!*« Gerhard schrie, bäumte sich auf, zerrte an ihrem Körper.

Ihr Kopf sank schlaff auf sein Bein.

Als Thorsten aus dem Wasser auftauchte, stand Gerhard noch immer hinter Mareike, wie erstarrt, als wäre in ihm ein Schalter umgelegt worden. Es schien eine andere Welt zu sein, aus der er Thorsten rufen hörte. Er bemerkte es kaum, als der Taucher an ihm rüttelte. Wie im Traum nahm er wahr, dass andere Boote kamen, Mareike befreiten und sie abtransportierten, ihn selber in Decken einwickelten und am Ufer in einen Krankenwagen verfrachteten. Die Spritze des Arztes spürte er schon nicht mehr.

Als Gerhard morgens im Krankenhaus aufwachte, stand Katrin an seinem Bett. Es war der Tag danach. Wie klebriger Sirup flossen die Erinnerungen in seinem Gedächtnis zusammen. Während Katrin sich zu ihm niederbeugte, ihm die Haare aus der Stirn strich und einen Kuss gab, versuchte er, den ersten klaren Gedanken zu fassen.

»Ist sie tot?«

»Ja.« Katrin macht eine Pause. »Es war ein Unfall.«

»Ich bin schuld«.

»Nein. Reg dich jetzt nicht auf. Es war ein Unfall.«

Gerhard setzte sich im Bett auf und legte die Hände an den Kopf. »Warum? Wie kann so etwas geschehen? Du stehst daneben und kannst einfach nichts machen…« Ihm schossen die Tränen in die Augen. »Es war wie in einem Film, als hätte ich versucht, in die Handlung einzugreifen. Es lief einfach vor meinen Augen ab.

Katrin strich über seinen Arm. »Du musst dich ein paar Tage aus der ganzen Sache ausklinken. Wir sollten an die Küste fahren.«

»Was ist mit den Kindern? Habt ihr es ihnen schon gesagt?«

»Ja, eine Psychologin hat sich darum gekümmert. Ich war dabei.«

Gerhard liefen die Tränen übers Gesicht. »Ich glaube, ich könnte das nicht.«

»Es war auch für mich furchtbar.« Katrin konnte ihre Tränen ebenfalls nicht mehr zurückhalten. Sie nahm Gerhard in den Arm und hielt ihn lange fest an sich gedrückt.

»Wollen wir die beiden an die Küste mitnehmen?«, fragte Gerhard nach einer Weile.

»Ich glaube, es wäre das Beste. Aber wir müssen erst die Beerdigung abwarten.«

»Komm, lass uns gehen! Ich muss hier raus!« Gerhard richtete sich auf und sprang aus dem Bett.

»Sollten wir nicht erst den Arzt fragen?«

»Nein. Ich sage einer Schwester Bescheid.«

Sie packten seine Sachen ein und gingen zum Schwesternzimmer. Den Protest der Stationsschwester ließ Gerhard einfach abprallen. Er befand sich immer noch in einer anderen Welt. Gemeinsam verließen sie das Krankenhaus, stiegen in ihr Auto und fuhren los. Als sie in die Nähe des Institutes kamen, fiel Gerhard wieder ein, warum das alles stattgefunden hatte.

»Was ist eigentlich mit Thorsten? Hat er etwas gefunden?«

»Nein. Ich glaube, da unten war viel zu viel Chaos.«

»Und wo sind die Kinder? Bei uns?«

»Ja, Susanna passt auf sie auf.«

Als sie zu Hause ankamen, lagen die beiden auf dem Sofa, fest an Susanna gedrückt, mit verweinten Gesichtern. Morpheus hatte sich zwischen sie gelegt und ließ sich von ihnen streicheln. Er besaß ein besonderes Gespür für Kinder, die Trost brauchten. Das hatte er in den Jahren mehr als einmal bewiesen.

Marie stand auf und nahm Gerhard in den Arm.

»Ist es wirklich wahr, dass Mama tot ist? Ich glaube es nicht.«

Auch Irma löste sich von Morpheus und nahm Katrin in den Arm.

»Wir hatten sie doch so lieb!«

Sie setzten sich zusammen auf das Sofa und verbrachten die nächsten Stunden Arm in Arm.

Die folgenden Tage waren für Gerhard die schwersten seines Lebens. Mareikes Tod, für den er sich verantwortlich fühlte, konnte er nicht verarbeiten. Die Fragen der Polizei zum Unfallhergang waren eine Tortur. Selbst vor dem stellvertretenden Leiter des Krisenstabes musste er sich rechtfertigen.

Die Beerdigung war schmerzhaft. Sie fand in kleinstem Kreise statt. In dieser Katastrophensituation Freunde und Angehörige von Mareike zu finden, war unmöglich. Für Irma und Marie war der Abschied unfassbar. Auf der Suche nach neuem Halt klammerten sie sich an Gerhard und Katrin. Auch Gerhard suchte Halt. Er wusste nicht, wie und wann er Katrin einweihen sollte. Aber er wusste, dass er es tun würde. Die beiden waren seine Töchter. Sie brauchten ihn. Ganz besonders jetzt. Er musste und wollte dazu stehen.

Nach der Beerdigung fuhren Katrin, Gerhard und die Zwillinge an die Küste und nahmen sich eine kleine Ferienwohnung. Sie hatten sich vorgenommen, drei Tage zu bleiben, obwohl das Wetter für Sommertage an der Küste typisch nasskalt war.

Am zweiten Tag sollte es geschehen. Als die Kinder im Bett waren, machte Gerhard eine Flasche Wein auf. Er brauchte zwei große Gläser, bis er den entscheidenden Anlauf nahm. Er kannte Katrin viel zu gut und wusste genau, wie der Abend enden würde. Kurz zögerte er noch, ob er es wirklich sagen sollte. Dann gab er sich einen Ruck.

»Katrin…«

»Ja?«

»Ich muss etwas mit dir besprechen.«

»Das hört sich aber sehr förmlich an. Ist es wegen der Kinder?«

»Ja.«

»Willst du mir vorschlagen, dass wir sie adoptieren sollten?«

Gerhard schaute ihr in die Augen. Wieder hatte er das Gefühl, er wäre in einem Film. In Gedanken ließ er das vor sich ablaufen, von dem er wusste, dass es gleich kommen würde. Und er würde es nicht verhindern können.

Er nahm Katrins Hand und hielt sie sehr fest.

»Irma und Marie sind meine Töchter.«

Katrin wurde grau um die Nasenspitze. Ruckartig zog sie die Hand aus Gerhards Umklammerung.

»Sag das noch mal! Sag, dass das nicht wahr ist!« Ihre Stimme wurde lauter. Sie wollte nicht glauben, was sie gerade gehört hatte.

»Ich erkläre es dir jetzt so, wie es abgelaufen ist, unverschnörkelt und wahr. Vor acht Jahren habe ich auf einer Tagung in Würzburg Mareike getroffen. Es war, wie man so sagt, der pure Zufall. Sie hatte eine Stunde Zeit und wir sind ins Hotel gegangen. Aus irgendeinem Grund hatten wir damals in den letzten guten Wochen unserer Beziehung eine Verabredung getroffen. Falls wir uns einmal trennen würden, wollten wir es bei einem späteren Wiedersehen auf jeden Fall noch einmal tun. Quasi als endgültiger Abschluss, wenn alles schon lange vorbei ist. Und ob du es glaubst oder nicht, ich sage dir die Wahrheit: Es war deprimierend. Für uns beide. Weil nicht die schönen Erinnerungen von früher wieder auftauchten, sondern nur die negativen – die Streitereien, die Eifersucht und das ganze Drama. Ich habe mich hinterher unendlich geärgert, weil ich wusste, was ich damit aufs Spiel setzte. Ich wusste, dass es irgendwann rauskommen würde.«

Katrin hatte wie erstarrt zugehört. In ihrem Kopf kreisten die Gedanken, die Wut und die Verzweiflung. Plötzlich schossen ihr die Tränen in die Augen. Sie brauchte mehrere Sekunden, bis sie sich wieder im Griff hatte.

»Ich kann das jetzt nicht so schnell verarbeiten.« Sie stand auf und zog sich die Schuhe an.

»Was hast du vor?«

»Ich muss an die frische Luft. Ich weiß nicht, wann ich zurückkomme.«

Sie kam spät in der Nacht, völlig durchgefroren und mit versteinertem Gesichtsausdruck. Gerhard lag wach im Bett. Er wusste, dass sie sich ein Kissen und eine Decke nehmen und aufs Sofa umziehen würde. In dieser Nacht konnten sie beide nicht schlafen.

Der nächste Morgen kam unausweichlich näher. Es war der eisigste in der langen Beziehung des Ehepaars Böhm. Die Zwillinge spürten die Stimmung und waren völlig eingeschüchtert. Ihnen zuliebe hielten Gerhard und Katrin an ihrem Zeitplan fest. Die Rückfahrt war für den Nachmittag geplant. Am Vormittag wollten sie wenigstens noch einmal zusammen auf dem Deich spazieren gehen.

Es blies ein kühler Wind, aber die Luft war salzig und belebend. Irma und Marie hatten Katrin und Gerhard an die Hand genommen und schlurften lustlos neben ihnen her.

»Was wird denn jetzt aus uns?«, fing Irma an.

»Ja, wo sollen wir jetzt hin?«, wollte auch Marie wissen.

»Ihr könnt bei mir bleiben, in Köln. Bei Susanna und bei Morpheus.

»Und bei Katrin?«, fragte Irma, die immer deutlicher merkte, dass zwischen den beiden etwas nicht stimmte.

»Das muss Katrin selbst entscheiden. Ich werde euch zu mir nehmen. Gleich morgen holen wir eure Sachen.«

»Geht das denn so einfach?«

»Das muss gehen. Seht mal, da unten am Wasser sind Muscheln. Wollt ihr vielleicht ein paar einsammeln?«

Die beiden ließen los und rannten zum Wasser.

»Du weißt, dass ich das nicht einfach so hinnehmen kann.« Katrin nutzte die erste Gelegenheit, sich Luft zu machen. »Hast du dir einmal überlegt, dass ich bei der ganzen Sache die Dumme bin.« Katrin steigerte die Lautstärke. »Nicht nur, dass du mich unglaublich verletzt hast. Du könntest dich doch überhaupt nicht um die Kinder kümmern! Wie willst du das schaffen? Wenn ich weiter mit dir zusammenwohnen würde, hätte ich jeden Tag mit den Kindern zu tun.« Erregt schob sie sich die vom Wind zerzausten

Haare in den Nacken. »Und was ist mit der neuen Freiheit, von der wir immer geschwärmt haben, jetzt, wo unsere Kinder groß genug sind? Nein, Gerhard, da mache ich nicht mit. Du hast unseren Weg, den wir gemeinsam gehen wollten, verlassen. Jetzt sieh zu, wie du ihn allein weitergehst.«

Gerhard wusste, dass er darauf nichts erwidern konnte. Die Situation hatte etwas Absolutes, sie war mit keinem Wort zu ändern. Er blickte auf die unendliche Wasserfläche und schwieg. In diesem Moment fühlte er sich so leer und ausgebrannt, dass er sich nur noch nach irgendeinem Halt sehnte.

Die Kinder kamen den Damm hochgelaufen und zeigten ihre Fundstücke. Er drückte sie beide rechts und links an sich und stand minutenlang still, mit Blick auf das Meer.

In den nächsten Tagen herrschte eine deprimierende Stimmung bei den Böhms. Sowohl Katrin als auch Gerhard hatten Magenprobleme. Beide aßen nicht richtig, bei Gerhard kam Bier oder Wein als Betäubungsmittel hinzu, um nachts Schlaf zu finden. Katrin las einen Roman nach dem anderen. Stundenlang zog sie sich in Kristins Zimmer zurück und schlief dort fast regelmäßig über einem Buch ein.

Gerhard erledigte die notwendigen Behördengänge, um die Kinder bei sich und in der Schule anzumelden. Er räumte ihre Sachen aus der kleinen Wohnung ins Zimmer von Marcello, der noch am seltensten zu Hause war, und fuhr zwischendurch an den Rhein, um die Entwicklung der Arbeiten zu verfolgen. Susanna merkte sofort, dass zwischen ihren Eltern etwas nicht stimmte. Sie glaubte an einen Ehekrach im Urlaub und hielt sich mit Fragen vornehm zurück.

Katrin konnte sich nicht einfach so mit der Situation abfinden. Sie war sehr um die Zwillinge bemüht und half ihnen, so gut es ging, über den Tod ihrer Mutter hinwegzukommen. Ein Schicksalsschlag, der für die beiden nicht schlimmer kommen konnte.

Über ihr weiteres Verhältnis zu Gerhard war sie sich noch nicht im Klaren. Sie brauchte mehr Zeit, um alles zu verdauen und ihre Gedanken zu sortieren.

Mehr als eine Woche war seit der Beerdigung vergangen, als Gerhard wieder Zeit und genügend Kraft hatte, sich um Institutsangelegenheiten zu kümmern. Zum Glück war das Semester fast zu Ende. Seine Mitarbeiter hatten ihm einen Großteil der Routinearbeiten abgenommen, Klausuren betreut und Übungen und Seminare veranstaltet. Dafür lagen nun vier Diplomarbeiten auf seinem Tisch, die er schleunigst durchsehen musste. Als er die viele Post sah und an den Verwaltungskram dachte, den er zu erledigen hatte, verging ihm gleich wieder die Lust.

Auf dem Weg ins Büro lief er der Sekretärin über den Weg. »Gut, dass ich Sie treffe, Herr Böhm, wir müssen unbedingt…«

Der Vormittag war gelaufen. Erst nach Mittag kam Gerhard dazu, Perenz in Aachen anzurufen. Die Anlage war wieder im Einsatz und hatte brauchbare Ergebnisse geliefert. Der Verdacht auf ein Metall, wie es im frühen ersten Jahrtausend hergestellt wurde, hatte sich bestätigt.

Jetzt wollte Gerhard es genau wissen. Er setzte sich an den Rechner und durchforstete das Internet nach Hinweisen auf den Nibelungenschatz. Zwei Stunden später hatte er sich einen Überblick verschafft, war aber immer noch nicht viel weiter gekommen. Nun wusste er, dass Hagen von Tronje den Schatz im Umfang von 144 Ochsenkarren in den Rhein versenkt haben sollte. Gerhard stellte sich amüsiert den Muskelkater vor, den Herr Hagen anschließend gehabt haben musste. Auch logistisch sollten sich nicht unerhebliche Probleme eingestellt haben. Andererseits war es nur eine Sage. Und dann war das noch die überaus präzise Ortsangabe: *Er ließ ihn bei dem Loche versenken in den Rhein.*

Als er den Rechner ausschaltete, war er überzeugt, dass der Fund im Rhein aus der Zeit vor etwa 1500 Jahren stammte, aber an eine Verbindung zur Sagenwelt glaubte er nicht. Es war möglich, dass mehrmals Schätze im Rhein vergraben wurden und dieser keineswegs der einzige war. Vielleicht waren derartige Praktiken die Grundlage für die Ideen des um 1200 von einem unbekannten Autor in Passau geschriebenen Nibelungenliedes gewesen. Und Mareikes Ring war einfach nur irgendein Ring, wobei fraglich blieb, ob er überhaupt zum Schatz gehörte.

Gerhard fühlte sich gesundheitlich ziemlich angeschlagen. In seinen Stirnhöhlen schien sich eine Erkältung festgesetzt zu haben. Mit zunehmender Tageslänge verstärkten sich seine Kopfschmerzen. Obwohl noch genügend Papierkram zu erledigen war, fuhr er früher nach Hause als üblich. Als Erstes erwarteten ihn dort die Zwillinge. Jeden Tag fielen sie ihm in die Arme und mussten getröstet werden. Morpheus war inzwischen ihr ständiger Begleiter geworden. Auf diese Weise kam er an jede Menge Streicheleinheiten.

Die Begrüßung zwischen Gerhard und Katrin war immer noch auf ein Minimum reduziert.

»Interessiert dich, was die Untersuchung der Metallstücke ergeben hat?«, fragte er sie, nachdem er sich umgezogen hatte.

»Ja«, kam es knapp zurück.

»Das Metallteil aus dem Tunnel und das von Mareike gehören wahrscheinlich zusammen und scheinen aus der gleichen Zeit wie der Schatz zu stammen.

»Und was ist mit dem Ring, der noch in Koblenz unter Wasser liegt? Katrin wirkte das erste Mal wieder an einem Gespräch interessiert.

»Das ist etwas, das mir noch Kopfzerbrechen bereitet. Ich habe nur eine ungefähre Vorstellung, wo Mareike den Ring gefunden hat. Es muss auf jeden Fall stromabwärts nördlich vom Lavadamm gewesen sein.«

»Warum nicht an der Stelle, wo auch der Schatz gefunden wurde?«

»Das kann ich mir nur schwer erklären. Der Schatz lag unversehrt unter dem Kies. Wir hätten einen kiesgefüllten Kolk oder eine Rinne finden müssen, durch die das Wasser einen Teil des Tones und des Schatzes hätte wegreißen können.«

»Und wenn der Ring damals etwas ganz Besonderes war, dem die Leute irgendeine Kraft angedichtet haben?«

»So etwas soll es gegeben haben.«

»Dann könnten sie ihn auch an einer anderen Stelle vergraben haben. Vielleicht in der Vorstellung, dass er den Schatz schützt.«

Gerhard sah Katrin nachdenklich an. »Das wäre eine Erklärung, aber mir ist sie doch etwas zu weit hergeholt. Möglich, dass es noch einen zweiten Schatz gibt.«

»Dann weiß ich schon, was wir nach der Hochwasserkatastrophe suchen werden.« Katrin ging wieder in ihr Zimmer.

Gerhard überlegte, wie er ihren letzten Satz werten sollte.

Zwei Wochen waren seit der großen Vulkanexplosion am Rhein vergangen. Die geophysikalischen Messungen versprachen eine Abnahme der Aktivität in der neuen Spalte. Trotzdem fuhr Gerhard jetzt wieder täglich ins Krisenzentrum. Es ging um die Entscheidung, wann und wie die Arbeiten im Tunnel fortgesetzt werden sollten. Derzeit durfte niemand die Gefahrenzone direkt am Damm betreten, ausgenommen ein Trupp Arbeiter, der die Pumpen wieder in Gang setzen musste. Das war die Voraussetzung für jede weitere Begehung. An diesem Morgen schlug Gerhard vor, mit Rolf Klages und Heinz Lindert eine erste Inspektion des Tunnels vorzunehmen. Klages war Geologe und Privatdozent in Aachen. Er war auf Geotechnik und Tunnelbau spezialisiert und hatte sich bereits international einen Namen gemacht. Konrad gab grünes Licht, wies jedoch eindringlich auf die Gefahren hin und riet zu besonderer Vorsicht.

Ein Fahrer brachte die drei Geologen bis zum Tunneleingang. Er sollte draußen mit Funkgerät und laufendem Motor warten. Respektvoll wateten die Männer durch die angeschwemmten Schlammmassen. Es war nicht leicht, mit voller Ausrüstung, einschließlich Atemschutzgeräten und Notfallkoffern, das Gleichgewicht zu halten. Ihre Blicke richteten sich angespannt nach oben. Die Rohre für die Bewetterung waren auf den ersten Metern heruntergerissen. Die Stirnlampen reichten nicht aus, Strukturen an der dunklen Basaltdecke zu erkennen. Aus diesem Grund hatten sie große Handscheinwerfer mitgenommen, um die Decke besser nach Rissen und Spalten ableuchten zu können. Hier lag die größte Gefahr für einen möglichen Schmelzdurchbruch.

»Ich hoffe, dass wir mittendrin keine Überraschung erleben«, sagte Gerhard etwas unsicher.

»Hier gibt es einen kleineren Versatz. Aber der scheint dicht zu sein. »Rolf richtete den Lichtkegel auf einen Bruch in der Decke aus erstarrter Basaltlava. An einigen Stellen schauten einzelne Steine aus der dunklen Masse heraus. Es waren Terrassenkiese, von der Lava überflossen und fest darin verbacken.

Langsam wateten sie durch den Schlamm, während die Luft immer wärmer und schwüler wurde und zunehmend nach Schwefelverbindungen roch.

»Die Stützen scheinen größtenteils gehalten zu haben«, stellte Heinz nach einiger Zeit fest. Bei den Tunnelbegehungen während des Vortriebs war er häufig Gerhards Begleiter gewesen und schaute jetzt verstärkt auf die Seitenwände. »Bisher waren es nur zwei, die seitlich weggeknickt sind.«

»Und die standen sich gegenüber«, betonte Rolf.

»Ja, nur leicht versetzt.«

»Dann müssen wir diesen Bereich später noch einmal genauer untersuchen. Gehen wir erst einmal weiter.«

Mit fortschreitendem Abstand zum Tunneleingang wurde es immer unangenehmer. Ohne Bewetterung und Wasserkühlung war an einen längeren Aufenthalt nicht zu denken.

»Ich habe das Gefühl, dass es wesentlich wärmer ist als vorher.« Gerhard blieb stehen, nahm den Helm ab und fuhr sich mit der Hand über Stirn und Haare. »Aber das ist auch kein Wunder.«

Meter für Meter wateten sie weiter. Das Tageslicht am Tunneleingang war nur noch als kleiner Punkt zu erahnen.

Gerhard hob den großen Handscheinwerfer an und hielt ihn hoch über den Kopf. Angestrengt versuchte er, weiter vorn im Tunnel etwas im Dunst zu erkennen.

»Verflucht, was ist das denn? Ich hab's fast geahnt!«

Vor ihnen erschien im Nebel eine schwarze Wand, deren Oberfläche wie ein zu heiß gebackenes Krustenbrot aussah. Aus den tiefsten Riefen schimmerte es noch rötlich glühend hervor.

»Das können wir vergessen.« Heinz drehte sich frustriert zum Ausgang um.

»Wir kommen zurück!«, meldete Gerhard dem Fahrer über Funk. »Hier ist alles dicht.«

Nach ein paar Metern spürten sie unvermittelt ein leichtes Grummeln unter den Füßen.

»Es geht wieder los!«, schrie Rolf und rannte panisch in Richtung Tageslicht. Er kam nicht weit. An der Stelle, wo sie unterwegs die zwei umgeknickten Stützen gefunden hatten, krachte ein großer Teil der Deckenplatte herunter. Rolf erwischte es am Kopf und der rechten Schulter. Es war sein Helm, der ihm das Leben rettete. Bewusstlos stürzte er zu Boden. Zwei Sekunden später waren Gerhard und Heinz bei ihm, gerade noch rechtzeitig. Ohne Rücksicht auf seine Verletzung rissen sie ihn mit Gewalt zurück.

An der Abbruchkante der Decke hatte sich eine Spalte geöffnet, aus der sich Lavastränge wie flüssiger Honig abseilten. Auf dem Boden, genau an der Stelle, wo kurz zuvor Rolf Klages gelegen hatte, trafen sich Feuer und Wasser mit heftigem Brodeln und Zischen. Dichte Dampfschwaden breiteten sich in alle Richtungen aus. Es dauerte nur wenige Sekunden, bis ein rot glühender Fladen den Wasserspiegel teilte. Der Nachschub von der Decke riss nicht ab. Fast gleichzeitig fielen überall im Tunnel weitere Stränge herunter. Sie schlossen sich zu einem undurchdringlichen Vorhang zusammen und speisten einen immer größer werdenden Lavawall am Boden, der Langsam nach beiden Seiten wegfloss. Nach kurzer Zeit hatte der Dampf den ganzen Tunnel eingehüllt.

»Alarm, wir sind eingeschlossen!«, hustete Gerhard mehr in das Funkgerät, als dass er schrie. »Holt uns sofort raus! Klages ist verletzt, wir brauchen Wasser zum Kühlen und einen Lader, schnell!«

Seine letzten Worte drangen schon nicht mehr nach draußen. Die Lava hatte jede Verbindungsmöglichkeit gekappt.

»Wir müssen zurück, tiefer in den Tunnel«, Gerhard fuchtelte mit dem rechten Arm in den Wasserdampfschwaden herum. Gemeinsam zogen sie ihren Kollegen weiter von der glühenden Wand zurück. Rolf kam wieder zu Bewusstsein. Er brauchte einen Augenblick, bis er begriffen hatte, was passiert war.

»Nicht so stark an meiner Schulter ziehen!«, schrie er laut auf. »Ich habe wahnsinnige Schmerzen.«

Vorsichtig ließen sie ihn auf den Boden sinken. Allen fiel das Atmen schwer, der Dampf und die Hitze waren fast unerträglich geworden.

»Wir sollten uns in den Pfützen nass machen«, drängte Heinz. »Vielleicht haben wir noch eine Chance, wenn die da draußen schnell genug sind. Und setzt die Atemschutzgeräte auf. Sonst ersticken wir vorher.«

Er nahm Rolfs Gerät aus der Gürteltasche und setzte es ihm aufs Gesicht. »Geht es?«

»Schlecht, ich kriege sowieso kaum Luft.«

Heinz warf Gerhard einen eindeutigen Blick zu. Beiden war klar, in welche Situation sie hineingeraten waren.

»Ich hoffe, dass in Richtung Ausgang nicht noch mehr eingebrochen ist. Dann dürfte es knapp werden.« Gerhard horchte zur anderen Seite, tiefer in den Tunnel hinein. Er hatte ein erschreckendes Geräusch gehört, das in dieser Situation tödliche Gefahr bedeutete. Das Zischen, das durch Abschrecken der Lava im Wasser entstand, aber dieses Mal auf der anderen Seite. Vorsichtig ließ er Rolfs Arm los, stand auf und watete mit kleinen Schritten weiter. Immer dichtere Schwaden zogen sich vor seinen Augen zusammen. Er war noch nicht weit gekommen, als das sichtbar wurde, was er befürchtet hatte. Erst war es nur ein Schein im kochenden Inferno und im nächsten Moment ein rotes Glühen, das durch die Dampfschwaden leuchtete. Es war dasselbe Spiel wie auf der anderen Seite zum Ausgang.

»Verdammt!«, fluchte er. »Das war's dann wohl.«

Das Licht der Handlampe genügte, um die ganze Dramatik zu erkennen. Von der anderen Seite wälzte sich eine zweite glühende Zunge auf sie zu und nahm sie in die Zange. Es war nicht schwer abzuschätzen, wie viel Zeit ihnen noch bleiben würde.

Gerhard dachte an Katrin und die drei erwachsenen Kinder. Sie waren alt genug, um selbst klarzukommen. Aber was würde aus den Zwillingen werden? Wie sollten sie nach dem Verlust ihrer Mutter jetzt auch noch seinen Tod verkraften? Er dachte an die verschwindend geringe Chance, hier wieder lebend rauszukommen. Es war der Zeitpunkt, von dem er viel gehört und gelesen hatte – dass im letzten Moment, kurz vor dem Tod, das Leben noch einmal an einem vorbeiziehen sollte, wie im Zeitraffer. Eigentlich wäre ein solcher Tod für einen Geologen und Vulkanologen – und gerade bei ihm – beinahe stilgerecht. Nur zu früh.

»Blödsinn!«, murmelte er und riss sich zusammen. Plötzlich fielen ihm zwei Sprüche ein, über die er hätte schmunzeln müssen, wäre die Situation nicht so hoffnungslos gewesen. Er hatte sie schon oft gehört oder selbst geklopft und nun schienen sie sich in der Ironie des Schicksals in das Gegenteil zu verkehren.

Der eine Spruch war die Redewendung vom Licht am Ende des Tunnels. Den anderen hatte seine Schwiegermutter häufig zitiert: »Und wenn du denkst, es geht nicht mehr, dann kommt von irgendwo ein Lichtlein her.« – und jetzt kamen gleich zwei, von beiden Seiten. Fast hätte er über seinen eigenen Sarkasmus gelacht.

Dabei hatte es so gut angefangen, mit Katrin oben am Rhein im Blütenmeer. Mit der neuen Freiheit, mit der spannenden Forschung und mit den vielen neuen Ideen. Danach war es eigentlich nur noch bergab gegangen. Bis zuletzt auch noch die Beziehung zu Katrin zerstört war. Das Ende im Tunnel wäre im Grunde die konsequente Fortsetzung dieser Reihe.

Er ging zurück zu Heinz und Rolf. Die beiden schien es gar nicht zu interessieren, was er weiter hinten entdeckt hatte. Heinz untersuchte Klages Wunde und versuchte, mit seinem Hemd eine Armbinde anzulegen.

»Wir hätten probieren sollen, sofort nach dem Einbruch unter den hydraulischen Schilden durchzukommen, warf Heinz Gerhard vor. Seine Stimme klang unwirklich unter dem Atemschutzgerät hervor.

»Ja, das hätten wir machen können, aber nur wir zwei. Mit Rolf wären wir zu langsam gewesen und würden jetzt zu einem ziemlich unangenehmen Geruch in dieser Hölle beitragen.« Sein sarkastischer Anflug war noch immer nicht vorbei. »Außerdem waren die Schilde so stark eingeknickt, dass sie keinen Schutz mehr geboten hätten.«

Die Stimmung unter den drei Geologen wurde von Minute zu Minute kritischer. Jeder gab sich Mühe, die immer stärker aufkeimende Todesangst zu unterdrücken. Bloß nicht in Panik geraten, hämmerte sich Gerhard ein. Bewusst versuchte er sich auf Dinge zu konzentrieren, die ihn ablenkten. Ihm fielen die Ameisen ein. Die Diskussion mit Katrin. Ob sie die Möglichkeit hatten, eine ausweglose Situation zu erkennen. Dann überlegte er, was mit dem Ring geschehen würde, wenn sich alles wieder normalisiert hatte. Langsam wurde ihm schwindelig.

Der Wasserdampf in der Luft mit dem hohen Schwefelanteil war inzwischen so konzentriert, dass sie selbst durch die Filter kaum noch atmen konnten. Rolf hatte aufgehört zu wimmern.

»Wir werden gleich das Bewusstsein verlieren«, keuchte Heinz. Langsam wiegte er den Kopf hin und her. Gerhard horchte nach hinten in den Tunnel. Er ahnte, dass bald die Lava zu sehen sein würde. Sie floss spürbar stärker als der vordere Strom.

»Was hast du dahinten eigentlich entdeckt?«, fragte Heinz, als hätte er seine Gedanken erraten. Gerhard überlegte, ob er die Wahrheit sagen sollte. Eigentlich kannte er Heinz ganz gut und wollte schon etwas über das Licht sagen. Doch dann entschied er sich anders.

»Wir sind gleich so weit eingeschlossen, dass wir keine Chance mehr haben. Von der anderen Seite kommt es noch viel heftiger auf uns zu.«

Heinz nickte nur und setzte die Pendelbewegungen des Kopfes fort.

Die drei kauerten zusammengesunken in einer tiefen, immer heißer werdenden Pfütze. Sie wussten genau, wie ihre Chancen standen, und hofften nur noch auf ein Wunder.

Es war, als wäre eine Ewigkeit vergangen. Aus dem hinteren Tunnelabschnitt schob sich die Lava inzwischen gefährlich nahe an sie heran. Wie auf Kommando hoben sie den Kopf und horchten in Richtung Ausgang. Unmissverständlich drang ein Motorengeräusch zu ihnen durch. Gerhard stand auf und taumelte dem Geräusch ein paar Schritte entgegen, bis er durch die Hitze der Lavabarriere gestoppt wurde. Vor ihm quietschte und schabte es eigenartig. Plötzlich tauchte aus den Dampfschwaden ein Stahlrohr auf, das langsam durch die Feuerwand gedrückt wurde. Es war eins der Rohre mit 1,40 Meter Durchmesser, die draußen am Hang verlegt wurden. Aus dem Rohr quoll dichter Dampf. Unten lief ein Strom heißes Wasser heraus, das beim Auftreffen auf dem Untergrund zischend verdampfte.

Undeutlich konnte Gerhard durch das Rohr zwei helle Gestalten in Feuerschutzkleidung erkennen, die mit Eisenstangen Lavareste nach draußen schoben. Als das Rohr weit genug durch die

Lavawand gedrückt war, sprang einer von ihnen mit einem Bündel unter dem Arm hinein.

»Mann!«, rief Gerhard, der noch gar nicht glauben wollte, dass sie plötzlich eine reale Chance zum Überleben hatten.

»Alles okay?«

»Nein. Klages ist verletzt. Wir müssen ihm helfen.« Sie gingen die wenigen Schritte zu den zwei anderen, die in der heißen Pfütze hockten. Der vermummte Helfer sah sich kurz Rolfs Schulter an.

»Hier! Ziehen Sie das an!«

Gemeinsam streiften sie Rolf einen feuerfesten Anzug und hitzefeste Schuhe über. Heinz und Gerhard schafften es allein. Vom zweiten Helfer wurden ihnen durch das Rohr Handschuhe zugeworfen.

»Das wurde Zeit«, brummte Gerhard unter der Maske und zeigte auf die rote Masse, die sich langsam von hinten auf sie zuschob.

Vorsichtig hoben sie Klages in das Rohr, das ständig durch einen kräftigen Wasserstrahl von der anderen Seite gekühlt wurde. Dann halfen sie sich gegenseitig hinein. Die Schutzkleidung war die einzige Möglichkeit, heil hindurchzukommen. Trotz ständiger Bewässerung glühte die Stelle, die direkt mit dem Lavavorhang Kontakt hatte.

Auf der anderen Seite wurden sie von Rettungskräften in Empfang genommen. Aus dem Augenwinkel sah er eine Art Räumpanzer, auf dem das Rohr befestigt war. An der Rückseite des Kettenfahrzeuges hin ein mit Steinen geladener Container als Gegengewicht.

Kurz darauf knickte Gerhard ein und wurde bewusstlos.

Es war der frühe Vormittag eines selten schönen Spätsommertages. Ganz Europa arbeitete an den Problemen, die durch den Vulkanausbruch entstanden waren. Es gab noch immer keine Entwarnung, der seitliche Ausbruch des Nunak war ununterbrochen aktiv. Die Evakuierungen der Städte im Oberrheingraben waren in vollem Gange, ganze Industriebetriebe wurden in sichere Gebiete verlagert. Die wirtschaftliche Situation war äußerst angespannt. Jeder hielt sich beim Kauf von Konsum- und Verbrauchsgütern zurück. Die gesamte Tourismusbranche lag am Boden. Die Flugunternehmen hatten die größten Probleme. Es war keine Zeit, in der man in Urlaub fuhr oder flog. Nichts war mehr so wie vorher.

Gerhards persönliches Befinden war beinahe ein Spiegelbild der Gesamtsituation in Deutschland. Schweißgebadet verarbeitete er an diesem Morgen seine jüngsten Erlebnisse in einem Albtraum. Etwas Warmes berührte seine Lippen, als er die Traumwelt verließ. Es war Katrin, die gerade ihre Lippen von seinen nahm, als er die Augen aufschlug.

Lange blickte er in ihre feuchten Augen, aus denen langsam zwei Tränen liefen. Sie streichelte ihm vorsichtig über die Haare. Es war der erste Kuss seit der Sache mit Mareike.

»Ich bin froh, dass es dich noch gibt.«

»Ich liebe dich, Katrin«.

Sie schlossen sich in die Arme und hielten sich eine Ewigkeit fest.

»Ich weiß jetzt, wie es ist, wenn man kurz vor dem Tod steht.« Vor Gerhards Augen liefern immer wieder die Szenen im Tunnel ab.

»Das kann ich mir gut vorstellen. Das war die reinste Hölle, in der ihr gesteckt habt.«

Plötzlich schreckte Gerhard hoch. »Wie geht es Rolf?«

»Einigermaßen. Seine Verletzung wird schon wieder. Und Heinz Lindert soll genauso fertig sein wie du.«

Erschöpft lehnte er sich wieder zurück.

»Mir ist erst jetzt richtig klar geworden, was das alles hier bedeutet. Das Leben, die Familie –all das, was wir jeden Tag als völlig normal empfinden. Ich werde einige Zeit brauchen, um diese Erfahrung zu verdauen.«

In diesem Moment kam die Stationsschwester ins Zimmer.

»Der Herr Böhm muss sich noch etwas ausruhen. Sie können sich schon einmal verabschieden. Frau Böhm, nehme ich an?«

»Sie nehmen richtig an.« Katrin lächelte leicht verlegen.

»Nach dieser Spritze wird er sehr schnell einschlafen. Es wird noch ein paar Tage dauern, bis Sie ihn wieder mitnehmen können.«

Für eine Gegenwehr war Gerhard zu schwach. Resigniert ließ er sich in die nächste Schlafphase versetzen.

Als Katrin am nächsten Vormittag zu Besuch kam, war Gerhard nicht wiederzuerkennen. Er saß auf dem Balkon am Ende des Stationsflures und genoss die Sonne, die nur vereinzelt von kleineren Wolken verdeckt wurde. Die Umarmung bei der Begrüßung erinnerte beide an ihre ersten Wochen des Kennenlernens.

»Lass uns in den Park gehen. Oder bist du noch zu schwach?«

»Nein. Ich ziehe mir nur etwas Vernünftiges an.«

Sie spazierten eine Runde durch den Krankenhauspark und setzten sich auf eine freie Bank am Teich.

»Ich soll dich übrigens von den Kindern, von deinen Eltern, deinen übrigen Verwandten, den Nachbarn und, und, und ganz lieb grüßen. Die Presse hat groß über die Aktion berichtet. Du kannst dir sicher vorstellen, was du damit ausgelöst hast.«

»Oje, darüber mag ich gar nicht nachdenken. Aber das war nur ein kleines Erdbeben, für das ich keine Verantwortung trage.«

»Du musstest dir ja wieder genau den richtigen Zeitpunkt aussuchen. Anscheinend entwickelst du ein Händchen für so etwas.«

Katrin legt den Kopf auf Gerhards Schulter und drückte ihn sanft an sein Gesicht. So verbrachten sie fast eine Viertelstunde, ohne etwas zu sagen. Beide waren mit ihren Gedanken sehr weit weg.

Ein älterer Patient kam vorbei, kommentierte kurz die Stimmung am Teich und zog weiter.

»Ist inzwischen etwas Wichtiges passiert? Ich werde allmählich unruhig, so ganz ohne Informationen.«

»Nur das Übliche. Der Vulkan läuft und läuft. Konrad lässt dir ausrichten, dass du dich erst einmal auskurieren sollst, bevor du weitermachen darfst.«

»Wie geht es den Kindern?«

»Du kannst dir sicher die Aufregung vorstellen. Aber es geht ihnen gut. Ich habe mir überlegt, dass du sie langsam in die neue Situation einweihen könntest. Sie fragen schon ständig, was eigentlich los ist. Ich glaube, sie ahnen etwas.«

»Okay.« Gerhard war plötzlich ziemlich unwohl zumute. »Vielleicht sollten wir demnächst den großen Familienrat einberufen.«

»Und wann?«

»Wie wäre es an meinem Geburtstag? Da wollten doch diesmal alle kommen.«

»Keine schlechte Idee. Aber vielleicht lieber einen Tag vorher. Sonst versaust du dir möglicherweise die Feier. Wir wissen nicht, wie sie reagieren werden.

»Du hast ihnen noch nichts gesagt?«

»Nein.«

Katrin fuhr Gerhard sanft über das Haar.

»Übrigens hat Grobecker angerufen, der Archäologe. Er will dich unbedingt sprechen.«

»Hat er gesagt, worum es geht?«

»Nein, nur dass du anrufen sollst.«

»Ist mein Handy oben?«

»Langsam, du sollst dich vorläufig noch schonen. Ich habe es in deine Tasche gepackt. Der Akku müsst noch genug Saft haben.«

»Das werden wir gleich feststellen.«

Sie gingen auf direktem Weg zum Zimmer zurück. Das Handy war noch fast voll. Gerhard suchte im Nummernverzeichnis. »Ich habe ihn noch gar nicht im Speicher.«

»Er hat auch versucht, dich auf dem Handy anzurufen.« Gemeinsam sahen sie die Anrufliste durch. »Dieser Eintrag hier, das ist er.«

Grobecker war nicht erreichbar. Gerhard hinterließ eine Nachricht und bat um Rückruf.

»So, spätestens morgen bin ich hier wieder raus. Vielleicht weiß ich bis dahin, was Grobecker wollte.«

Katrin verabschiedete sich, weil sie die Kinder aus der Schule abholen musste. Aber sie versprach, nachmittags mit ihnen vorbeizukommen.

Gegen vierzehn Uhr klingelte das Handy. Endlich! Es war Grobecker.

»Hallo, Herr Böhm, Sie machen Sachen! Wie geht es Ihnen?«

»Tag, Herr Grobecker! Schön, dass Sie sich melden. Ich weiß jetzt, was Hähnchen fühlen, wenn sie in die Bratröhre geschoben werden.«

»Das kann ich mir vorstellen.«

»Haben Sie etwas Neues?«

»Deswegen rufe ich an. Wir haben die Funde gesichert und einen Teil des Materials zeitlich zuordnen können. Das ist wirklich interessant. Wir kommen auf ein Alter von circa drei- bis fünfhundert nach Christus.«

»Das habe ich vermutet.« Gerhard biss sich auf die Lippen.

»Wieso? Etwa wegen der Sache mit dem Nibelungenschatz«, fügte er scherzhaft an.

»Ja, deswegen.« Gerhard war froh, dass Grobecker es selbst ansprach. Er wollte die anderen Funde noch nicht preisgeben.

»Die Presse hat sich auch schon an diesen Spekulationen beteiligt«, kam es von der anderen Seite. »Aber dafür können wir keine Anhaltspunkte finden.«

»Wie sähen die denn aus?«

»Das erzähle ich Ihnen später. Werden Sie erst einmal gesund. Gute Besserung!«

Grobecker legte auf.

Kurze Zeit später kamen Katrin und Susanna mit den Zwillingen. Gemeinsam gingen sie noch einmal in den Krankenhauspark.

Gerhard fühlte sich wie neu geboren, in mehrfacher Hinsicht. Er wusste, dass er noch lange damit beschäftigt sein würde, die Ereignisse der letzten Wochen zu verarbeiten. Aber nun hatte er einen Neubeginn und an jeder Hand ein kleines Mädchen. Seine Töchter.

Irma ließ Gerhard los und zupfte an Katrins Ärmel. »Katrin, erzählst du mal die Sache mit Morpheus?« Sie strahlte Gerhard an. »Die ist ganz lustig!«

»Das werde ich tun.«

»Wir sollten allmählich eine Haftpflichtversicherung für unseren Kater abschließen«, schickte Susanna voraus.

»Was hat er denn schon wieder verbrochen?«

»Das war vor zwei Tagen. Unsere Nachbarn haben die Terrassentür offen gelassen und für längere Zeit im Vorgarten Rasen gemäht. Morpheus hat das mitbekommen, ist rein ins Haus und hat die Küchentür aufgemacht. Du kennst doch seine Technik.« Katrin ahmte mit beiden Händen die Bewegung nach, mit der Morpheus Türen bewältigte.

»Ach, du Schande!«

»Wart's ab! Er ist gemeinsam mit den hauseigenen Katzen des Nachbarn auf allen Möbeln rumgeturnt und hat schließlich den Kühlschrank geknackt. Sie haben den gleichen Typ wie wir.«

»Allerdings ohne Sicherheitsnagel in der Tür.«

»So ist es. Ich weiß nicht, was sie alles geklaut haben. Ich habe nur irgendwann ein furchtbares Geschrei gehört und gleich darauf kam Morpheus mit einer Scheibe Leberkäse in der Schnauze über die Terrasse gerannt.«

Die Zwillinge fingen laut an zu kichern.

»Das sah aus, als würde eine riesige Zunge aus seinem Maul hängen. Ich habe mich vielleicht erschrocken.«

Gerhard musst laut lachen – zum ersten Mal seit langer Zeit.

»Der Kerl ist unmöglich. Hast du die Sache schon mit den Nachbarn geklärt?«

»Ja, ist alles geregelt. Zum Glück mögen sie Morpheus. Sind ja selber Katzennarren. In Zukunft werden sie die Küchentür abschließen, wenn sie länger draußen sind.«

»Dieser Mistkerl«, sagte Gerhard schmunzelnd. »Wir sollten sie zu einem Versöhnungsgrillen einladen.«

»Au ja! Wir grillen, wir grillen!« Die Kleinen hüpften vor ihnen aufgeregt hin und her.

Gerhard hielt es noch eine Nacht im Krankenhaus aus. Dann war es seiner Meinung nach genug. Er hatte sich mit Katrin abgesprochen, die ihn am nächsten Morgen unter Protest der Ärzte und Schwestern abholte und nach Hause fuhr. Die Kinder waren noch in der Schule.

Als sie ungestört waren, nahm Katrin ihn nach einer halben Ewigkeit endlich wieder richtig in den Arm.

»Bist du noch sehr geschwächt?«

»Überhaupt nicht. Ich merke gerade, wie ich mich von Sekunde zu Sekunde regeneriere. Warum?«

»Ich glaube, wir haben noch einiges nachzuholen!«

Den Rest des Tages genoss Gerhard in vollen Zügen. Er hörte klassische Musik, las Zeitung und hatte sogar großen Spaß, mit den Zwillingen zu spielen. Als die Kinder am Abend endlich im Bett waren, setzte sich Katrin zum ersten Mal seit dem Urlaub an der Küste wieder zu Gerhard auf das Sofa.

»In den letzten Wochen ist viel passiert.« Gerhard holte eine bereits seit dem Nachmittag entkorkte Flasche Rotwein und schenkte gekonnt zwei Gläser ein.

»Es war fast ein bisschen zu viel.« Katrin nahm ihren Mann in den Arm. »Ich glaube, du weißt, dass du mir sehr wehgetan hast. Aber ich habe gemerkt, dass ich dich trotzdem noch sehr liebe. Ich werde versuchen zu lernen, mit der neuen Situation umzugehen. Auch mit den Kindern.« Katrin machte eine längere Pause.

»Und ich möchte auch nicht, dass wir jetzt alles ausdiskutieren. Ich brauche noch eine ganze Weile, bis ich das alles gefühlsmäßig verarbeitet habe.«

Gerhard war erleichtert. Er setzte sich auf und reichte Katrin ein Glas.

»Darauf habe ich gehofft. Mir geht es im Moment genauso. Ich habe bald keinen Platz mehr im Kopf, um alles zu sortieren und zu verarbeiten.«

Der Rotwein entwickelt in kurzer Zeit eine Schwere, die die ganzen Spannungen der letzten Zeit mit einem Mantel wie aus einem Narkotikum umhüllte. Er tat den beiden richtig gut.

Am nächsten Morgen nahm sich Gerhard die Zeit, um ausgiebig zu frühstücken und weiter die Zeitungen der letzten Wochen durchzusehen. Die Kinder waren auf dem Weg zur Schule. Katrin hatte sie bis zur Hauptstraße gebracht und kam gerade zurück.

»Hast du in der Zeitung gelesen, dass sich die Städte am Main zusammengeschlossen haben? Sie wollen südlich von Aschaffenburg einen Damm bauen, um nicht wie das Rheintal abzusaufen.«

»Nein, ich habe noch gar nicht so viel gelesen. Aber dann würde sich doch der Main aufstauen. Was soll das bringen?«

»Nein, die wollen das Modell mit den Rohren und Pumpen übernehmen. Genauso wie die Franzosen die Mosel über einen Damm heben, soll das Mainwasser komplett über einen Damm gepumpt werden, den sie noch aufschütten müssen.«

»Und? Das würde bedeuten, dass das Wasser im Rheintal noch schneller steigt. Damit würde das Maintal genau wie das Moseltal als zusätzlicher Speicher völlig wegfallen.«

»Richtig. Man verlagert die Probleme vom Main an den Rhein. Tja, das dürfte Ärger geben. Hier steht, dass man auch am Neckar und an der Nahe an ähnliche Lösungen denkt.«

»Ob sich die Leute am Oberrhein das gefallen lassen?«

»Warten wir's ab.«

Bereits am Nachmittag kamen die ersten Meldungen im Radio, dass sich eine wahre Völkerwanderung aus dem noch nicht überfluteten Rheintal nach Aschaffenburg in Bewegung gesetzt hatte. Es war einer der größten Protestmärsche, die Deutschland je erlebt hatte. Er richtete sich gegen den Dammbau im Maintal, dessen Vorbereitungen bereits begonnen hatten.

»Hast du schon das Neueste gehört?«, fragte Katrin, als sie in Gerhards Arbeitszimmer kam. »Die Situation bei Aschaffenburg soll sich so aufgeschaukelt haben, dass man bürgerkriegsähnliche Zustände befürchtet. Komm mit runter, das musst du dir ansehen!«

»Das erinnert sehr an die Kämpfe um Wackersdorf«, sagte Gerhard, während sie die Sondersendung im Fernsehen verfolgten. Das Gebiet um den künftigen Staudamm war von Bundespolizei und Polizei hermetisch abgeriegelt worden. Für den Abend war eine Ansprache des Landesinnenministers angekündigt.

»Man müsste einmal kalkulieren, wie viel das Maintal für den Oberrheingraben wirklich an Entlastung bringt«, überlegte er.

»Vielleicht wird das der Innenminister vorrechnen. Der hat doch sicher etwas Entspannendes zu sagen, sonst würde er sich gar nicht dort hinwagen.«

Am frühen Abend schalteten alle Fernsehsender ins Krisengebiet und zeigten, wie der Minister unter großen Sicherheitsvorkehrungen eine provisorisch errichtete Tribüne betrat. Zwischen der Konstruktion und der aufgebrachten Menschenmasse lag ein schmaler Kanal, der zusätzlich von mehreren Hundertschaften Polizei und Bundespolizei gesichert wurde. Die Veranstaltung wurde live übertragen. Zuerst erhielt der Sprecher der Dammbaugegner die Gelegenheit, seinen Unmut zu äußern.

Katrin hatte recht. Anschließend veranschaulichte der Minister mit wenigen Sätzen die Volumenverhältnisse und erklärte, dass es unsinnig sei, weitere Städte zu opfern, während die Auswirkungen im Rheintal minimal blieben. Er holte sich die Unterstützung von zwei anerkannten Wissenschaftlern, die der Bevölkerung die vorgelegten Zahlen bestätigten. Schließlich waren die meisten einigermaßen überzeugt, dass sich mit oder ohne die Seitentäler kein großer Unterschied in der Überflutungshöhe ergab. Das Volumen des engen Maintals war im Vergleich zum Rheintal einfach zu gering. Mit der Baumaßnahme konnten große Verluste am Main vermieden werden, was letztlich allen zugute kam.

Während die Bauarbeiten bei Aschaffenburg anliefen, begannen am Rhein in den nächsten Tagen die Vorbereitungen für den in der deutschen Geschichte schnellsten Start eines Großbauprojektes nach der Planungsphase. Unter gewaltigem logistischen Einsatz wurden Stahlrohre mit großem Durchmesser organisiert, aus den Steinbrüchen von ganz Europa Schwerlastmuldenkipper in der Hunderttonnenklasse zusammengekauft und alles im Eiltempo zum Rhein transportiert. Für den Abbaubetrieb im künftigen Kanalbereich mussten die größten Hydraulikbagger und Radlader besorgt werden. Schwere Planierraupen schoben in den flachen Hangbereichen Boden und Bäume zu langen Wällen zusammen. Zwanzig verschiedene Bohrtrupps bereiteten inzwischen die Sprenglöcher vor. Die erfahrensten Sprengmeister wurden eingesetzt, um mit einer einzigen Sprengung jeweils ein Maximum an Bruchmaterial zu erhalten. Nach der ersten Dammschüttung im Rheinbett von mehreren Metern wurden mit Schwerlastkränen die aus der ganzen Bundesrepublik und dem benachbarten Ausland herbeigeschafften Rohre verlegt. Zu Beginn fanden sogar Rohre Verwendung, die eigentlich für den Lavadamm vorgesehen waren. Der neue Damm hatte höchste Priorität.

Gerhard war nach einer längeren Pause wieder im Einsatz. Er hatte sich mit Karsten Specht und Ganter verabredet, um nach zwei Wochen zum ersten Mal wieder an der Baustelle vorbeizuschauen. Die Umrisse des Dammsockels waren bereits sichtbar.

Sie trafen sich bei Ahrens im Bürocontainer. Er freute sich, Gerhard wiederzusehen. Als er ihm gerade die Hand schüttelte, kam Ganter hereingepoltert, stürmte spontan auf Gerhard los und drückte ihn fest an sich.

»Das musste jetzt sein. Herzlich willkommen zurück im Leben!«

»Danke, das ist ja eine tolle Begrüßung.«

»Es kommt auch nicht allzu oft vor, dass man einen Kollegen kennt, der im Bauch eines aktiven Vulkans die andere Seite studiert und es sogar überlebt. Herr Böhm, Sie sollten in die Feuerfestindustrie gehen.«

Kurz danach trafen auch Karsten und Horstkotte ein. Die Begrüßungen waren nicht minder herzlich.

Horstkotte und Ahrens hatten sich immer noch nicht ablösen lassen. Sie waren in den letzten Monaten sichtlich gealtert. Ahrens breitete mehrere Karten auf einem Tisch aus. Zu fünft sahen sie sich die Zeichnungen für die Standortplanung des Dammes an.

»Na, Herr Ahrens, glauben Sie, dass Ihre Vorhersage, von einem Jahr für die Fertigstellung immer noch realistisch ist?«, fragte Gerhard mit einem Anflug von Zweifel.

»Ich glaube schon. Zu Anfang ist es etwas frustrierend, weil man in die Breite gehen muss und in der Höhe nicht vorankommt. Aber warten Sie ab, bis wir auf der Hälfte sind – dann geht es ruck, zuck.«

»Werden Sie ein paar Etagen höher wieder Rohre in den Damm legen?«, fragte Ganter.

Sie alle hatten das Versäumnis mit den Lockermassen im trockenen Flussbett noch gut in Erinnerung. Beim ersten Unterwasserausbruch hatte es über zwanzig Bonnern das Leben gekostet. Jetzt versuchte jeder, an jede Kleinigkeit zu denken.

»Daran haben wir natürlich gedacht«, bestätigte Ahrens. »Bis wir die Menge Steine für die notwendige Höhe übereinander gekippt haben, sind wahrscheinlich auch wieder genug Rohre verfügbar. Wir werden sie mit Reglern versehen, damit das Wasser, das durchfließen soll, auch gesteuert werden kann.«

Gerhard fuhr sich mit gespreizten Fingern von hinten nach vorn durch die dichten Haare. »Wenn ich mir das Ereignis vorstelle, für das der Damm gedacht ist, dann sehe ich aus den unteren Rohren nach kurzer Zeit sowieso nichts mehr rauskommen. Der Schlamm und der Müll würden alles komplett verstopfen.«

»Das sehe ich genauso. Am besten wäre es, wenn wir noch ein Absetzbecken vor dem Damm hätten, aber das ist wohl zu viel verlangt. Wenigstens haben wir ein paar Meter Abstand vom Grund bis zu ersten Rohrlage.«

»Und wie geht es sonst voran?«, fragte Karsten.

»Im Moment kann ich nicht meckern. Sie sehen es ja selbst. Die Logistik der eingesetzten Fahrzeuge ist so extrem ausgereizt, dass kein zusätzlicher Laster im Rhythmus von Materialfassen, Abfahren, Abkippen und Zurückfahren mehr unterzubringen wäre. Eigentlich eine dolle Leistung.«

»Ihre Leute arbeiten rund um die Uhr?«

»Tag und Nacht. Die Arbeiter werden alle vier Stunden ausgewechselt.«

»Und die Sprengungen?«, fragte Ganter.

»Das sind die einzigen Pausen.«

»Wer leitet eigentlich die Kanalarbeiten?«

»Olafson von der Firma Grosser. Die gehen richtig zur Sache.«

»Dann wollen wir gleich mal vorbeischauen.«

Zu dritt machten sich die Geowissenschaftler auf den Weg. Sie bestellten einen Geländewagen und ließen sich zum Kanalanfang bringen. Schon von weitem war die Einkerbung in der Landschaft zu erkennen.

»Ich hoffe, dass die nicht so blöd sind und gleich vorn am Rhein in die Tiefe gehen wollen«, frotzelte Ganter.

»Stimmt«, bestätigte Gerhard. »Wenn das Wasser am neuen Damm steht, würde auch gleich der Kanal volllaufen. Dann könnten sie erst mal einpacken.«

»Wir werden sehen.«

Aber die Kanalbauingenieure wussten, was sie taten. Hinter einem Buckel am Hang tat sich ein beachtliches Loch auf, in dem die Ladefahrzeuge die LKW-Ungetüme beluden.

»So einen schönen Aufschluss habe ich mir schon oft gewünscht!«, begeisterte sich Ganter.

»Für mich wird es am spannendsten, wenn sie durch die Störung brechen«, führte Gerhard den Gedanken weiter. »Dann sehe ich endlich, wie sie in größerer Tiefe ausgebildet ist.«

Im Gegensatz zu den Geophysikern mussten die Geologen und Vulkanologen in den folgenden Wochen nicht mehr täglich im Krisenzentrum präsent sein. Es genügte, wenn die halbe Besetzung im Einsatz war, was in Absprache gut funktionierte. Gerhard nutzte die Zeit, seine Arbeit im Institut wieder aufzunehmen.

Die Intensität des Lavaflusses schwankte von Woche zu Woche, aber ein Ende war nicht abzusehen. Die Geophysiker hatten ein dichtes Netz von Beobachtungsstationen aufgebaut und hofften, eine neue Unterwassereruption früh genug vorhersagen zu können. Zum Schutz der Arbeiter und Fahrzeuge war ein Notfallplan ausgearbeitet worden. Es gab genügend Schutzräume und Bereiche, in denen die Fahrzeuge bei einem Ausbruch untergestellt werden konnten.

Ende September hatte Gerhard Geburtstag. Es sollte das erste Mal sein, dass alle Familienmitglieder in Köln zusammenkamen, seit die Zwillinge bei den Böhms wohnten. Einen Tag vorher kam Kirstin am Nachmittag aus Heidelberg. Marcello hatte sich für den frühen Abend angekündigt. Kirstin kannte Irma und Marie nur von Fotos und war gespannt auf den neuen Familienzuwachs. Auch die beiden waren neugierig darauf, die restlichen Familienmitglieder kennen zu lernen. Gerhard hatte ihnen erzählt, dass sie noch eine große Schwester hatten.

Das Abendessen fand diesmal in ungewohnt großer Runde statt. Zu Anfang herrschte eine etwas angespannte Stimmung, bis Marcello das Wort ergriff.

»Also, Vadder, wenn sich die nächste Gelegenheit ergibt, hätte ich gern männlichen Zuwachs in der Familie. Die Herren der Schöpfung sind ja inzwischen völlig unterrepräsentiert.«

Alle lachten, und jeder hatte das Gefühl, dass es eigentlich ganz nett war, wie es war. Gerhard bat die drei Großen, nach dem Essen nicht gleich wegzurennen. Er deutete an, dass er ihnen noch etwas mitzuteilen hätte. Aber zuerst mussten die Zwillinge ins Bett.

Kurz nach neun war es so weit. Katrin hatte sich etwas abseits hingesetzt, die anderen rekelten sich auf dem Sofa. Gerhard fühlte sich seinen Kindern gegenüber ungewohnt unsicher. Er nahm einen Schluck Bier und holte tief Luft, als wollte er seinen Brustkorb aufpumpen, um einen besseren Resonanzkörper zu bekommen.

»Ich freue mich, dass wir endlich wieder einmal alle zusammen sind. In der Zwischenzeit ist ja einiges passiert.«

»Die Familie hat sich schlagartig um vierzig Prozent vergrößert«, gab Marcello zum Besten.

»Das ist es, worüber ich mit euch reden will.«

»Sie gehören doch schon zur Familie. Habt ihr sie jetzt adoptiert?«, fragte Kirstin ungeduldig. Sie fühlte sich am wenigsten informiert.

»Ich muss euch etwas mitteilen, das euch vielleicht nicht gefällt.« Gerhard schluckte und machte eine Pause.

Die Kinder schauten sich abwechselnd fragend an.

»Irma und Marie sind meine leiblichen Kinder.«

Das kam etwas zu plötzlich. Kirstin öffnete mit empörtem Blick den Mund, wusste aber nicht, was sie sagen sollte. Susanna schaute ihre Mutter an und bekam feuchte Augen. Marcello grinste verlegen und kratzte sich am Kopf. Gerhard merkte, dass für seine Kinder eine kleine Welt zusammenbrach. Im Grunde kannten sie solche Geschichten nur allzu gut von Freunden und

Verwandten, aber jetzt waren sie selbst betroffen. Damit war es etwas völlig Neues und anderes.

»Es war eine Dummheit, aber sie ist nun mal passiert. Nicht wegen euer Mutter. Es war eine alte Sache. Wir waren drei Jahre lang zusammen, bevor ich Katrin kennen gelernt habe.« Gerhard wurde klar, dass seine Erklärungsversuche unsinnig waren. Im Moment prallten sie einfach ab.

»Das muss ich erst einmal verdauen«, brachte Kirstin endlich über die Lippen.

»Ich habe mich mit eurer Mutter ausgesprochen. Am meisten dürfte euch interessieren, dass wir zusammenbleiben. Es wird vielleicht nicht mehr ganz wie früher sein. Aber wir können uns deswegen nicht einfach so trennen.«

Susanna ging zu Katrin und nahm sie in den Arm.

»Ich werde mit einem Freund ein Bier trinken gehen«, sagte Marcello und setzte sich ab.

Gerhard stand auf und ging in sein Arbeitszimmer. Er wusste, dass unten jetzt eine heiße Diskussion in Gang kam. Er war froh, dass er es hinter sich hatte.

Der Geburtstag am nächsten Tag war kein normaler Geburtstag. Die neuesten Entwicklungen in der Familie Böhm waren allen noch zu frisch im Gedächtnis. Von den drei älteren Kindern wurde der Vater zwar nicht gemieden, aber unterschwellig war eine leicht frostige Stimmung zu spüren. Nur die Zwillinge nahmen Gerhard herzlich in die Arme und gratulierten ihm überschwänglich.

Gerhard hatte Katrin abends zum Essen eingeladen. Die Kinder wollten gar nicht erst mitkommen, sodass es ein verhältnismäßig ungezwungener Abend wurde. Fast wie abgesprochen ließen beide kein Wort über Mareike fallen. Gerhard nutzte die Gelegenheit, Katrin über die vielen Stücke aus dem Schatzfund zu berichten.

»Weißt du, was ich jetzt noch zur Entspannung brauche?«, fragte er, als sie auf dem Rückweg in die Garageneinfahrt einbogen.

»Ich schätze, dass du dich vor dem Schlafengehen aufs Sofa legen und eine Flasche kühles Kölsch verwerten möchtest.«

»Kann es sein, dass wir uns schon etwas länger kennen?«

»Es kann. Ich werde eins mittrinken.«

Während Katrin nach den Zwillingen schaute, holte Gerhard zwei Flaschen und machte sich auf dem Sofa breit. Morpheus nutzte sofort die Gelegenheit, nachdem er Herrchen lange nicht belästigt hatte. Der Kater sprang mit seinen siebeneinhalb Kilo auf Gerhards Bauch und stimmte ein tiefes Schnurren an. Genießerisch kniff er die Augen leicht zusammen und stampfte mit den Vorderpfoten auf der Stelle. Es war sein Milchtritt, den er vermutlich nie mehr ablegen würde.

»Dicker, wie soll ich mich dabei entspannen?«, brummte Gerhard zurück und knuffte mit dem Kopf gegen Morpheus' bepelzte Stirn.

»Aha!«, rief Katrin nur, als sie das Duo auf dem Sofa sah.

»Wie geht es den Kleinen?«

»Ich habe das Gefühl, dass sie sich langsam fangen. Im Moment hängen sie sehr an mir. Ich bin vielleicht mehr mit ihnen zusammen, als ihre Mutter es war.«

»Und Morpheus tut das Seine.«

»Ja, er ist wirklich eine große Hilfe. Wann wirst du deine Verwandtschaft über die wahren Verhältnisse aufklären?«

»Ach, das hat noch Zeit. Wir haben doch im Moment wirklich keine Langeweile.«

»Willst du warten, bis es sich auch zwischen uns wieder eingependelt hat?«

»Hat es das noch nicht?« Gerhard sah Katrin mit treudoofem Blick an.

»Ist ja schon gut. Lass dieses alberne Getue!«

Gerhard verließ sofort das unsichere Terrain.

KAPITEL 12

Es war November, vier Monate nach dem ersten Unterwasserausbruch des Nunak. Bereits am Morgen hatte Gerhard eine Nachricht erhalten, dass der Vulkan wieder ungemütlich werden konnte. Deshalb machte er sich nach einer Institutsbesprechung in Köln sofort auf dem Weg zur Dammbaustelle. Seit seiner letzten Begehung waren einige Tage vergangen. Bevor er zum Krisenstab fuhr, musste er sich einen Eindruck von der aktuellen Situation verschaffen.

Der Damm hatte mit sechzig Metern noch nicht ganz die Hälfte der angestrebten Höhe erreicht. Schon jetzt war die Bauzeit absoluter Rekord. Im unteren Bereich des Dammes waren fünf Einzellagen mit einer Unzahl von Rohren eingezogen worden. Wegen der Druckbelastung hatte man sie in sicherem Abstand neben- und übereinander eingebaut. Inzwischen gab es eine zweite Etage, in der sich nur drei Rohrlagen befanden. Das sollte nach den Berechnungen reichen.

Als Gerhard zum Damm kam, stand Ahrens vor einer Gruppe überwiegend ausländischer Reporter und erklärte den Sinn der Konstruktion.

»Das Wichtigste ist, dass der Druck der Gesteinsmassen die Rohre nicht zerquetscht. Deshalb müssen sie durch genügend breite Zwischenräume aus Stein und Beton abgepuffert werden.«

»Sind das nicht zu viele Rohre?«, fragte ein Reporter. »Wenn das Wasser durch alle gleichzeitig schießt, ist Holland in Not.«

»Das ist richtig. Aber entgegen unseren ersten Überlegungen versuchen wir jetzt, jedes Rohr mit einem Absperrventil zu versehen. Und zwar auf der späteren Luftseite.«

»Warum war das nicht von Anfang an eingeplant?«

»Das war ein Zeitproblem. Zu Beginn hätten die Arbeiten an den Ventilen den Dammbau möglicherweise verzögert. Jetzt haben wir schon etwas mehr Sicherheit. Deshalb können wir uns den Luxus leisten, die Rohre im Ernstfall kontrolliert abzustellen. Außerdem bleibt uns noch genügend Zeit, auf der Einlaufseite der Rohre tütenförmige Fanggitter anzuschweißen.«

»Damit sie nicht so schnell verstopfen?«

»Völlig richtig.«

»Erklären Sie doch mal, wie Sie sich den Extremfall vorstellen. Angenommen, der Lavadamm wird durch einen Ausbruch zerstört. Eine gewaltige Wassermasse brandet gegen den Damm und überspült ihn. Was passiert dann?«

»Lassen Sie mich zuerst was zum Material sagen. Der weichere Tonstein aus dem künftigen Kanal dort hinten liefert die schwere Masse, damit der Damm das richtige Gewicht hat. Aus den Steinbrüchen des Westerwaldes kommt basaltisches Blockwerk dazu, das wir auf die Wasserseite aufbringen. Diese Schutzlage soll gleichzeitig den ersten Wasserschwall abhalten. Mit den Sedimentgesteinen wäre das nicht so sicher. In das weiche Tongestein im Kern des Dammes werden Spundwände eingerammt, die man später bei Wasserfüllung kontrolliert herausziehen kann.«

»Da sind doch die Rohre!«, warf ein Reporter ein.

»Natürlich nur da, wo die Rohre nicht sind. Wenn das Wasser also vor dem Damm steht und sich ausgeschaukelt hat, können wir genau so viele Rohre aufdrehen, wie Holland verträgt.«

Ahrens wandte sich zu Gerhard: »Herr Böhm, könnten Sie die Gruppe übernehmen? Ich muss heute Abend zu einer Familienfeier nach Köln. Wieder ein bisschen am normalen Leben teilnehmen.«

Gerhard willigte ein und führte die Reporter zum Kanal, dessen Umrisse inzwischen deutlich sichtbar wurden. Brüllend erklärte er im Lärm der Maschinen die geologischen Verhältnisse und die Arbeitsabläufe.

»Können Sie noch etwas zu den Vorsorgemaßnahmen am Unterlauf des Rheins sagen?«

Da bin ich nicht ganz der richtige Ansprechpartner, aber wir können zusammen zum Stab fahren. Konrad, der Stellvertreter des Staatssekretärs des Bundesinnenministers, kann Ihnen besser Auskunft geben. Dort am Rand des Siebengebirges sind Sie auch besser vor einem möglichen Ausbruch geschützt.«

Nach vierzig Minuten Fahrt erreichten sie den Stützpunkt des Krisenstabes. Von hier wirkte der Vulkan fast malerisch mit dem rot glühenden Lavastrom, der sich wie ein Band den Hang hinunterzog. Dahinter breitete sich die riesige Wasserfläche aus. All das hätte einen hohen touristischen Wert, wenn es fernab der Zivilisation liegen würde.

Gerhard hatte während der Fahrt Konrad angerufen und ihn über die Ankunft der Reporter informiert. Im ehemaligen Schulgebäude hingen an allen Wänden die unterschiedlichsten Karten. Nach einer knappen Begrüßung führte Konrad die Gruppe zur Karte von Nordrhein-Westfalen und erklärte die zuletzt eingeleiteten Maßnahmen zum Schutz der Rheinanwohner nördlich des Dammes.

»Im Unterlauf des Rheins haben wir ein hoch sensibles Frühwarnsystem installiert. Für die einzelnen Städte liegen detaillierte Evakuierungspläne vor, die so aufgebaut sind, dass die am stärksten gefährdeten Bereiche in Flussnähe kurzfristig geräumt werden können.«

»Was ist mit den Bereichen, bei denen das nicht möglich ist?«

»In diesen Fällen haben wir eine Abschätzung vorgenommen. Alles, was eine Gefahrenquelle darstellen könnte, sowie wertvolle Güter aus Museen, Banken und Behörden und von Privatpersonen werden vorsorglich schon jetzt in Sicherheit gebracht. Je näher eine Stadt am Vulkan liegt, desto umfangreicher sind die Maßnahmen und desto schneller muss auch die Evakuierung vor sich gehen. Alle Städte am Rhein von Brohl bis Rotterdam sind in den Ausnahmezustand versetzt worden.«

»Wie lange würde es dauern, bis die erste Flutwelle nach einem Durchbruch Köln erreicht?«

»Für den Ernstfall rechnen wir mit sechs bis sieben Stunden.«

»Und wie legen Sie fest, welche Bereiche evakuiert werden müssen?«

»Das haben die Geowissenschaftler aus Potsdam modelliert, jeweils in Abhängigkeit vom erreichten Wasserstand hinter dem Damm.«

»Das heißt, Sie könnten schon jetzt sehr genau sagen, wer betroffen sein wird?«

»Schön wär's! Die größte Gefahr und der größte Unsicherheitsfaktor sind die mitgerissenen Massen, die schwer abzuschätzen sind. Geröll und Schlamm zerstören die Gebäude wesentlich nachhaltiger als reine Wasserfluten. Dadurch kommen immer neue Schuttmassen hinzu, die den Flusslauf völlig unvorhersehbar verstopfen können. Sie erinnern sich bestimmt noch an die erste Flutwelle und wie der Fluss in einen Ortsteil von Bad Godesberg ausgebrochen ist.«

»Lebhaft!«

»Ortsteile, die nie überflutet wurden, können schlagartig zu Katastrophengebieten werden, wenn sich das Wasser neue Wege sucht. Das macht die Vorhersage der am stärksten gefährdeten Bereiche so schwierig. Sollte der Lavadamm vollständig weggesprengt werden, würde das nachlaufende Wasser ohne Sicherheitsdamm unaufhaltsam monatelang durch die Tiefebenen strömen und alles mehrere Meter hoch überfluten. Die Schneise der Verwüstung würde bis Rotterdam reichen.«

Die Gruppe bedankte sich für die offenen Informationen und versprach eine objektive Berichterstattung.

Konrad nahm Gerhard zur Seite. »Herr Böhm, kommen Sie bitte gleich mit zu Herrn Specht. Wir müssen dringend die neuesten Messergebnisse begutachten.«

»Im Raum, wo die Daten der Messgeräte zusammenliefen, saß Karsten am Rechner und studierte die jüngsten Erdbebenaufzeichnungen. »Tag, Gerhard! Sieh dir das an!«

»Es scheint neue Mikrobeben zu geben«, stellte Gerhard nach einem kurzen Blick auf die Daten fest.

»Sieht ganz danach aus. Erkennst du Parallelen zum Beben vor vier Monaten?«.

»Das ist es, was mich so sehr beunruhigt. Hier ist der Verlauf der Kurven vom letzten Mal. Der Abstand der Ausschläge hat einen ganz bestimmten Rhythmus. Und hier sind die Aufzeichnungen von dieser Woche.«

»Die sehen sich verdammt ähnlich.«

»Nur dass die Ausschläge deutlich größer sind als letztes Mal.«

»Könnte das bedeuten...?« Konrad traute sich nicht, die ganze Frage auszusprechen.

»Das könnte bedeuten, dass es diesmal noch kräftiger rummst.«

»Ich werde umgehend eine Besprechung einberufen. Herr Specht, bitte versuchen Sie in der Zwischenzeit, die Daten für die Nichtfachleute etwas aufzubereiten.«

Konrad verschwand in seinem Büro und telefonierte.

»Komm, lass uns schnell noch versuchen, die Richtung der Bebenfläche zu ermitteln«, spornte Gerhard seinen Freund an.

Die meisten Kollegen wurden mit Hubschraubern eingeflogen. Die Sitzung konnte erst kurz nach 21 Uhr beginnen. Der Krisenstab hatte sich fast vollständig in der Halle versammelt und hörte gebannt den Erläuterungen von Karsten Specht zu. Er machte unmissverständlich klar, dass es am Lavadamm diesmal kritisch werden könnte.

»Bei der letzten Explosion haben wir einen Teil des Dammes verloren«, ergänzte Gerhard die Ausführungen. »Mit jedem weiteren Ausbruch an dieser Stelle wird es gefährlicher.«

»Durch die Trichterbildung bei der letzten Eruption könnte die Kontaktfläche zur neu aufsteigenden Lava erheblich größer geworden sein«, fügte Röttgen sehr nachdenklich hinzu.

»Wenn wir Glück haben, hält es der Lavadamm diesmal noch aus«, überlegte Gerhard. »Aber beim übernächsten Ausbruch könnten wir Pech haben. Dann kann sehr schnell auch der letzte Rest wegfliegen.«

»Herr Ahrens, wie groß ist der Höhenunterschied zwischen dem Damm, den wir gerade neu aufschütten, und dem aufgestauten Wasser?«, fragte Konrad.

»Der Damm hat inzwischen eine Höhe von 60 Metern, das sind also etwa 115 Meter über dem Meeresspiegel. Das Wasser am Lavadamm steht bei genau 126,56 Metern«.

»Das bedeutet, wenn die Wellenbewegungen nach dem Big Bang vorbei sind, haben wir einen Überstand von grob elfeinhalb Metern. Und diese Wassersäule wird dann von einer Fläche ablaufen, die der Größe von halb Rheinland-Pfalz entspricht.« Konrad setzte einen säuerlichen Gesichtsausdruck auf. »Ich glaube, wir können uns ausmalen, was der aufgeschüttete Damm dazu sagt.«

»Und Tschüss, wird er sagen!« Diese Bemerkung kam von Ganter.

»Und was dann?«, wollte Horstkotte wissen.

»Dann können wir den Unterlauf komplett vergessen.« Ahrens sprach betont langsam, als rechnete er sich aus, welche seiner Verwandten und Bekannten davon betroffen wären.

»Wir haben keine Wahl«, entschied Röttgen. »Wir müssen abwarten, ob der Lavadamm diesmal noch hält. Aber dann wird es höchste Zeit, dass wir mit dem anderen fertig werden. Ich glaube auch, dass der Lavadamm einer dritten Explosion mit Sicherheit nicht mehr standhält.«

Horstkotte wandte sich an Karsten. »Herr Specht, was schätzen Sie, wie viel Zeit wir noch haben?«

»Das kann ich nur ganz unverbindlich sagen. Wenn es annähernd wie beim letzten Mal läuft, hätten wir noch fünf bis zehn Stunden.«

»Dann werde ich wohl oder übel Alarm in alle Richtungen geben müssen.«

Horstkotte gab die Warnung sofort an die technische Leitstelle weiter. Unverzüglich wurden alle Institutionen für die Evakuierungsmaßnahmen in Bewegung gesetzt. Die Dammbauer fuhren ihre Schwerlastkraftwagen und Baumaschinen aus dem Gefahrenbereich, die Rettungs- und Räumaktionen in den überfluteten Gebieten rheinaufwärts wurden eingestellt, so weit sie in Reichweite der Auswurfmassen und der zu erwartenden Wellen lagen. Die Rohre wurden abgeriegelt, sofern sie schon mit Ventilen ausgestattet waren. Die gesamten Städte im Engtal des Rheins bis Bonn waren größtenteils bereits im Vorfeld geräumt worden. Nur Bundespolizei und Versorgungseinheiten der Bundeswehr hielten sich dort noch auf und wurden jetzt auf die höher gelegenen Randbereiche beordert. Die Ortschaften auf den Hochebenen im Umkreis des vorab festgelegten Sicherheitsringes wurden ebenfalls vollständig evakuiert. Die Wettervorhersage sprach wieder für eine elliptische Ausdehnung des Schutzringes nach Osten, wohin in den nächsten Tagen der Wind wehen sollte. Der Krisenstab konnte in seiner Station am Siebengebirge bleiben.

Karsten Specht hatte in der Zentrale die Übersicht über alle Messstationen. Für Ausschläge über einen bestimmten Grenzwert gab es eine akustische Warnung. Dann schaltete sich eine kleine Sirene ein. Trotzdem behielt er unentwegt die Mikrobebenkurven auf seinen Monitoren im Auge.

»Wir werden uns über Nacht mit der Beobachtung abwechseln müssen«, erklärte er den anderen. »Ich glaube nicht, dass ich noch lange durchhalte.«

»Wie lange sitzt du schon davor?«, fragte Gerhard.

»Die letzten fünf Tage bin ich vielleicht auf zwanzig Stunden Schlaf gekommen.«

»Das muss doch nicht sein! Es gibt genug Kollegen, die dich ablösen können.«

»Aber nicht, wenn alles darauf hindeutet, dass etwas Schlimmes im Anmarsch ist.« Den Schock des ersten Ausbruchs und der vielen Toten bei Brohl hatte Karsten immer noch nicht verwunden.

»Das wird eine lange Nacht«, sagte Gerhard. »Ich werde meine Frau fragen, ob sie vorbeikommen will. Sie hat schon den letzten Ausbruch verpasst. Oder sind die Rheinbrücken inzwischen vollständig gesperrt?«

»Für den normalen Verkehr schon. Aber sie hat doch seit einiger Zeit einen Ausweis, mit dem sie überall durchkommt.«

Gerhard rief Katrin an und unterbreitete ihr den Vorschlag. Erst war sie nicht sehr erbaut über seinen Vorschlag. Nach kurzem Zögern stimmte sie aber zu. Susanna war da und konnte auf die Zwillinge aufpassen. Gerhard riet ihr, zur Sicherheit gleich Schlafsäcke mitzubringen. Es konnte auch eine lange Nacht werden, in der nichts passiere.

Anschließend gesellte er sich zur Gruppe, die auf den Monitoren die Aufnahmen der Live-Kameras beobachtete. Die empfindlichen Objektive hatten bei 90 Prozent Vollmond und einer lockeren Bewölkung keine Probleme, Bilder vom Vulkan zu senden. Der Lavastrom floss immer noch gemächlich zu Tal. Nichts schien darauf hinzudeuten, dass sich in nächster Zeit etwas an dieser Situation ändern könnte.

Gegen Mitternacht kam Katrin. Sie hatte recht lange gebraucht, um durch die Absperrungen zu gelangen. »Es ist kalt geworden, aber dafür trocken«, schimpfte sie, als sie in den Raum kam. Sie begrüßte Gerhard und seine Kollegen. Mittlerweile war sie mit den meisten gut vertraut. »Gibt es etwas Neues?«

»Nein. In den letzten Stunden hat sich die Bebentätigkeit kaum verändert. Wir alle richten uns auf eine lange Nacht ein.«

»So genau lässt es sich wohl doch nicht vorhersagen, nicht wahr?«

»So ist es immer beim Vulkanismus. Plötzlich kann viel passieren, und jeder denkt, dass gleich alles in die Luft fliegt, doch dann beruhigt sich das Ganze wieder. Das ist schon oft genug vorgekommen.«

»Das heißt, es könnte auch diesmal ein Fehlalarm sein?«

»Ich glaube nicht. Wir sehen, wie die Schmelze auf der einen Seite ständig fließt. Das sagt uns, dass im Untergrund genügend Material vorhanden ist. Und dann haben wir das Wasser, die Störung und die Beben. Das sind schon ziemlich viele Fakten.«

»Können wir nicht schon schlafen gehen?«, fragte Katrin und musste ein Gähnen unterdrücken.

»Gleich.«

Bedrückt und müde saßen alle im Raum und warteten. Im Vorraum hatte die Presse ein Übertragungszentrum eingerichtet. An den Straßen standen wieder einmal die Funkwagen aufgereiht, die großen Schüsseln auf die Satelliten ausgerichtet, um in die ganze Welt übertragen zu können.

»Es kann wirklich sein, dass die Beben wieder nachlassen und gar nichts passiert.« Karsten schien sich für den Fall rechtfertigen zu wollen, dass sich alles als falscher Alarm erwies.

»Oder sie lassen nach, und es passiert erst viel später etwas«, sagte Gerhard halb gähnend.

»Oder es geht jetzt gleich los«, setzte Röttgen hinzu, der sich inzwischen sehr gut mit Gerhard verstand. Wiederholt klopften Reporter an und baten um eine Stellungnahme zu den eingeleiteten Maßnahmen.

»Wer geht raus und erzählt denen etwas?«, fragte Karsten. Er hatte Mühe, die kleinen geröteten Augen offen zu halten.

»Ich melde mich freiwillig.« Röttgen stand auf und ging in den Vorraum. Kaum war er draußen, gab es einen heftigen Stoß. Die Monitore schaukelten gefährlich, die vielen Flaschen und Becher klirrten heftig. Es war das stärkste Beben der letzten Wochen.

»Na, kommt es in Gang?« Gerhard sprang zum Monitor, der am stärksten wackelte und hielt ihn fest. Katrin schaute besorgt zur Decke, ob auch alles halten würde.

»Könnte gut sein«, murmelte Karsten und verglich die einzelnen Aufzeichnungen, um zu bestimmen, woher das Beben kam.

»Au weia!«, rief er.« Das lag genau im Rhein vor dem Lavadamm! Mir wäre wohler, wenn der andere Damm schon fertig wäre.«

Röttgen kam hereingestürmt. Nur mit Mühe hatte er die Journalisten abschütteln können. »Wie stark?«, fragte er gehetzt.

»So zwischen 3,8 und 4,0 auf der Richterskala.«

»Oh! Das war ja schon recht ordentlich. Ich glaube, wir werden heute Nacht noch einiges erleben.«

Nach und nach wurde die Müdigkeit zu groß. Sie verabredeten, dass immer einer Wache halten und stündlich abgelöst werden sollte. Die anderen taten besser daran, sich für das kommende Ereignis auszuruhen. Gerhard war für fünf Uhr morgens eingeteilt und zog sich mit Katrin in den eigens eingerichteten Ruheraum zurück.

Gerhard kam nicht mehr dazu, seine Wache anzutreten. Ein entferntes Grummeln ließ ihn und Katrin aus dem Schlafsack hochfahren. Es war kurz nach vier Uhr. Die anderen reagierten fast gleichzeitig. Sie hetzten zum Fenster und versuchten im Mondschein etwas zu erkennen.

Dann kam sie.

Mit unglaublichem Getöse erhob sich in der Ferne eine gewaltige Wasserdampfwolke in den Himmel, wie bei einer beginnenden Atomexplosion. Sie stieg immer weiter in die Höhe und schien bereits die Wolken erreicht zu haben. Im fahlen Mondlicht wirkte das Schauspiel gespenstisch und faszinierend zugleich. Karsten hatte sofort den Alarmknopf gedrückt und damit alle Einsatzleiter informiert. Die Fernsehkameras liefen an. Das Schauspiel wurde live zu allen Kontinenten übertragen. Der Ablauf der Eruption ähnelte sehr dem ersten phreatomagmatischen Ausbruch. Nur dass diesmal im Mondschein bei Nacht eine ganz eigentümliche Stimmung aufkam. Konrad schaltete das Licht im Raum aus, nachdem alle spärlich bekleidet nach draußen gestürmt waren.

»Jetzt kommt es darauf an, wie nahe am Lavadamm es passiert ist.« Röttgen schien sich als Erster wieder gefasst zu haben.

»Wir müssen einen Hubschrauber hinschicken, damit wir Aufnahmen von den zwei Dämmen haben. Wir wissen noch gar nicht, wie viel Wasser rübergeschwappt ist«, rief Gerhard, der plötzlich wieder hellwach war. »Ich hätte nicht übel Lust, wenigstens diesmal mitzufliegen.«

»Das ist mir etwas zu gefährlich und bestimmt nicht erlaubt.« Katrin war wieder auf den Hof gekommen. Sie hatte die Winterjacken geholt.

Kurze Zeit später startete der gleiche Bundeswehr-Hubschrauber wie beim letzten Mal. Der Pilot hatte inzwischen vermutlich die meiste Erfahrung mit derartigen Einsätzen. Diesmal waren empfindlichere Kameras an Bord, die bei diesen Lichtverhältnissen noch ausreichend scharfe Aufnahmen machen konnten. In weitem Bogen flog er von Norden kommend auf den Ausbruchspunkt zu. Die Säule aus Gesteinsmehl, Asche und Wasserdampf war zum Teil schon kollabiert und mit der Windrichtung nach Osten verdriftet. Vom Krisenzentrum aus war davon kaum etwas zu erkennen. Die Kameras des Hubschraubers richteten sich zuerst auf den aufgeschütteten Damm. Es war nicht zu übersehen, dass er seinen ersten Härtetest gemeistert hatte. Deutlich waren die Spuren der Flutwelle zu erkennen, die über ihn hinweggerauscht war. An den Überlaufstellen hatte sie tiefe Rinnen hinterlassen. Zwischen den beiden Dämmen wogte das Wasser hin und her und erreichte mit jeder Welle mindestens die Höhe der eingeschnittenen Rinnen.

Der Hubschrauber flog langsam weiter nach Süden, näher an den Lavadamm heran. Eine erneute Explosion wäre sein sicheres Ende.

»Da!«, rief Konrad aufgeregt. »Aus den Dampfwolken schaut ab und zu der schwarze Rücken des Damms heraus.«

»Ja, aber die Lava, die über den Damm fließt, verschwindet unter dem Wasserdampf in der Mitte. Das scheint ein Krater zu sein!«, ereiferte sich Karsten.

Er wiederholte den aufgezeichneten Abschnitt und ließ ihn mit halber Geschwindigkeit ablaufen.

»Stopp!«, rief Röttgen, als die Aufnahmen vom Lavadamm kamen. »Hier verschwindet die Lava in die Tiefe. Das da könnte eine neue Kante im Damm sein!« Er fuhr mit dem Finger auf dem Monitor die vermutete Stelle entlang.

»Wenn das so ist, sollten wir uns mit dem Bau des neuen Dammes wirklich beeilen. Ich befürchte das Schlimmste.« Horstkotte wurde sichtlich nervös. »Ich rufe vorsichtshalber in Bonn an. Mich interessiert, was da unten vorbeigerauscht ist.«

In Bonn war man mit einem blauen Auge davongekommen. Die Wassermassen waren trotz des deutlich stärkeren Ausbruchs nur geringfügig größer als beim letzten Mal. Aber inzwischen hatte man das Flussbett wohlweislich von den Lockermassen befreit, sodass diesmal keine Schlammströme das Bett verstopften.

Das Wasser war einfach durch das Flussbett abgelaufen. Die Hauptmasse war offenbar schon vom künstlichen Damm gebremst worden und floss jetzt über die eingebauten Rohre ab.

Zwei Stunden später brach die Morgendämmerung an. Erneut flog der Hubschrauber los und übertrug die ersten gut erkennbaren Bilder vom Lavadamm. Es war, wie sie vermutet hatten. Durch die Explosion war der Damm auf ein Drittel reduziert worden. Das basaltische Vulkangestein lag kilometerweit über Teile von Rheinland-Pfalz und Hessen verstreut. Der Eruptionskessel hatte sich gefährlich vergrößert.

KAPITEL 13

Durch die letzte große Eruption im Rheinbett war allen deutlich vor Augen geführt worden, dass der Dammbau mit Höchstgeschwindigkeit fortgesetzt werden musste. In der Lagebesprechung, die gleich nach dem Ausbruch einberufen wurde, forderten die Bürgermeister von Bonn und Köln besonders nachdrücklich, dass verstärkte Anstrengungen zur Dammerhöhung unternommen wurden. Alle verfügbaren Steinbrüche in der Umgebung sollten Material liefern, sodass die wenigen Freiräume zwischen den anderen Transporten vollständig ausgenutzt werden konnten.

Einen Tag vor Heiligabend hatte Konrad sämtliche Mitglieder des Krisenstabes zu einer Begehung einberufen. Vor den Feiertagen mussten Absprachen für die Überwachung der Arbeiten getroffen werden, und es gab einen Vorschlag, den Bau des Dammes zu modifizieren. Gegen zehn Uhr trafen alle am Bunker oberhalb des neuen Dammes ein. Konrad führte kurz in die Thematik ein und bat Ahrens, die neuesten Planungen vorzustellen. Dieser hatte einen großen Zeichenblock ausgepackt und skizzierte bereits die Umrisse des Dammes.

»So, das ist der Damm mit einer aktuellen Höhe von 63 Metern, das sind 118 Meter über Meeresniveau. Hier hinten«, sagte Ahrens, während er auf der linken Seite einen Strich zog, »steht das Wasser bei ungefähr 127 Metern Höhe über dem Meeresspiegel. Das sind noch neun Meter Differenz zur aufgeschütteten Dammkrone. Wenn der nächste Ausbruch in Kürze erfolgt und der Lavadamm vollständig weggesprengt wird, läuft hier über unseren Damm das Volumen von mehr als neun Meter Höhe mal der aufgestauten Fläche ab.«

»Wie viele Kubikkilometer werden das?«, fragte Röttgen.

»Keine Ahnung. Das müssen Sie die Potsdamer fragen. Die können Ihnen das auf den Liter genau ausrechnen. Aber ein paarmal den Bodensee können Sie schon veranschlagen.«

»Und wir wissen nicht, wie viel die Flutwelle von der Dammkrone abrasiert«, warnte Horstkotte. »Wenn weitere zwei oder drei Meter fehlen, können Sie noch einen Bodensee drauflegen.«

»Dann wäre es sowieso egal. Auch wenn hier nur ein Bodensee durchläuft, wird der Damm unterspült und trotz Spundwänden völlig erodiert. Deshalb müssen wir mit Höchsttempo noch mindestens zwölf Meter draufpacken«, fuhr Ahrens fort. »Die Sache lässt sich beschleunigen, wenn wir ab sofort einen schmaleren Damm auf die Krone setzen.«

»Wird der genügen, um die Wassermassen abzuhalten?«, fragte Konrad skeptisch.

»Aber sicher. Im Verhältnis würde er die gleiche Breite haben, wie er sie auch an der Spitze hätte. Wenn das Wasser oben gehalten wird, klappt es mit den gleichen Dammabmessungen auch weiter unten. Da stehen elf Meter Wassersäule gegen die gleiche Gesteinsmasse, wie es später oben sein werden, wenn der Damm fertig und der Teich voll ist.«

»Wie lange wird das dauern?«, fragte Gerhard.

»Lassen Sie mich kurz abschätzen.« Ahrens holte den Rechner aus der Tasche und tippte Zahlen ein.

»Hmm… mit den geballten Kapazitäten, die wir jetzt zur Verfügung haben, kann ich Ihnen diese Schmalspurversion in zwei bis drei Wochen hinstellen. Wenn wir im Kernbereich hoch genug gekommen sind, können wir anschließend in Ruhe den Damm verbreitern und danach wieder höher gehen.«

»Dann hätten wir wenigstens die Höhe des Wasserspiegels erreicht. Das bringt schon deutlich mehr Sicherheit«, sagte Röttgen.

Das bedeutet, wenn es erneut kracht und der Durchbruch kommt, bekommen wir wieder eine gewaltige Flutwelle, die natürlich über den Damm schwappen wird«, warf Ganter ein. »Aber das werden wir hoffentlich verkraften. Mir ist nur nicht ganz wohl, wenn ich mir vorstelle, wie der nächste Brecher gegen unseren schönen Damm kracht. Der dürfte nämlich eine ganze Ecke mächtiger ausfallen, als das, was bisher dort angekommen ist.«

»Genau das müssen wir verhindern.« Ahrens hatte diese Frage bereits mit Kollegen diskutiert. »Dadurch kann es plötzlich doch sehr kritisch für die Stabilität des Dammes werden. Wir sollten die bereits fertigen Rohrleitungen, die um den Lavadamm verlegt sind, anwerfen und Wasser zwischen die beiden Dämme pumpen. Im künstlichen Damm sind inzwischen alle Rohre mit Ventilen besetzt, sodass wir aufstauen können.«

»Das wäre eine sinnvolle Maßnahme. Dann kann sich der Damm langsam mit Wasser vollsaugen und setzen«, überlegte Horstkotte. »Gut, dass wir noch keinen Durchstich vom Bypass zum Rheinbett gesprengt haben. Aber ein paar Meter müssen wir trotzdem aufschütten, sonst läuft uns der Kanal ganz schnell voll. Dann können wir den Abbau vergessen.«

Konrad wandte sich an Karsten. »Können Sie schon einen neuen Trend erkennen, Herr Specht?«

»Schwer zu sagen. Die Lage ist nach wie vor unruhig. In den nächsten Wochen kann sich durchaus wieder etwas ereignen. Möglich ist allerdings auch, dass es abklingt. Zwischen den beiden letzten Ereignissen lag ja auch ein wesentlich längerer Zeitraum.«

»Wie wäre es mit Silvester? Das hatten wir doch schon mal!«, frotzelte Ganter.

Die anderen sahen ihn etwas entsetzt an.

»Tschuldigung... war nur so eine Idee«.

»Ich denke, wir sollten trotzdem keine Zeit verlieren. Informieren Sie bitte die Bauingenieure und die entsprechenden Stellen und versuchen Sie, die Transporte aus den Steinbrüchen mit maximaler Kapazität zu fahren.«

Im Anschluss an die Besprechung wurden die Maßnahmen für die Weihnachtszeit abgesprochen und eine Liste erstellt, nach der sich jeder für einen bestimmten Zeitraum zur Verfügung halten sollte, wenn nichts Außergewöhnliches geschah. Die Arbeiten mussten rund um die Uhr weitergehen, viel Feierlaune gab es in dieser Situation ohnehin nicht.

Gerhard hatte sich für den zweiten Weihnachtstag zum Einsatz bereit erklärt. Er vermutete, dass er an diesem Tag recht gut etwas Abwechslung gebrauchen konnte.

Das Fest verlief diesmal mit sehr widersprüchlichen Gefühlen. Die vergrößerte Familie brachte noch mehr Hektik als sonst. Doch die Anspannung vor der Bescherung hatte eine ganz andere Dimension erhalten. Zum Glück fing es an zu schneien, sodass sich alle erst einmal bei Schneeschieben und Schneeballschlachten austoben konnten. Behutsam bereiteten Katrin und Gerhard die Zwillinge auf den Abend und den erleuchteten Weihnachtsbaum vor. Ihnen war bewusst, dass dieser Moment die größte Belastung für die beiden werden würde – der Moment der stärksten Erinnerung an die Mutter. Die Großen nahm das alles viel mehr mit, als sie sich eingestehen wollten. Sie hatten Irma und Marie ganz in ihre Gefühlswelt eingeschlossen. Am liebsten hätten sie mit ihnen geweint. Und dann war da noch die neue, ganz andere Erfahrung mit den Eltern.

Über allem lag die bedrückende Stimmung, die in Deutschland und weiten Teilen Europas herrschte. Die menschlichen Krisen, die überfluteten Städte und die zerstörte Wirtschaft ließen Erinnerung an Weihnachten in Kriegszeiten aufkommen. Für die meisten Jüngeren dagegen war es in diesem Ausmaß eine neue, sehr bittere Erfahrung.

An der Dammbaustelle begann ein Wettlauf gegen die Zeit. Trotz zum Teil heftiger Schneefälle wurde fieberhaft an der verkleinerten Dammversion gearbeitet. Mit jedem Meter, den der Damm aufgestockt wurde, stieg die Hoffnung, rechtzeitig das Unmögliche zu schaffen. Die Höhe des Wasserspiegels hinter dem Lavadamm zu erreichen oder sogar noch zu übertreffen.

Der Jahreswechsel hatte im Mittelrheingebiet diesmal einen ganz anderen Charakter. Keine einzige Rakete wurde in den Himmel geschossen, im Gegenteil. Statt freudiger Feiern wie in all den Jahren zuvor fanden Gedenkgottesdienste und Andachten für die vielen Opfer der Vulkankatastrophe statt. Eine Viertelstunde nach Jahreswechsel horchten viele Menschen insgeheim zum Nunak. Aber der Vulkan setzte die Lavaproduktion unbeirrt fort und füllte bereits den jüngsten Krater auf. Das Bild des glühenden Stromes in der verschneiten Landschaft hatte seinen ganz eigenen Reiz. Viele Touristen nutzten die winterlichen Tage, um das einmalige Schauspiel mit eigenen Augen zu sehen. Man hatte spezielle Aussichtspunkte eingerichtet, die in genügend großer Entfernung eine sichere Beobachtung erlaubten. Im Tal liefen die Pumpen der Überleitungsrohre auf Volllast. Langsam ließen sie den Wasserspiegel zwischen den beiden Dämmen ansteigen.

Gut zwei Wochen nach der vorweihnachtlichen Entscheidung war der Damm im Kernbereich auf gleicher Höhe wie der Wasserspiegel im Neuwieder Becken. Es war eine beispiellose Kraftanstrengung gewesen. Ein großes Aufatmen ging durch das Land und insbesondere durch das Niederrheingebiet. Jetzt konnte man es sich leisten, den Damm zusätzlich zu verstärken und aufzustocken, um mehr Sicherheit zu erhalten. Im gesamten überstauten Bereich stieg der Wasserspiegel nur noch sehr langsam, sodass man nun mit der Anhebung des Dammes Schritt halten konnte. Nach weiteren vier Wochen konnten die Arbeiten am Damm vorläufig eingestellt werden. Sollte der nächste Unterwasserausbruch tatsächlich den Lavapfropfen wegsprengen, wäre das ohnehin der Startschuss für das Zurückbauen des künstlichen Damms. Vorausgesetzt, dass der Wasserstand durch das Öffnen der Rohre wirklich absinken sollte.

Der Wasserspiegel zwischen den beiden Dämmen war inzwischen angeglichen. Der Damm zeigte genügend Stabilität, sodass alle dem nächsten Ausbruch entgegenfieberten. Möglicherweise läutete er eine Wende im Katastrophenkapitel am Rhein ein.

Der Zentralschlot des Nunak hatte sich in den letzten Monaten nur noch selten gemeldet. Unter den Vulkanologen entspann sich eine Diskussion um die möglichen Konsequenzen. Analysen der jüngsten Laven zeigten eine leichte Verschiebung in der Zusammensetzung. Das konnte bedeuten, dass die Förderung langsam nachließ. Messungen der Fließmenge ließen einen ersten Trend erkennen, dass sie geringer wurde. Allerdings waren zwischendurch immer wieder Schwankungen in der geförderten Menge aufgetreten, sodass man sich noch keine allzu großen Hoffnungen machen wollte.

In einer der nächsten Besprechungen unter den Geologen und Ingenieuren hatte Ahrens eine Idee. Er ging an die Wandtafel und zeichnete ein Profil des Neuwieder Beckens mit den zwei Dämmen. Dann markierte er die Höhe des Wasserspiegels auf beiden Seiten des Lavadammes.

»Ich habe mir Folgendes überlegt. Wenn es an dieser Stelle eine Explosion gibt und der letzte Rest des Lavadammes weggesprengt wird«, er zeigte auf den vermuteten Explosionspunkt, »dann wird eine große Flutwelle zum neuen Damm laufen und ihn überspülen. Wir wissen nicht, welche Folgen das hätte und wie viel Wasser überhaupt bewegt wird. Dadurch kann es wieder zu starken Überschwemmungen im Unterlauf kommen. Meine

Frage an die Experten lautet jetzt: Was würde passieren, wenn wir den Wasserspiegel zwischen den beiden Dämmen höher legen, als er im Überschwemmungsgebiet ist? Vielleicht vier oder fünf Meter. Je nach dem, wie hoch wir den Damm gebaut haben.«

»Eine interessante Frage«, antwortete Horstkotte. »Ich ahne, worauf Sie hinauswollen. Sie überlegen, ob die Welle nach der Explosion gegen das entgegenströmende Wasser ankommt.«

»Genau! Ob die Welle möglicherweise durch die Wassermassen zwischen den Dämmen unterdrückt werden kann.«

»Das würde allerdings bedeuten, dass wir noch einen Sicherheitsabstand auf den Damm setzen müssten«, kritisierte Karsten. »Wenn ich mir die neuesten Messungen anschaue, haben wir dafür keine Zeit mehr. Die Bebenverteilung deutet auf einen erneuten Schmelzaufstieg hin.«

»Wann wird es so weit sein?«, fragte Röttgen.

»Sie wissen, welches Risiko ich eingehe, wenn ich eine Prognose wage. Aber verglichen mit den anderen Ausbrüchen schätze ich, dass es noch drei, vielleicht vier Tage dauert. Exakter kann ich das erst in ein bis zwei Tagen sagen.«

»Das könnte der Tag X werden«, brummte Ganter in die Runde.

Tatsächlich dauerte es nur zwei Tage, bis Konrad wieder einmal die höchste Alarmstufe ausrief. Aber diesmal schien die Aufregung verfrüht gewesen zu sein.

Deutschland war wie gelähmt. Der gesamte Unterlauf des Rheins wurde in äußerste Alarmbereitschaft versetzt. Zwischen dem Nunak und Köln gab es keine Möglichkeit, durch die Sicherheitszone bis an den Rhein zu gelangen. Erst weiter rheinabwärts waren die Maßnahmen weniger drastisch. Hier waren nur die sensibelsten Zonen evakuiert worden. Man hoffte, mit zunehmendem Abstand zum Damm genügend Vorlaufzeit im Falle eines Bruches zu haben. Für den Oberlauf konnten recht genaue Vorhersagen für die Auswirkungen getroffen werden. Durch die vorangegangenen

Ausbrüche konnte sich jeder lebhaft vorstellen, welche Verwüstungsspur die erste große Welle nach sich ziehen würde.

Für die nächsten Tage wurde eine stabile Wetterlage erwartet. Über Mitteleuropa hatte sich ein winterliches Hoch aufgebaut, das keine schnellen Wechsel versprach. Allerdings war die Richtung des Niederschlags aus der Eruptionswolke diesmal für den Raum Belgien-Niederlande prognostiziert worden. In ganz Deutschland und den angrenzenden Ländern liefen ununterbrochen die Radios und Fernseher. Alle warteten auf die eine Nachricht.

Am stärksten von Nervosität betroffen waren die Leute, deren Häuser bereits zum Teil im Wasser standen und sich mit jedem weiteren Zentimeter dem völligen Verlust näherten. Großes Hoffen und Bangen herrschte bei jenen, die eine Stufe höher lagen und als Nächste betroffen waren. Und dann gab es die Menschen, die schon alles verloren hatten. Das war die größte Gruppe der unmittelbar Betroffenen. Auch wenn das Wasser wieder sank, wären ihre Häuser aufgequollen, verrottet, zerstört. Vermutlich wäre nichts mehr brauchbar und konnte nur noch abgerissen werden. Keinem war so richtig klar, was von seiner Immobilie übrig bleiben würde. Und jetzt, als wieder die höchste Alarmstufe ausgerufen war, starrten ganz Europa und ein großer Teil der übrigen Welt auf den Nunak.

Aber zunächst passierte erst einmal gar nichts. Nach dem ersten Tag wuchs die Unruhe im Krisengebiet. Was, wenn alles nur ein kleines Zwischenspiel war und sich gar nichts tat? Die Fernsehbeiträge und Interviews zum Thema Vulkanismus und Nunak hatten den absoluten Sättigungswert erreicht. Die Leidensfähigkeit der Betroffenen bewegte sich auf die äußerste Grenze zu.

Gerhard hatte sich vorgenommen, die Tage bis zum Ausbruch im Krisenzentrum auszusitzen. Am nächsten Morgen kam Katrin vorbei und brachte Wäsche, Obst und Zeitungen mit. Sie hatte durch die strengen Absperrmaßnahmen einen riesigen Umweg fahren müssen.

»Mann, bin ich genervt!«, begrüßte sie Gerhard und seine Kollegen. »Die Anreise wird immer chaotischer.« Sie drückte Gerhard eine Reisetasche in die Hand. »Hier, falls es länger dauert, habe ich dir ein paar Sachen zum Umziehen eingepackt.«

»Danke, die werde ich wohl brauchen. Im Moment haben wir hier einen ziemlichen Durchhänger.«

»Wenn nach zwei Tagen immer noch nichts passiert ist, bleibe ich mal wieder über Nacht. Marcello ist die nächsten Tage zu Hause.«

»Das wäre nicht schlecht – falls du dann überhaupt noch durchkommst. Wir laufen hier nervlich bald aus dem Ruder. Du hast sicher schon gemerkt, wie angespannt die Stimmung ist.«

»Wen wundert das? – Ich habe eine Idee! Ich könnte für euch einen Harzer Schmandkuchen backen. Vielleicht hebt das ein bisschen die Stimmung.«

»Das ist eine sehr gute Idee. Diese vielen Kekse, die überall herumstehen, kann schon keiner mehr sehen. Und bring mir noch ein zweites Kopfkissen mit. Ich will endlich wieder ein paar Stunden durchschlafen.«

»Wie willst du das bei dem Betrieb hier schaffen?«

»Mit einem Kissen auf dem Kopf schlafe ich überall. Außerdem ist es im Nebenraum nicht ganz so unruhig.«

Katrin schaute sich den aktuellen Wasserstand auf der Karte an, die im größten Raum an der Wand hing.

»Das ist ja unglaublich! Das sieht aus wie diese kleinen Mineralausscheidungen aus Mangan, die du mir in den plattigen Kalksteinen gezeigt hast. Wie hießen die noch gleich?«

»Du meinst die Dendriten.«

»Genau, diese kleinen Verästelungen. Und da steht jetzt überall das Wasser? Schau mal, da ist Bad Ems, wo wir immer das leckere Eis gegessen haben, oder hier die vielen kleinen Orte an der Mosel, wo wir so oft waren. Ganz offensichtlich musste sie sich zusammenreißen, damit ihr nicht die Tränen kamen.

»Wir alle hoffen, dass endlich die Wende eintritt. Wenn das so weitergeht, bricht hier einiges völlig zusammen.«

Katrin blieb noch eine halbe Stunde, dann musste sie wieder nach Köln. Sie rechnete mit mindestens vier Stunden Fahrt. Gerhard nutzte die Wartezeit, um die Zeitungen durchzusehen und sich wieder auf den neuesten weltpolitischen Stand zu bringen.

Als am Abend des zweiten Tages immer noch nichts geschehen war, wurde Karsten langsam nervös. Seine Messungen zeigten eine leichte Abnahme der Bebentätigkeit. In der Gruppe begann eine heftige Diskussion. Was sollte man der Bevölkerung sagen, wenn sich alles als Fehlalarm herausstellte? Wie glaubhaft wäre dann der nächste Aufruf zur Evakuierung? Aber es war einfach noch zu früh für eine Entscheidung. Man beschloss, einen weiteren Tag abzuwarten und die Beben zu beobachten.

Am späten Nachmittag kam Katrin. Wie versprochen hatte sie zwei Bleche mit frischem Schmandkuchen dabei.

»Hallo!«, wurde sie begeistert von Ganter begrüßt. »Das ist mal eine sinnvolle Maßnahme!«

»Ich kann Sie hier doch nicht verkümmern lassen! Wie ist die Lage?« Sie nahm Gerhard in den Arm.

»Wir sind froh, dass wir die Alarmstufe nicht zurückgenommen haben. Im Moment sieht es genauso aus wie vor dem letzten großen Ausbruch.«

»Wie lange noch?«

»Wir rechnen mit zehn bis zwölf Stunden.«

Katrin erzählte von den neuesten Berichten aus den Überschwemmungsgebieten und den vielen Problemen in den Städten, die Flüchtlinge aufgenommen hatten. Und dann gab es noch einige Neuigkeiten aus der engeren und erweiterten Verwandtschaft.

»Es ist zwar erst neun Uhr«, sagte sie schließlich, »aber ich glaube, ich könnte schon jetzt schlafen gehen. Dir würde es bestimmt auch gut tun.«

»Na gut, ich bin wirklich hundemüde. Leute, wir schlafen ein bisschen vor! Sagt Bescheid, wenn es losgeht!«

Ganter verdrehte die Augen und murmelte etwas in seinen Fünftagebart.

Im Morgengrauen am 13. Februar um 6.24 Uhr erschütterte ein stärkeres Beben die Region. Die Alarmsirenen heulten los. Sofort sprangen alle im Krisenzentrum von ihren Feldbetten auf. Nur wenige Minuten später spielte sich das gleiche Inferno ab, das sie bereits kannten. Nur lag diesmal eine geschlossene Schneedecke über der Eifel und dem Westerwald und bildete eine neue Kulisse. Wer beim letzten Mal nicht dabei gewesen war, hatte es in den vielen Sendungen über den Nunak gesehen.

Aber diesmal lief es etwas anders ab. Die Explosion bewirkte das, was die Menschen bisher nicht einmal ansatzweise geschafft hatten. Mit einem gewaltigen Schlag erweiterte sich der Unterwasserkrater und schleuderte in einer nicht enden wollenden Eruptionssäule Schmelze, Dampf und den restlichen Wall des Lavadammes in immer größere Höhen empor. Erneut raste eine Flutwelle in beide Richtungen des Rheintals und rasierte die Dächer der bislang verschonten Häuserreihen ab. Nach Norden wurde das Tal enger. Die Frontwelle bäumte sich auf und überlief mit voller Wucht den neuen Damm. Die obersten zwei Meter der Dammkrone konnten dem nichts entgegensetzen. Die tonnenschweren Gesteinsblöcke wurden fast spielerisch mit den tosenden Wassermassen in das leere Flussbett gerissen. Der weitere Weg des Wassers war vorgezeichnet. Die Flut ergoss sich wieder in Richtung Bonn und nahm letzte Lockermassen und Mauerreste mit. Diesmal sollte der Schaden jedoch gering bleiben, da die vorherigen Fluten ganze Arbeit geleistet hatten.

An allen neuralgischen Punkten standen Kameras, die die Auswirkungen der Explosion live übertrugen. Als die Wellenfronten langsam abklangen, wurde schnell klar, dass die Sache noch einmal glimpflich abgelaufen war. Der künstliche Damm hatte das Schlimmste überstanden. Die Krone lag auch nach der Rasur durch die erste Welle höher als der aufgestaute Rhein. In einem großen Fächer, der sich immer mehr nach Westen ausbreitete, färbte sich der Schnee grauschwarz – dort, wo die Temperatur der Lockermassen nicht ausreichte, ihn völlig aufzutauen.

»Er hat gehalten, er hat gehalten!« Ahrens riss die Arme hoch und hüpfte vor Freude über den alten Schulhof. Die anderen ließen sich spontan anstecken und fielen sich vor laufenden Kameras jubelnd in die Arme. Die Reporter waren in die Räume gestürmt. Es herrschte unendliche Erleichterung. Gerhard drückte Katrin so fest an sich, dass ihr die Luft wegblieb. Als sie sich umschauten, sahen sie Karsten, der an der Tür stand und weinte. Gerhard und Katrin blickten sich an. Auch ihnen liefen Tränen über das Gesicht.

»Komm!«, sagte Gerhard. Sie gingen zu Karsten und schlossen ihn gemeinsam in die Arme.

Nachdem der erste Jubel abgeklungen war, verließ Konrad den Raum. Wenig später hatte er im Besprechungsraum eine Kiste Champagner und zwei Kartons mit Gläsern aufgebaut. Als jeder versorgt war, tippte er mit einem Stift gegen sein Glas:

»Meine Damen, meine Herren, ich habe soeben dem Innenminister berichtet. Ich glaube, wir haben jetzt allen Grund, einen Schluck zu trinken. Stellen Sie sich vor, was wäre, wenn wir diesen Damm nicht gebaut hätten. Meine Damen, meine Herren, ich möchte Ihnen allen meine Hochachtung aussprechen.« Er hob das Glas und ging zu jedem einzelnen im Raum, um anzustoßen.

Der Champagner tat gut. Katrin und Gerhard konnten sich nicht erinnern, jemals etwas Köstlicheres genossen zu haben. Das Trinken verschaffte ihnen drei Sekunden Ruhe.

»Wann soll ich Order geben, die Ventile zu öffnen? Fragte Horstkotte gleich nach dem Absetzen seines Glases.

»Das werden wir alle zusammen vor Ort machen. Ein Wort an die Presse: Meine Damen und Herren, wenn alles ruhig bleibt, werden wir gegen Mittag an den Damm fahren. Vorausgesetzt, Herr Specht gibt uns grünes Licht. Nicht, dass es noch einen Nachschlag gibt.«

»Das wäre dann wohl ein Grünspecht«, flüsterte Ganter in Sektlaune zu Gerhard. »Ich finde übrigens, dass wir uns langsam mal duzen könnten.«

»Das wollte ich dir schon seit langem vorschlagen. Ich heiße Gerhard.«

»Wär ich nie drauf gekommen. Ich bin Horst.«

»Und ich Katrin.« Sie hatte die Zeremonie aus der zweiten Reihe mitbekommen.

»Oh, sehr angenehm! Krieg ich jetzt vielleicht ein Küsschen?«

»Aber nur auf die back...äh, die Wange«, sagte Gerhard grinsend und drehte sich vornehm zur Seite.

Am Mittag war es so weit. Unter den Augen der gesamten Welt bestiegen Techniker die untersten Rohre und drehten an den großen Ventilrädern. Nicht alle hatten den Schlag der großen Welle überstanden. Aber die Rohre, die sich öffnen ließen, boten ein gewaltiges Schauspiel. Mit ungeheurem Druck schossen die ersten Wasserfontänen ins Rheintal. Immer mehr kamen dazu und ein Rohr nach dem anderen schickte die wild schäumende Fracht rheinabwärts. Unter den Zuschauern brach großer Jubel aus. Gerhard stand mit Katrin oben am Steilhang des Rheintales. Sie standen Arm in Arm da und schauten auf die tosenden Wassermassen.

»Bekommen die Leute am Niederrhein jetzt nicht Probleme?«, brüllte Katrin Gerhard ins Ohr. Der Lärm machte eine normale Unterhaltung fast unmöglich.

»Die Menge, die jetzt abfließen sollte, war für ein mittleres Hochwasser im Unterlauf berechnet. Da einige Ventile klemmen, ist es gar nicht mal so schlimm. Das lässt sich verkraften.«

»Bringt das überhaupt was?«

»Wir haben noch keine Schneeschmelze, sodass der Rhein normalerweise kein Hochwasser hätte. Der Zufluss im Oberlauf ist geringer als das, was jetzt durch die Rohre schießt.«

»Das würde bedeuten, dass der Wasserspiegel im Überflutungsbereich zum ersten Mal seit über einem Jahr wieder sinkt«, brüllte Katrin zufrieden zurück.

»Ich bin gespannt, wie lange es dauert, bis alles abgelaufen ist.«

Sie standen fasziniert da und konnten sich an dem seltenen Schauspiel gar nicht satt sehen.

»Hättest du jemals gedacht, dass der gesamte Rhein einmal durch Rohre fließt?«, fragte Katrin ergriffen.

»Nein, das konnte sich wohl niemand vorstellen. Nur die Schiffe dürften es schwer haben, da durchzukommen.«

»Du nun wieder! Aber lass mal, die hat es schwer getroffen.«

»Wen hat es am Rhein nicht schwer getroffen? Davon werden sich viele nicht mehr erholen. Überleg mal, welche Werte im Wasser vernichtet wurden. Häuser, Privatsachen, Firmen, öffentliche Gebäude, Schlösser, Museen, Kirchen und so weiter.«

»Vergiss nicht die Arbeitsplätze, Existenzen, Ehen, Psychen, Gesundheitsprobleme und, und, und.«

»Dazu muss ich dir noch etwas Trauriges sagen.«

»Was kommt jetzt?«

»Kruse hat mich vorhin kurz beiseite genommen. Er hatte es eben erst erfahren und wollte es in der ausgelassenen Stimmung nicht öffentlich verbreiten. Kromme ist tot. Herzinfarkt. Es ist beim letzten Ausbruch passiert.«

Katrin stiegen Tränen in die Augen. »Das kann nicht wahr sein!«

»Aber es ist wahr. Ich konnte es zuerst auch nicht fassen. Aber einige von uns hatten so etwas schon befürchtet.«

Bedrückt standen sie in einer größeren Menschengruppe und schauten auf die rauschenden Wassermassen.

»Und wie geht es hier jetzt weiter?«, fragte Katrin, nachdem sie sich vom Schock einigermaßen erholt hatte.

»Schwer zu sagen. Zumindest haben wir nun zum ersten Mal einen Hebel, mit dem wir wieder Einfluss nehmen können. Das Wasser wird in den nächsten Monaten nur so stark ablaufen, dass es unten keine allzu großen Überschwemmungen gibt. Leider ist der Zeitpunkt nicht optimal, aber vielleicht haben wir ausnahmsweise mal einen trockenen Frühling.«

»Und wenn der Wasserstand unterhalb der Rohre liegt?«

»Dann werden die Ingenieure den Damm wohl nach und nach rückbauen. Wenn die Anzeichen stimmen, dass der Nunak langsam aufhört, haben wir gewonnen. Dann können wir wieder planen und einen Neuanfang wagen.«

»Soll weiter am Bypass gebaut werden?«

»Auf alle Fälle. Wer weiß schon, wie es mit dem Vulkan weitergeht? Aber irgendwann muss einfach mal Schluss sein mit dem ewigen Lavafluss!«

»Richtig, sprich mal ein Machtwort! Lass uns jetzt fahren, ich bin ziemlich fertig. Außerdem habe ich den Zwillingen versprochen, dass ich mit ihnen noch schwimmen gehen werde.«

Langsam liefen sie zu den Fahrzeugen.

»Kommst du mit ihnen zurecht? Ich bin in letzter Zeit so selten zu Hause gewesen, dass ich gar nicht mehr weiß, was los ist.«

»Es läuft ganz gut.«

»Und gefühlsmäßig? Seid ihr euch näher gekommen? Schließlich bist du jetzt ihr Muttерersatz geworden.«

»Ach, lass uns später darüber reden…«

Es war ein Feiertag im Mai desselben Jahres. Katrin hatte morgens spontan die Idee gehabt, in die Eifel zu fahren. Marcello war gekommen und würde die Zwillinge beaufsichtigen. Nach der langen Zeit der Hektik und des Stresses zog es sie wieder in die Natur, an den Rhein.

»Lass uns nach Boppard fahren, an die Steilkante. Dort, wo wir damals am Rheinknie im Blütenmeer saßen und über so vieles nachgedacht haben.«

»Mit zwei Flaschen Weißwein«, ergänzte Gerhard sofort. »Ja, das ist eine gute Idee.«

Am frühen Nachmittag erreichten sie die Hochfläche über dem Rhein. Die meisten Bäume hatten die Aschenwürfe überlebt und standen in kräftigem Grün. Ihre Bank stand noch fest, war allerdings völlig zu gestaubt. Der Wind hatte die Asche zu kleinen Dünen zusammengeweht und die Sitzfläche zur Hälfte eingedeckt. Während Katrin das gröbste zur Seite wischte, holte Gerhard aus dem Auto alte Zeitungen, um sie unterzulegen. Lange saßen sie auf ihrer Bank und schauten auf die gewaltige Wasserfläche. Es sollte noch Monate dauern, bis das alte Talniveau wieder zu sehen sein würde.

»Wenn ich an die Zeit vor der Katastrophe denke, dann komme ich in Gedanken immer wieder zu dieser Stelle. Hier fing für mich irgendwie alles an«, überlegte Katrin. Sie stand auf, trat einen Schritt nach vorn und schaute auf die zerstörten Häuser am Hang, die langsam vom Wasser wieder freigegeben wurden. Plötzlich bückte sie sich und starrte auf die Asche vor ihren Füßen.

»Sieh mal hier, es ist kaum zu glauben. Hier läuft eine Waldameise.« Gerhard sprang auf und suchte den Boden neben Katrin ab. Unter den vertrockneten Ästen eines Busches wurde er schließlich fündig.

»Das hätte ich jetzt nicht erwartet. Hier entsteht ein neues Nest. Wenn wir mit unseren Untersuchungen richtig liegen, müsste hier eigentlich eine Störung sein. Das bedeutet aber auch, dass über dieser Störung keine giftigen Gase mehr aufsteigen.«

»Das heißt, zumindest hier ist in nächster Zeit kein Vulkanausbruch zu erwarten. Und es heißt, die Ameisen haben es geschafft zu überleben.«

Katrin suchte erneut das gegenüberliegende Ufer ab. »Die Menschen, die hier gelebt haben, werden noch etwas mehr Zeit benötigen, bis sie wieder einen Neuanfang wagen werden. Ich weiß nicht, ob man mit diesem Einschnitt überhaupt jemals fertig werden kann.«

Gerhard starrte eine Weile an ihr vorbei auf die Wasserfläche. Ein weißer Ausflugsdampfer fuhr die ersten Katastrophentouristen in die Nähe des Vulkans, der nun schon seit über zehn Wochen ruhig war.

»Ich glaube, die Zeit ist noch zu kurz, um alles zu überblicken. Vielleicht wird erst die nächste Generation diese Katastrophe verdaut haben.«

»Und was ist eigentlich die Konsequenz aus allem? Lernen wir etwas aus dieser Situation?«

Katrin fuhr fort: »Gibt es jetzt eine weltweite Diskussion über unsere Verwundbarkeit in der technisch zivilisierten Welt? Wird da draußen irgendetwas aufgearbeitet, von der Politik, von den Bürgern?«

Gerhard zögerte. War es nicht immer das Gleiche? Nach einer Katastrophe werden zuerst die überlebensnotwendigen Schritte unternommen, Sicherheit herstellen, Strukturen aufbauen, alles verbunden mit hohen Kosten. Die Diskussion um die Verwundbarkeit verlagert sich nach der heißen Phase schnell in akademische Bereiche, schließlich fehlt Geld, das für Vorwarnsysteme und Forschung notwendig ist und wenn nichts Schwerwiegendes nachfolgt, lässt das allgemeine Interesse nach.

»Und zeigt es nicht auch«, Katrin unterbrach. Sie drehte sich zu Gerhard und sah ihm verunsichert in die Augen. »Zeigt es nicht auch, dass noch ganz andere Sachen passieren können, von heute auf morgen? Ein Meteoriteneinschlag, ein riesiger Bumms und die Erde ist von Menschen befreit?«

»Das sind vermutlich die Fragen, die jedes Mal nach einer Katastrophe gestellt werden. In einigen Jahrzehnten wird alles in der

Erinnerung geglättet und das Meiste bereits vergessen sein. Nein, aus diesem Ereignis Konsequenzen zu ziehen wird nur wenigen gelingen, vermutlich denen, die direkt betroffen sind. Die Mehrzahl der Menschen wird sich genau so weiter verhalten, wie bisher, bis sie selbst durch eine Katastrophe zu Schaden kommen. Es ist fast wie bei den Ameisen. Und gegen den ganz großen Einschlag können wir ohnehin alle nichts machen.«

Gerhard hielt kurz inne: »Aber in einem bin ich mir sicher, die Ameisen werden uns überleben.«

DANKSAGUNG

Es ist unglaublich, welche Gedankenflut es zu bewegen gilt, einen Roman wie *Die Flucht der Ameisen* auf eine Form von wenigen hundert Seiten zu konzentrieren. Das geht nicht ohne Rückkopplung mit Fachleuten, Ideenstiftern, Testlesern und Familienmitgliedern. Bei ihnen allen bedanke ich mich für die Unterstützung, Aufmunterung und wichtigen Korrekturen.

An erster Stelle ist meine wunderbare Kritikerin und Frau **Karin** zu nennen, die unumgänglich auf vielerlei Weise in den Text eingewoben ist. An zweiter Stelle steht meine Tochter **Hanna**; ihren Geschmack zu treffen ist schwierig. **Sebastian**, der Sohn, hat durch thematisches Desinteresse überzeugt; von ihm stammen der Begriff »Geokalypse« und das Foto vom Rhein für das Cover der ersten Ausgabe.

Die Idee zu diesem Roman hatte ich schon sehr früh als Assistent am Geologischen Institut der Universität Bonn. Von dort aus wurde jedes Frühjahr eine Kartierübung im Engtal des Rheins unternommen, nördlich des Neuwieder Beckens. Hier reiften die Vorstellungen zum »Was wäre wenn...? Allein es fehlten die Zeit und der Anstoß zum Schreiben. Letzterer kam, aber von ganz anderer Seite. Und dieser hatte etwas mit der kürzlichen Entdeckung der auffälligen Ameisenstandorte zu tun. Daraus erwuchs eine phantastisch-faszinierende Idee, die nach Diskussion mit **Oliver Locker-Grütjen** nur in einer fiktiven Erzählung Verbreitung finden konnte. Wir wollten diese Idee zusammen zu einem Roman ausarbeiten, woraus nichts wurde. Also begann ich allein und verwob dieses Thema mit dem alten vom Vulkanausbruch am Rhein.

Am Ende stand ein Manuskript mit zwei großen Themen, eng verflochten, aber zu komplex. Die Vernunft siegte über die beharrliche Sturheit, das Geschriebene als unkürzbar anzusehen. Ich trennte beide Themen. Die phantastische Idee, der eigentliche Anstoß, ist jetzt Grundlage für ein zweites Manuskript, ebenfalls mit geologischem und naturwissenschaftlichem Hintergrund.

Mein Dank gilt auch **Dagmar** und **Peter Neumann-Mahlkau** und **Klaus-G. Hinzen** für die erste Durchsicht und die Hinweise auf echte Fehler.

Nebenbei gab es viele Recherchen zur Technik, Statik, Durchführbarkeit von Bauten etc. Vielfach halfen kurze Diskussionen mit **Kollegen**. Ihnen danke ich sehr.

Der Roman *Die Flucht der Ameisen* wurde 2016 von **Françoise Aufderhaar** ins Französische übersetzt und ist über Amazon.fr und Amazon.de in digitaler Form und als Taschenbuch beziehbar. Dafür danke ich ihr ganz besonders.

NACHBEMERKUNG

Zum Abschluss möchte ich kurz auf die wahrscheinlich am häufigsten gestellte Frage eingehen: Könnte es wirklich so weit kommen?

Meine eigenen Untersuchungen zur Geologie des beschriebenen Gebietes haben erst die Grundlage geschaffen, um ein derart detailliertes Bild über ein mögliches Geschehen entwerfen zu können. Die beschriebene Geologie und die Diskussionen hierzu sind real und belegbar. Auch die im Zuge der Arbeiten entdeckte Häufung von Standorten hügelbauender Waldameisen auf bestimmten geologischen Störungen sind dokumentiert; die Zusammenhänge sind inzwischen in vielen Arbeiten untersucht und international veröffentlicht. Die Ursache für diese Häufung ist noch nicht vollständig geklärt. Es zeichnet sich aber ab, dass das Kohlendioxid, das aus den Bruchzonen in geringer Menge austritt, eine entscheidende Rolle spielt. Der Standortvorteil ist hierdurch anscheinend so groß, dass es sich seit Millionen von Jahren für die Waldameisen bewährt hat, dort die Nester anzulegen. Durch Spekulationen im Text habe ich die einmalige Chance genutzt, Interessierte und Spezialisten in die Fragestellung einzuführen, um Ideen und Hinweise aus einem mir weitgehend verschlossenen Forschungsgebiet zu erhalten. Es ist nicht leicht, zwei so unterschiedliche Wissenschaftsgebiete zusammenzuführen.

Aber zurück zur eigentlichen Frage: Der Vulkanismus in der Eifel ist geologisch sehr jung. Es gab während der letzten Million Jahre mehrere Ausbruchshäufungen. Die Ruhephasen dazwischen dauerten zum Teil wesentlich länger als 11.000 Jahre – die Zeitspanne vom letzten Ausbruch (Ulmener Maar) bis heute. Wissenschaftler neigen bei Vorhersagen dazu, mit Wahrscheinlichkeiten zu argumentieren. Solche Aussagen sind immer eine Näherung, wenn keine eindeutigen Anhaltspunkte vorliegen. Anders geht es nicht. Auch für die Eifel wurde das Risiko für einen erneuten Vulkanausbruch abgeschätzt. Dazu greift man sehr weit vor und betrachtet die nächste Jahrmillion. So kommt man zu recht gesicherten Wahrscheinlichkeiten. Die hohe Wahrscheinlichkeit eines Ausbruchs sagt jedoch nichts darüber aus, ob er sich schon nächste Woche oder erst am Ende der Million Jahre ereignet. Für den konstruierten Fall am Rhein kann beruhigend festgestellt werden, dass mehr als drei Wahrscheinlichkeiten zusammenkommen müssen: überhaupt eine erneute Ausbruchsaktivität in der Eifel, die spezielle Lage am Rhein und das Umschwenken des Vulkanismus zu einer erhöhten Produktivität. Allerdings zeigt die Existenz des jungen Vulkans ›Hohe Buche‹, dass die ersten beiden Punkte schon einmal erfüllt waren.

Meine Antwort auf die Frage entlehne ich der Verwandtschaft mütterlicherseits und sie lautet: »Werden wir leben, werden wir sehen.«

Und noch eins: Die in diesem Roman beschriebenen Personen sind frei erfunden. Namen und Ähnlichkeiten zu real existierenden Persönlichkeiten wären zufällig und nicht beabsichtigt.

UND WAS KAM NACH DEM ERSCHEINEN DES ROMANS?

Mit der ersten Auflage des Romans ›Die Flucht der Ameisen‹ im Jahr 2006 lagen bereits gesicherte Erkenntnisse zum auffälligen Siedlungsverhalten der Ameisen vor.

In den Folgejahren wurden die Untersuchungen deutlich ausgeweitet. Regionen in weiten Teilen Europas, von den Pyrenäen, Massif Central und Vogesen bis Nord-Skandinavien wurden stichpunktartig auf die entdeckten Zusammenhänge überprüft. Nicht erklärbare Häufungen von Nestern konnten mit einer Verbindung zur Störungstektonik erklärt werden, so zum Beispiel in Tschechien am Klet nördlich Krumlov (3.600 Nester), bei Mitterteich in der Oberpfalz (1.600 Nester) oder am nordwestlichen Bodensee (Bodanrück) und im Südschwarzwald (zusammen mehr als 6.000 Nester). Zwei Doktorarbeiten und zahlreiche Messkampagnen hatten diese Thematik als Schwerpunkt. Internationale Veröffentlichungen folgten. Eine Langzeitstudie, bei der über 3 Jahre täglich 24 Stunden Filmaufnahmen von zwei Nestern aufgezeichnet wurden, brachte viele neue Erkenntnisse. Vom Verhalten der Ameisen beim Hochzeitsflug bis hin zu Anomalitäten vor und während kleinerer Erdbeben. Untersuchungen der Bodengase auf CO_2, Helium und Radon bestätigten, dass die Standorte der Waldameisen auf Bruchzonen liegen, aus denen diese Gase austreten.

Das CO_2 spielt hierbei eine besondere Rolle, soviel ist schon bekannt. Es hängt mit den deutlich anderen Stoffwechselprozessen der Ameisen bzw. ihrer Larven und Puppen im Vergleich zu höheren Tieren zusammen. In Zusammenarbeit mit Biologen werden weitere Ameisen-Gattungen überprüft, ob sie ebenfalls Standorte auf gasführenden Bruchzonen bevorzugen und ob es andere Zusammenhänge zu Kohlendioxid-Quellen gibt.

Auf der Suche nach den Ursachen für die Standortwahl der Waldameisen wurden die Bruchzonen in all ihren Eigenschaften - im wahrsten Sinne des Wortes - immer tiefergehend betrachtet. Welche Prozesse spielen sich heute dort ab, welche Bedeutung hatten sie vielleicht in der Zeit nach der ersten kontinentalen Krustenbildung der jungen Erde? Lagen hier vielleicht die Anfänge der ersten biologischen Moleküle und gar des Lebens? Diese Frage war so faszinierend, dass sich in den letzten Jahren ein Professorenteam der Universität Duisburg-Essen mit diesem Thema beschäftigte und ein plausibles Modell zur Entstehung des Lebens in Bruchzonen der frühen Erdkruste entwickelte. Es beantwortet viele Fragen, die mit anderen Modellen bislang nicht geklärt werden konnten. Seit Veröffentlichung der Forschungsergebnisse in renommierten internationalen Zeitschriften wird dieses Modell diskutiert und ist Grundlage für Laborversuche, bei denen die Verhältnisse in der Erdkruste nachgestellt werden.

Die Ergebnisse werden zeigen, ob uns die Ameisen den Weg zur Lösung einer der großen ungeklärten Fragen der Wissenschaft gezeigt haben.

WEITERGEHENDE LITERATUR FÜR GEOLOGIE-INTERESSIERTE

Grundlagen der Geologie
Bahlburg, H., & C. Breitkreuz (2004)
Spektrum Akademischer Verlag, Heidelberg

Allgemeine Geologie
Press, F., & R. Siever (2012)
Spektrum Akademischer Verlag, Heidelberg, Berlin, Oxford

Geologie der Eifel
Meyer, W. (1998)
Schweizerbart'sche Verlagsbuchhandlung, Stuttgart

Vulkanismus
Schmincke, H.-U. (2000
Wissenschaftliche Buchgesellschaft, Darmstadt

Erdgeschichte im Rheinland – Fossilien und Gesteine aus 400 Millionen Jahren
Koenigswald W. v., & Meyer, W. (1994)
Pfeil, München

Für Fortgeschrittene

Geologie von Mitteleuropa
Walter, R. (1995)
Schweizerbart'sche Verlagsbuchhandlung, Stuttgart

MUSEEN ZUM THEMA GEOLOGIE UND VULKANISMUS DER EIFEL

Vulkanpark GmbH
Infozentrum Rauschermühle
Rauschermühle 6 · 56637 Plaidt
E-Mail: info@vulkanpark.com
Web: www.vulkanpark.com

Deutsches Vulkanmuseum Mendig
Brauerstraße 1 · 56743 Mendig
Telefon: 00 49 26 52 939 92 22
E-Mail: info@lava-dome.de
Web: www.lava-dome.de

Das Eifel-Vulkanmuseum
Leopoldstraße 9 · 54550 Daun
Telefon: 00 49 65 92 98 53 53
Telefax: 0049 65 92 98 53 55
Web: www.vulkaneifel.de

GLOSSAR

Bims (auch Bimsstein)
Beim Ausbruch durch vulkanische Gase aufgeschäumte Lava, die zu einem porösen Gestein erstarrt ist. Bims ist wegen seiner vielen Poren und Lufteinschlüsse leichter als Wasser.

Caldera
Eingebrochene Magmakammer eines Vulkans (im Gegensatz zu einem Krater)

Krater
Bereich über einem Vulkanschlot, um den herum sich Ausbruchsmaterial in einem Ringwall angehäuft hat. Dadurch entsteht in der Mitte eine Vertiefung (im Gegensatz zu Caldera).

Maar
Kreisförmige Vertiefung in eine alte Landoberfläche infolge einer Gasexplosion nach Zusammentreffen von Grund- und Oberflächenwasser und heißem Magma. Es gibt Trockenmaare und mit Wasser gefüllte Maarseen. Die Eifel zählt mehr als 75 Maare, von denen die meisten trocken gefallen sind.

Neuwieder Becken

Verbreiterung des Rheintals entlang des Mittelrheins zwischen Andernach und Koblenz. Heute leben dort über 200.000 Menschen.

Plinianische Eruption

Hochexplosiver Vulkanausbruch wie zum Beispiel am Pinatubo (1991) oder Mount St. Helens (1980), benannt nach dem römischen Schriftsteller Plinius dem Jüngeren, der im Jahr 79 nach Christus den Ausbruch des Vesuvs erlebte und beschrieb.

Plume

Zone aufströmenden Gesteins aus dem tieferen Erdmantel. Das Material ist heiß und besitzt einen geringen Prozentsatz flüssigen Mantelgesteins.

Pyroklastischer Strom

Vulkanische Aschewolke, die mit großer Geschwindigkeit und hoher Temperatur (im Lauf einer plinianischen Eruption) ins Tal stürzt. Die Wolke enthält vulkanische Gase und festes Material und kann große Zerstörungskraft entfalten.

Radon

Farb-, geruchs- und geschmacksloses radioaktives Edelgas, das durch radioaktiven Zerfall in der Erde entsteht und durch Spalten an die Oberfläche gelangen kann.

Rheinischer Schild

Hebungsgebiet um Mittel- und Oberrhein seit der Kreidezeit, zu dem auch das Rheinische Schiefergebirge gehört. Bis heute anhaltenden Hebungen werden als Anzeichen für anhaltende Veränderungen im oberen Mantel gedeutet.

Schlackenkegel (auch Aschenkegel)

Kleinere Form von Vulkanen im Vergleich zum Schicht- oder Schildvulkan. Schlackenkegel kommen häufig an den Flanken größerer Vulkane vor.

SRTM (Shuttle Radar Topography Mission)

Höhenabtastung der Erdoberfläche aus dem Weltall, die im Jahr 2000 beim Flug des Spaceshuttles Endeavour vorgenommen wurde. Die Daten ermöglichen digitale Höhenmodelle, etwa für topographische Karten mit einer vertikalen Genauigkeit von wenigen Metern.

Tephra (griech. Asche)

Vulkanische Lockerstoffe in unterschiedlicher Korngröße, die beim Ausschleudern aus dem Krater fragmentiert werden (Aschen, Lapille, Blöcke und Bomben).

Trass

Ablagerung pyroklastischer Ströme, die als Material für die Zementherstellung abgebaut werden.

ULRICH C. SCHREIBER

wurde 1956 in Osterode am Harz geboren und war als Universitätsprofessor fast 26 Jahre lang in Forschung, Lehre und Organisation tätig. Seine Arbeitsgebiete waren und sind die Entstehung des Lebens, die Regionale Geologie von Mitteleuropa, Vulkanismus und Tektonik sowie die Geoökologie.

Im Jahr 2006 erschien sein Thriller ›Die Flucht der Ameisen‹ über einen fiktiven Ausbruch des Vulkans Hohe Buche am Rhein in der Gegenwart, der bei Calderan nun neu aufgelegt wird.

Der Autor veröffentlichte zahlreiche geowissenschaftliche Aufsätze, wissenschaftliche Bücher und Romane (›Kreuzstein‹ · Krimi · 2010, ›Vulkane‹ · Sachbuch · 2011, ›Das Geheimnis um die erste Zelle‹ · Sachbuch · 2019)

Ulrich C. Schreiber ist verheiratet, hat zwei Kinder und fünf Enkelkinder.

Ulrich C. Schreiber
DIE SPIEGELUNG DER ZEIT
CALDERAN

EIN PACKENDER SCIENCE-FICTION-ROMAN VOLLER SPANNUNG, MYSTIK UND EMOTIONALER TIEFE. EIN RÄTSELHAFTES ARTEFAKT. EINE REISE JENSEITS DER ZEIT. ZWEI SCHICKSALE, UNTRENNBAR VERWOBEN.

Als die junge Finnin Kaija in ein Netz aus Schuld und Geheimnissen gerät, ahnt sie nicht, dass zur selben Zeit der brillante Wissenschaftler Onni Claasen eine Entdeckung macht, die alles verändern wird: eine uralte Vogelknochenflöte, die die Grenzen der Zeit selbst sprengt. Plötzlich findet sich Onni in einer prähistorischen Welt wieder – einer brutalen, archaischen Epoche, in der Überleben alles bedeutet. Während er verzweifelt einen Weg zurück sucht, kämpft Kaija in der Gegenwart gegen den drohenden Zusammenbruch ihrer Welt.

Atmosphärisch, düster und fesselnd: Bestsellerautor Prof. Dr. Ulrich C. Schreiber (Die Flucht der Ameisen) verbindet wissenschaftliche Neugier mit archäologischer Mystik und Krimi-Elementen – ein Roman über Schuld, Liebe und die Zerbrechlichkeit der Zeit.

ISBN 978-3-98600-024-0 (Print) · ISBN 978-3-98600-026-4 (E-Book)

CALDERAN
www.calderan.de